Frank Thomas Grub

›Wende‹ und ›Einheit‹ im Spiegel der deutschsprachigen Literatur

Band 2

Frank Thomas Grub

›Wende‹ und ›Einheit‹ im Spiegel der deutschsprachigen Literatur

Ein Handbuch

Band 2: Bibliographie

Walter de Gruyter · Berlin · New York
2003

♾ Gedruckt auf säurefreiem Papier,
das die US-ANSI-Norm über Haltbarkeit erfüllt.

ISBN 3-11-017775-7

Bibliografische Information Der Deutschen Bibliothek

Die Deutsche Bibliothek verzeichnet diese Publikation in der Deutschen Nationalbibliografie; detaillierte bibliografische Daten sind im Internet über http://dnb.ddb.de abrufbar.

Printed in Germany
Einbandgestaltung: Christopher Schneider, Berlin
Druck und buchbinderische Verarbeitung: Hubert & Co., Göttingen

Inhalt: Band 2

Inhalt: Band 1

Zur Titelaufnahme

Systematisch erfasst wurden in einem ersten Schritt literarische Texte, in denen ‚Wende' und ‚Einheit' wesentlich thematisiert werden. Bei Grenzfällen wurde großzügig verfahren. Unterteilt wurde das Kapitel Primärliteratur in Anthologien, die drei großen Gattungen Lyrik, Epik und Dramatik sowie weitere Textsorten, insbesondere Autobiografie, Essay und Protokoll. Nicht systematisch, jedoch in großer Zahl erfasst wurden Lizenz-, Hörbuch- und Taschenbuchausgaben, Rezensionen zu den einzelnen Werken sowie – das gilt insbesondere für den Bereich der Essays – Abdrucke wichtiger Texte in Anthologien und Werkausgaben. Bei allen Publikationen wurde, wo irgend möglich, jeweils der Erstdruck bzw. die Erstausgabe angegeben; diese Fassungen dienten neben den allerdings nur spärlich vorhandenen Werkausgaben zugleich als Textgrundlage für die vorliegende Darstellung. Bei sämtlichen Ausgaben wurde stets das Erscheinungsjahr der ersten Auflage angegeben, falls keine überarbeiteten Neuauflagen erschienen. Wissenschaftliche Beiträge, die sich auf Einzeltexte beziehen, finden sich, gemeinsam mit den Rezensionen, unmittelbar im Anschluss an die Primärtexte verzeichnet.

Abschnitt 2 der Bibliografie enthält wichtige Dokumentationen und Sachbücher zum Thema, Abschnitt 3 ausgewählte Tonträger und Abschnitt 4 Sekundärtexte. Hier finden sich auch themenbezogene Bibliografien. Abschnitt 4 ist weiterhin untergliedert in Monografien und Sammelbände, Aufsätze und Artikel sowie in Monografien, Aufsätze und Materialien zu einzelnen Themen bzw. Autorinnen und Autoren. Diese Gliederung dürfte die gezielte Suche nach Beiträgen über bestimmte Schriftstellerinnen und Schriftsteller sowie relevante Subthemen wie ‚Staatssicherheit und Literatur' oder ‚Sprache' wesentlich erleichtern. Wo dies sinnvoll schien, wurden einige Texte mehreren Kategorien zugeordnet.

Für die Titelaufnahme gilt grundsätzlich, dass die einzelnen Texte alphabetisch nach Autoren sowie innerhalb dieser Ordnung chronologisch nach Erscheinungsdaten verzeichnet wurden. Orthografische Eigenheiten bei der Schreibung von Titeln, Verlagsnamen und Reihenbezeichnungen wurden weit gehend beibehalten.

Abkürzungen/Kurztitel von Zeitungen und Zeitschriften

Acta Germanica	Jahrbuch des Germanistenverbandes im südlichen Afrika
Allemagne d'aujourd'hui	Revue française d'information sur la RFA et la RDA. Politique Économie Société Culture. Nouvelle Série
Das Argument	Zeitschrift für Philosophie und Sozialwissenschaften
Aus Politik und Zeitgeschichte	Beilage zur Wochenzeitung *Das Parlament*. Die Woche im Bundeshaus
BZ	Berliner Zeitung
Colloquia Germanica	Internationale Zeitschrift für germanische Sprach- und Literaturwissenschaft
Deutsches Allgemeines Sonntagsblatt	Christliche Wochenzeitung für Politik, Wirtschaft, Kultur
Deutschunterricht	Magazin für Deutschlehrerinnen und Deutschlehrer aller Schulformen
Der Deutschunterricht	Beiträge zu seiner Praxis und wissenschaftlichen Grundlegung
EichholzBrief	Zeitschrift zur politischen Bildung
Eulenspiegel	Satire, Humor, Nonsens plus ultra. Unbestechlich, aber käuflich!
Fachdienst Germanistik	Sprache und Literatur in der Kritik deutschsprachiger Zeitungen
FAZ	Frankfurter Allgemeine Zeitung. Zeitung für Deutschland
Focus	Das moderne Nachrichtenmagazin
FR	Frankfurter Rundschau. Unabhängige Tageszeitung
Freitag	Die Ost-West-Wochenzeitung
Der Ginkgobaum	Germanistisches Jahrbuch für Nordeuropa
GrauZone	Zeitschrift über neue Literatur
die horen	Zeitschrift für Literatur, Kunst und Kritik
jetzt	[Jugendmagazin der] *Süddeutsche*[n] *Zeitung*
junge Welt	Die Tageszeitung
LVZ	Leipziger Volkszeitung
Merkur	Deutsche Zeitschrift für europäisches Denken
Monatshefte	Monatshefte für deutschsprachige Literatur und Kultur
ND	Neues Deutschland. Sozialistische Tageszeitung
ndl	neue deutsche literatur. Zeitschrift für deutschsprachige Literatur und Kritik

Neue Promenade	Literarische Spaziergänge mit Büchern und Autoren [Kundenmagazin der *Aufbau*-Verlagsgruppe]
NZZ	Neue Zürcher Zeitung
Orientierung	Katholische Blätter für weltanschauliche Informationen
Die politische Meinung	Monatsschrift zu Fragen der Zeit
Pressespiegel	
	bis Nr. 14 v. 17.9.1990: Aus Zeitungen und Zeitschriften der DDR
	bis Nr. 2 v. 4.2.1991: Aus Zeitungen der fünf neuen Bundesländer
	Nr. 3 v. 27.2.1991 [letzte Ausgabe]: Aus Zeitungen der neuen Bundesländer
Sinn und Form	Beiträge zur Literatur
Der Spiegel	Das deutsche Nachrichten-Magazin
SZ	Süddeutsche Zeitung. [Münchner] Neueste Nachrichten aus Politik, Kultur, Wirtschaft und Sport
Der Tagesspiegel	Zeitung für Berlin und Deutschland
taz	die tageszeitung
WB	Weimarer Beiträge. Zeitschrift für Literaturwissenschaft, Ästhetik und Kulturwissenschaften
WW	Wirkendes Wort. Deutsche Sprache und Literatur in Forschung und Lehre
Wochenpost	Wochenzeitung für Politik, Wirtschaft, Kultur
Die Zeit	Wochenzeitung für Politik, Wirtschaft, Wissen und Kultur
ZGL	Zeitschrift für germanistische Linguistik. Deutsche Sprache in Gegenwart und Geschichte

[o.J.]	ohne Angabe des Erscheinungsjahrs
[o.O.]	ohne Angabe des Erscheinungsortes
[o.T.]	ohne Titel
[o.V.]	ohne Angabe des Verlags

1 Primärliteratur

1.1 Anthologien

1. Abraham, Peter/Gorschenek, Margareta (Hgg.): Wahnsinn! Geschichten vom Umbruch in der DDR. Ravensburg: Ravensburger Buchverlag Otto Maier, 1990 (*Ravensburger junge Reihe*).

2. Abriß der DDR (*Kursbuch 101*. Berlin: Rowohlt Berlin, September 1990).

3. Die deutsche Literatur seit 1945. Letzte Welten. 1984-1989. Hrsg. von Heinz Ludwig Arnold. München: dtv, 1999.

4. Die deutsche Literatur seit 1945. Augenblicke des Glücks. 1990-1995. Hrsg. von Heinz Ludwig Arnold. München: dtv, 1999.

5. Die deutsche Literatur seit 1945. Flatterzungen. 1996-1999. Hrsg. von Heinz Ludwig Arnold. München: dtv, 2000.

6. Einigkeit und aus Ruinen. Eine deutsche Anthologie. Hrsg. von Heinz Ludwig Arnold. Frankfurt a.M.: S. Fischer, 1999.
[Darin insbes.: III. Einigkeit und Recht und Freiheit. 1990-1998, 229-271.]

7. Mein Deutschland findet sich in keinem Atlas. Schriftsteller aus beiden deutschen Staaten über ihr nationales Selbstverständnis. Hrsg. von Françoise Barthélemy und Lutz Winckler. Frankfurt a.M.: Luchterhand, 1990.

8. Berlin. Metropole. (*Kursbuch 137*. Berlin: Rowohlt Berlin, September 1999).

9. Berlin zum Beispiel. Geschichten aus der Stadt. Erzählt von Jurek Becker, Monika Maron, Bodo Morshäuser, Katja Lange-Müller, Ingo Schulze u.v.a. Hrsg. von Sven Arnold und Ulrich Janetzki. München: btb, 1997.

10. Becker, Jürgen Jakob/Janetzki, Ulrich (Hgg.): Die Stadt nach der Mauer. Junge Autoren schreiben über ihr Berlin. Berlin: Ullstein, 1998.

11. Gemeinsam sind wir unausstehlich. Die Wiedervereinigung und ihre Folgen. Mit Beiträgen von: Wolfgang Pohrt, Roger Willemsen, Wolfgang Schneider, Klaus Bittermann, Charlotte Wiedemann, Werner Kopp, Stefan Gandler, Robert Kurz. Hrsg. von Klaus Bittermann. Berlin: Verlag Klaus Bittermann, 1990 (*Edition TIAMAT, Critica Diabolis 27*).

12. Bittermann, Klaus (Hg.): Der rasende Mob. Die Ossis zwischen Selbstmitleid und Barbarei. Mit Beiträgen von: Henryk M. Broder, Wiglaf Droste, Roger Willemsen, Gabriele Goettle, Christian Schmidt, Peter Schneider, Michael O.R. Kröher, Gerhard Henschel, Klaus Bittermann. Berlin: Verlag Klaus Bittermann, 1993 (*Edition TIAMAT, Critica Diabolis 37*).

13. Ders. (Hg.): It's a Zoni. Zehn Jahre Wiedervereinigung. Die Ossis als Belastung und Belästigung. Unter der Mitarbeit von: Björn Blaschke, Molly Bluhm, Wiglaf Droste, Gerhard Henschel, Willy Hochkeppel, Martin Kahl, Michael O.R. Kröher, Christof Meueler, Clemens Nachtmann, Jürgen Roth, Michael Rudolf, Fritz Tietz, Mathias Wedel, Joseph von Westphalen, Hans Zippert. Und mit Illustrationen der international renommierten Künstler © TOM, Rattelschneck, Achim Greser & Heribert Lenz. Berlin: Verlag Klaus Bittermann, 1999 (*Edition TIAMAT, Critica Diabolis 87*).
[Dazu: Broder, Henryk M.: Aufruhr unter Bummelanten. Im deutsch-deutschen Binnenverhältnis wird der Umgangston rauer: Es wächst auseinander, was nicht zusammengehört. Eine Hausfrau, ein Soziologe und ein linkes Autorenteam üben sich im verbalen „Ossi-Bashing" – und bringen die Seele der Ostdeutschen in Wallung. In: *Der Spiegel* 53 (1999) 40 v. 4.10.1999, 158-162.]

14. Nichts wird mehr so sein, wie es war. Zur Zukunft der beiden deutschen Republiken. Hrsg. von Frank Blohm und Wolfgang Herzberg. Leipzig: Reclam, 1990;
auch: Frankfurt a.M.: Luchterhand, 1990.

15. Böhm, Jürgen/Brune, Joachim/Flörchinger, Heribert/Helbing, Antje/Pinther, Annegret: DeutschStunden. Aufsätze. Was Jugendliche von der Einheit denken. Mit einem Vorwort von Wolf Biermann. Berlin: Argon, 1993.

16. Heinrich-Böll-Stiftung/Probst, Lothar (Hgg.): Differenz in der Einheit. Über die kulturellen Unterschiede der Deutschen in Ost und West. 20 Essays, Reden und Gespräche. Berlin: Ch. Links, 1999.

17. 40 Jahre DDR ... und die Bürger melden sich zu Wort. Bärbel Bohley, Jürgen Fuchs, Katja Havemann, Rolf Henrich, Ralf Hirsch, Reinhard Weißhuhn u.a. Eine Gemeinschaftsausgabe der Büchergilde Gutenberg und des Carl Hanser Verlags. Frankfurt a.M.: Büchergilde Gutenberg [/München: Hanser], 1989.

18. Grenzfallgedichte. Eine deutsche Anthologie. Hrsg. von Anna Chiarloni und Helga Pankoke. Berlin/Weimar: Aufbau, 1991.
[Dazu: Ertl, Wolfgang: [o.T.]. In: *The Germanic Review* LXVII (1992) 4, 183.]

19. Von einem Land und vom andern. Gedichte zur deutschen Wende 1989/90. Mit einem Essay hrsg. von Karl Otto Conrady. Frankfurt a.M.: Suhrkamp, 1993 (*Edition Suhrkamp Leipzig*).

20. Das Vergängliche überlisten. Selbstbefragungen deutscher Autoren. Hrsg. von Ingrid Czechowski. Leipzig: Reclam, 1996.

21. Drei Meilen vor dem Anfang. Reden über die Zukunft. Hrsg. von Ingrid Czechowski. Leipzig: Reclam, 1998.

22. Schokoladenbruch. neustadt lese buch. Hg.: C. David. 7. Auflage. Dresden: Verlag Die Scheune, 1999.
[zuerst: Dresden: Verlag Die Scheune, 1996.]

23. [wortBILD. Visuelle Poesie in der DDR. Hrsg. von Guillermo Deisler und Jörg Kowalski. Halle (S.)/Leipzig: Mitteldeutscher Verlag, 1990.]

24. Deutschland, Deutschland (*Kursbuch 109*. Berlin: Rowohlt Berlin, September 1992).

25. Deutsche Einheit. Gedanken, Einsichten und Perspektiven. Hrsg. von Eberhard Diepgen. Berlin: Jaron Verlag, 2000.

26. Hier und dort. Neulich vor langer Zeit. Erzählungen aus der DDR. Band 2. 1970-1990. Hrsg. und mit einem Nachwort von Günther Drommer. Leipzig: Faber & Faber, 2000 (*Die DDR-Bibliothek, Band 19*).

27. Diestelmeier, Katharina (Hg.): Berlin? Berlin! Storys und mehr. Mit Fotos von Sira Kausch. Ravensburg: Ravensburger Buchverlag Otto Maier, 2001.

28. Unsere Haut. Tagebücher von Frauen aus dem Herbst 1990. Hrsg. von Irene Dölling, Adelheid Kuhlmey-Oehlert, Gabriela Seibt. Berlin: Dietz Verlag Berlin, 1992.

29. Schöne Aussichten. Neue Prosa aus der DDR. Hrsg. von Christian Döring und Hajo Steinert. Frankfurt a.M.: Suhrkamp, 1990.

30. Räumt die Steine hinweg. DDR Herbst 1989. Geistliche Reden im politischen Aufbruch. Mit einem Geleitwort von Heinrich Albertz. Hrsg. von Andreas Ebert, Johanna Haberer und Friedrich Kraft. München: Claudius-Verlag, 1989 (*Sonntagsblatt-Taschenbuch*).

31. Ein Text für C.W. Berlin: Gerhard Wolf Janus press, 1994.

32. Die Mauer fiel, die Mauer steht. Ein deutsches Lesebuch 1989-1999. Hrsg. von Hermann Glaser. München: dtv, 1999.

33. Literatur im Widerspruch. Gedichte und Prosa aus 40 Jahren DDR. Hrsg. von Joachim-Rüdiger Groth. Köln: Verlag Wissenschaft und Politik, 1993 (*Edition Deutschland Archiv*).
[Darin v.a. Kap. XVI: Der Weg zur Wende, 186-190.]
[Dazu: Joachim-Rüdiger Groth/Karin Groth: Materialien zu Literatur im Widerspruch. Gedichte und Prosa aus 40 Jahren DDR. Kulturpolitischer Überblick und Interpretationen. Köln: Verlag Wissenschaft und Politik, 1993 (*Edition Deutschland Archiv*).]

34. Labyrinthe. Träume und Traumgeschichten. Hrsg. und mit einem Vorwort versehen von Klaus Hammer. Berlin: Neues Leben, 1991.

35. Dona nobis pacem. Herbst '89 in Leipzig. Friedensgebete, Predigten und Fürbitten. Hrsg. von Günter Hanisch, Gottfried Hänisch, Friedrich Magirius und Johannes Richter. 2. korrigierte Auflage. Berlin: Evangelische Verlagsanstalt, 1996.
[zuerst unter dem Titel *Dona nobis pacem. Fürbitten und Friedensgebete Herbst '89 in Leipzig*. Hrsg. von Günter Hanisch, Gottfried Hänisch, Friedrich Magirius und Johannes Richter. Berlin (DDR): Evangelische Verlagsanstalt, 1990.]

36. Die DDR wird 50. Texte und Fotografien. Hrsg. von Volker Handloik und Harald Hauswald. Berlin: Aufbau, 1998.
[Dazu: Geisler, Anika: Die DDR wird 50. In: *Die Zeit* v. 5.11.1998; Pergande, Frank: Wie Schabowski nicht erschossen wurde. Die DDR wird nicht fünfzig / Ein beeindruckender Bildband. In: *FAZ* v. 22.2.1999;

Scheer, Udo: Alles DDR oder was? Ein Jahr vor Ultimo stimmt eine neue Anthologie den geneigten Leser auf das 50jährige Bestehen der DDR ein. In: *Thüringer Allgemeine* v. 2.10.1998.]

37. Sind wir ein Volk? DDR-Reporter berichten aus Deutschland West. BRD-Reporter berichten aus Deutschland Ost. Hrsg. von Irmela Hannover und Ilona Rothin. Hamburg/Berlin: Rasch und Röhring/Theuberger, 1990.

38. Deutschland in kleinen Geschichten. Hrsg. von Hartmut von Hentig. München: dtv, 1995.

39. Zusammen-wachsen. Gespräche aus einer Wende 1990-1992. Hrsg. von Ulrich Herold und Friedrich Schorlemmer. Berlin: Verlag CONSTRUCTIV Berlin, [o.J.].

40. *Die sanfte Revolution. Prosa, Lyrik, Protokolle, Erlebnisberichte, Reden*. Hrsg. von Stefan Heym und Werner Heiduczek. Mitarbeit: Ingrid Czechowski. Leipzig/Weimar: Gustav Kiepenheuer, 1990.

41. Was ist des Deutschen Vaterland. Ein deutsch-deutsches Lesebuch. Hrsg. von Ursula Höntsch und Olav Münzberg. Berlin: verbum Druck- und Verlagsgesellschaft mbH für Kirche und Öffentlichkeit, 1993.

42. Signale aus der Bleecker Street. Deutsche Texte aus New York. Hrsg. von Bernd Hüppauf und Rolf M. Bäumer. Göttingen: Wallstein, 1999 (*Ottendorfer Series, Neue Folge, Band 1*).

43. Huhn, Klaus (Hg.): Ein Jahrzehnt wird besichtigt. Vorwort: Armin Stolper. [Berlin]: Spotless, 1998 (*Spotless-Reihe Nr. 100*).

44. In Sachen Erich Honecker (*Kursbuch 111*. Berlin: Rowohlt Berlin, Februar 1993).

45. *Berlin – Ein Ort zum Schreiben. 347 Autoren von A bis Z. Porträts und Texte*. Mit einem Vorwort von Walter Jens. Hrsg. von Karin Kiwus im Auftrag der Akademie der Künste. Berlin: Aufbau, 1996.

46. Knabe, Hubertus (Hg.): Aufbruch in eine andere DDR. Reformer und Oppositionelle zur Zukunft ihres Landes. Reinbek: Rowohlt TB, 1989 (*rororo aktuell*).

47. Der wilde Osten. Neueste deutsche Literatur. Hrsg. von Roland Koch. Frankfurt a.M.: Fischer TB, 2002.

48. Bahnhof Berlin. Hrsg. und mit einem Nachwort von Katja Lange-Müller. München: dtv, 1997.

49. Die Kraft der Empfindlichkeit. Essays 1949 bis 1990. Hrsg. und mit einem Nachwort von Werner Liersch. Mit Textbeiträgen von Ernst Niekisch, Gerhard Zwerenz, Georg Maurer, Stefan Heym, Karl Mickel, Christa Wolf, Anna Seghers, Adolf Endler, Volker Braun, Rainer Kirsch, Kurt David, Franz Fühmann, Günter Kunert, Gerhard Wolf, Peter Gosse, Friedrich Dieckmann, Stephan Hermlin, Werner Creutziger, Erich Loest, Rolf Schneider, Werner Liersch, Christoph Hein, Manfred Streubel, Peter Hacks und Helga Königsdorf. Leipzig: Faber & Faber, 1998 (*Die DDR-Bibliothek, Band 16*).

50. Die Zeit danach. Neue deutsche Literatur. Hrsg. von Helge Malchow und Hubert Winkels. Köln: Kiepenheuer & Witsch, 1991.

51. DEUTSCH in einem anderen LAND. Die DDR (1949-1990) in Gedichten. Hrsg. von Rüdiger Mangel, Stefan Schnabel, Peter Staatsmann. Berlin: Theater der Freien Volksbühne/Edition Hentrich, 1990 (*Reihe Deutsche Vergangenheit, Stätten der Geschichte Berlins, Band 46*).

52. Michel ohne Mütze. Deutschland in Geschichten. Hrsg. von Hinrich Matthiesen und Ulrich Steinmetzger. [Halle (S.)/Leipzig]: Mitteldeutscher Verlag, 1991.

53. Mauer, Charly (Hg.): Liebeswende. Wendeliebe. Berlin: Morgenbuch Verlag Volker Spiess, 1992.

54. Maus, Andreas: Drüben. Alltagsgeschichten aus Ost und West. Mit Fotografien von Burkhard Peter. München: dtv, 1999 (*dtv premium*). [Dazu: Plaschke, Lilo: Jenseits der Mauer. Blicke nach ‚Drüben' von Andreas Maus und Burkhard Peter. In: *dtv magazin* (1999) Sommer, 34f.]

55. Deutschland einig Mörderland. Hrsg. von Karen Meyer. Berlin: Das Neue Berlin, 1995 (25 Jahre DIE-Krimis – 5 Jahre deutsche Einheit. Ein Jubiläumsband).

56. Möbius, Regine: Autoren in den neuen Bundesländern. Schriftsteller-Porträts. Hrsg. vom Börsenblatt für den Deutschen Buchhandel. Leipzig: Thom, 1995.

57. Müller, Harald (Hg.): DDR-Theater des Umbruchs. Werner Buhss, Klaus Rohleder, Georg Seidel, Gruppe Zinnober, Lothar Trolle, Jo Fabian, Bert Koß, Jörg Michael Koerbl. Frankfurt a.M.: Eichborn, 1990.

58. Fluchtfreuden Bierdurst. Letzte Gedichte aus der DDR. Hrsg. von Dorothea Oehme. Mit einer Vorbemerkung von Fritz Rudolf Fries. Berlin: Unabhängige Verlagsbuchhandlung Ackerstraße, 1990.

59. Oktober 1989. Wider den Schlaf der Vernunft. Berlin (DDR): Neues Leben, 1990/Berlin: Elefanten Press, 1989 (*Temperamente* 1).

60. Ossi, benimm dich! Berlin: Eulenspiegel, 2002.

61. Fluchten vor dem Vaterland. Deutsche Geschichten. Hrsg. von Bruno Preisendörfer. Berlin: Wagenbach, 1999.

62. *Über Deutschland. Schriftsteller geben Auskunft*. Hrsg. von Thomas Rietzschel. Leipzig: Reclam, 1993.

63. Dreizehn deutsche Geschichten. Erzähltes Leben aus Ost und West. Hrsg. von Winfried Ripp und Wendelin Szalai. Hamburg: Edition Körber-Stiftung, 1998.

64. Der heimliche Grund. 69 Stimmen aus Sachsen. Im Auftrag des Literaturbüros Leipzig e.V. hrsg. von Helgard Rost und Thorsten Ahrend. Leipzig: Gustav Kiepenheuer, 1996.

65. Landschaft mit Leuchtspuren. Neue Texte aus Sachsen. Hrsg. vom Sächsischen Literaturrat e.V. Leipzig: Reclam, 1999.

66. Berlin um Mitternacht. Hrsg. von Rüdiger Schaper. Berlin: Argon, 1998.

67. Schüddekopf, Charles (Hg.): „Wir sind das Volk!“ Flugschriften, Aufrufe und Texte einer deutschen Revolution. Mit einem Nachwort von Lutz Niethammer. Reinbek: Rowohlt TB, 1990.

68. Begrenzt glücklich. Kindheit in der DDR. Hrsg. von Wilhelm Solms. Marburg: Hitzeroth, 1992.

69. TERTIA-Gruppe (Hg.): Transformationen. Bonn: TERTIA Bildung und Beruf GmbH & Co./TERTIA Training und Consulting GmbH & Co., 1998.

69. Tief, Kollek: Ganz schön komisch. Anekdotisches aus der DDR. Mit Zeichnungen von Menotti. Berlin: edition ost, 1995 (*Bunte Reihe*).

70. Von Abraham bis Zwerenz. Eine Anthologie des Bundesministeriums für Bildung, Wissenschaft, Forschung und Technologie, Bonn und des Ministeriums für Bildung, Wissenschaft und Weiterbildung des Landes Rheinland-Pfalz als Beitrag zur geistig-kulturellen Einheit in Deutschland. 3 Bände. [o.O.]: Cornelsen, 1995.
[Dazu: Kant, Hermann/Zwerenz, Gerhard: Unendliche Wende. Ein Streitgespräch. [Hrsg. von Joachim Jahns.] Querfurt: Dingsda-Verlag, 1998, 99f.]

71. Das Land am Nebentisch. Texte und Zeichen aus Siebenbürgen, dem Banat und den Orten versuchter Ankunft. Hrsg. von Ernest Wichner. Leipzig: Reclam, 1993.

72. Die Poesie hat immer recht. Gerhard Wolf. Autor, Herausgeber, Verleger. Ein Almanach zum 70. Geburtstag. Hrsg. von Peter Böthig. Berlin: Gerhard Wolf Janus press, 1998.

73. *Nie wieder Ismus!* Neue deutsche Satire. Hrsg. von Christine und Manfred Wolter. Berlin: Eulenspiegel, 1992.

1.2 Epik

1. [Anon.]: Der gebreulte Ritter und andere Wendemärchen. Zweite, überarbeitete Auflage. Berlin: Spotless, 1994
[zuerst: Berlin: Spotless, 1992.]

2. Achternbusch, Herbert: Kein Fussel. In: Achternbusch, Herbert: *Es ist niemand da*. Frankfurt a.M.: Fischer TB, 1992, 21.

3. Ders.: Kein Vorwort: In: Achternbusch, Herbert: *Es ist niemand da*. Frankfurt a.M.: Fischer TB, 1992, 93-101.

4. Aehnlich, Kathrin: Wenn ich groß bin, flieg ich zu den Sternen. Leipzig: Gustav Kiepenheuer, 1998.
[Taschenbuchausgabe: Berlin: Aufbau TB, 2003.]

5. Ahrends, Martin: Der märkische Radfahrer. Roman. Köln: Kiepenheuer & Witsch, 1992.

[Taschenbuchausgabe: Der märkische Radfahrer. Mann mit Grübchen. Zwei kleine Romane. Berlin: Aufbau TB, 1995.]

6. Ahrendt, Elisabeth: Hauptsache zusammen! München: dtv, 1994 (*dtv junior*).

7. Andert, Reinhold: Rote Wende. Wie die Ossis die Wessis besiegten. Berlin: Elefanten Press, 1994.

8. Arjouni, Jakob: Magic Hoffmann. Roman. Zürich: Diogenes, 1996.
[Taschenbuchausgabe: Zürich: Diogenes, 1997.]

9. Askan, Katrin: Aus dem Schneider. Roman. Berlin: Berlin Verlag, 2000.
[Dazu: Falcke, Eberhard: Langer Abschied. Katrin Askans Roman der Rückblicke auf eine deutsche Familiengeschichte. In: *SZ* v. 22.3.2000 (*Beilage*);
Hochstein, Hartwig: „Morgen könnte ich tot sein". In: *LVZ* v. 23.3.2000 (*BücherJournal zur Leipziger Buchmesse*);
Grub, Frank Thomas: Ankunft und Abschied. In: *Saarbrücker Zeitung* v. 7.5.2001.]

10. Augsburg, Frank: Aufschwung Ost. Kriminalroman. Hamburg: Argument Verlag, 1995 (*Zweite Reihe 2007*).

11. Augustin, Ernst: Gutes Geld. Roman in drei Anleitungen. Frankfurt a.M.: Suhrkamp, 1996.
[Taschenbuchausgabe: Frankfurt a.M.: Suhrkamp, 1997.]

12. Barolo, Battista: Deutscher Nebel ist unteilbar. Betrachtungen aus dem untergehenden Deutschland im zuendegehenden 20. Jahrhundert. In der Übersetzung von Angelika Bock. Leipzig: Faber & Faber, 1996 (*Die Sisyphosse, Eine Bücherreihe*).

13. Becker, Jürgen: Der fehlende Rest. Erzählung. Frankfurt a.M.: Suhrkamp, 1997.
[Taschenbuchausgabe: Frankfurt a.M.: Suhrkamp, 2002.]
[Dazu: Linder, Christian: Wege im Schnee ins Gestern. Ein Buch voller Stilleben. Jürgen Beckers neuer Prosaband „Der fehlende Rest". In: *SZ* v. 19.3.1997;
auch in: *Deutsche Literatur 1997. Jahresüberblick*. Hrsg. von Volker Hage, Rainer Moritz und Hubert Winkels. Stuttgart: Reclam, 1998, 91-95.]

14. Ders.: Aus der Geschichte der Trennungen. Roman. Frankfurt a.M.: Suhrkamp, 1999.
[Taschenbuchausgabe: Frankfurt a.M.: Suhrkamp, 2001.]
[Dazu: Fromm, Waldemar: Die Westsicht zweier Generationen zum neuen Lebensgefühl nach der Wende – Hanns-Josef Ortheils Tagebuch *Blauer Weg* und Jürgen Beckers autobiographischer Roman *Aus der Geschichte der Trennungen*. In: *Mentalitätswandel in der deutschen Literatur zur Einheit (1990-2000)*. Hrsg. von Volker Wehdeking. Berlin: Erich Schmidt Verlag, 2000 (*Philologische Studien und Quellen, Heft 165*), 177-188;
Reinhardt, Stephan: Von Köln nach Erfurt und zurück. Der erste Roman des Lyrikers Jürgen Becker. In: *Handelsblatt/Der Tagesspiegel* v. 13.10.1999.]

15. Becker, Jurek: Amanda herzlos. Roman. Frankfurt a.M.: Suhrkamp, 1992.
[Taschenbuchausgabe: Frankfurt a.M.: Suhrkamp, 1994.]
[Dazu: Intimes aus der DDR. Günter de Bruyn über Jurek Beckers neuen Roman „Amanda herzlos". In: *Der Spiegel* 46 (1992) 32 v. 3.8.1992, 155-159;
auch in: *Deutsche Literatur 1992. Jahresüberblick*. Hrsg. von Franz Josef Görtz, Volker Hage und Uwe Wittstock unter Mitarbeit von Katharina Frühe. Stuttgart: Reclam, 1993, 116-121;
Reich-Ranicki, Marcel: Drei Idioten. Jurek Beckers Roman „Amanda herzlos". In: *FAZ* v. 18.9.1992;
auch in: *Deutsche Literatur 1992. Jahresüberblick*. Hrsg. von Franz Josef Görtz, Volker Hage und Uwe Wittstock unter Mitarbeit von Katharina Frühe. Stuttgart: Reclam, 1993, 121-127.]

16. Becker, Peter von: Die andere Zeit. Roman. Frankfurt a.M.: Suhrkamp, 1994.

17. Becker, Thorsten: Mitte[. D]arin die vollständige Übersetzung von Xavier de Maistres „Voyage autour de ma Chambre" aus dem Jahre 1794. Berlin: Volk & Welt, 1994.

18. Ders.: Schönes Deutschland. Roman. Berlin: Volk & Welt, 1996.
[Lizenzausgabe: Frankfurt a.M./Wien: Büchergilde Gutenberg, 1997.]
[Dazu: Arend, Ingo: Deutsches Theater. Ventil des Mißmuts: Thorsten Beckers Einheits-Groteske „Schönes Deutschland". In: *Freitag* v. 4.10.1996 (*Freitag Literatur Extra zur Frankfurter Buchmesse 1996*);
Bremer, Ulrike: VI Thorsten Becker: Schönes Deutschland. In: B., U.: *Versionen der Wende. Eine textanalytische Untersuchung erzählerischer*

Prosa junger deutscher Autoren zur Wiedervereinigung. Osnabrück: Universitätsverlag Rasch, 2002, 153-180;
Detje, Robin: Schaff den Brechtzauber ab! Kantinengeboren, aber leider geschichtsphilosophisch verkrampft: Thorsten Beckers Roman „Schönes Deutschland". In: *Die Zeit* v. 4.10.1996;
Döbler, Katharina: Deutsch-deutsche Eheberatung. Thorsten Beckers „Schönes Deutschland". In: *NZZ* v. 9.11.1996;
Ghanaat, Henrik: Orange am Literaturhimmel. Thorsten Beckers Ost-West-mit-Mauer-Roman „Schönes Deutschland" und die deutsche Kritik. In: *junge Welt* v. 13.12.1996;
Groß, Thomas: Fabulieren im freien Fall. Thorsten Beckers Groteske „Schönes Deutschland" verfängt sich in krudem Bildungsschwulst. In: *taz* v. 2.10.1996;
Gutschke, Irmtraud: Clown mit Träne. Thorsten Becker glaubt nicht an die deutsche Einheit. In: *ND* v. 1.11.1996;
Hage, Volker: Honecker kehrt zurück. Der Autor Thorsten Becker läßt in seinem neuen Roman „Schönes Deutschland" die DDR wiederauferstehen – vergebliche Liebesmüh. In: *Der Spiegel* 50 (1996) 40 v. 30.9.1996, 286;
Kopka, Fritz-Jochen: Mauer aus Glas. Roman I. Die einen sind begeistert, die anderen rümpfen die Nase über Thorsten Beckers „Schönes Deutschland". In: *Wochenpost* v. 17.10.1996;
Krätzer, Jürgen: Armes Deutschland, als Plaudermärchen geoutet. Im Backofen des Zeitgeistes: Thorsten Beckers Roman-Debüt. In: *LVZ* v. 7.11.1996;
Krekeler, Elmar: Und Erich kommt doch wieder. Thorsten Beckers Groteske: DDR – Der zweite Versuch. In: *Die Welt* v. 2.10.1996;
Liersch, Werner: Ein DDR-Witz im Großformat. Thorsten Beckers Nachwende-Roman „Schönes Deutschland". In: *Berliner Morgenpost* v. 12.1.1997;
Neubauer, Michael: [o.T.]: In: *GrauZone* (1997) 9/10, 39;
Pralle, Uwe: Deutschland, ein Simulationsmärchen. Thorsten Becker setzt eine deutsche Literaturserie fort. In: *FR* v. 2.10.1996;
Schaper, Rüdiger: Auferstanden aus Kantinen. Ein Buch, eine Lesung, ein Theater: „Schönes Deutschland" von und mit Thorsten Becker. In: *SZ* v. 28./29.9.1996;
Schneider, Rolf: [o.T.]. In: *Die Woche* v. 4.10.1996;
Spiegel, Hubert: Kleiner Ui, was nun. Thorsten Beckers Deutschstunde. In: *FAZ* v. 5.11.1996.]

19. Bengsch, Gerhard: Prünzke & Prott. Berlin: Eulenspiegel, 2000.

20. Biermann, Pieke: Berlin, Kabbala. Short Stories. Berlin: Transit, 1997.
[Taschenbuchausgabe: München: Goldmann, 2000.]

21. Biskupek, Matthias: Die Abenteuer der andern. Geschichten. Berlin (DDR): Eulenspiegel, 1990.

22. Ders.: Wir Beuteldeutschen oder Wie ich zum Widerstandskämpfer wurde. Satiren, Glossen & Feuilletons. Berlin: Eulenspiegel, 1991.

23. Ders.: Das Fremdgehverkehrsamt und andere satirische Feuilletons. Greiz: Verlag Weisser [sic] Stein, 1992.

24. Ders.: Der Blick von draußen. Beobachtungen des Kreisschreibers Matthias Biskupek. Mit Zeichnungen von Hildegard Meiser. Ottweiler: Ottweiler Druckerei und Verlag, 1994.

25. Ders.: Biertafel mit Colaklops. Satirische Zutaten von Claudia bis Kanada. Mit Illustrationen von NEL. Berlin: Eulenspiegel, 1995.

26. Ders.: Der Quotensachse. Vom unaufhaltsamen Aufstieg eines Staatsbürgers sächsischer Nationalität. Roman. Leipzig: Gustav Kiepenheuer, 1996.
[Taschenbuchausgabe: B., M.: *Der Quotensachse. Roman*. Berlin: Ullstein, 1998.]
[Dazu: Simplizissimus auferstanden aus Ruinen? Heinz Knobloch warnt vor Matthias Biskupeks „Der Quotensachse“. In: *Neue Promenade* (1996) 1, 9.]

27. Ders.: Schloß Zockendorf. Eine Mordgeschichte. Leipzig: Gustav Kiepenheuer, 1998.

28. Ders.: Die geborene Heimat. Spöttische Lobreden. Rudolstadt/Jena: Hain Verlag, 1999 (*Thüringen-Bibliothek, Band 8*).

29. Bleisch, Norbert: Viertes Deutschland. Erzählung. Frankfurt a.M.: Suhrkamp, 1992.

30. Bramke, Michael: Der Stasi-Microsoft-Deal. Satire. Berlin: verlag am park, 2001.

31. Brasch, Peter: Schön hausen. Berlin: Eulenspiegel, 1999.
[Dazu: Dieckmann, Christoph: Das Geheimnis der Nuttenbrosche. Für Peter Brasch hat sich im Osten Berlins „eijentlich nüscht jeändert“. In: *Die Zeit* v. 14.10.1999.]

32. Braun, Volker: Das Nichtgelebte. Eine Erzählung. Leipzig: Faber & Faber, 1995 (*Die Sisyphosse. Eine Bücherreihe*);
auch in: *Berlin zum Beispiel. Geschichten aus der Stadt.* Erzählt von Jurek Becker, Monika Maron, Bodo Morshäuser, Katja Lange-Müler, Ingo Schulze u.v.a. Hrsg. von Sven Arnold und Ulrich Janetzki. München: btb, 1997, 134-148.

33. Ders.: Der Wendehals. Eine Unterhaltung. Frankfurt a.M.: Suhrkamp, 1995.
[Dazu: Vormweg, Heinrich: Ziellos in der Fußgängerzone. „Der Wendehals": Volker Brauns Unterhaltung mit dem abgewickelten Kollegen Schaber. In: *SZ* v. 5.4.1995 (*Beilage*).]

34. Ders.: Die vier Werkzeugmacher. In: *Sinn und Form* 48 (1996) 2, 165-180.
[Buchausgabe: Frankfurt a.M.: Suhrkamp, 1996.]
[Dazu: Kopka, Fritz-Jochen: Schweineöde. Erzählung. „Die vier Werkzeugmacher" von Volker Braun wissen nicht mehr, wer sie sind. In: *Wochenpost* v. 2.10.1996.]

35. Ders.: Das Wirklichgewollte. Frankfurt a.M.: Suhrkamp, 2000.
[Dazu: Baumgart, Reinhard: Auf der Strecke. Volker Braun in der globalisierten Welt. In: *Die Zeit* v. 26.10.2000;
Grub, Frank Thomas: Was ist das „Wirklichgewollte"? Volker Brauns schonungslose Analyse der Gegenwart. In: *Saarbrücker Zeitung* v. 27.10.2000;
Hüfner, Agnes: Was kommt? Drei Texte von Volker Braun: „Das Wirklichgewollte". In: *SZ* v. 30.9.2000.]

36. Bredow, Ilse Gräfin von: Denn Engel wohnen nebenan. Rückkehr in die märkische Heide. Bern/München/Wien: Scherz, 1995.
[Taschenbuchausgabe: München/Zürich: Piper, 1998.]

37. Brenner, Wolfgang: Welcome, Ossi! Roman. Zürich: Diogenes, 1993

38. Brĕzan, Jurij: Krabat oder Die Bewahrung der Welt. Roman. Bautzen: Domowina-Verlag, 1995.

39. Ders.: Die Leute von Salow. Roman. Leipzig: Gustav Kiepenheuer, 1997.
[Taschenbuchausgabe: Berlin: Aufbau TB, 1998.]
[Dazu: Schmidt, Philipp: Wenn eine Grafschaft lieber Genossenschaft bleiben will. „Die Leute von Salow" – Der Sorbe Jurij Brĕzan nimmt die Treuhand aufs Korn. In: *LVZ* v. 15./16.3.1997 (*BücherJournal zur Leipziger Buchmesse*).]

40. Brombacher, Ellen: das neue UM DENKEN. Eine Dolchstoßlegende. [Berlin]: Spotless, 1997 (*Spotless-Reihe Nr. 71*).

41. Brumme, Christoph D.: Nichts als das. Roman. Berlin: Gatza Verlag, 1994.
[Taschenbuchausgabe: Frankfurt a.M.: Fischer TB, 1996.]

42. Ders.: Tausend Tage. Roman. Köln: Kiepenheuer & Witsch, 1997.
[Taschenbuchausgabe: Frankfurt a.M.: Fischer TB, 2000.]

43. Berneburger, Cordt [d.i. Thomas Brussig]: Wasserfarben. Roman. Berlin/Weimar: Aufbau, 1991.
[Taschenbuchausgaben: München: dtv, 1994 (*dtv pocket*); Berlin: Aufbau TB, 2001 sowie Sonder-Taschenbuchausgabe 2002.]
[Hörbuch: Berlin: DAV, 2001; 1 CD.]

44. Brussig, Thomas: Helden wie wir. Roman. Berlin: Volk & Welt, 1996.
[Lizenzausgabe: Frankfurt a.M./Wien: Büchergilde Gutenberg, 1996.]
[Taschenbuchausgaben: Frankfurt a.M.: Fischer TB, 1998; Sonderausgaben: Frankfurt a.M.: Fischer TB, 1998, erneut 2001 sowie 2002 (*Limitierte Jubiläumsedition*).]
[Hörbuch: Thomas Brussig liest *Helden wie wir*. Als Gast: Katarina Witt. Bochum: tacheles!/Roof Music, 2001; 4 CDs.]
[Hörspiel: Mit Ulrich Mühe, Steffen Schult, Angelika Waller u.v.a. Berlin: DAV/MDR, 1999 (MDR, 1996); 1 CD.]
[Soundtrack: Helden wie wir. Die unglaubliche Wahrheit des Mauerfalls! Original Soundtrack. Berlin: BMG Berlin, 1999; 1 CD (*Amiga/BMG 74321699762*).]
[Bühnenfassung des Deutschen Theaters Berlin nach dem gleichnamigen Roman. In: *Theater heute* 37 (1996) 6, 40-47.]
[Dazu: [Anon.]: [o.T.]. In: *Fachdienst Germanistik* (1996) 3;
Ahrends, Martin: Generalabsolution. Thomas Brussig auf der Suche nach dem großen Wir. In: *Freitag* v. 12.4.1996;
„Wenig Wahrheiten und viel Witz". Wolf Biermann über Thomas Brussigs Roman „Helden wie wir". In: *Der Spiegel* 50 (1996) 5 v. 29.1.1996, 186f.;
Böttiger, Helmut: Die DDR braucht ihr '68! Thomas Brussigs Abrechnung mit der sozialistischen Kleinbürgermoral. In: *FR* v. 28.10.1995;
Brandt, Sabine: Bleiche Mutter DDR. Thomas Brussig kuriert den Sozialismus aus einem Punkt. In: *FAZ* v. 10.10.1995;
Bremer, Ulrike: II Thomas Brussig: Helden wie wir. In: B., U.: *Versionen der Wende. Eine textanalytische Untersuchung erzählerischer Prosa junger deutscher Autoren zur Wiedervereinigung*. Osnabrück: Universitätsverlag Rasch, 2002, 33-62;

Dermutz, Klaus: Männerphantasien im dunklen Reich der sexuellen Nöte. Uraufführung am Deutschen Theater: die Theatralisierung von Thomas Brussigs Wende-Roman „Helden wie wir". In: *FR* v. 2.5.1996;
Dieckmann, Christoph: Klaus und wie er die Welt sah. Der junge Ostberliner Autor Thomas Brussig hat den heißersehnten Wenderoman geschrieben. In: *Die Zeit* v. 8.9.1995;
auch in: *Deutsche Literatur 1995. Jahresüberblick*. Hrsg. von Franz Josef Görtz, Volker Hage und Hubert Winkels in Zusammenarbeit mit Katharina Frühe. Stuttgart: Reclam, 1996, 136-139;
[Interview mit Barbara Felsmann]: Wer saß unten im System? Icke! Literatur. Thomas Brussig über DDR-Nostalgie, Sex, sozialistische Perversionen und seinen Roman „Helden wie wir". In: *Wochenpost* v. 21.9.1995;
Franke, Konrad: Der Sieger der Geschichte. Thomas Brussig stellt vor: „Helden wie wir". In: *SZ* v. 11.10.1995;
Geisenhanslüke, Achim: Abschied von der DDR. In: Arnold, Heinz Ludwig (Hg.): *DDR-Literatur der neunziger Jahre* (*text+kritik Sonderband IX/00*), 80-91;
[Interview mit Gisela Hoyer, Ralph Gambihler]: Wie es wirklich war – mit Mauer, Stasi, Ostsex ... In: *Ostthüringer Zeitung* v. 20./21.7.1996;
Gwalter, Maja E.: DDR – fortgelacht. Thomas Brussigs Wenderoman als Bühnenstück in Berlin. In: *NZZ* v. 2.5.1996;
Hilpert, Harald: Leichtfüßig unter der Gürtellinie. „Helden wie wir"-Premiere im Keller des Kleinen Staatstheater-Hauses. In: *Braunschweiger Zeitung* v. 13.1.1997;
Hollmer, Heide: The next generation. Thomas Brussig erzählt Erich Honeckers DDR. In: Arnold, Heinz Ludwig (Hg.): *DDR-Literatur der neunziger Jahre* (*text+kritik Sonderband IX/00*), 107-121;
Jäger, Manfred: Satirisches Kunststückchen. In: *Deutschland Archiv* 29 (1996) 4, 631f.;
Kaden, Martina: Der Mauer-Phall. Wieder zu haben: Der Wende-Roman „Helden wie wir". Gespräch mit dem Autor Thomas Brussig. In: *BZ* v. 9.10.1995;
Krättli, Anton: Eine höhnische, tieftraurige Satire auf die DDR. Literatur nach der Wende und Thomas Brussigs „Helden wie wir". In: *Badener Tagblatt* v. 20.5.1996;
Kraft, Thomas: An der Charmegrenze der Provokation. Thomas Brussigs Realsatire über 20 Jahre DDR-Geschichte: „Helden wie wir". In: *Freitag* v. 13.10.1995;
Krause, Tilman: Kleine Trompete, zur großen Tuba aufgeblasen. Götz Schubert als darstellerischer Tausendsassa in „Helden wie wir" an den Kammerspielen. In: *Der Tagesspiegel* v. 29.4.1996;

Küpper, Mechthild: Hooohaahooo. Rezension. Thomas Brussigs Roman „Helden wie wir" über das Leben im Arbeiter-und-Bauern-Staat. In: *Wochenpost* v. 21.9.1995;
Kunisch, Hans-Peter: Das wesentliche Gemächt. Über die Waffe des Mauerkillers: Der Roman „Helden wie wir" von Thomas Brussig als Hörspiel. In: *SZ* v. 17.9.1996;
Magenau, Jörg: Die Sorge ums Genital. Theater. Thomas Brussigs Erfolgsroman „Helden wie wir" auf der Bühne des Deutschen Theaters in Berlin. In: *Wochenpost* v. 2.5.1996;
Mensing, Kolja: Stumpfer Spiegel und billige Katharsis. Das Gorki erhöht den Solidarbeitrag, am Deutschen Theater werden Bananen geschält: *Der Zimmerspringbrunnen* und *Helden wie wir an* [sic] Berliner Bühnen. In: *GrauZone* (1997) 9/10; 44-47, 46f.;
Neubauer, Michael: Romanwirrwar in der Großstadt. Literatur im Sog einer unerhörten Begebenheit: zum Boom der Berlin-Romane der neunziger Jahre. In: *GrauZone* (1997) 9/10, 6-11;
Petzold, Tomas: Der Stasi-Eleve als verkanntes Genie. Premiere von Thomas Brussigs „Helden wie wir" im Kleinen Haus des Staatsschauspiels. In: *Dresdner Neueste Nachrichten* v. 2./3.11.1996;
Simanowski, Roberto: Die DDR als Dauerwitz? In: *ndl* 44 (1996) 2, 156-163;
Heroes of the wall. Frederick Stüdemann on new German fiction putting a fresh and amusing slant on the east. In: *Financial Times* v. 30./31.5.1998;
[Interview mit Johannes Wendland]: Halb so wild und doppelt so schön. Seit Monaten liegt sein Wende-Roman „Helden wie wir" auf Platz 1 der ostdeutschen Bestsellerliste. Macht das nicht auch ein bißchen Angst? In: *Deutsches Allgemeines Sonntagsblatt* v. 22.3.1996;
Walther, Peter: Triebkraft der Geschichte. Endlich: der sexuelle Enthüllungsroman über die wirklichen Gründe der Wende. In: *taz* v. 9./10.9.1995;
Wille, Franz: Entfesselt verklemmt! Thomas Brussigs Wenderoman „Helden wie wir" – als Monodram im Berliner Deutschen Theater. In: *Theater heute* 37 (1996) 6, 36-39;
Zwischen Elfenbeinturm und Sunset Boulevard. Thomas Brussig über das Verhältnis Film – Roman und die Umsetzung seines Erfolgsromanes Helden wie wir in ein Drehbuch. In: *GrauZone* (1997) 9/10, 48-51.]

45. Ders.: Am kürzeren Ende der Sonnenallee. Berlin: Volk & Welt, 1999. [Lizenzausgabe: Frankfurt a.M./Wien: Büchergilde Gutenberg, 1999.] [Taschenbuchausgabe: Frankfurt a.M.: Fischer TB, 2001.] [Hörbuch: Ungekürzte Autorenlesung. Schwäbisch Hall: steinbach sprechende bücher/SFB, 2000; 3 CDs/3 MCs.]

[Soundtrack: Sonnenallee. Es war einmal im Osten ... Original Musik zum Kinofilm aus Ost und West. [o.O.]: filmton Soundtracks/eastwest, 1999; 1 CD.]
[Dazu: [Anon.]: Blick zurück ohne Zorn. Eine Jugend im Schatten der Mauer. In: *Fischer Lesezeichen* (2001) April-September, 28f.;
[um]: Sonnenallee/Flotte Farce. In: *unicum* 17 (1999) 10, 66.
Bielefeld, Claus-Ulrich: Die Mauer – eine Sittengeschichte. Thomas Brussigs zweiter [sic] Roman. In: *SZ* v. 4./5.9.1999;
Blume, Thomas: Nostalgisch. In: *BuchJournal* (1999) 3;
Brinkmann, Martin: Liebe, Stones & Stasi. Kann ein Film über die DDR lustig sein? Und wie! „Sonnenallee" bringt Licht in düstere Vergangenheit. In: *TV Today* Nr. 21 v. 9.-22.10.1999, 40.
Donay, Eiko: Humor im Schatten der Mauer. „Helden wie wir"-Leser erlebten in der Göttenbach-Aula einen anderen Thomas Brussig: Amüsant, grotesk, kabarettreif. In: *Nahe-Zeitung* v. 15.10.1999;
Gutknecht, Günther/Rapp, Brigitte: Thomas Brussig. Am kürzeren Ende der Sonnenallee. Schülerarbeitsheft. Rot a.d. Rot: Krapp & Gutknecht, 2001;
Dies.: Thomas Brussig. Am kürzeren Ende der Sonnenallee. Lehrerheft. Rot a.d. Rot: Krapp & Gutknecht, 2001;
Hage, Volker: Der Westen küsst anders. Blick zurück ohne Zorn: Thomas Brussig hat die Vorlagen für zwei Spielfilme geschrieben, in denen überraschend farbig vom Alltag in der DDR erzählt wird – sein neues Buch erlaubt sich provozierend nostalgische Töne. In: *Der Spiegel* 53 (1999) 36 v. 6.9.1999, 252-254;
[Interview mit Volker Hage]: „Jubelfeiern wird's geben". Der Schriftsteller Thomas Brussig über die verflossene DDR, die Zusammenarbeit mit Leander Haußmann, über Ehrgeiz, Misserfolge und verkäufliche Literatur. In: *Der Spiegel* 53 (1999) 36 v. 6.9.1999, 255-257;
Sonnenallee. Das Buch zum Film. Hrsg. von Leander Haußmann. Mitarbeit: Bettina Gries. Mit dem Drehbuch, einem Interview mit Leander Haußmann und Thomas Brussig sowie Beiträgen von Alexander Osang, Ernst Röhl, Jonathan Meese u.a. Berlin: Quadriga, 1999.
Hollmer, Heide: The next generation. Thomas Brussig erzählt Erich Honeckers DDR. In: Arnold, Heinz Ludwig (Hg.): *DDR-Literatur der neunziger Jahre* (*text+kritik Sonderband IX/00*), 107-121;
Krischel, Volker: Erläuterungen zu Thomas Brussig: Am kürzeren Ende der Sonnenallee. Hollfeld: Bange, 2001 (*Königs Erläuterungen und Materialien, Band 409*);
Küpper, Mechthild: Sieben leere Patronen am Ende der Nacht. Die DDR als Schützenfest: Thomas Brussigs Roman „Am kürzeren Ende der Sonnenallee". In: *FAZ* v. 12.10.1999;

Interpretationshilfe Deutsch. Thomas Brussig: Am kürzeren Ende der Sonnenallee. Interpretiert von Michael Lammers. Freising: Stark, 2000;
Peuckert, Tom: Der Witz der Provinz. Thomas Brussigs Mogelpackung aus der Sonnenallee. In: *FR* v. 13.10.1999 (*Literatur in der FR*);
Woldt, Christoph: Heimatliebe. Am kürzeren Ende der Sonnenallee: Thomas Brussig schlagert „Gib mir den Westlerkuß". In: *junge Welt* v. 13.10.1999.]

47. Brussig, Thomas: Leben bis Männer. Frankfurt a.M.: Fischer TB, 2001 (*Collection S. Fischer*).
[Sonderausgabe zum Welttag des Buches: Frankfurt a.M.: Fischer TB, 2003.]

48. Buch, Hans Christoph: Der Burgwart der Wartburg. Eine deutsche Geschichte. Frankfurt a.M.: Suhrkamp, 1994.
[Dazu: Zenke, Thomas: Luther, Goethe & IM „Sekretär". Hans Christoph Buchs 500jährige Wanderung durch Verrat, Geheimdienst, Intrige und deutsche Geschichte. In: *Die Zeit* v. 11.11.1994;
auch in: *Deutsche Literatur 1994. Jahresüberblick*. Hrsg. von Franz Josef Görtz, Volker Hage und Uwe Wittstock unter Mitarbeit von Katharina Frühe. Einleitung von Hubert Winkels. Stuttgart: Reclam, 1995, 117-121.]

49. Buchholz, Martin: Wir sind, was volkt. Vom Ur-Sprung in der deutschen Schüssel – ein satirisches Schizogramm. Berlin: Harriet Eder Verlag, 1993.

50. Burmeister, Brigitte: Unter dem Namen Norma. Roman. Stuttgart: Klett-Cotta, 1994.
[Dazu: Amelungse-Kurth, Astrid: Autobiographisch gefärbte Geschichte der Wendezeit. Eine subtile Autorin: Brigitte Burmeister zu Gast in Feldafing. In: *Starnberger Merkur* v. 25.8.1995;
Cramer, Sibylle: Deutsche Zustände und die offenen Felder im Gefüge der Gegenwart. Die Ostberliner Erzählerin Brigitte Burmeister legt einen weitsichtigen Gegenwartsroman vor. In: *SZ* v. 5.10.1994 (*Buchmessenbeilage*);
Escherig, Ursula: Die Erinnerung, ein Archivar. Brigitte Burmeister, Schriftstellerin. In: *Der Tagesspiegel* v. 31.8.1994;
Geisenhanslüke, Achim: Abschied von der DDR. In: Arnold, Heinz Ludwig (Hg.): *DDR-Literatur der neunziger Jahre* (*text+kritik Sonderband IX/00*), 80-91;
Hensel, Kerstin: Ost? West? Brigitte Burmeisters Roman „Unter dem Namen Norma". In: *Freitag* v. 16.9.1994;

Hinck, Walter: Glasierte Gesichter. Brigitte Burmeisters Berlin-Roman. In: *FAZ* v. 4.10.1994 (*Buchmessenbeilage*);
Kaufmann, Eva: „Handlung ohne erkennbaren Grund"? In: *ndl* 42 (1994) 5, 175-177;
Kebir, Sabine: Ein Roman aus Berlin-Mitte. Das Beschreiben der Wirklichkeit ist immer noch provokant. In: *Lesart* (1995) 1, 29f.;
Kuhlbrodt, Detlef: Menschen mit rosig goldener Glasur. Wie kann man sich durch den Umbruch hindurch seiner Biographie versichern? In Brigitte Burmeisters ironischem Ost-West-Roman erfindet die Heldin sich eine. In: *taz* v. 5.10.1994 (*Buchmessenbeilage*);
Schmidt, Bettina: Glasur überm Gesicht. Über Lebensversuche im neuen Deutschland. In: *Sächsische Zeitung* v. 7.10.1994;
Schwartz, Leonore: Die geliebte Unklarheit. Brigitte Burmeister reflektiert die Zeit nach der Wende. In: *Saarbrücker Zeitung* v. 18.4.1995;
Soldat, Hans-Georg: Wenn Geschichte beginnt ... „Unter dem Namen Norma" – Brigitte Burmeister schrieb den Roman der deutschen Vereinigung. In: *BZ* v. 4.10.1994 (*Buchmessenbeilage*);
Wehdeking, Volker: Neue Freiheit, neue Risiken, neue Identitätssuche: Der späte literarische Durchbruch von Brigitte Burmeister und die Debüt-Romane von Kerstin Jentzsch und Kerstin Hensel. In: W., V.: *Die deutsche Einheit und die Schriftsteller. Literarische Verarbeitung der Wende seit 1989*. Stuttgart/Berlin/Köln: Kohlhammer, 1995; 76-101, 76-89;
Westphal, Anke: Man glaubt die Lüge. Brigitte Burmeister – Schreiben von Ost nach West. In: *Wochenpost* v. 6.10.1994 (*Buchmessenbeilage*);
Wunderlich, Werner: Melancholie in der neuen Mitte Berlins. „Unter dem Namen Norma". In: *Badische Neueste Nachrichten* v. 27.3.1995.]

51. Dies.: Und Norma geht durch die Wand. Ein Haus in Berlin-Mitte oder: Wenn ein Roman mit der Wirklichkeit flüstert. In: *FR* vom 2.10.1998.

52. Dies.: Abendspaziergang. Berlin: Berliner Handpresse, 1995 (*Berliner Handpresse, 90. Druck*).

53. Dies.: Herbstfeste. Erzählungen. Stuttgart: Klett-Cotta, 1995.
[Dazu: Basse, Michael: [o.T.]. In: *Die Woche* v. 6.10.1995;
Döbler, Katharina: Gepflegter Scharfblick. Brigitte Burmeisters Erzählungen „Herbstfeste". In: *NZZ* v. 10.10.1995;
Grumbach, Detlef: Inventur eines Lebens. „Herbstfeste": Erzählungen von Brigitte Burmeister. In: *Hannoversche Allgemeine* v. 11.10.1995;
Heftrich, Eckhard: Wind über freier Fläche. Brigitte Burmeisters neue Erzählungen. In: *FAZ* v. 5.12.1995;

Heim, Uta-Maria: Die Ortung des Niemandslandes. Abschied von der DDR-Literatur: Brigitte Burmeisters Erzählungsband „Herbstfeste". In: *FR* v. 13.1.1996;
Hilsberg, Stephan: Literarische Wegmarken in der deutsch-deutschen Landschaft. Die gesellschaftliche Wirklichkeit im geteilten und im vereinten Deutschland. In: *Das Parlament* v. 29.9.-6.10.1995;
R[ichter], S[teffen]: Die Leere hinter dem Schlüsselloch. Mehr als historische Randnotizen. In: *Märkische Allgemeine* v. 6.10.1995;
Staudacher, Cornelia: Poetische Erinnerungsfotos. Bagatellfälle mit Bedeutung – Brigitte Burmeisters neuer Erzählband „Herbstfeste". In: *Stuttgarter Zeitung* v. 8.11.1995;
Westphal, Anke: Regelmäßige Vierecke. Brigitte Burmeister feiert „Herbstfeste". In: *Die Zeit* v. 16.2.1996.]

54. Dies.: Pollok und die Attentäterin. Roman. Stuttgart: Klett-Cotta, 1999.
[Dazu: Haase, Horst: Erzählerisches Verwirrspiel. Brigitte Burmeister auf den Spuren eines Attentats. In: *ND* v. 13.-18.10.1999 (*Beilage zur Frankfurter Buchmesse 1999)*.]

55. Buschheuer, Else: Masserberg. Roman. München/Zürich: Diana, 2001.
[Taschenbuchausgabe: München: Diana, 2002.]

56. Chotjewitz, Peter O.: Die Rückkehr des Hausherrn. Monolog einer Fünfzigjährigen. Mit Original-Offsetlithographien von Sabine Koch. Düsseldorf: Eremiten-Presse, 1991 (*Broschur 165*).

57. Ders.: Das Wespennest. Roman. Hamburg: Rotbuch, 1999.

58. Delius, Friedrich Christian: Die Birnen von Ribbeck. Erzählung. Reinbek: Rowohlt, 1991.
[Taschenbuchausgaben: Reinbek: Rowohlt TB, 1993 sowie Reinbek: Rowohlt TB, 1996]
[Großdruckausgabe: Reinbek: Rowohlt TB, 1997.]
[Dazu: [Anon.]: Ein Ossi zieht vom Leder. In: *Der Spiegel* 45 (1991) 26 v. 24.6.1991, 203;
[[Anon.]: Bei meinen Ahnen. Ein brandenburgisches Dorf in Aufruhr: Herr von Ribbeck kehrt nach Ribbeck im Havelland zurück. In: *Der Spiegel* 49 (1995) 6 v. 6.2.1995, 87f.];
Arnds, Peter Oliver: Die deutsche Wiedervereinigung und der Monolog in *Die Birnen von Ribbeck* von Friedrich Christian Delius. In: *Schreiben im heutigen Deutschland. Fragen an die Vergangenheit*. Hrsg. von Ursula E.

Beitter. New York/Washington, D.C./Baltimore/Boston/Bern/Frankfurt a.M./Berlin/Vienna/Paris: Lang, 1998 (*Loyola College in Maryland Berlin Seminar, Contemporary German Literature and Society, Vol. 2*), 67-83.

Baumgart, Reinhard: Deutsch-deutsche Sprechblasen. Friedrich Christian Delius' Beitrag zur deutschen Einheit. In: *Die Zeit* v. 22.3.1991; auch in: *Deutsche Literatur 1991. Jahresüberblick*. Hrsg. von Franz Josef Görtz, Volker Hage und Uwe Wittstock unter Mitarbeit von Katharina Frühe. Stuttgart: Reclam, 1992, 130-134;

Durzak, Manfred: Die Früchte der Wende? Zu Delius' Erzähl-Poem *Die Birnen von Ribbeck*. In: D., M./Steinecke, Hartmut (Hgg.): *F.C. Delius. Studien über sein literarisches Werk*. Tübingen: Stauffenburg, 1997 (*Stauffenburg Colloquium, Band 43*), 181-192;

Henning, Peter: Ist der Wessi denn ein Kolonist? F.C. Delius' Erzählung „Die Birnen von Ribbeck". In: *Der Tagesspiegel* v. 14.7.1991;

Nayhauss, Hans-Christoph Graf von: Zu Delius' *Die Birnen von Ribbeck* aus literaturdidaktischer Sicht. In: D., M./Steinecke, Hartmut (Hgg.): *F.C. Delius. Studien über sein literarisches Werk*. Tübingen: Stauffenburg, 1997 (*Stauffenburg Colloquium, Band 43*), 193-206;

Noll, Chaim: Strichmännlein macht sich verdächtig. In: *Die Welt* v. 24.4.1991;

Oppen, Karoline von: ‚Wer jetzt schwarzweiss malt, hat keine Ahnung': Friedrich Christian Delius's *Die Birnen von Ribbeck* and the predicament of ‚Wendeliteratur'. In: *German Life and Letters* 54 (2001) 4, 352-365;

Riha, Karl: „Kumm man röwer (...)"! Ein erzählerischer Ost-West-Reflex von F.C. Delius: „Die Birnen von Ribbeck". In: *FR* v. 30.3.1991;

Scheffel, Meike: Volkes Stimme versöhnt. „Die Birnen von Ribbeck" – eine mißglückte Dramatisierung der gleichnamigen Erzählung von F.C. Delius in Stendal. In: *taz* v. 29.1.1992;

[Schmalz, Peter: Herr von Ribbeck kehrt zurück. Und auch sein Birnbaum steht wieder im Havelland. In: *Die Welt* v. 31.1.1995];

Schmitter, Elke: Das Flüchtige, das bleiben wird. F.C. Delius' Erzählung „Die Birnen von Ribbeck". In: *taz* v. 14.6.1991;

Wieskerstrauch, Liz: Ballade von den alten und den neuen Herren. Friedrich Christian Delius: Die Birnen von Ribbeck – und die deutsche Einheit. In: *Deutsches Allgemeines Sonntagsblatt* v. 5.4.1991.]

59. Dijk, Lutz van: Von Skinheads keine Spur. Vom Autor durchgesehene und aktualisierte Neuausgabe. München: cbt/C. Bertelsmann Jugendbuch Verlag, 2002.
[zuerst: Düsseldorf: Patmos, 1995.]

60. Dische, Irene: Ein fremdes Gefühl oder Veränderungen über einen Deutschen. Roman. Aus dem Englischen von Reinhard Kaiser. Berlin: Rowohlt Berlin, 1993.
[Dazu: Reich-Ranicki, Marcel/Löffler, Sigrid/Karasek, Hellmuth: [Literarisches Quartett am 12.12.1993. Gast: Jürgen Kolbe]. In: R.-R., M./L., S./K., H.: *... und alle Fragen offen. Das Beste aus dem Literarischen Quartett.* Hrsg. von Stephan Reichenberger unter Mitarbeit von Alex Rühle. Mit einem Vorwort von Johannes Willms. München: Heyne, 2000, 302f.]

61. Dies.: Die intimen Geständnisse des Oliver Weinstock. Wahre und erfundene Geschichten. Aus dem Englischen von Robin Cackett, Reinhard Kaiser und Bernd Samland. Berlin: Rowohlt Berlin, 1994.

62. Dies./Enzensberger, Hans Magnus: Esterhazy. Eine Hasengeschichte. Bilder von Michael Sowa. Aarau/Frankfurt a.M./Salzburg: Sauerländer, 1993.
[Hörbuch: Hans Magnus Enzensberger erzählt Esterhazy. Eine Hasengeschichte von Irene Dische und Hans Magnus Enzensberger. Hamburg: Deutsche Grammophon (*Junior*)/DeutschlandRadio, 1995; 1 CD/1 MC.]

63. Ditfurth, Christian von: Die Mauer steht am Rhein. Deutschland nach dem Sieg des Sozialismus. Köln: Kiepenheuer & Witsch, 1999.

64. Domma sen., Ottokar: Ottokar und die neuen Deutschen. Berlin: Reiher Verlag, 1991 (*Reiher Humor*).

65. Dorn, Katrin: Lügen und schweigen. Roman. Berlin: Aufbau, 2000.
[Dazu: Staudacher, Cornelia: Eine Tochter ringt um die Liebe ihres Vaters: „Lügen und schweigen" von Katrin Dorn. In: *Neue Promenade* (2000) 8, 7.]

66. Drawert, Kurt: Spiegelland. Ein deutscher Monolog. Frankfurt a.M.: Suhrkamp, 1992.
[Dazu: Cosentino, Christine: Der „blinde Spiegel" der Sprachnot: Kurt Drawerts Essayband *Spiegelland: Ein deutscher Monolog*. In: *Germanic Notes and Reviews* 25 (1994) 2, ohne Seitenangabe.]

67. Ders.: Haus ohne Menschen. Zeitmitschriften. Frankfurt a.M.: Suhrkamp, 1993.

68. Ders.: Nacht. Fabriken. Hauser-Material und andere Prosa. Mit Fotografien von Ute Döring. Wien: Edition Korrespondenzen, 2001.

69. Droste, Wiglaf: Sieger sehen anders aus. Mit Zeichnungen von Rattelschneck. Hamburg: Edition Nautilus, 1994.

70. Ders./Henschel, Gerhard: Der Barbier von Bebra. Roman. Hamburg: Edition Nautilus, 1996.
[Taschenbuchausgabe: D., W./H., G.: Der Barbier von Bebra. Roman. Nebst einer Wirkungsgeschichte zu diesem Buch von Andreas Schäfler. Frankfurt a.M.: Fischer TB, 1998.]

71. Dusty: Der Dalei Leima und die glorreichen Sieben von Wendelow. Ein satirischer Report. Berlin: Elefanten Press, 1994.

72. Duve, Karen: Regenroman. Frankfurt a.M.: Eichborn Berlin, 1999.
[Lizenzausgabe: Frankfurt a.M./Wien: Büchergilde Gutenberg, 1999.]
[Taschenbuchausgabe: München: List TB, 2000.]
[Hörbuch: Gelesen von Gerd Köster. Köln: BMG Wort/Random House Audio, 1999; 6 CDs/5 MCs.]

73. Dies.: 89/90. In: Duve, Karen: *Keine Ahnung. Erzählungen.* Frankfurt a.M.: Suhrkamp, 1999, 30-46.

74. Ebersbach, Volker: Kinder des Narziß. Roman. Waldsteinberg: Heidrun Popp Verlag, 2000.

75. Einhorn, Hinnerk: Ride with the wind. Ansichtskarten aus Amerika. In: E., H.: *Voyage au Paradis. Texte einer deutschen Wende.* [Blieskastel]: Gollenstein, 2000, 73-92.

76. Ders.: Voyage au Paradis. Texte einer deutschen Wende. [Blieskastel]: Gollenstein, 2000.

77. Endler, Adolf: Vorbildlich schleimlösend. Nachrichten aus einer Hauptstadt 1972-2008. Berlin: Rotbuch, 1990.

78. Ders.: Die Antwort des Poeten. Roman. Leipzig: Reclam/Frankfurt a.M.: Büchergilde Gutenberg, 1992 (*Gutenberg-Presse 11*).

79. Ders.: Die Exzesse Bubi Blazezaks im Fokus des Kalten Krieges. Satirische Collagen und Capriccios 1976-1994. Leipzig: Reclam, 1995.

80. Ders.: Warnung vor Utah. Momente einer USA-Reise. Leipzig: Gustav Kiepenheuer, 1996.

81. Ensikat, Peter: Hat es die DDR überhaupt gegeben? Berlin: Eulenspiegel, 1998.
[Dazu: Zimmermann, Brigitte: Jeder nimmt, was er braucht. Peter Ensikat fragt: „Hat es die DDR überhaupt gegeben?“ In: *ND* v. 26.-29.3.1998 (*Beilage zur Leipziger Buchmesse 1998*).]

82. Ders.: Was ich noch vergessen wollte. München: Blessing, 2000.

83. Erb, Elke: Nachts, halb zwei, zu Hause. Texte aus drei Jahrzehnten. Leipzig: Reclam, 1991.

84. Dies.: Der wilde Forst, der tiefe Wald. Auskünfte in Prosa. Göttingen: Steidl, 1995.

85. Erpenbeck, John: Aufschwung. Roman. Berlin: Eulenspiegel, 1996.
[Auszug unter dem Titel *Aufschwung. Der deutsch-amerikanische Traum* auch in: *Schreiben im heutigen Deutschland. Fragen an die Vergangenheit*. Hrsg. von Ursula E. Beitter. New York/Washington, D.C./Baltimore/Boston/Bern/Frankfurt a.M./Berlin/Vienna/Paris: Lang, 1998 (*Loyola College in Maryland Berlin Seminar, Contemporary German Literature and Society, Vol.* 2), 17-29.]

86. Es, Jot: Kleiner Idiotenführer durch ganz Deutschland nebst einem Essay von László F. Földényi. München: Matthes & Seitz, 1991.

87. Feyl, Renate: Ausharren im Paradies. Roman. Köln: Kiepenheuer & Witsch, 1992.
[Taschenbuchausgabe: München/Zürich: Diana, 2000.]

88. Franke, Dörte: Denkmalimkopf. Roman. München: dtv, 2002.
[Dazu: Grub, Frank Thomas: Reise in die Vergangenheit. Dörte Frankes „DenkmalimKopf“ [sic]. In: Livres/Bücher. Un supplément du *Tageblatt* 8 (2003) 4 v. 18.4.2003.]

89. Fries, Fritz Rudolf: Die Nonnen von Bratislava. Ein Staats- und Kriminalroman. München/Zürich: Piper, 1994.
[Dazu: Eggebrecht, Harald: Verwischte Welt. Fritz Rudolf Fries' Versuch eines Schelmenromans. In: *Die Zeit* v. 7.10.1994 (*Die Zeit Literatur*); Richter, Steffen: Deutsche Schelme. Fritz Rudolf Fries und Dr. Alexander Retard lesen Balthasar Gracián. In: Arnold, Heinz Ludwig (Hg.): *DDR-Literatur der neunziger Jahre* (*text+kritik Sonderband IX/00*), 62-73.]

90. Ders.: Der Roncalli-Effekt. Roman. Leipzig: Gustav Kiepenheuer, 1999.
[Dazu: Bellin, Klaus: Bericht eines Clowns. Fritz Rudolf Fries schrieb einen glänzenden Roman. In: *ND* v. 13.-18.10.1999 (*Beilage zur Frankfurter Buchmesse 1999*);
Kehlmann, Daniel: Ansichten eines Clowns. Fritz Rudolf Fries' neuer Roman berichtet vom Staatszirkus DDR. In: *Neue Promenade* (1999/2000) 7, 5.]

91. Fritz, Michael G.: Rosa oder Die Liebe zu den Fischen. Roman. Leipzig: Reclam, 2002.
[Dazu: Schmidt, Thomas E.: Als das Boot gekentert war. Die jungen Autoren Ostdeutschlands erzählen kühl vom Leben in der Zone. In: *Die Zeit* v. 5.9.2002.]

92. Fuchs, Jürgen: Magdalena. MfS, Memfisblues, Stasi, Die Firma, VEB Horch & Guck – ein Roman. Berlin: Rowohlt Berlin, 1998.
[Taschenbuchausgabe: Reinbek: Rowohlt TB, 1999.]
[Dazu: Faktor, Jan: Keine Rücksichten. Schutzlose Offenheit. Jürgen Fuchs [sic] Stasi-Aufarbeitungs-Bericht „Magdalena". In: *Freitag* v. 20.3.1998 (*Literatur Extra*)]
Gambihler, Ralph: Verloren zwischen Aktenbergen und hohen Tieren. Jürgen Fuchs und Hans-Joachim Schädlich schreiben über diktatorische Zustände und ihre Folgen. In: *LVZ* v. 21./22.3.1998;
Scheer, Udo: Radikale Einmischung wider das Wohlverhalten. Jürgen Fuchs provoziert die Auseinandersetzung – Entwicklung einer neuen Collageform des Romans. In: *Freie Presse* v. 20.3.1998;
Scheer, Udo: Augenblicke und Innenansichten. Jürgen Fuchs und Ingo Schulze erzählen deutsche Geschichten. In: *Die Neue Gesellschaft. Frankfurter Hefte* 45 (1998) 8, 749-752;
Soldat, Hans-Georg: Gegen die Ignoranz. Nichts war, wie es schien. Jürgen Fuchs sucht bei der Gauck-Behörde nach Spuren der Stasi. In: *Berliner Morgenpost* v. 25.3.1998 (*Literaturbeilage*);
Politisches Buch. Wortkaskaden wie Gottesurteile. Der ostdeutsche Schriftsteller Joachim Walther über den Roman „Magdalena" seines Kollegen Jürgen Fuchs, der die Arbeit der Gauck-Behörde porträtiert. In: *Der Spiegel* 52 (1998) 14 v. 30.3.1998, 82-88.]

93. Gaus, Günter: Wendewut. Eine Erzählung. Hamburg: Hoffmann und Campe, 1990.
[Dazu: [Anon.]: Susi und Strolch. Günter Gaus als Schrittmacher: In Bremen kam seine Erzählung „Wendewut", choreographiert von Johann Kresnik, auf die Tanzbühne. In: *Der Spiegel* 47 (1993) 6 v. 8.2.1993, 196.]

94. Gercke, Doris: Kein fremder Land. Roman. Hamburg: Hoffmann und Campe, 1993.
[Taschenbuchausgabe: Hamburg: Edition Nautilus, 2003.]

95. Gerlach, Harald: Windstimmen. Roman. Berlin: Aufbau, 1997.
[Taschenbuchausgabe: Berlin: Aufbau TB, 1999.]
[Dazu: Kaduk, Annelie: Die Erfindung der Wahrheit. In Harald Gerlachs neuem Roman gehen die Toten als Wiedergänger um. In: *Neue Promenade* (1997) 2, 5;
Krauss, Hannes: Hin wie her ist gleich weit. Souveräne Fußgängerprosa. Harald Gerlachs Roman „Windstimmen". In: *Freitag* v. 21.3.1997 (*Literatur*).]

96. Ders.: Rottmanns Bilder. Roman. Berlin: Aufbau, 1999.
[Dazu: Schneider, Wolfgang: Mit Trüffeln den Osten vergessen. Harald Gerlach in Frankreich. In: *FAZ* v. 12.10.1999.]

97. Ders.: Blues Terrano. Neue Windstimmen. Roman. Berlin: Aufbau, 2001.

98. Goosen, Frank: liegen lernen. roman. Frankfurt a.M.: Eichborn, 2000.
[Hörbuch: Bochum: Roof Music, 2001; 3 CDs.]

99. Goyke, Frank: Felix, mon amour. Roman. Berlin: Schwarzkopf & Schwarzkopf, 1996.

100. Ders.: Der kleine Pariser. Roman. Berlin: Schwarzkopf & Schwarzkopf, 1996.
[Taschenbuchausgabe: [München]: Goldmann, 1999.]

101. Grass, Günter: Unkenrufe. Eine Erzählung. Göttingen: Steidl, 1992.
[Taschenbuchausgabe: München: dtv, 1994.]

102. Ders.: Ein weites Feld. Roman. Göttingen: Steidl, 1995.
[Vorabdruck der Kapitel *1 Bei den Mauerspechten*, *2 Annähernd schottisch* und *3 Wie von Liebermanns Hand* in: *ndl* 43 (1995) 3, 5-49.]
[Taschenbuchausgabe: München: dtv, 1997.]
[Dazu: Hage, Volker: Deutschland, ein weites Feld. Günter Grass und die Politik. In: H., V.: *Propheten im eigenen Land. Auf der Suche nach der deutschen Literatur*. München: dtv, 1999, 150-156;

Vorfassung dazu unter dem Titel *Dichter und Kritiker: ein Paar. Selten hat ein Buch schon vor seinem Erscheinen soviel Aufsehen erregt wie „Ein weites Feld", der Deutschland-Roman von Günter Grass. Seit Kritiker Marcel Reich-Ranicki im April dieses Jahres dem Autor bei einer Lesung daraus applaudierte, wartet alle Welt gespannt auf sein Urteil – es wurde ein Brief von grimmiger Melancholie.* [Anonym erschienen] in: *Der Spiegel* 49 (1995) 34 v. 21.8.1995, 160f.;
[Interview mit Jochen Hieber]: Ich will mich nicht auf die Bank der Sieger setzen. Ein Gespräch mit Günter Grass über den Roman „Ein weites Feld", die Reaktionen der Kritik, die deutsche Einheit und den Blick aufs eigene Leben. In: *FAZ* v. 7.10.1995;
Kirchmann, Hans: Theodor Fontane, Fonty und die deutsche Einheit im Kaleidoskop. Der neue Roman von Günter Grass. In: *Das Parlament* v. 29.9./6.10.1995;
Külow, Edgar: Üb immer Treu und Redlichkeit. In: K., E.: *Koslowski in Weimar. Ruhrpott-Willi erobert den Osten.* Illustriert von Peter Muzeniek. Berlin: Eulenspiegel, 1996, 68-71 sowie in: Ders.: *Ruhrpott-Willi erobert den Osten. Die Koslowski-Geschichten.* Berlin: Eulenspiegel, 2003, 34-36;
Negt, Oskar (Hg.): Der Fall Fonty. „Ein weites Feld" von Günter Grass im Spiegel der Kritik. Redaktion: Daniela Hermes. Göttingen: Steidl, 1996 [erneut 2002];
vgl. auch das Kapitel „Überblick und Debatte". In: *Deutsche Literatur 1995. Jahresüberblick.* Hrsg. von Franz Josef Görtz, Volker Hage und Hubert Winkels in Zusammenarbeit mit Katharina Frühe. Stuttgart: Reclam, 1996, 288-359;
… und es muß gesagt werden. Ein Brief von Marcel Reich-Ranicki an Günter Grass zu dessen Roman „Ein weites Feld". In: *Der Spiegel* 49 (1995) 34 v. 21.8.1995, 162-169;
Reich-Ranicki, Marcel/Löffler, Sigrid/Karasek, Hellmuth: [Literarisches Quartett am 24.8.1995. Gast: Karl Corino]. In: R.-R., M./L., S./K., H.: *… und alle Fragen offen. Das Beste aus dem Literarischen Quartett.* Hrsg. von Stephan Reichenberger unter Mitarbeit von Alex Rühle. Mit einem Vorwort von Johannes Willms. München: Heyne, 2000, 420-428;
Therre, Marc: Intertextualität in *Ein weites Feld* von Günter Grass. Wissenschaftliche Arbeit im Rahmen der Ersten Staatsprüfung für das Lehramt an Gymnasien und Gesamtschulen. Saarbrücken 2002; unveröffentlichtes Typoskript;
Wapnewski, Peter: Ein Wörtersack. Der neue Roman von Günter Grass „Ein weites Feld": Erwartung und Enttäuschung. In: *Focus* (1995) 35 v. 28.8.1995, 100-104.]

103. Ders.: Mein Jahrhundert. Göttingen: Steidl, 1999.
[zwei unterschiedlich ausgestattete Parallelausgaben: mit/ohne Aquarelle von G.G.]
[Taschenbuchausgabe: München: dtv, 2001.]
[Hörbuch: Günter Grass liest *Mein Jahrhundert*. Hamburg: Deutsche Grammophon, 1999.]
[Dazu: [Anon.]: Jedes Jahr eine Geschichte. In: *die neuen bücher* (1999) 3;
[Anon.]: Trommelwirbel für den Nobelpreisträger. In: *KlassikAkzente. Musik von ihren schönsten Seiten* [Kundenzeitschrift von *Universal*] (1999) 11/12 [zur Hörbuchausgabe];
Kaiser, Jan: Er, ausgetauscht gegen sich. Günter Grass hat sein neues Buch in Göttingen urgelesen. In: *SZ* v. 4.5.1999;
[Interview mit J.-U. Brand/S. Sattler]: Geschichte in Geschichten. In dieser Woche erscheint Günter Grass' Prachtband *„Mein Jahrhundert"* – Deutschlands Großdichter verteidigt „brauchbare" Literatur, verweigert die Rolle als „Gewissen der Nation", geißelt die Fehler des Westens im Kosovo. In: *Focus* (1999) 27 v. 5.7.1999, 82-87.]

104. Gröschner, Annett: Moskauer Eis. Roman. Leipzig: Gustav Kiepenheuer, 2000.
[Taschenbuchausgabe: Berlin: Aufbau TB, 2002.]
[Dazu: Dieckmann, Christoph: Annett Gröschner. Einfrieren. Ein Buch der Superlative, eine Autorin der Liebe. In: *Neue Promenade* (2002) 14, 12;
Grub, Frank Thomas: Selbstmord in der Tiefkühltruhe? Annett Gröschner legt einen frostigen DDR-Roman vor. In: *Saarbrücker Zeitung* v. 31.1.2001;
Ott, Karl-Heinz: Wende-Wirklichkeiten. Annett Gröschners Familiensage „Moskauer Eis". In: *NZZ* v. 16.11.2000.]

105. Günther, Herbert: Ein Sommer, ein Anfang. Hamburg: Oetinger, 1995.

106. Gulden, Alfred: Silvertowers. Geschichten aus New York. München/Leipzig: List, 1993.
[Darin v.a.: *Dritter Oktober*, 85-91.]

107. Haak, Wolfgang: nachtgeschichten für stadtführer. In: H., W.: *lebensumwege. prosastücke in kurzfassung*. Weimar: Wartburg Verlag, 2001 (*Edition Muschelkalk der Literarischen Gesellschaft Thüringen e.V., Band 5*), 53-71.

108. Hacker, Katharina: Der Bademeister. Frankfurt a.M.: Suhrkamp, 2000.

109. Hacks, Peter: Die Gräfin Pappel. In: *literatur konkret* (1992); auch in: H., P.: *Die Erzählungen*. Hamburg: Edition Nautilus, 1995, 159-204.

110. Haefs, Gisbert: Alexander. Der Roman der Einigung Griechenlands „Hellas". Zürich: Haffmans, 1992.
[Lizenzausgabe: Frankfurt a.M./Wien: Büchergilde Gutenberg, 1992.]
[Taschenbuchausgabe: München: Heyne, 1997.]

111. Händler, Ernst-Wilhelm: Stadt mit Häusern. Frankfurt a.M.: Frankfurter Verlagsanstalt, 1995.

112. Hart, Jürgen: Felix aus der Asche. Ende, Wende, wumm ... Satirische Texte 1980 bis 1989 & 1990 bis 1996 aus der Spielkiste der academixer. Berlin: Eulenspiegel, 1996.

113. Hegewald, Wolfgang: Der Saalkandidat. Leipzig: Gustav Kiepenheuer, 1995.

114. Ders.: Ein obskures Nest. Roman. Leipzig: Gustav Kiepenheuer, 1997.

115. Hein, Christoph: Kein Seeweg nach Indien. In: *Christoph Hein. Texte, Daten, Bilder*. Hrsg. von Lothar Baier. Frankfurt a.M.: Luchterhand 1990, 13-19;
auch in: *Freitag* v. 30.11.1990.
[Originalbeitrag unter dem Titel *No Sea Route to India* in *Time* (New York) v. 25.6.1990, 68.]

116. Ders.: Das Napoleon-Spiel. Ein Roman. Berlin/Weimar: Aufbau, 1993.
[Taschenbuchausgaben: Berlin: Aufbau TB, 1995 (*Jubiläumsband 50 Jahre Aufbau-Verlag*); erneut 2000.]
[Dazu: Baier, Lothar: Jenseits von Gewinn und Verlust. Über Christoph Heins Roman *Das Napoleon-Spiel*. In: *SZ* v. 31.3.1993;
auch in: B., L.: *Die verleugnete Utopie. Zeitkritische Texte*. Berlin: Aufbau TB, 1993, 240-248;
Böhmel Fichera, Ulrike: Der Sieger. Christoph Heins *Napoleon-Spiel* (1993). In: *Literatur für Leser* (1995) 3, 130-136.

Hage, Volker: Glückliche Knechte. Vor der Wende 1989 galt der unorthodoxe DDR-Schriftsteller Christoph Hein als Hoffnung für die Literatur. Sein neuer Roman verspielt diesen Kredit. In: *Der Spiegel* 47 (1993) 15 v. 12.4.1993, 235-239;
auch in: *Deutsche Literatur 1993. Jahresüberblick*. Hrsg. von Franz Josef Görtz, Volker Hage und Uwe Wittstock unter Mitarbeit von Katharina Frühe. Stuttgart: Reclam, 1994, 141-145;
Reich-Ranicki, Marcel/Löffler, Sigrid/Karasek, Hellmuth: [Literarisches Quartett am 13.5.1993. Gast: Joachim Kaiser]. In: R.-R., M./L., S./K., H.: *... und alle Fragen offen. Das Beste aus dem Literarischen Quartett*. Hrsg. von Stephan Reichenberger unter Mitarbeit von Alex Rühle. Mit einem Vorwort von Johannes Willms. München: Heyne, 2000, 278f.]

117. Ders.: Exekution eines Kalbes und andere Erzählungen. Berlin/Weimar: Aufbau, 1994;
auch: Frankfurt a.M.: Suhrkamp, 2002 (2. Auflage der *Aufbau*-Ausgabe mit *Suhrkamp*-Schutzumschlag und -Einleger).
[Taschenbuchausgabe: Berlin: Aufbau TB, 1996.]
[Dazu: [Doerry, Martin]: Ein Leben mit der Lüge. Christoph Hein hat seinen Schreibtisch aufgeräumt – und eine Reihe hervorragender Erzählungen aus DDR-Zeiten gefunden. In: *Der Spiegel* 48 (1994) 9 v. 28.2.1994, 212-217;
auch in: *Deutsche Literatur 1994. Jahresüberblick*. Hrsg. von Franz Josef Görtz, Volker Hage und Uwe Wittstock unter Mitarbeit von Katharina Frühe. Einleitung von Hubert Winkels. Stuttgart: Reclam, 1995, 159-163;
Saab, Karim: Überschätzt und überfordert. Der Schriftsteller Christoph Hein im Lichte einer peinlichen Neuerscheinung. In: *Märkische Allgemeine* v. 28.1.1994;
auch in: *Deutsche Literatur 1994. Jahresüberblick*. Hrsg. von Franz Josef Görtz, Volker Hage und Uwe Wittstock unter Mitarbeit von Katharina Frühe. Einleitung von Hubert Winkels. Stuttgart: Reclam, 1995, 155-159.]

118. Ders.: Von allem Anfang an. Berlin: Aufbau, 1997.
[Taschenbuchausgabe: Berlin: Aufbau TB, 2000.]
[Hörbuch: Gelesen von Ulrich Mühe. Berlin: DAV, 2000; 6 CDs.]
[Dazu: [Hage, Volker]: Leuchtschrift am Kudamm. „Von allem Anfang an" heißt das neue Buch des Schriftstellers Christoph Hein – ein gar nicht nostalgischer Rückblick auf die frühe DDR. In: *Der Spiegel* 51 (1997) 35 v. 25.8.1997, 178;

unter dem Titel *Die Leuchtschrift am Ku'damm. Christoph Hein, Chronist der DDR. ,Von allem Anfang an'* auch in: H., V.: *Propheten im eigenen Land. Auf der Suche nach der deutschen Literatur*. München: dtv, 1999; 209-217, 214-217;
Baier, Lothar: Nackte Brüste und die Partei der Bestimmer. Eine frühe Jugend in der DDR: Christoph Hein erzählt listig und mit doppeltem Boden „Von allem Anfang an". In: *taz* v. 15.10.1997;
auch in: *Deutsche Literatur 1997. Jahresüberblick*. Hrsg. von Volker Hage, Rainer Moritz und Hubert Winkels. Stuttgart: Reclam, 1998, 134-137;
Engler, Jürgen: Einladung zum Tee. Christoph Hein überrascht seine Leser mit der Erinnerung an eine Kindheit. In: *Neue Promenade* (1997) 3, 3;
Ertl, Wolfgang: Kindheiten in Ost und West: Zu Christoph Heins *Von allem Anfang an* und Claire Beyers *Rauken*. In: Cosentino, Christine/Ertl, Wolfgang/Müller, Wolfgang (Hgg.): *An der Jahrtausendwende. Schlaglichter auf die deutsche Literatur*. Frankfurt a.M./Berlin/Bern/Bruxelles/New York/Oxford/Wien: Lang, 2003, 69-82;
Reich-Ranicki, Marcel/Löffler, Sigrid/Karasek, Hellmuth: [10 Jahre Literarisches Quartett am 6.2.1998. Gast: Peter von Matt]. In: R.-R., M./L., S./K., H.: *... und alle Fragen offen. Das Beste aus dem Literarischen Quartett*. Hrsg. von Stephan Reichenberger unter Mitarbeit von Alex Rühle. Mit einem Vorwort von Johannes Willms. München: Heyne, 2000, 606-608.]

119. Ders.: Willenbrock. Roman. Frankfurt a.M.: Suhrkamp, 2000.
[Taschenbuchausgabe: Frankfurt a.M.: Suhrkamp, 2001.]
[Dazu: Au, Michael: In diesem Land völlig verzweifelt. Christoph Heins Roman: „Willenbrock". In: *Rhein-Zeitung* v. 28.9.2000;
Cosentino, Christine: Der Traum ein Leben? Textstrategien in Christoph Heins Roman *Willenbrock*. In: Cosentino, Christine/Ertl, Wolfgang/Müller, Wolfgang (Hgg.): *An der Jahrtausendwende. Schlaglichter auf die deutsche Literatur*. Frankfurt a.M./Berlin/Bern/Bruxelles/New York/Oxford/Wien: Lang, 2003, 83-90.]

120. Hein, Jakob: Mein erstes T-Shirt. Mit einem Vorwort von Wladimir Kaminer. München/Zürich: Piper, 2001.

121. Hempel, Harry: Landstörtzer. Erzählung. Berlin: Frieling, 1995 (*Frieling-Belletristik*).

122. Hennig, Falko: Trabanten. Roman. München/Zürich: Piper, 2002.

123. Hensel, Kerstin: Angestaut. Aus meinem Sudelbuch. Halle (S.): Mitteldeutscher Verlag, 1993.
[Dazu: Meyer-Gosau, Frauke: Menschentümlich. Kerstin Hensel: „Im Schlauch" und „Angestaut" – nichts, was hier nicht kaputt ist. In: *Die Zeit* v. 4.6.1993 (*Literatur*);
Püschel, Ursula: „... ohne eine Spur Angst oder Hoffnung" – ? Kerstin Hensel: „Im Schlauch", edition suhrkamp, Frankfurt am Main und „Angestaut", Mitteldeutscher Verlag, Halle (Saale). In: *ndl* 41 (1993) 8, 129-134.]

124. Dies.: Im Schlauch. Erzählung. Frankfurt a.M.: Suhrkamp, 1993.
[Dazu: Kormann, Julia: Die Befreiung des Körpers und der Sinne – Kerstin Hensel: *Im Schlauch* und *Tanz am Kanal*. In: K., J.: *Literatur und Wende. Ostdeutsche Autorinnen und Autoren nach 1989*. Wiesbaden: Deutscher Universitäts-Verlag, 1999 (*Literaturwissenschaft/Kulturwissenschaft*); 307-340, 332-340;
Meyer-Gosau, Frauke: Menschentümlich. Kerstin Hensel: „Im Schlauch" und „Angestaut" – nichts, was hier nicht kaputt ist. In: *Die Zeit* v. 4.6.1993 (*Literatur*);
Püschel, Ursula: „... ohne eine Spur Angst oder Hoffnung" – ? Kerstin Hensel: „Im Schlauch", edition suhrkamp, Frankfurt am Main und „Angestaut", Mitteldeutscher Verlag, Halle (Saale). In: *ndl* 41 (1993) 8, 129-134.]

125. Dies.: Tanz am Kanal. Erzählung. Frankfurt a.M.: Suhrkamp, 1994.
[Dazu: Berger, Jürgen: Von der Euter- zur Tellerwäscherin. Eine sehr lebenstaugliche Heldin in Kerstin Hensels Erzählung „Tanz am Kanal". In: *taz* v. 19.10.1994;
auch in: *Deutsche Literatur 1994. Jahresüberblick*. Hrsg. von Franz Josef Görtz, Volker Hage und Uwe Wittstock unter Mitarbeit von Katharina Frühe. Einleitung von Hubert Winkels. Stuttgart: Reclam, 1995, 165-167;
Bremer, Ulrike: III Kerstin Hensel: Tanz am Kanal. In: B., U.: *Versionen der Wende. Eine textanalytische Untersuchung erzählerischer Prosa junger deutscher Autoren zur Wiedervereinigung*. Osnabrück: Universitätsverlag Rasch, 2002, 63-91;
Kormann, Julia: Die Befreiung des Körpers und der Sinne – Kerstin Hensel: *Im Schlauch* und *Tanz am Kanal*. In: K., J.: *Literatur und Wende. Ostdeutsche Autorinnen und Autoren nach 1989*. Wiesbaden: Deutscher Universitäts-Verlag, 1999 (*Literaturwissenschaft/Kulturwissenschaft*); 307-340, 309-331;
Leonhardt, Rudolf Walter: Wo man „nüsch" sagt. Kerstin Hensels „Tanz am Kanal". In: *Die Zeit* v. 7.10.1994 (*Die Zeit Literatur*);

Wehdeking, Volker: Neue Freiheit, neue Risiken, neue Identitätssuche: Der späte literarische Durchbruch von Brigitte Burmeister und die Debüt-Romane von Kerstin Jentzsch und Kerstin Hensel. In: W., V.: *Die deutsche Einheit und die Schriftsteller. Literarische Verarbeitung der Wende seit 1989*. Stuttgart/Berlin/Köln: Kohlhammer, 1995; 76-101, 89-97.]

126. Hensel, Kerstin: Neunerlei. Erzählungen. Leipzig: Gustav Kiepenheuer, 1997.
[Dazu: Dahlke, Birgit: Mörderisches Zuckerzeug: Die Erzählungen von Kerstin Hensel. In: *Neue Promenade* (1997) 2, 13;
Laabs, Joochen: Gelähmtes Glück. Kerstin Hensel: „Neunerlei". In: *ND* v. 20.-23.3.1997 (*Beilage zur Leipziger Buchmesse 1997*);
Meyer-Gosau, Frauke: Mordlust lauert überall. Umstürzende Straßenbahnen, gekippte Perspektiven. Neue Erzählungen von Kerstin Hensel. In: *Freitag* v. 21.3.1997 (*Literatur*).]

127. Dies.: Gipshut. Roman. Leipzig: Gustav Kiepenheuer, 1999.
[Dazu: Baureithel, Ulrike: Haarfeine Risse im Fundament. Kerstin Hensel gräbt nach den Überresten der DDR. In: *Handelsblatt/Der Tagesspiegel* v. 13.10.1999;
Schmidt, Kathrin: Frühkindliche Infektion mit Gedrucktem. Ein konservatives Stück Text. Kerstin Hensels neuer Roman „Gipshut". In: *Freitag* v. 8.10.1999 (*Literatur Extra*);
Mabee, Barbara: „Die Republik ist im Kampf entstanden!": Antihelden und der Wechsel der Zeit als „leichte[s] Umschalten eines Relais" in Kerstin Hensels *Gipshut*. In: Cosentino, Christine/Ertl, Wolfgang/Müller, Wolfgang (Hgg.): *An der Jahrtausendwende. Schlaglichter auf die deutsche Literatur*. Frankfurt a.M./Berlin/Bern/Bruxelles/New York/Oxford/Wien: Lang, 2003, 101-116.]

128. Dies.: Im Spinnhaus. Roman. München: Luchterhand, 2003.
[Dazu: Grub, Frank Thomas: Im Webmuster der Geschichte. Ein Muss: Kerstin Hensels großartiger Roman über ein erzgebirgisches Spinnhaus. In: Livres/Bücher. Un supplément du *Tageblatt* 8 (2003) 3 v. 20.3.2003;
Müller, Burkhard: Der Apfel des Sozialismus. Kerstin Hensel versucht sich an einem erzgebirgischen Heimatroman. In: *SZ* v. 26.3.2003.]

129. Herkula, Birgit: Das fröhliche Ende einstürzender Burgen. Kurzprosa. Mit Zeichnungen von Iris Hartmann. Magdeburg: Blaue Äpfel, 1994.

130. Hermann, Judith: Sommerhaus, später. Erzählungen. Frankfurt a.M.: Fischer TB, 1998 (*Collection S. Fischer*).
[Darin v.a.: *Sommerhaus, später*, 139-156.]
[auch als Limitierte Sonderausgabe mit CD-Hörprobe. Frankfurt a.M.: Fischer TB, 2000;
Taschenbuchausgabe: Frankfurt a.M.: Fischer TB, 2002 (*Limitierte Jubiläumsedition*).]
[Hörbuch: Gelesen von Judith Hermann. München: Der HörVerlag, 1999; 2 MC.]
[Dazu: Bucheli, Roman: Die Melancholie des leeren Raums. Judith Hermanns Erzähldebüt. In: *NZZ* v. 6.10.1998;
auch in: *Deutsche Literatur 1998. Jahresüberblick*. Hrsg. von Volker Hage, Rainer Moritz und Hubert Winkels. Stuttgart: Reclam, 1999, 151-154;
[Interview mit Irene Nießen]: „Glück ist immer der Moment davor". Ein Gespräch mit der 1970 in Berlin geborenen Autorin Judith Hermann über ihren plötzlichen Erfolg, die Sehnsucht nach einem Leben vor dem Bestseller und die Sorge, im Elfenbeinturm zu sitzen. In: *Fischer Lesezeichen* (2000) 2, 4-7.]

131. Die Augen der Malerin. Die Mauer fiel der Länge nach um. Die Malerin konnte gerade noch die Zehen wegziehen. Der Tag, an dem dies geschah, stand nicht im Kalender. Eine Erzählung von THEA HEROLD. In: *Das Magazin* (1996) 11, 43-47.

132. Herlt, Günter: Opa und das Callgirl. Zwanzig derb-drollige Geschichten. Berlin: edition ost, 2000.

133. Ders.: Ratgeber: Wie wird man Wessi. Eine heiter-ironische Lebenshilfe. Berlin: Eulenspiegel, 2001.

134. Ders.: ... so wunderschön wie heute! Eine satirische Wendechronik. Berlin: Eulenspiegel, 2001.

135. Hettche, Thomas: Kaisersaschern. In: *Über Deutschland. Schriftsteller geben Auskunft*. Hrsg. von Thomas Rietzschel. Leipzig: Reclam, 1993, 35-50.

136. Ders.: NOX. Roman. Frankfurt a.M.: Suhrkamp, 1995.
[Taschenbuchausgabe: Frankfurt a.M.: Suhrkamp, 1996.]
[Neuausgabe: Köln: DuMont, 2002.]
[Dazu: Basse, Michael: Tiefer Schnitt ins deutsche Fleisch. Thomas Hettches Roman aus der Nacht, in der die Mauer fiel. In: *SZ* v. 5.4.1995;

auch in: *Deutsche Literatur 1995. Jahresüberblick*. Hrsg. von Franz Josef Görtz, Volker Hage und Hubert Winkels in Zusammenarbeit mit Katharina Frühe. Stuttgart: Reclam, 1996, 175-180;
Bremer, Ulrike: IV Thomas Hettche: NOX. In: B., U.: *Versionen der Wende. Eine textanalytische Untersuchung erzählerischer Prosa junger deutscher Autoren zur Wiedervereinigung*. Osnabrück: Universitätsverlag Rasch, 2002, 93-120;
Lau, Jörg: Sie küßte, biß und schlachtete ihn. Deutschland, wundgeritten: Thomas Hettches Roman über die Nacht, in der die Mauer fiel: „Nox". In: *taz* v. 23.3.1995;
auch in: *Deutsche Literatur 1995. Jahresüberblick*. Hrsg. von Franz Josef Görtz, Volker Hage und Hubert Winkels in Zusammenarbeit mit Katharina Frühe. Stuttgart: Reclam, 1996, 180-184;
Neubauer, Michael: Romanwirrwar in der Großstadt. Literatur im Sog einer unerhörten Begebenheit: zum Boom der Berlin-Romane der neunziger Jahre. In: *GrauZone* (1997) 9/10, 6-11;
Steinert, Hajo: Berliner Nachtstück 1989. Das erotische Zittern – kühn und radikal erzählt Thomas Hettche in seinem Roman „Nox" von der Nacht des Mauerfalls. In: *Focus* (1995) 16 v. 15.4.1995, 126-128.]

137. Heyder, Wolfgang: Spleen*Berlin 1. Erzählungen. Berlin: Babel Verlag, Hund & van Uffelen, 1994 (*berliner edition*).

138. Heym, Stefan: Der Besitz. Oder: Jetzt, wo sich alles ändert. Eine Erzählung. In: *SZ* v. 28./29.7.1990;
unter dem Titel *Auf Sand gebaut* auch in: H., S.: *Auf Sand gebaut. Sieben Geschichten aus der unmittelbaren Vergangenheit*. München: C. Bertelsmann, 1990, 26-36.

139. Ders.: Auf Sand gebaut. Sieben Geschichten aus der unmittelbaren Vergangenheit. München: C. Bertelsmann, 1990.
[Taschenbuchausgabe: Frankfurt a.M.: Fischer TB, 1993.]
[Dazu: McCardle, Arthur W.: Stefan Heym's *Auf Sand gebaut*: Wende and Wendehälse. In: *Schreiben im heutigen Deutschland. Fragen an die Vergangenheit*. Hrsg. von Ursula E. Beitter. New York/Washington, D.C./Baltimore/Boston/Bern/Frankfurt a.M./Berlin/Vienna/Paris: Lang, 1998 (*Loyola College in Maryland Berlin Seminar, Contemporary German Literature and Society, Vol. 2*), 111-149;
Noll, Chaim: Strichmännlein macht sich verdächtig. In: *Die Welt* v. 24.4.1991.]

140. Ders.: Filz. Gedanken über das neueste Deutschland. München: C. Bertelsmann, 1992.
[Taschenbuchausgabe: Frankfurt a.M.: Fischer TB, 1994.]

141. Hilbig, Wolfgang: Alte Abdeckerei. Erzählung. Frankfurt a.M.: S. Fischer, 1991.
[Taschenbuchausgabe: Frankfurt a.M.: Fischer TB, 1993.]
[Dazu: Hielscher, Martin: Landschaft der toten Seelen. Vergangenheit als Apokalypse – eine neue Erzählung von Wolfgang Hilbig. In: *Deutsches Allgemeines Sonntagsblatt* v. 29.3.1991;
auch in: *Deutsche Literatur 1991. Jahresüberblick*. Hrsg. von Franz Josef Görtz, Volker Hage und Uwe Wittstock unter Mitarbeit von Katharina Frühe. Stuttgart: Reclam, 1992, 185-188.]

142. Ders.: Die Arbeit an den Öfen. In: *ndl* 40 (1992) 12, 12-22.

143. Grünes grünes Grab. Erzählungen. Frankfurt a.M.: S. Fischer, 1993.
[Taschenbuchausgabe: Frankfurt a.M.: Fischer TB, 1995.]

144. Ders.: „Ich“. Roman. Frankfurt a. M.: S. Fischer, 1993.
[Taschenbuchausgabe: Frankfurt a.M.: Fischer TB, 1995.]
[Dazu: Jäger, Manfred: Der Dichter und sein Spitzel. Wolfgang Hilbig, die Stasi und „Ich“: ein Roman voll grimmigen Witzes, die groteske Geschichte über ein absurdes Land. In: *Deutsches Allgemeines Sonntagsblatt* v. 26.11.1993;
auch in: *Deutsche Literatur 1993. Jahresüberblick*. Hrsg. von Franz Josef Görtz, Volker Hage und Uwe Wittstock unter Mitarbeit von Katharina Frühe. Stuttgart: Reclam, 1994, 146-150;
Reich-Ranicki, Marcel/Löffler, Sigrid/Karasek, Hellmuth: [Literarisches Quartett am 21.10.1993. Gast: Ruth Klüger]. In: R.-R., M./L., S./K., H.: *... und alle Fragen offen. Das Beste aus dem Literarischen Quartett*. Hrsg. von Stephan Reichenberger unter Mitarbeit von Alex Rühle. Mit einem Vorwort von Johannes Willms. München: Heyne, 2000, 291-300;
Wehdeking, Volker: In den Katakomben des Stasi-Staats: Wolfgang Hilbigs Blick zurück in Zorn und Depression. In: W., V.: *Die deutsche Einheit und die Schriftsteller. Literarische Verarbeitung der Wende seit 1989*. Stuttgart/Berlin/Köln: Kohlhammer, 1995, 40-63.]

145. Ders.: Die Arbeit an den Öfen. Erzählungen. Berlin: Friedenauer Presse, 1994 (*Wolffs Broschuren*).
[Dazu: Auffermann, Verena: Gesang von Asche und Müdigkeit. Der „Ostmoderne“ Wolfgang Hilbig, gesehen von vielen Seiten. In: *Die Zeit* v. 7.10.1994 (*Die Zeit Literatur*).]

146. Ders.: Die Kunde von den Bäumen. Frankfurt a.M.: S. Fischer, 1994.

[Taschenbuchausgabe: Frankfurt a.M.: Fischer TB, 1996.]
[Dazu: Auffermann, Verena: Gesang von Asche und Müdigkeit. Der „Ostmoderne" Wolfgang Hilbig, gesehen von vielen Seiten. In: *Die Zeit* v. 7.10.1994 (*Die Zeit Literatur*);
Kühne, Andreas: Hinterland des Fortschritts. Fünf Erzählungen Wolfgang Hilbigs vom Leben in der alten, kalten Heimat. In: *SZ* v. 7.12.1994;
auch in: *Deutsche Literatur 1994. Jahresüberblick*. Hrsg. von Franz Josef Görtz, Volker Hage und Uwe Wittstock unter Mitarbeit von Katharina Frühe. Einleitung von Hubert Winkels. Stuttgart: Reclam, 1995, 167-171.]

147. Ders.: Das Provisorium. Roman. Frankfurt a.M.: S. Fischer, 2000.
[Taschenbuchausgabe: Frankfurt a.M.: Fischer TB, 2002 (*Limitierte Jubiläumsedition*).]
[Dazu: Arend, Ingo: Die Anrufung des toten Gottes. Negative Identität. In seinem neuen Roman „Das Provisorium" klopft Wolfgang Hilbig noch einmal mit kalter Wut die Unvereinbarkeiten von Ost und West fest. In: *Freitag* v. 24.3.2000 (*Literatur Extra*);
Bartels, Gerrit: Innenraummonster. Biografie geopfert, Schriftstellerleben gerettet: Wolfgang Hilbig hat mit „Das Provisorium" seinen autobiografischsten Roman geschrieben. In: *taz* v. 23.3.2000 (*literataz*);
Böttiger, Helmut: Die Jagdhunde bellen. „Das Provisorium": Die schonungslose Abrechnung des Dichters Wolfgang Hilbig mit sich selbst. In: *FR* v. 22.3.2000 (*Literatur in der Frankfurter Rundschau*);
Fries, Fritz Rudolf: Keine Schonzeit für Schriftsteller. Endstation Leipzig: Wolfgang Hilbigs Roman „Das Provisorium". In: *ND* v. 23.-26.3.2000 (*Literatur-Beilage*);
Heise, Ulf: Gefangen in Lüge und Suff. In: *LVZ* v. 23.3.2000 (*Bücher-Journal zur Leipziger Buchmesse*);
Jäger, Manfred: Provisorien, Normalitäten und Gefährdungen. Betrachtungen über Literaturverhältnisse aus Anlass eines Romans. In: Thierse, Wolfgang/Spittmann-Rühle, Ilse/Kuppe, Johannes L. (Hgg.): *Zehn Jahre Deutsche Einheit. Eine Bilanz*. Opladen: Leske + Budrich, 2000, 273-281;
Lindner, Reinhold: Zurück ins Ungewisse. „Das Provisorium" – ein brandheißer Roman von Wolfgang Hilbig. In: *Freie Presse* v. 17.3.2000 (*Literatur-Beilage*);
Schreiner, Christoph: „Wörter in eine ungeheure leere Halle des Schweigens schaufeln". Wenn das Leben zum Provisorium wird: Wolfgang Hilbigs Versuch, den Prozess einer Selbstauslöschung in seinem neuen Roman in Sprache zu fassen. In: *Saarbrücker Zeitung* v. 16.5.2000.]

148. Ders.: Der Schlaf der Gerechten. Erzählungen. Frankfurt a.M.: S. Fischer, 2003.
[Dazu: Grub, Frank Thomas: [Vitrine]. In: Livres/Bücher. Un supplément du *Tageblatt* 8 (2003) 6 v. 20.6.2003.]

149. Hochhuth, Rolf: Alle Erzählungen, Gedichte und Romane. Mit einem Nachwort von Albert von Schirnding. Reinbek: Rowohlt, 2001.

150. Hoegner, Bernd: Ermordete die Stasi Marylin Monroe? Tatsachenreport – nicht zuletzt über die CIA. [Berlin]: Spotless, 1993.

151. Holland-Moritz, Renate: Ossis, rettet die Bundesrepublik! Mit Illustrationen von Manfred Bofinger. Berlin: Dietz Verlag Berlin, 1993.

152. Honigmann, Barbara: Alles, alles Liebe! Roman. München/Wien: Hanser, 2000.

153. Huhn, Klaus: Briefe aus den blühenden Ländern. [Berlin]: Spotless, 1997 (*Spotless-Reihe Nr. 74*).

154. Jankowski, Martin: Rabet oder Das Verschwinden einer Himmelsrichtung. Roman. Scheidegg: via verbis verlag, 1999.

155. Jentzsch, Kerstin: Seit die Götter ratlos sind. Roman. Berlin: Das Neue Berlin, 1994.
[Taschenbuchausgabe: München: Heyne, 1996.]
[Dazu: Wehdeking, Volker: Neue Freiheit, neue Risiken, neue Identitätssuche: Der späte literarische Durchbruch von Brigitte Burmeister und die Debüt-Romane von Kerstin Jentzsch und Kerstin Hensel. In: W., V.: *Die deutsche Einheit und die Schriftsteller. Literarische Verarbeitung der Wende seit 1989*. Stuttgart/Berlin/Köln: Kohlhammer, 1995; 76-101, 97-101.]

156. Dies.: Ankunft der Pandora. Roman. Berlin: Das Neue Berlin, 1996.
[Taschenbuchausgabe: München: Heyne, 1997.]
[Dazu: [(OZ)]:Vom Schicksal der Lisa Meerbusch. Kerstin Jentzsch liest heute im Binzer Literaturkreis. In: *Ostsee-Zeitung/Rügener Zeitung* v. 4.12.1998.]

157. Dies.: Iphigenie in Pankow. Roman. Erfurt: Desotron Verlagsgesellschaft, 1998.
[Dazu: Behrens, Lutz: Was hat Lisa Meerbusch zu verbergen? Neuer Roman von Kerstin Jentzsch: „Iphigenie in Pankow". In: *Vogtland-post/Vogtland-Anzeiger* v. 27.8.1998;

Kraus, Uwe: Eine Frau mit feuerroter Mähne las vor einem Büchercontainer. Kerstin Jentzsch saß gestern lesend im Sessel zwischen Rathaus und Buchhandlung. In: *Volksstimme/Halberstädter Tageblatt* v. 14.10.1998.]

158. Jirgl, Reinhard: Abschied von den Feinden. Roman. München/Wien: Hanser, 1995.
[Taschenbuchausgabe: München: dtv, 1998.]
[Dazu: Hörisch, Jochen: Herz der Dunkelheit. Reinhard Jirgls „Abschied von den Feinden“. In: *NZZ* v. 13.4.1995;
auch in: *Deutsche Literatur 1995. Jahresüberblick*. Hrsg. von Franz Josef Görtz, Volker Hage und Hubert Winkels in Zusammenarbeit mit Katharina Frühe. Stuttgart: Reclam, 1996, 194-197.]

159. Ders.: Die atlantische Mauer. Roman. München/Wien: Hanser, 2000.
[Taschenbuchausgabe: München: dtv, 2002.]
[Dazu: Barck, Simone: Die Mauer ist überall. Endstation Sehnsucht. Reinhard Jirgls neuer Roman „Die atlantische Mauer“ zeigt die neuen Grenzen im Zeitalter der Globalisierung. In: *Freitag* v. 24.3.2000 (*Literatur Extra*);
Loch, Harald: Der Kraftakt Leben. Reinhard Jirgl: „Die atlantische Mauer“. In: *ND* v. 23.-26.3.2000 (*Beilage zur Leipziger Buchmesse 2000*);
Lüdke, Martin: Alle Tassen im Schrank. Reinard Jirgls radikal-irrer Abrissroman wagt sich über den Atlantik und landet im Grauen. In: *Die Zeit* v. 23.3.2000;
Osterkamp, Ernst: Die Wölbung einer bloßen Brust in sonniger Hülle. Reinhard Jirgls atlantische Mauer. In: *FAZ* v. 21.3.2000;
Walther, Peter: Ruhe, Ordnung, Selbstmord. Für Reinhard Jirgl ist die am leichtesten zu machende Erfahrung die des Scheiterns. In „Die atlantische Mauer“ lässt er wieder einmal keine Nachsicht mit seinen Figuren erkennen. Ein höhnisch-kalter Wind durchweht alles, was Liebe, Glück oder Geborgenheit sein könnte. In: *taz* v. 23.3.2000 (*literataz*).]

160. Kachold, Gabriele: mein erfurt mein mittel-alter. In: *Schöne Aussichten. Neue Prosa aus der DDR*. Hrsg. von Christian Döring und Hajo Steinert. Frankfurt a.M.: Suhrkamp, 1990, 273-288.

161. Kammrad, Horst: Die Brücke nach Teltow. Deutsche Geschichten 1961-1990. Berlin 1992.

162. Kant, Hermann: Kormoran. Roman. Berlin/Weimar 1994.
[Taschenbuchausgabe: Berlin: Aufbau TB, 1997.]

[Dazu: Raddatz, Fritz J.: Ein Herz morst Dora. Die Bankrotterklärung eines Schriftstellers: Hermann Kants Roman „Kormoran". In: *Die Zeit* v. 14.10.1994;
auch in: *Deutsche Literatur 1994. Jahresüberblick*. Hrsg. von Franz Josef Görtz, Volker Hage und Uwe Wittstock unter Mitarbeit von Katharina Frühe. Einleitung von Hubert Winkels. Stuttgart: Reclam, 1995, 175-178;
Walther, Klaus: Blick zurück mit Kormoran. In: *ndl* 42 (1994) 6, 154-156.]

163. Ders.: ESCAPE. Ein WORD-Spiel. Berlin: Aufbau, 1995.

164. Ders.: Okarina. Roman. Berlin: Aufbau, 2002.
[Dazu: Grub, Frank Thomas: Memoiren eines Schweizerdegens. Hermann Kants Erinnerungen an den Kalten Krieg. In: Livres/Bücher. Un supplément du *Tageblatt* 7 (2002) 5 v. 17.5.2002;
Hillgruber, Katrin: Friere nicht, spiele. Hermann Kant bringt Stalin mit der „Okarina" Flötentöne bei. In: *Der Tagesspiegel* v. 17.3.2002 (*Sonderseiten: Buchmesse*);
Schlenstedt, Dieter: Liebe und Klassenkampf. Mit dem „Aufenthalt" und der „Aula" prägte er die Literatur seiner Zeit. Hermann Kants neuer Roman „OKARINA" ist eine sehr persönliche Auseinandersetzung mit der Geschichte. In: *Neue Promenade* (2002) 14, 10.]

166. Karau, Gisela: Marthas Haus oder Der Kopf im Keller. [Schwedt]: KIRO-Verlag, [1994].

165. Dies.: Buschzulage. Roman. Berlin: Dietz Verlag Berlin, 1996 (*edition reiher*).

167. Dies.: Go West. Go Ost. Roman. Berlin: Dietz Verlag Berlin, 1998 (*edition reiher*).

168. Klis, Rainer: Rückkehr nach Deutschland. Geschichten kürzester Art. Chemnitz: Chemnitzer Verlag, 1993.

169. Klugmann, Norbert/Mathews, Peter: Land in Sicht. Roman. Berlin: Rütten & Loening, 1999.
[Dazu: Modick, Klaus: Land in Sicht. Ost-West-Satire, Krimi und eine Liebeserklärung an Hiddensee. In: *Neue Promenade* (1999) 6, 9.]

170. Knauer, Sebastian: Erich lebt. Ein Vereinigungskrimi. Berlin: Fannei & Walz, 1999.

[Dazu: Amling, Ulrich: Sowjetparade vorm Brandenburger Tor. „Erich lebt“ – zumindest im Krimi: Die gesamtdeutsche DDR als etwas andere Wiedervereinigung. In: *Der Tagesspiegel* v. 29.4.1999.]

171. Knobloch, Heinz: Mißtraut den Grünanlagen! Extrablätter. Berlin: Transit, 1996.

172. Ders.: Die schönen Umwege. Beobachtungen. Ergänzte und erweiterte Neuauflage. Berlin: Transit, 1998.
[zuerst Berlin: Transit, 1993.]

173. Der wilde Osten. Neueste deutsche Literatur. Hrsg. von Roland Koch. Frankfurt a.M.: Fischer TB, 2002.

174. König, Karin: Ich fühl mich so fifty-fifty. München: dtv, 1991 (*dtv junior/pocket*).

175. Königsdorf, Helga: Gleich neben Afrika. Erzählung. Berlin: Rowohlt Berlin, 1992.
[Dazu: Kormann, Julia: Der Weg an das Ende der Utopie führt in räumliche und zeitliche Ferne – Helga Königsdorf: *Gleich neben Afrika*. In: K., J.: *Literatur und Wende. Ostdeutsche Autorinnen und Autoren nach 1989*. Wiesbaden: Deutscher Universitäts-Verlag, 1999 (*Literaturwissenschaft/Kulturwissenschaft*), 341-389.]

176. Dies.: Im Schatten des Regenbogens. Roman. Berlin/Weimar: Aufbau, 1993.
[Dazu: Kaufmann, Eva: Erzählen aus Nahdistanz. In: *ndl* 41 (1993) 11, 129-131.]

177. Dies.: Eine ungewöhnliche Expedition. Berlin: Berliner Handpresse, 1994.

178. Dies.: Der gewöhnliche Wahnsinn. In: K., H.: *Der gewöhnliche Wahnsinn. Die besten Geschichten*. Berlin: Aufbau TB, 1998, 181-197.

179. Dies.: Heimkehr in die DDR. In: *50 Jahre DDR. Der Alltag der DDR, erzählt in Fotografien aus dem Archiv des ADN*. Mit den Original-Bildunterschriften. Mit Texten von Helga Königsdorf und Walter Heilig. Herausgegeben und kommentiert von Günther Drommer. Berlin: Schwarzkopf & Schwarzkopf, 1999, 6-9.

180. Köpfer, Anne/Stedefeldt, Eike: Zuviel DDR, zuwenig homosexuell. Kurzgeschichten und Glossen. Berlin: PegasusDruck, 1994.

181. Kolbe, Uwe: Allereirauhs Land auf Sand. Ein Kunstmärchen. In: *The New Germany. Literature and Society after Unification*. Edited by Osman Durrani, Colin Good, Kevin Hilliard. Sheffield: University of Sheffield Press, 1995, 377-379.

182. Kordon, Klaus: Hundert Jahre und ein Sommer. Roman. Weinheim/Basel: Beltz & Gelberg, 1999.
[Dazu: Kant, Uwe: Ossi-Wessi-Debatte. Klaus Kordon: „Hundert Jahre & ein Sommer". In: *ND* v. 13.-18.10.1999 (*Beilage zur Frankfurter Buchmesse 1999*).]

183. Ders.: Krokodil im Nacken. Roman. Weinheim/Basel: Beltz & Gelberg, 2002.
[Dazu: Budeus-Budde, Roswitha: Fluchtversuch. Klaus Kordon erzählt vom langen Leiden an der DDR. In: *SZ* v. 25.11.2002;
Osteroth, Reinhard: Das haste wohl aus'm Westfernsehen. Deutsches Panorama mit Ausreise: Klaus Kordons großer Roman über eine Jugend in der DDR. In: *Die Zeit*, Oktober 2002 (*Sonderbeilage*).]

184. Krauß, Angela: Der Dienst. Frankfurt a.M.: Suhrkamp, 1990 [überarbeitete Fassung eines Textes aus dem Jahr 1988].

185. Dies.: DienstJahre und andere Prosa. Berlin/Weimar: Aufbau, 1991.

186. Dies.: Die Überfliegerin. Erzählung. Frankfurt a.M.: Suhrkamp, 1995.
[Taschenbuchausgabe: Frankfurt a.M.: Suhrkamp, 2002.]
[Dazu: Vormweg, Heinrich: Das Schwere und das Leichte. Angela Krauß aus Leipzig erzählt vom Umbruch in ihrem Leben. In: *SZ* v. 11.10.1995;
auch in: *Deutsche Literatur 1995. Jahresüberblick*. Hrsg. von Franz Josef Görtz, Volker Hage und Hubert Winkels in Zusammenarbeit mit Katharina Frühe. Stuttgart: Reclam, 1996, 214-217.]

187. Dies.: Sommer auf dem Eis. Frankfurt a.M.: Suhrkamp, 1998.
[Dazu: Harig, Ludwig: Das Liegen im Gras oder Geborgenheit im Grenzenlosen. Angela Krauß erzählt von neuen Lebensformen: „Sommer auf dem Eis". In: *SZ* v. 7.10.1998;
Lützeler, Paul Michael: Quantentheorie und Arbeitslosigkeit. Angela Krauß erinnert sich an die Kindheit und denkt nach über die Liebe. In: *Die Zeit* v. 15.10.1998.]

188. Dies.: Milliarden neuer Sterne. Frankfurt a.M.: Suhrkamp, 1999. [Dazu: Gutschke, Irmtraud: „Change the game". Angela Krauß erkundet ein (ost)deutsches Lebensgefühl. In: *ND* v. 13.-18.10.1999 (*Beilage zur Frankfurter Buchmesse 1999*);
Schütz, Erhard: Ich verlange Glück. Es sangen die Alarmanlagen. Angela Krauß' allzu schmächtige New-York-Erzählung „Milliarden neuer Sterne". In: *Freitag* v. 8.10.1999 (*Literatur Extra*);
Vormweg, Heinrich: New York, die Zukunft. Angela Krauß erzählt ihr Erleben. In: *SZ* v. 13.10.1999 (*Beilage*).]

189. Dies.: Weggeküßt. Frankfurt a.M.: Suhrkamp, 2002.

190. Krawczyk, Stephan: Das irdische Kind. Roman. Berlin: Volk & Welt, 1996.

191. Kröhnke, Friedrich: P 14. Roman. Zürich: Ammann, 1992. [Dazu: Zenke, Thomas: Der Junge aus Ostberlin. In: *Die Zeit* v. 4.6.1993 (*Literatur*).]

192. Kromer, Hans: Ankunft aus dem Osten. Kurzgeschichten. Mit Malerei/Grafik/Plastik von Siegfried Adam, János Aknay (Ungarn), Roger Bonnard (Frankreich), Ulrich Eißner, Peter Graf, Bernd Hahn, Michael Hengst, Michael Hofmann, Siegfried Klotz, Volker Lenkeit, Gerda Lepke, Stefan Plenkers, Ursula Rzodeczko, Rainer Tischendorf, Jürgen Wenzel. Dresden: Multi Media Kunst Verlag, 1992.

193. Kubiczek, André: Junge Talente. Roman. Berlin: Rowohlt Berlin, 2002.
[Dazu: Schmidt, Thomas E.: Als das Boot gekentert war. Die jungen Autoren Ostdeutschlands erzählen kühl vom Leben in der Zone. In: *Die Zeit* v. 5.9.2002.]

194. Ders.: Die Guten und die Bösen. Roman. Berlin: Rowohlt Berlin, 2003.
[Dazu: Grus, Michael: André Kubiczek: Buschmänner am Prenzlberg. In: *Rowohlt Revue* (2003) 75, 19;
Koppenhagen, Thomas: Vorsicht: Ramsch! André Kubiczeks „Die Guten und die Bösen". In: Livres/Bücher. Un supplément du *Tageblatt* 8 (2003) 5 v. 16.5.2003.]

195. Kuczynski, Rita: staccato. Roman. Frankfurt a.M. 1997.
[Dazu: Arend, Ingo: Auf der Suche nach dem Zentrum. Ins Vakuum entlassen. Zweimal Krisenverarbeitung in Neuerscheinungen von Katrin Dorn und Rita Kuczynski. In: *Freitag* v. 21.3.1997 (*Literatur Extra zur Leipziger Buchmesse 1997*);

Klinger, Nadja: Das Gegenteil von Psychiatrie. Die Melodie bricht ab, jeder Ton wird für sich gespielt: „staccato" von Rita Kuczynski. In: *BZ* v. 20.3.1997.]

196. Külow, Edgar: Koslowski in Weimar. Ruhrpott-Willi erobert den Osten. Illustriert von Peter Muzeniek. Berlin: Eulenspiegel, 1996.

197. Ders.: Ruhrpott-Willi erobert den Osten. Die Koslowski-Geschichten. Berlin: Eulenspiegel, 2003.

198. Kumpfmüller, Michael: Hampels Fluchten. Roman. Köln: Kiepenheuer & Witsch, 2000.
[Taschenbuchausgabe: Frankfurt a.M.: Fischer TB, 2002.]

199. Kunkel, Gottfried: Wendezeiten im Eichsfeld. Eichsfeldroman. Duderstadt: Mecke Druck und Verlag, 1993.

200. Ders.: Kreuz des Ostens. Eine Romanbiographie. Gerterode: [Selbstverlag], 2000.

201. Kusche, Lothar: Wenn der Reiter nichts taugt ... In: *ndl* 39 (1991) 11, 171f. (*Post-Skriptum*).

202. Ders.: Ost-Salat mit West-Dressing. Satiren und Humoresken. Mit Illustrationen von Wolfgang Schubert. 5., überarbeitete Auflage. Berlin: edition ost, 1997 (*Bunte Reihe*).
[zuerst: Berlin: edition ost, 1993.]

203. Ders.: Der Feinfrostmensch und andere positive Helden. Berlin: Eulenspiegel, 1994.

204. Ders.: Die wiedervereinigten Kartoffelpuffer. Mit Karikaturen von Wolfgang Schubert. Satiren und Humoresken über Köche, die den ganzen Salat angerichtet haben, und von Leuten, die die dazugehörige Suppe auslöffeln müssen. Berlin: edition ost, 1994.

205. Laabs, Joochen: Lacrimae Christi. In: *Labyrinthe. Träume und Traumgeschichten*. Hrsg. und mit einem Vorwort versehen von Klaus Hammer. Berlin: Neues Leben, 1991, 97-107;
auch in: *Monatshefte* 84 (1992) 1, 1-7.

206. Lander, Jeannette: Robert. Roman. Berlin: Aufbau, 1998.
[Dazu, Selchow, S[tephanie] von: Westmann liebt Ostfrau. In: *Neue Promenade* (1998) 5, 6;

Weidermann, Volker: Was bin ich doch so dumm. Noch ein Fall von Aufklärung: Jeannette Lander erzählt von Robert. In: *FAZ* v. 19.2.1999.]

207. Lange, Bernd-Lutz: Kaffeepause. Texte für zwischendurch. Leipzig: Forum Verlag, 1991.

208. Ders.: Dämmerschoppen. Geschichten von drinnen und draußen. Leipzig: Gustav Kiepenheuer, 1997.
[Taschenbuchausgabe: Berlin: Aufbau TB, 2001.]
[Darin v.a.: *Der 9. Oktober 1989*, 81-93.]

209. Ders.: Es bleibt alles ganz anders. Deutsch-deutsche Wunderlichkeiten. Mit Zeichnungen von Lothar Otto. Stuttgart/Leipzig: Hohenheim, 2000.
[Darin v.a.: *Zwischenbilanz*, 123-126.]

210. Lange-Müller, Katja: Verfrühte Tierliebe. Köln: Kiepenheuer & Witsch, 1995.
[Lizenzausgabe: Frankfurt a.M./Wien: Büchergilde Gutenberg, 1995 (*Kleine Reihe*).]
[Taschenbuchausgabe: München: dtv, 1999.]
[Dazu: Detering, Heinrich: Kunst mit Kerbtieren. Katja Lange-Müllers „Verfrühte Tierliebe". In: *FAZ* v. 4.11.1995;
auch in: *Deutsche Literatur 1995. Jahresüberblick*. Hrsg. von Franz Josef Görtz, Volker Hage und Hubert Winkels in Zusammenarbeit mit Katharina Frühe. Stuttgart: Reclam, 1996, 219-223.]

211. Dies.: Die Letzten. Aufzeichnungen aus Udo Posbichs Druckerei. Köln: Kiepenheuer & Witsch, 2000.

212. Lattmann, Dieter: Jonas vor Potsdam. Roman. Zürich: Innaron Verlag, 1995.

213. Lewin, Waltraud: Mauersegler. Ein Haus in Berlin 1989. Ravensburg: Ravensburger Buchverlag, 1999 (*Ravensburger junge Reihe*).

214. Liebmann, Irina: In Berlin. Roman. Köln: Kiepenheuer & Witsch, 1994.

215. Dies.: Letzten Sommer in Deutschland. Eine romantische Reise. Köln: Kiepenheuer & Witsch, 1997.
[Dazu: Fries, Fritz Rudolf: Von der Oder an den Rhein. Deutschland ein Sommermärchen: Irina Liebmann reist alleine. In: *junge Welt* v. 25.3.1998 (*Literatur-Beilage*).]

216. Liebold, Rolf: Geschichten vom kleinen Ossi. Alte und neue Abenteuer im Ländchen der Wendehälse. Mit 27 Zeichnungen von Heinz Jankofsky. Berlin: edition q, 1991.

217. Lippelt, Helga: Der Geschmack der Freiheit. Ein Liebesfall. [Halle (S.)/Leipzig]: Mitteldeutscher Verlag, 1991.

218. Löffler, Hans: Die Stille unter dem Meer. Erzählung. München/Wien: Hanser, 1993.

219. Loest, Erich: Heute kommt Westbesuch. Zwei Monologe. Göttingen/Leipzig: Steidl/Linden, 1992.

220. Ders.: Katerfrühstück. Roman. Leipzig: Linden, 1992.
[Vorabdruck in *ndl* 40 (1992) 3, 109-121.]

221. Ders.: Nikolaikirche. Roman. Leipzig: Linden, 1995.
[Taschenbuchausgabe: München: dtv, 1997.]
[Auszug unter dem Titel *Damals V* auch in: *Schreiben im heutigen Deutschland. Fragen an die Vergangenheit*. Hrsg. von Ursula E. Beitter. New York/Washington, D.C./Baltimore/Boston/Bern/Frankfurt a.M./Berlin/Vienna/Paris: Lang, 1998 (*Loyola College in Maryland Berlin Seminar, Contemporary German Literature and Society, Vol.* 2), 43-52.]
[Dazu: Beyer, Frank: 27. *Nikolaikirche*. In: B., F.: *Wenn der Wind sich dreht. Meine Filme, mein Leben*. München: Econ, 2001, 361-365;
[Interview mit dtv]: Noch viel zu nah. ‚Nikolaikirche': Ein Interview mit der Schauspielerin Barbara Auer. In: *dtv magazin* Winter 1997, 10;
Esser, Klaus: Renaissance der Literatur. Der Trend geht zur großen Roman-Verfilmung – „Nikolaikirche" heute abend bei Arte. In: *Die Welt* v. 17.10.1995;
Klier, Freya: Erich Loests „Nikolaikirche" [Beitrag für den *SFB*, Oktober 1995];
auch in: *europäische ideen* (1995) 95 (*Noch immer im Exil?*), 40-42 sowie in: Klier, Freya: *Penetrante Verwandte. Kommentare, Aufsätze und Essays in Zeiten deutscher Einheit*. Frankfurt a.M./Berlin: Ullstein, 1996 (*Ullstein Zeitgeschichte*), 51-55;
Soldat, Hans-Georg: Leipzig, wie es wirklich war. Ein Staat verschwindet: „Nikolaikirche" – Erich Loest schreibt weiter an der Chronik seiner Heimatstadt. In: *Die Zeit* v. 8.9.1995;
auch in: *Deutsche Literatur 1995. Jahresüberblick*. Hrsg. von Franz Josef Görtz, Volker Hage und Hubert Winkels in Zusammenarbeit mit Katharina Frühe. Stuttgart: Reclam, 1996, 223-227.]

222. Lottmann, Joachim: Deutsche Einheit. Ein historischer Roman aus dem Jahr 1995. Zürich: Haffmans, 1999.
[Dazu: Groß, Thomas: Der letzte Schriftsteller macht das Licht aus. Endlich! Joachim Lottmann simuliert den echten, den großen, den wahren Roman zur „Deutschen Einheit". In: *taz* v. 13.10.1999 (*literataz*).]

223. Maelck, Stefan: Ost Highway. Ein Hank-Meyer-Roman. Berlin: Rowohlt Berlin, 2003.

224. Maiwald, Peter: Jeder hat eine – bloß ich nicht! Peter Maiwald kann ohne eine Personalakte über ihn nicht groß rauskommen. In: *Nie wieder Ismus! Neue deutsche Satire*. Hrsg. von Manfred und Christine Wolter. Berlin 1992, 196f.

225. Mang, Ullrich: Mord am Strand. Berlin: Spotless, 1994 (*Spotless-Krimi 01*).

226. Maron, Monika: Stille Zeile sechs. Roman. Frankfurt a.M.: S. Fischer, 1991.
[Taschenbuchausgabe: Frankfurt a.M.: Fischer TB, 1993.]
[Dazu: Geisenhanslüke, Achim: Abschied von der DDR. In: Arnold, Heinz Ludwig (Hg.): *DDR-Literatur der neunziger Jahre* (*text+kritik Sonderband IX/00*), 80-91;
Görtz, Franz Josef: Muß der Handelnde immer schuldig werden? „Stille Zeile sechs": Monika Marons Roman nicht nur über einen Vater. In: *FAZ* v. 3.12.1991;
auch in: *Deutsche Literatur 1991. Jahresüberblick*. Hrsg. von Franz Josef Görtz, Volker Hage und Uwe Wittstock unter Mitarbeit von Katharina Frühe. Stuttgart: Reclam, 1992, 205-209;
Janssen-Zimmermann, Antje: Für Unentschiedenheit. Monika Marons Roman „Stille Zeile sechs" und der Streit um das Erbe. In: *ndl* 40 (1992) 7, 165-171;
Radisch, Iris: Der Lurch muß sterben. „Stille Zeile Sechs" – Monika Marons Abrechnung mit den Vätern der DDR. In: *Die Zeit* vom 11.10.1991;
Reich-Ranicki, Marcel/Löffler, Sigrid/Karasek, Hellmuth: [Literarisches Quartett am 9.12.1991. Gast: Karin Kathrein]. In: R.-R., M./L., S./K., H.: *... und alle Fragen offen. Das Beste aus dem Literarischen Quartett*. Hrsg. von Stephan Reichenberger unter Mitarbeit von Alex Rühle. Mit einem Vorwort von Johannes Willms. München: Heyne, 2000, 180-197;

Rossbacher, Brigitte: (Re)visions of the Past: Memory and Historiography in Monika Maron's *Stille Zeile Sechs*. In: *Colloquia Germanica* 27 (1994) 1, 13-24;
Wehdeking, Volker: Monika Marons Verabschiedung der DDR-Ankunftsgeneration im Roman „Stille Zeile sechs". In: W., V.: *Die deutsche Einheit und die Schriftsteller. Literarische Verarbeitung der Wende seit 1989*. Stuttgart/Berlin/Köln: Kohlhammer, 1995, 118-133.]

227. Dies.: Animal triste. Roman. Frankfurt a.M.: S. Fischer, 1996.
[Taschenbuchausgabe: Frankfurt a.M.: Fischer TB, 1997.]
[Hörbuch: Mit Barbara Nüsse. Schwäbisch Hall: steinbach sprechende bücher, 1999 (*editionen voices literatur*); 3 MCs.]
[Dazu: Magenau, Jörg: Geschliffene Erinnerungen. In ihrem Roman „Animal triste" erzählt Monika Maron eine Liebesgeschichte ohne vordergründigen Gesellschaftsbezug. In: *Wochenpost* v. 22.2.1996;
Der Liebe Fluch. Marcel Reich-Ranicki über Monika Marons Roman „Animal triste". In: *Der Spiegel* 50 (1996) 7 v. 12.2.1996, 185-189; auch in: *Deutsche Literatur 1996. Jahresüberblick*. Hrsg. von Franz Josef Görtz, Volker Hage und Hubert Winkels in Zusammenarbeit mit Katharina Frühe. Stuttgart: Reclam, 1997, 190-195;
Plath, Jörg: Hautfetzen und ein Spermafleck. Was Monika Maron von der Liebe übrigläßt. In: *Lektüren* (1997) 12, 42 (*Rezensionen*);
Reich-Ranicki, Marcel/Löffler, Sigrid/Karasek, Hellmuth: [Literarisches Quartett am 22.2.1996. Gast: Peter Glotz]. In: R.-R., M./L., S./K., H.: *... und alle Fragen offen. Das Beste aus dem Literarischen Quartett*. Hrsg. von Stephan Reichenberger unter Mitarbeit von Alex Rühle. Mit einem Vorwort von Johannes Willms. München: Heyne, 2000, 458-464;
Wallmann, Jürgen P.: Liebe unter dem Skelett des Sauriers. Monika Marons neuer Roman „Animal triste". In: *Rheinische Post* v. 4.5.1996; auch in: *Deutsche Literatur 1996. Jahresüberblick*. Hrsg. von Franz Josef Görtz, Volker Hage und Hubert Winkels in Zusammenarbeit mit Katharina Frühe. Stuttgart: Reclam, 1997, 195-197;
Wickersham, Erlis: The Aftermath of East-West Separation: Metaphorical Realities in Monika Maron's *Animal triste*. In: *Schreiben im heutigen Deutschland. Fragen an die Vergangenheit*. Hrsg. von Ursula E. Beitter. New York/Washington, D.C./Baltimore/Boston/Bern/Frankfurt a.M./Berlin/Vienna/Paris: Lang, 1998 (*Loyola College in Maryland Berlin Seminar, Contemporary German Literature and Society, Vol. 2*), 211-228.]

228. Dies.: Pawels Briefe. Eine Familiengeschichte. Frankfurt a.M.: S. Fischer, 1999.
[Taschenbuchausgaben: Frankfurt a.M.: Fischer TB, 2001 sowie 2002 (*Limitierte Jubiläumsedition*).]
[Hörbuch: Gelesen von Monika Maron. Schwäbisch Hall: steinbach sprechende bücher, 1999 (*editionen voices literatur*); 3 MCs.]
[Dazu: [Interview mit Irene Nießen]: „Die Pervertierung der privaten Beziehungen durch Idelogien ist die eigentliche, auch nachträglich schwer verständliche Erfahrung." Ein Gespräch mit Monika Maron über ihren ermordeten Großvater, über Erinnern und Vergessen. In: *Fischer Lesezeichen* (2001) 1, 4-7;
Utzenrath, Rita: Spuren von gestern. In: *BuchJournal* (1999) 1, 65.]

229. Dies.: Endmoränen. Roman. Frankfurt a.M.: S. Fischer, 2002.
[Dazu: Bartmann, Christoph: Die Herbstzeitlosen. Von der Kunst, Botschaften in Biografien zu verstecken: Monika Marons unruhiger Vorruhestandsroman „Endmoränen". In: *SZ* v. 25.9.2002;
Grub, Frank Thomas: Letzte Grüße aus Basekow. Enttäuschend: Der neue Roman von Monika Maron. In: Livres/Bücher Un supplément du *Tageblatt* 7 (2002) 10 v. 18.10.2002;
Hage, Volker: Deutschland im Herbst. In ihrem neuen Roman „Endmoränen" erzählt Monika Maron von Lebensentwürfen und Umbrüchen nach dem Ende der DDR – und vom nahenden Alter. In: *Der Spiegel* 56 (2002) 39 v. 21.9.2002, 180-183;
Mischke, Roland: Die paar Hoffnungen im Geröll des Alters. In: *Saarbrücker Zeitung* v. 5./6.10.2002;
Ders.: Die Trümmerfrau. Was ist das Alter? – Monika Maron hat darüber ein beeindruckendes Buch geschrieben. In: *Saarbrücker Zeitung* v. 7.1.2003;
Pecht, Andreas: Blätter fallen und begraben die alten Leidenschaften. Monika Marons leiser und großartiger Roman „Endmoränen" über die Besinnungsklausur einer 50-jährigen (Ost-)Deutschen. In: *Rhein-Zeitung* v. 10.10.2002;
Radisch, Iris: Barfuß in Basekow. Monika Maron hat einen Wendekater. In: *Die Zeit* v. 5.9.2002;
Ruthner, Clemens: Nachsommer in preußischer Pampa. Monika Maron schürft im ostdeutschen Lebens-Abraum. In: *Der Standard* v. 21./22.9.2002.]

230. Martin, Marko: Der Prinz von Berlin. Roman. München: Quadriga Verlag, 2000.

231. Mehrwald, Jörg: Bloß gut, dass es uns noch gibt! Familie Lehmann und der 51. Geburtstag der DDR. München: Knaur, 2000.

232. Meichsner, Dieter: Abrechnung. Roman. Berlin: Ullstein, 1998.

233. Meier, André: Fixies. Roman. Berlin: Aufbau, 1999.
[Dazu: Selchow, Stephanie von: Schonungslos: André Meiers Debüt „Fixies". In: *Neue Promenade* (1999/2000) 7, 4.]

234. Menasse, Robert: Schubumkehr. Roman. Salzburg/Wien: Residenz Verlag, 1995.
[Taschenbuchausgabe: Frankfurt a.M.: Suhrkamp, 1997.]

235. Pygmalion. Ein verloren geglaubter dubioser Kolportage-Roman aus den späten 80er Jahren. Entschlüsselt und herausgegeben von Steffen Mensching. [Halle (S.)/Leipzig]: Mitteldeutscher Verlag, 1991.

236. Mesch, Herbert: Gäbe es die DDR noch. 1979 – 1989 – 1999. Jahre, die schneller verflogen als die auf Ewigkeit gebauten. 3. Auflage. Hildburghausen: Verlag Frankenschwelle, 2000.
[zuerst: Hildburghausen: Verlag Frankenschwelle, 1999.]

237. Messerschmidt, Beate: Hinter doppelten Mauern. Eine deutsche Geschichte. Frankfurt a.M./Wien: Büchergilde Gutenberg, 1999.
[Dazu: [Anon.]: [o.T.]. In: *Büchergilde Magazin* (1999) 4.]

238. Mieder, Eckhard: Auf nach Ophir, Kameraden! In: *Kultur und Macht – Deutsche Literatur 1949-1989*. Hrsg. vom Sekretariat für kulturelle Zusammenarbeit nichttheatertragender Städte und Gemeinden in Nordrhein-Westfalen, Gütersloh. Bielefeld: Aisthesis, 1992, 108-116.

239. Möckel, Klaus: Bennys Bluff oder Ein unheimlicher Fall. Reinbek: Rowohlt TB, 1991 (*rororo rotfuchs*).

240. Morshäuser, Bodo: Der weiße Wannsee. Ein Rausch. Frankfurt a.M.: Suhrkamp, 1993.

241. Müller, Armin: Klangholz. Kalendergeschichten. Rudolstadt: Hain, 1997 (*Thüringen-Bibliothek, Band 6*).

242. Müller, Olaf: Tintenpalast. Roman. Berlin: Berlin Verlag, 2000.

243. Müller, Peter F./Sabath, Wolfgang: Peanuts aus Halle. Eine Realsatire zur Vereinigungskriminalität. Berlin: Elefanten Press, 1998.

244. Neumann, Gert: Anschlag. Köln: DuMont, 1999.
[Dazu: [lm]: Unbekannte Zwecke. In: *FAZ* v. 8.3.1999;
Radisch, Iris: Endlich! Der Wenderoman. Aber wer ist eigentlich Gert Neumann? In: *Die Zeit* v. 25.3.1999 (*Literatur-Beilage*);
Walser, Martin: Geist und Sinnlichkeit. Gert Neumanns deutsch-deutsches Gespräch. In: *Die Zeit* v. 25.3.1999 (*Literatur-Beilage*).]

245. Neumeister, Andreas: Ausdeutschen. Roman. Frankfurt a.M.: Suhrkamp, 1994.
[Dazu: Bremer, Ulrike: V Andreas Neumeister: Ausdeutschen. In: B., U.: *Versionen der Wende. Eine textanalytische Untersuchung erzählerischer Prosa junger deutscher Autoren zur Wiedervereinigung*. Osnabrück: Universitätsverlag Rasch, 2002, 121-151;
Neubauer, Michael: Romanwirrwar in der Großstadt. Literatur im Sog einer unerhörten Begebenheit: zum Boom der Berlin-Romane der neunziger Jahre. In: *GrauZone* (1997) 9/10, 6-11.]

246. Neutsch, Erik: Totschlag. Roman. [Hrsg. von Joachim Jahns.] Querfurt: Dingsda-Verlag, 1994.
[zwei unterschiedlich ausgestattete Parallelausgaben: gebunden/broschiert]

247. Ders.: Der Hirt *und* Stockheim kommt. Zwei Erzählungen. [Berlin]: Spotless, 1998.

248. Ders.: Stockheim kommt. In: *ND* v. 4./5.7.1998 (*Neue Texte*) [gekürzt].

249. Nooteboom, Cees: Allerseelen. Roman. Aus dem Niederländischen von Helga van Beuningen. Frankfurt a.M.: Suhrkamp, 1999.
[Originalausgabe: *Allerzielen*. Amsterdam: Uitg. Atlas, 1998.]
[Taschenbuchausgabe: Frankfurt a.M.: Suhrkamp, 2000.]
[Dazu: Buhrfeind, Anne: Die Welt ein Verweis. In: *BuchJournal* (1999) 1, 69;
Reich-Ranicki, Marcel/Löffler, Sigrid/Karasek, Hellmuth: [Literarisches Quartett am 5.3.1999. Gast: Hans Christoph Buch]. In: R.-R., M./L., S./K., H.: *... und alle Fragen offen. Das Beste aus dem Literarischen Quartett*. Hrsg. von Stephan Reichenberger unter Mitarbeit von Alex Rühle. Mit einem Vorwort von Johannes Willms. München: Heyne, 2000, 676-683.]

250. Opitz, Detlef: Klio, ein Wirbel um L. Roman. Göttingen: Steidl, 1996.

[Dazu: Geisel, Sieglinde: Scheinheiligkeit als subversives Verfahren. Detlef Opitz. In: *Zersammelt. Die inoffizielle Literaturszene der DDR nach 1990. Eine Bestandsaufnahme*. Hrsg. von Roland Berbig, Birgit Dahlke, Michael Kämper-van den Boogaart und Uwe Schoor (*Theater der Zeit/Recherchen* 6), 119-129.]

251. Ortheil, Hanns-Josef: Abschied von den Kriegsteilnehmern. Roman. München/Zürich: Piper, 1992.
[Dazu: Groß, Thomas: Geschichtstourismus. Hanns-Josef Ortheils Bewältigungsroman „Abschied von den Kriegsteilnehmern". In: *taz* v. 30.9.1992;
auch in: *Deutsche Literatur 1992. Jahresüberblick*. Hrsg. von Franz Josef Görtz, Volker Hage und Uwe Wittstock unter Mitarbeit von Katharina Frühe. Stuttgart: Reclam, 1993, 234-239
Wehdeking, Volker: Hanns-Josef Ortheils „Abschied von den Kriegsteilnehmern": Die Ablösung von deutscher Nachkriegsgeschichte aus der Perspektive eines neuen Aufbruchs. In: W., V.: *Die deutsche Einheit und die Schriftsteller. Literarische Verarbeitung der Wende seit 1989*. Stuttgart/Berlin/Köln: Kohlhammer, 1995, 64-75.]

252. Ders.: Blauer Weg. München/Zürich: Piper, 1996.
[Taschenbuchausgabe: München/Zürich: Piper, 1998.]
[Dazu: Fromm, Waldemar: Die Westsicht zweier Generationen zum neuen Lebensgefühl nach der Wende – Hanns-Josef Ortheils Tagebuch *Blauer Weg* und Jürgen Beckers autobiographischer Roman *Aus der Geschichte der Trennungen*. In: *Mentalitätswandel in der deutschen Literatur zur Einheit (1990-2000)*. Hrsg. von Volker Wehdeking. Berlin: Erich Schmidt Verlag, 2000 (*Philologische Studien und Quellen, Heft 165*), 177-188.]

253. Osang, Alexander: die nachrichten. Roman. Frankfurt a.M.: S. Fischer, 2000.
[Taschenbuchausgabe: Frankfurt a.M.: Fischer TB, 2002.]
[Hörbuch: Lesung. Berlin: DAV, 2001; 6 CDs.]
[Dazu: Wolf, Fritz: Er war nicht zu sehen. Literarischer Faktograph. Alexander Osangs Debüt-Roman über Medienwelt und Medienmenschen: „Die Nachrichten". In: *Freitag* v. 2.2.2001.]

254. Panitz, Eberhard: Rübezahl. Anno 89 neu erzählt. Berlin: Spotless, 1992.

255. Ders.: Das Lächeln des Herrn O. Hundert Geschichten zur Zeit. Mit Illustrationen von Wolfgang Würfel. Berlin: Dietz Verlag, 1994.

256. Pawel, Henning: Wie ich Großvater eischloß, um die deutsche Einheit zu retten. Die Enkel packen aus. Berlin 1991.

257. Penndorf, Helmar/Schulze, Ingo: Von Nasen, Faxen und Ariadnefäden. Röderhof 1994.
[auch: Berlin: Friedenauer Presse, 2000.]

258. Petschull, Jürgen: Der Herbst der Amateure. Roman. München/Zürich: Piper, 1991.

259. Pludra, Benno: Tod im November. In: *Die sanfte Revolution. Prosa, Lyrik, Protokolle, Erlebnisberichte, Reden.* Hrsg. von Stefan Heym und Werner Heiduczek. Mitarbeit: Ingrid Czechowski. Leipzig/Weimar: Gustav Kiepenheuer, 1990, 317-320.

260. Preuß, Gunter: Vertauschte Bilder. München: Erika Klopp Verlag, 1991.
[Taschenbuchausgabe: Frankfurt a.M.: Fischer TB, 1994 (*Fischer Schatzinsel*).]

261. Ders.: Stein in meiner Faust. Ravensburg: Maier, 1993 (*Ravensburger junge Reihe*).

262. Rathenow, Lutz: Sisyphos. Erzählungen. Berlin: Berlin Verlag, 1995.

263. Rávic Strubel, Antje: Fremd Gehen. Ein Nachtstück. Hamburg: marebuchverlag, 2002 (*marebibliothek, Band 2*).
[Dazu: Schmidt, Thomas E.: Als das Boot gekentert war. Die jungen Autoren Ostdeutschlands erzählen kühl vom Leben in der Zone. In: *Die Zeit* v. 5.9.2002.]

264. Reuschel, Manfred: Rosen für Reni. Erzählungen. Frankfurt a.M.: R.G. Fischer, 1992 (*Edition Fischer*).

265. Riedmüller, Barbara: Berlin-Krimi. Berlin: Morgenbuch Verlag Volker Spiess, 1992.

266. Röhl, Ernst: Der Ostler, das unbekannte Wesen. Geschichten. Berlin: Eulenspiegel, 2000.
[Hörbuch: Berlin: Ohreule, 2001; 1 CD.]
[Dazu: Donay, Eiko: In „gebrauchten" Ländern. Satiriker Ernst Röhl referierte augenzwinkernd über die „Ostler". In: *Nahe-Zeitung* v. 25.9.2000;

Uhlemann, Katja: Was Posedowski zu sagen hat. Ernst Röhl auf den Spuren einer Spezies. In: *Freie Presse* v. 17.3.2000 (*Literatur-Beilage*).]

267. Rosendorfer, Herbert: Die große Umwendung. Neue Briefe in die chinesische Vergangenheit. Roman. Ungekürzte, vom Autor neu durchgesehene Ausgabe. München: dtv, 1999.
[zuerst: Köln: Kiepenheuer & Witsch, 1997.]

268. Rosenlöcher, Thomas: Die Wiederentdeckung des Gehens beim Wandern. Harzreise. Frankfurt a.M.: Suhrkamp, 1991.
[Vorabdruck unter dem Titel *Abschied vom Archipel Gulasch. Am Tag der Währungsunion brach der Dresdener Dichter Thomas Rosenlöcher zu einer Harzwanderung auf – ein Vorabdruck aus seinem neuen Buch* in: *Rheinischer Merkur* v. 25.10.1991;
auch in: *Schiffbruch der Hoffnungen? Die Kultur nach dem Zusammenbruch des Ostblocks. Ein Sonderdruck aus dem Feuilleton des Rheinischer* [sic] *Merkur*. [o.O.] [o.J.], 16f.]
[Dazu: Kormann, Julia: Der Weg des Dichters durch die enteilende Zeit – Thomas Rosenlöcher: *Die verkauften Pflastersteine* und *Die Wiederentdeckung des Gehens beim Wandern*. In: K., J.: *Literatur und Wende. Ostdeutsche Autorinnen und Autoren nach 1989*. Wiesbaden: Deutscher Universitäts-Verlag, 1999 (*Literaturwissenschaft/ Kulturwissenschaft*); 271-306, 292-306;
Leistner, Bernd: Komische Wilhelmiade. In: *ndl* 40 (1992) 3, 148-151;
Steinert, Hajo: Addi, Petra, Ursel und die Ostsucht. Im deutsch-deutschen Grenzland: Hans Pleschinski und Thomas Rosenlöcher. In: *Die Zeit* v. 4.6.1993 (*Literatur*).]

269. Rothmann, Ralf: Flieh, mein Freund! Roman. Frankfurt a.M.: Suhrkamp, 1998.
[Dazu: Schütz, Erhard: Currywurst mit Konfitüre. Schreiben stelle ich mir wahnsinnig vor. Ralf Rothmanns Roman „Flieh mein Freund!" In: *Freitag* v. 13.11.1998.]

270. Rüdiger, Elfriede: Erika, im Konsum gibt's Bananen. DDR-Alltag heiter bis wolkig. Wahlsdorf: Werbeagentur & Verlag März, 1999.

271. Saalmann, Günter: Zu keinem ein Wort! Ein Kriminalfall. Berlin: Der KinderbuchVerlag, 1993.

272. Sabath, Wolfgang: Als Ossi in Amerika. Satirische Reise zu unseren neuen Freunden. Berlin: edition ost, 1995 (*Bunte Reihe*).

273. Saeger, Uwe: Die Nacht danach und der Morgen. München/Zürich: Piper, 1991.

274. Ders.: Landschaft mit Dornen. Erzählung zum gleichnamigen Film. Halle (S.): Mitteldeutscher Verlag, 1993.

275. Sämann, Wolfgang: Mein Leben im Caravan. Roman. Berlin: Morgenbuch Verlag Volker Spiess, 1992.

276. Sakowski, Helmut: Katja Henkelpott. Illustrationen von Erhard Dietl. Stuttgart/Wien/Bern: K. Thienemanns Verlag, 1992.
[Taschenbuchausgabe: München: Thienemann Taschenbuch bei Omnibus, 2000.]

277. Ders.: Prinzessin, wir machen die Fliege. Stuttgart/Wien: K. Thienemanns Verlag, 1993.

278. Ders.: Katja Henkelpott und die Schlangenkönigin. Illustrationen von Erhard Dietl. Stuttgart/Wien: K. Thienemanns Verlag, 1995.
[Taschenbuchausgabe: München: Omnibus/C. Bertelsmann Jugendbuch Verlag, 1998.]

279. Ders.: Wendenburg. Roman. Berlin: Aufbau, 1995.
[Taschenbuchausgabe: Berlin: Aufbau TB, 1996.]

280. Ders.: Katja Henkelpott kommt in die Schule. Illustrationen von Erhard Dietl. Stuttgart/Wien: K. Thienemanns Verlag, 1998.
[Taschenbuchausgabe: München: Thienemann Taschenbuch bei Omnibus, 2002.]

281. Sander, Gregor: Ich aber bin hier geboren. Erzählungen. Reinbek: Rowohlt, 2002.

282. Schädlich, Hans Joachim: Trivialroman. Reinbek: Rowohlt, 1998.
[Dazu: Bond, Greg: Der Sinn der Bande. Einfache Wahrheiten. Hans Joachim Schädlichs „Trivialroman". In: *Freitag* v. 20.3.1998;
Gambihler, Ralph: Verloren zwischen Aktenbergen und hohen Tieren. Jürgen Fuchs und Hans-Joachim Schädlich schreiben über diktatorische Zustände und ihre Folgen. In: *LVZ* v. 21./22.3.1998;
Ein Imperium hat abgewirtschaftet. Grandios! Eine Parabel ohne Verfallsdatum. Mit Hans Joachim Schädlich sprach Karim Saab. In: *Märkische Allgemeine* v. 24.3.1998 (*Bücherschau, Sonderbeilage zur Leipziger Buchmesse*).]

283. Schirmer, Bernd: Schlehweins Giraffe. Roman. Frankfurt a.M.: Eichborn, 1992.
[auch: Fortsetzungsroman in: *BZ* ab 2.4.1992;
Fortsetzungsroman in: *Freie Presse*, ab 9.5.1992;
dazu: [(UH)]: Schlehweins Giraffe. Neuer Fortsetzungsroman von Bernd Schirmer. In: *Freie Presse* v. 7.5.1992;
auch: Fortsetzungsroman in: *SZ* bis 1.7.1992]
[Taschenbuchausgabe: Frankfurt a.M.: Fischer TB, 1994.]
[Dazu: Dietschreit, Frank: Es lebe die dtsch demkrtsch Replik. Wenn Giraffen plappern: Bernd Schirmer und seine Wendezeit-Satire. In: *Der Tagesspiegel* v. 25.8.1992;
Franke, Konrad: Die Giraffe war eine Altlast. In: *SZ* v. 30.9.1992 (*Literatur-Beilage*);
Nedo, Hannelore: Aufwärts zum Giraffenhals. In: *Börsenblatt* v. 12.3.1993;
Veth, Hilke: Langer Hals, guter Riecher. Wendespott: „Schlehweins Giraffe" von Bernd Schirmer. In: *Deutsches Allgemeins Sonntagsblatt* v. 2.10.1992;
Westphal, Anke: Spiegelverkehrt durchs eigene Leben. Bernd Schirmers ätzende Mixtur aus Satire und Märchen. In: *Neue Zeit* v. 16.2.1992.]

284. Ders.: Cahlenberg. Roman. Leipzig: Connewitzer Verlagsbuchhandlung Peter Hinke, 1994.

285. Schirneck, Hubert: Der Tag, an dem mich Gregor Samsa besuchte und andere unglaubliche Begebenheiten. Rudolstadt/Jena: Hain Verlag, 1999 (*Thüringen-Bibliothek, Band 9*).

286. [Schlesinger, Klaus: Die Sache mit Randow. Roman. Berlin: Aufbau, 1996.
[Taschenbuchausgabe: Berlin: Aufbau TB, 1999.]]

287. Schlesinger, Klaus: Trug. Roman. Berlin: Aufbau, 2000.
[Taschenbuchausgabe: Berlin: Aufbau TB, 2001.]
[Hörbuch: Berlin: DAV, 2001; 1 CD.]
[Dazu: Brandt, Sabine: Der Hauch des Geheimnisvollen. In: *Deutschland Archiv* 35 (2002) 5, 915f.;
Cosentino, Christine: „Meditativer Halbschlaf": Kafkaeske Paradoxien in Klaus Schlesingers Roman *Trug*. In: Cosentino, Christine/Ertl, Wolfgang/Müller, Wolfgang (Hgg.): *An der Jahrtausendwende. Schlaglichter auf die deutsche Literatur*. Frankfurt a.M./Berlin/Bern/Bruxelles/New York/Oxford/Wien: Lang, 2003, 29-38;

Engler, Jürgen: Klaus Schlesinger erzählt eine Doppelgängergeschichte aus einem geteilten Land. In: *Neue Promenade* (2000) 8, 4;
Grub, Frank Thomas: Doppelgänger in der Falle. Klaus Schlesingers Roman „Trug" liest sich wie ein Polit-Thriller. In: *Saarbrücker Zeitung* v. 5.5.2000;
Heise, Ulf: Spreeathener Erzählkarussell. Schlesinger pokert mit knalligen Effekten. In: *Freie Presse* v. 17.3.2000 (*Literatur-Beilage*);
Schmitt, Hans-Jürgen: Die Sache mit Strehlow und Skolud. Doppelgängerschaft Ost/West: Klaus Schlesingers neuer Roman „Trug". In: *SZ* v. 22.3.2000 (*Beilage*).]

288. Ders.: Die Seele der Männer. Die Erzählungen. Mit einem Gespräch mit Klaus Schlesinger. Berlin: Aufbau, 2003.
[Vorabdrucke unter dem Titel *Aszendenten* oder *Die Liebe in Zeiten volkseigener Betriebe* in: *die horen* 46 (2001) 201 (*Erfahrung Deutschland/SchreibArten & LebensGeschichten*), 191-196 sowie unter dem Titel *Die Seele der Männer. 5. Kapitel* und *6. Kapitel* in *ndl* 50 (2002) 1, 13-50.]
[Dazu: Grub, Frank Thomas: „Die Seele der Männer". Klaus Schlesingers Fragment gebliebener Roman – zugleich eine Erinnerung. In: Livres/Bücher. Un supplément du *Tageblatt* 8 (2003) 5 v. 16.5. 2003.]

289. Schlink, Bernhard: Der Seitensprung. In: S., B.: *Liebesfluchten. Geschichten.* Zürich: Diogenes, 2000, 55-95.
[Hörbuch: Hamburg: HörbuchHamburg, 2000; 4 CDs/3 MCs.]
[Dazu: Schmidt, Kathrin: Vorzeitig zu entlassen. Solide Handarbeit vom Reissbrett. Bernhard Schlinks Erzählungen „Liebesfluchten". In: *Freitag* v. 24.3.2000 (*Literatur Extra*).]

290. Schmidt, Christa: Rauhnächte. Roman. München: Albrecht Knaus, 1996.
[Taschenbuchausgabe: München: btb, 1998.]

291. Schmidt, Eva-Maria: Mein Land ist dein Land. Reutlingen: Ensslin & Laiblin, 1993.

292. Schmidt, Kathrin: Koenigs Kinder. Roman. Köln: Kiepenheuer & Witsch, 2002.
[Dazu: Meyer-Gosau, Frauke: Kinder-Geschichten, Liebes-Verhältnisse. Kathrin Schmidts Nachruf auf das Gefühlserbe der DDR. In: *NZZ* v. 8.10.2002 (*Beilage*).]

293. Schmidt, Uwe M.: Die Datsche oder Wie der 2. Sekretär der SED-Bezirksleitung Kahlow beinahe die DDR gerettet hätte. Roman. Leipzig: Reclam, 2000.
[Dazu: Kohlschein, Torsten: Schrebergärten als Problemlösung. Die DDR-Satire bleibt in Uwe M. Schmidts Roman „Die Datsche“ ein frommer Wunsch. In: *Freie Presse* v. 17.3.2000.]

294. Schneider, Peter: Eduards Heimkehr. Roman. Berlin: Rowohlt Berlin, 1999.
[Dazu: Au, Michael: Die Liebe in Zeiten des Umbruchs. Peter Schneider schreibt mit „Eduards Heimkehr“ einen Berlin-Roman. In: *Rhein-Zeitung* v. 22.7.1999;
Döbler, Katharina: Ja, was hat es zu bedeuten? Peter Schneider sammelt, was ihm in Berlin so auffällt. In: *Die Zeit* v. 25.3.1999;
Krumbholz, Martin: Der Lenz ist vergangen. Ein Roman als penibles Aktenstudium: Peter Schneider wagt sich ins neue Berlin und riskiert dabei nichts. In: *Die Woche* v. 1.4.1999;
Lüdke, Martin: Die Liebe, das Erbe und die Weltgeschichte. In: *Rowohlt Revue* (1999) 61, 10f.]

295. Schneider, Rolf: November. Roman. Rostock: Hinstorff, 1990.

296. Ders.: Versuch über den Schrecken. Rostock: Hinstorff, 1995.

297. Ders.: Notlandung. Berlin: Berliner Handpresse, 1996 (*Berliner Handpresse, 93. Druck*).

298. Schoch, Julia: Der Körper des Salamanders. Erzählungen. München/Zürich: Piper, 2001.
[Dazu: Schmidt, Thomas E.: Als das Boot gekentert war. Die jungen Autoren Ostdeutschlands erzählen kühl vom Leben in der Zone. In: *Die Zeit* v. 5.9.2002.]

299. Schollak, Sigmar: Das Mädchen aus Harrys Straße. Zeichnungen von Horst Rudolph. Berlin: Elefanten Press, 1992.

300. Ders.: KALLOSCH. Roman einer Autobiographie. Berlin: Weidler Buchverlag, 1995.

301. Schramm, Ingo: Fitchers Blau. Poetischer Roman. Berlin: Volk & Welt, 1996.
[Taschenbuchausgabe: München: dtv, 1999.]

302. Land in Sicht! Aber muß es Deutschland sein? Geschichten von Herrn Kosemund. Erzählt von Hans-Dieter Schütt. Mit Collagen von Andreas Prüstel. Berlin: Dietz Verlag, 1994.

303. Schütz, Helga: Vom Glanz der Elbe. Roman. Berlin: Aufbau, 1995. [Dazu: Reich-Ranicki, Marcel/Löffler, Sigrid/Karasek, Hellmuth: [Literarisches Quartett am 6.7.1995. Gast: Joachim Kaiser]. In: R.-R., M./L., S./K., H.: *... und alle Fragen offen. Das Beste aus dem Literarischen Quartett*. Hrsg. von Stephan Reichenberger unter Mitarbeit von Alex Rühle. Mit einem Vorwort von Johannes Willms. München: Heyne, 2000, 416-419.]

304. Dies.: Grenze zum gestrigen Tag. Roman. Berlin: Aufbau, 2000.
[Taschenbuchausgabe: Berlin: Aufbau TB, 2002.]
[Dazu: Radisch, Iris: Morsezeichen aus Altdeutschland. Helga Schütz füttert Enten hinterm Todesstreifen, und die Geschichte der DDR-Literatur beginnt von vorn. In: *Die Zeit* v. 23.3.2000 (*Literaturbeilage zur Leipziger Buchmesse*).

305. Schulze, Ingo: 33 Augenblicke des Glücks. Aus den abenteuerlichen Aufzeichnungen der Deutschen in Piter. Berlin: Berlin Verlag, 1995.
[Taschenbuchausgabe: München: dtv, 1997.]
[Dazu: Böttiger, Helmut: Petersburg ist etwas anderes. Ingo Schulzes überraschendes Debüt: „33 Augenblicke des Glücks". In: *FR* v. 11.10.1995;
auch in: *Deutsche Literatur 1995. Jahresüberblick*. Hrsg. von Franz Josef Görtz, Volker Hage und Hubert Winkels in Zusammenarbeit mit Katharina Frühe. Stuttgart: Reclam, 1996, 279-283.]

306. Ders.: Simple Storys. Ein Roman aus der ostdeutschen Provinz. Berlin: Berlin Verlag, 1998.
[Taschenbuchausgabe: München: dtv, 1999; Sonder-Taschenbuchausgabe: München: dtv, 2001.]
[Teilabdrucke: Kapitel 4 – Panik. In: *LVZ* v. 6.4.1998, Kapitel 5 – Zugvögel. In: *LVZ* v. 7.4.1998, Kapitel 8 – Der Atem an meinem Hals. In: *LVZ* v.8.4.1998, Kapitel 14 – Spiegel. In: *LVZ* v. 9.4.1998, Kapitel 17 – Schulden. In: *LVZ* v. 11./12.4.1998;
Fische. Jenny erzählt von einem neuen Job und Martin Meurer. Der Chef weist ein. Wo ist die Nordsee? Erst geht alles gut. Dann muß Jenny Überzeugungsarbeit leisten. Was passiert [sic] bei der Sintflut mit den Fischen? Zum Schluß erklingt Blasmusik. So faßt Ingo Schulze das letzte Kapitel seines neuen Buches „Simple Storys" zusammen, das wir hier drucken. In: *Das Magazin* (1998) 4, 39-43.]

[Hörbuch: Gelesen von Jörg Gudzuhn. Schwäbisch Hall: steinbach sprechende bücher, 1999; 7 MCs.]

[Dazu: [ama]: 300 lauschten 4 „Simplen Storys". Ingo Schulze in Altenburg. In: *LVZ* v. 9.4.1998;

[cbe]: Erster gelungener Nachwenderoman. Teils komisch, teils abstrus: Ingo Schulze präsentiert sein vieldiskutiertes Erfolgsbuch „Simple Storys" in Trier. In: *Saarbrücker Zeitung* v. 5.2.1999;

Arend, Ingo: Ich kann nicht die Welt retten. Hermetische Alltagsdramen. Ingo Schulzes Roman aus der ostdeutschen Provinz „Simple Storys". In: *Freitag* v. 20.3.1998, (*Literatur Extra, Beilage zur Leipziger Buchmesse 1998*);

Bremer, Ulrike: VIII Ingo Schulze: Simple Storys. In: B., U.: *Versionen der Wende. Eine textanalytische Untersuchung erzählerischer Prosa junger deutscher Autoren zur Wiedervereinigung*. Osnabrück: Universitätsverlag Rasch, 2002, 211-243;

[Interview mit Georg Deggerich und Rudolf Gier]: Für mich war die DDR einfach nicht literarisierbar. In: *Freitag* v. 6.11.1998;

Encke, Julia: Ironie und Sandsack. Ingo Schulze mit Matthias Politycki im Münchner Literaturhaus. In: *FAZ* von 27.2.1999;

[Interview mit Ralph Gambihler]: „Hemmingway [sic] war für mich besonders wichtig". Ingo Schulze sorgt mit seinem Geschichten-Knüller „Simple Storys" für Furore. In: *LVZ* v. 28./29.3.1998;

Hagestedt, Lutz: Buspanne vor Assisi. Nach der Wende wurde alles anders: Der 1962 in Dresden geborene Autor zerlegt die schnöde neue Welt in 29 scheinbar einfache Geschichten. In: *Rheinischer Merkur* v. 3.4.1998;

Maus, Stephan: Der Osten erzählt. The Sun Also Rises Over Altenburg: Ingo Schulzes neuer Roman. In: *junge Welt* v. 25.3.1998;

Reich-Ranicki, Marcel/Löffler, Sigrid/Karasek, Hellmuth: [Literarisches Quartett am 24.4.1998. Gast: Jochen Hieber]. In: R.-R., M./L., S./K., H.: *... und alle Fragen offen. Das Beste aus dem Literarischen Quartett*. Hrsg. von Stephan Reichenberger unter Mitarbeit von Alex Rühle. Mit einem Vorwort von Johannes Willms. München: Heyne, 2000, 615-619;

[Interview mit Eva-Maria Reuther]: Die anderen Deutschen. Ingo Schulze über die Wende und seine „Simple Stories" [sic]. In: *Saarbrücker Zeitung* v. 10.2.1999;

Schaper, Rüdiger: Alles auf Null. Ingo Schulzes „Simple Storys" in Leipzig uraufgeführt. In: *SZ* v. 20.10.1998.

Scheer, Udo: Augenblicke und Innenansichten. Jürgen Fuchs und Ingo Schulze erzählen deutsche Geschichten. In: *Die Neue Gesellschaft. Frankfurter Hefte* 45 (1998) 8, 749-752;

Schlosser, Horst Dieter: Ostidentität mit Westmarken? Die „dritte Sprache" in Ingo Schulzes *Simple Storys* zwischen DDR-Deutsch und Bundesdeutsch. In: Cosentino, Christine/Ertl, Wolfgang/Müller, Wolfgang (Hgg.): *An der Jahrtausendwende. Schlaglichter auf die deutsche Literatur*. Frankfurt a.M./Berlin/Bern/Bruxelles/New York/Oxford/Wien: Lang, 2003, 53-68;
Seibt, Gustav: Die kleine Stadt. Hier entsteht die neue deutsche Literatur: Ein Besuch bei Ingo Schulze in seinem Altenburg. In: *BZ* v. 15.8.1998;
auch in: *Deutsche Literatur 1998. Jahresüberblick*. Hrsg. von Volker Hage, Rainer Moritz und Hubert Winkels. Stuttgart: Reclam, 1999, 225-231;
Heroes of the wall. Frederick Stüdemann on new German fiction putting a fresh and amusing slant on the east. In: *Financial Times* v. 30./31.5.1998;
Tittel, Wolfgang: Simple Storys – jedoch keine einfache Botschaft. Beklemmend genaue Atmosphäre: Ingo Schulze schildert Folgen der Wende. In: *Freie Presse* v. 20.3.1998.]

307. Ders.: Schriftsteller und Transzendenz. Eine neue Story. In: *Berliner Autoren Blätter* (2000) 1, 9f.

308. [Seghers, Anna: Der gerechte Richter. In: *Sinn und Form* 42 (1990) 3, 479-501;
auch: Der gerechte Richter. Eine Novelle. Berlin/Weimar: Aufbau, 1990 (*Texte zur Zeit*);
unter dem Titel *Der gerechte Richter (Fragment)* auch in: S., A.: *Das Schilfrohr. Erzählungen 1957-1965*. Berlin: Aufbau TB, 1994, 346-380.
[Dazu: Janka, Walter: Über Anna Seghers und andere. Brief an die Redaktion. In: *europäische ideen* (1991) 76 (*StasiSachen*), 60f.;
Kuczynski, Jürgen: Für Anna Seghers [Vortrag, gehalten 1990 in Nürnberg anlässlich des 90. Geburtstages von Anna Seghers; gekürzte Fassung]. In: *europäische ideen* (1991) 76 (*StasiSachen*), 54-59;
Loest, Erich: Genossin Anna. Zum 100. Geburtstag der Schriftstellerin Anna Seghers [Festrede in der Staatskanzlei von Rheinland-Pfalz am 24. November 2000]. In: L., E.: *Träumereien eines Grenzgängers. Respektlose Bemerkungen über Kultur und Politik*. Stuttgart/Leipzig: Hohenheim/Linden, 2001, 216-226;
Rücker, Günther: [Nachwort]. In: S., A.: *Der gerechte Richter. Eine Novelle*. Berlin/Weimar: Aufbau, 1990 (*Texte zur Zeit*), 57-80;
Schwarz, Freimut: Über Seghers „Der gerechte Richter". In: *europäische ideen* (1991) 76 (*StasiSachen*), 62f.;

Fünftes Kapitel: Prozesse, Prozesse. In: Zehl Romero, Christiane: Anna Seghers. Eine Biographie 1947-1983. Berlin: Aufbau, 2003, 135-186; insbes. 169-178 sowie 183-186.]
[Dazu: Grub, Frank Thomas: Rückkehr nach Deutschland. Der zweite Band der Anna Seghers-Biographie von Christiane Zehl-Romero [sic]. In: Livres/Bücher. Un supplément du *Tageblatt* 8 (2003) 5 v. 16.5.2003.]]

309. Seidemann, Maria: An einem Freitag im Mai. München: Ellermann Verlag, 1997.
[Dazu: Müller, Roland: Johanna in der Geschichte. Maria Seidemann über die 89er-Ereignisse in der DDR. In: *ND* v. 20.-23.3.1997 (*Beilage zur Leipziger Buchmesse 1997*)]

310. Sichtermann, Barbara: Vicky Victory. Roman. Hamburg: Hoffmann und Campe, 1995.

311. Sparschuh, Jens: Schwimmschule. In: *CONstructiv* 1 (1990) 9, 4f.; auch in: S., J.: *Ich dachte, sie finden uns nicht. Zerstreute Prosa.* Köln: Kiepenheuer & Witsch, 1997, 68-72.

312. Ders.: Parzival Pechvogel. Ein Kinderroman. Mit Bildern von Manfred Bofinger. Zürich/Frauenfeld: Nagel & Kimche, 1994.
[Taschenbuchausgabe: Frankfurt a.M.: Fischer TB, 1998.]
[Hörbuch: Parzival Pechvogel – der kleine Papagei. Gelesen von Eberhard Esche. Hamburg: Deutsche Grammophon (*Ohrenbär*)/SFB/WDR/NDR, 1999/1993; 1 CD/1 MC.]

313. Ders.: Der Zimmerspringbrunnen. Ein Heimatroman. Köln: Kiepenheuer & Witsch, 1995.
[Taschenbuchausgabe: München: btb, 1997; erneut 2001.]
[Hörbuch: Regie: Dagmar Ponto. Gelesen von Ingo Meyer. München: Der HörVerlag, 1996; 4 MCs.]
[Dazu: [Anon.]: Plätschernde Freuden. Jens Sparschuhs „ostalgische" Heimatsatire. In: *Die Presse* v. 7.10.1995;
[c.c.]: DDR-Phantomschmerz. In: *Der Bund* (Bern) v. 4.11.1995;
[dmi]: Altarecken mit Atlantis. Zwischen Spreewaldgurken und FDJ-Hemden. In: *Handelsblatt* v. 17./18.11.1995;
[I.S.]: Böser Wiedervereinigungs-Humor. In: *Der Standard* v. 10.11.1995;
[jw]: [o.T.]. In: *Das Sonntagsblatt DS* (Hamburg) v. 13.10.1995 (*Aufgelesen*);
[kl.]: Zimmerspringbrunnen. In: *DAZ* (Zürich) v. 19.12.1995;

[(kn)]: Satire sprudelt aus dem Zimmerspringbrunnen. Jens Sparschuh spielt mit aktueller DDR-Nolstalgie [sic]. In: *Münchner Tageblatt* v. 11.11.1995;
[M.S.]: Die letzten Dinge. Was noch vertretbar ist: Jens Sparschuh. In: *Rostocker Kulturspiegel* (1995) Okt.;
[peko]: Erfrischend komisch. In: *Badische Neueste Nachrichten* (Karlsruhe) v. 2./3.3.1996 (*Das aktuelle Buch*);
Baltzer, Burkhard: In sozialistischer Laubsägetradition. Jens Sparschuhs komischer (Ost-)Heimatroman „Der Zimmerspringbrunnen". In: *Saarbrücker Zeitung* v. 9./10.12.1995;
Basse, Michael: [o.T.]. In: *Die Woche* v. 6.10.1995;
Bormann, Alexander von: Ein leise plätscherndes Nein. Über Jens Sparschuhs Roman „Der Zimmerspringbrunnen". In: *Gegenwart* (Wien) (1996) 29 April-Juni;
Bremer, Ulrike: VII Jens Sparschuh: Der Zimmerspringbrunnen. In: B., U.: *Versionen der Wende. Eine textanalytische Untersuchung erzählerischer Prosa junger deutscher Autoren zur Wiedervereinigung.* Osnabrück: Universitätsverlag Rasch, 2002, 181-210;
Broos, Susanne: [o.T.]. In: *Listen* (1995) Okt.;
Cramer, Sibylle: Ein literarisches Souvenir aus dem versunkenen Atlantis. Jens Sparschuhs humorvoller Epilog auf die vergangene Kultur der DDR: „Der Zimmerspringbrunnen". In: *FR* v. 18.11.1995;
Doerry, Martin: Rakete im Kopf. Satire macht die deutsche Einheit zum Vergnügen: In einem Heimatroman verspottet Jens Sparschuh Landsleute in Ost und West. In: *Der Spiegel* 49 (1995) 39 v. 25.9.1995, 269f.;
[M.E.]: Satirische Leichtigkeit. In. *Reutlinger General-Anzeiger* v. 28.12.1995;
Ecker, Hans-Peter: [o.T.]. In: *Passauer Pegasus. Zeitschrift für Literatur* 13 (1995) 26;
Ellers, Meinolf: Das bittere Ende einer Traumkarriere. Oder: Ossi und Wessi, am „Zimmerspringbrunnen" versammelt. In: *Schweriner Volkszeitung* v. 9.12.1995;
[Ders.]: Satirische Leichtigkeit. Geschichte eines Verlierers. In: *Nordsee-Zeitung* (Bremerhaven) v. 27.12.1995;
Ders.: Brunnen mit Ostberliner Skyline. „Heimatroman" über Traumkarriere und Niedergang. In: *Wiesbadener Kurier* v. 27.12.1995;
Ders.: Deutsch-deutsche Befindlichkeit auf den satirischen Nenner gebracht. In: *Hamburger Abendblatt* v. 2.1.1996;
Fenzl, Christa: Furchtbares Elend von fingerdickem Staub. Unterhaltsam spritzig-skurriler Roman mitten aus der deutschen Gegenwart gegriffen. In: *Main-Echo* (Aschaffenburg) v. 30.3.1996;

Geißler, Cornelia: Der Ost-Mensch, das unbekannte Wesen. Jens Sparschuhs tragikomischer Heimatroman „Der Zimmerspringbrunnen". In: *BZ* v. 13.10.1995 (*Literaturbeilage*);

Gohlis, Tobias: Ein Denkmal der DDR. Jens Sparschuhs Roman „Der Zimmerspringbrunnen". In: *Hannoversche Allgemeine Zeitung* v. 20.4.1996;

Grack, Günther: Atlantis – auferstanden. „Der Zimmerspringbrunnen" im Maxim-Gorki-Studiotheater. In: *Der Tagesspiegel* v. 14.9.1996; auch in: *Deutsche Literatur 1996. Jahresüberblick*. Hrsg. von Franz Josef Görtz, Volker Hage und Hubert Winkels in Zusammenarbeit mit Katharina Frühe. Stuttgart: Reclam, 1997, 104-106;

Großmann, Karin: Der überzeugte Vertreter. Unterhaltsame Satire auf neudeutsche Zustände. In: *Sächsische Zeitung* v. 8.9.1995;

Knetsch, Gabriele: DDR-Nostalgie mit Laubsäge und Springbrunnen. Ein witziger Ost-West-Roman von Jens Sparschuh. In: *Abendzeitung* (München) v. 9.11.1995;

Koberg, Roland: Eine Topfpflanze lernt um. Jens Sparschuh läßt hundert Springbrunnen blühen. In: *Die Zeit* v. 3.11.1995;

Köhn, Monika: Ganz aus Versehen erfolgreich geworden. In: *Badisches Tageblatt* v. 2.12.1995 (*Lese-Ecke*);

Kormann, Julia: Erstkontakt mit einer fremden Lebensform: Der Zimmerspringbrunnen. Jens Sparschuh begründet ein neues Genre: den Heimatroman des vereinigten Deutschlands. In: *GrauZone* (1996) 6, 28-30;

Kraft, Thomas: Heimatroman. Eine ganze Reihe Tretminen der sozialistischen Bauart. Jens Sparschuhs neues deutsches Einheits-Buch „Der Zimmerspringbrunnen" plätschert dennoch angenehm sympathisch dahin. In: *Fränkischer Tag* v. 14.10.1995 (*Literaturbeilage*);

Ders.: Alle sind irgendwie sympathisch. Jens Sparschuh hat in seinem Roman Tretminen sozialistischer Bauart versteckt. In: *Landshuter Zeitung* v. 18.10.1995;

Kopplin, Wolfgang: Ost-West-Posse. Sparschuhs „Heimatroman". In: *Bayernkurier* v. 30.3.1996;

Krause, Tilman: Plätschern im Subtext. Jens Sparschuhs mißglückte Schwejkiade. In: *Der Tagesspiegel* v. 27.8.1995;

[Interview mit Hans-Peter Kunisch]: Verfeindete Stämme. Jens Sparschuh liest aus seinem Roman über die Nach-Wendezeit. In: *SZ* v. 5.3.1996;

Lehmann, Horst H.: Wer klingelt, wer steht vor der Tür? „Der Zimmerspringbrunnen", ein „Heimatroman" von Jens Sparschuh. In: *ND* v. 10.11.1995;

Leis, Sandra: Lichtblick mit Trübung. Sparschuhs Spassroman. In: *Die Weltwoche* v. 21.9.1995;

Leupold, Dagmar: Lobek in einer neuen Welt. Jens Sparschuhs Schelmenroman über einen sympatisch [sic] Gewendeten. In: *Die Rheinpfalz* v. 27.1.1996;

Mehrkens, Heidi: Der ostdeutsche Schwejk aller Vertreter. Neu bei KIWI: Von Heimatgefühlen und Springbrunnen. In: *Bremervörder Zeitung* v. 12.10.1995;

Mensing, Kolja: Stumpfer Spiegel und billige Katharsis. Das Gorki erhöht den Solidarbeitrag, am Deutschen Theater werden Bananen geschält: *Der Zimmerspringbrunnen* und *Helden wie wir an* [sic] Berliner Bühnen. In: *GrauZone* (1997) 9/10.; 44-47, 44f.;

Mohr, Peter: Vertreter in Brandenburg. Jens Sparschuhs Satire „Der Zimmerspringbrunnen". In: *Nürnberger Zeitung* v. 23.9.1995;

Moor [sic], Peter: Klimbim für den Osten. Jens Sparschuhs Roman „Der Zimmerspringbrunnen". In: *Eßlinger Zeitung* v. 9./10.12.1995;

Müller, Andreas: Die Affenwerdung durch Arbeit. Jens Sparschus satirischer Wenderoman „Der Zimmerspringbrunnen". In: *Darmstädter Echo* v. 16.10.1995;

Neubauer, Michael: Ein abgewickelter Angestellter, der vom Zufall geküßt wird. In: *Berliner Morgenpost* v. 23./24.9.1995;

Noack, Bernd: Die Plätscherecke. Jens Sparschuhs komischer Heimatroman „Der Zimmerspringbrunnen". In: *Nürnberger Nachrichten* v. 12.9.1995;

Platthaus, Andreas: Nun plätschert es wieder. Aufbau Ost: Jens Sparschuh installiert einen Zimmerspringbrunnen. In: *FAZ* v. 13.12. 1995;

Rammer, Stefan: Irrationalität der Zeitläufte. Ein schlitzohriger Roman von Jens Sparschuh. In: *Passauer Neue Presse* v. 18.11.1995;

Rieger, Manfred: Atlantis ist Trumpf. Jens Sparschuhs Roman „Der Zimmerspringbrunnen". In: *Kölner Stadt-Anzeiger* v. 20.10.1995;

Ders.: Ein „Ossi" als Verkaufs-Genie. Der Roman „Der Zimmerspringbrunnen" von Jens Sparschuh. In: *Rheinische Post* v. 6.1.1996;

Riemer, Sabine: Vergnatzter Schwejk als Drücker. Ein besonderer Heimatroman: Jens Sparschuhs „Der Zimmerspringbrunnen". In: *Freie Presse* (Chemnitz) v. 6.10.1995;

Riemer Hinrich, Sabine: Lobek und das Land des Lächelns. Jens Sparschuhs satirischer Ost-West-Roman „Der Zimmerspringbrunnen". In: *Die Rheinpfalz* v. 7.10.1995;

Rudolf, Michael: Stiftung Mittelmaß. Ein Vertreterroman straft das Feuilleton. In: *junge Welt* v. 10.11.1995;

Schoder, Gabriele: Das leise plätschernde Nein. Jens Sparschuhs Heimat-, Vertreter- und Beziehungsroman „Der Zimmerspringbrunnen". In: *Badische Zeitung* v. 23./24.9.1995;
Schroer, Nicole: Bitterböser Seelenfang. Jens Sparschuh weiß viel über „Zimmerspringbrunnen". In: *Zeitungshaus Bauer* (Marl) v. 16.12.1995;
Sprang, Stefan: Not eines Handlungsreisenden. Jens Sparschuhs irrwitzige Ost-West-Burleske „Der Zimmerspringbrunnen". In: *Rheinischer Merkur* v. 8.9.1995;
Stuber, Manfred: Der Seller: Überhaupt nicht gebohrt. Jens Sparschuhs erfolgreicher DDR-Heimatroman: „Der Zimmerspringbrunnen". In: *Mittelbayerische Zeitung* (Regensburg) v. 11./12.11.1995;
Stürzer, Anne: Zum Weinen komisch. Sparschuh breitet den Musterkoffer des Vertreters aus. In: *Nordsee-Zeitung* (Bremerhaven) v. 1.2.1996;
Werner, Hendrik: Alles fließt. Jens Sparschuh: „Der Zimmerspringbrunnen". In: *Südkurier* (Konstanz) v. 16.1.1996 (*Bücherecke*);
Winkels, Hubert: Der Wendehals als Aussendienstverkäufer. Jens Sparschuhs Roman „Der Zimmerspringbrunnen". In: *Tages-Anzeiger* v. 9./10.9.1995;
Wolff, Thomas: Welt im Musterkoffer. Das Buch zum Bremer Förderpreis: „Der Zimmerspringbrunnen", eine deutsche Vertretergeschichte. In: *taz Bremen* v. 26.1.1996.]

314. Ders.: Ich dachte, sie finden uns nicht. Zerstreute Prosa. Köln: Kiepenheuer & Witsch, 1997.
[Dazu: [hil]: Spree-Atlantis. Eine Stadtführung per Buch und Gespräch. In: *Zitty* (Berlin) 21 (1998) 1 v. 1.-4.1.1998;
[M.S.]: Der immobile Blick. Kurze Prosa über verlorene Heimaten: Jens Sparschuh. In: *Kulturspiegel* (1998) Okt.;
Agricola, Werner: Sparschuh: Ost-Nostalgie durchaus noch spürbar. Feuilletons: „Ich dachte, sie finden uns nicht". In: *Deister- und Weserzeitung* (Hameln) v. 11.10.1997;
Bormann, Alexander von: Kommunikation und Abgeschiedenheit. Die zerstreute Prosa von Jens Sparschuh. In: *Deutschland Archiv* 31 (1998) 5, 851f.;
Encke, Julia: Mehr Westen war nie. Jens Sparschuhs Erzählungen „Ich dachte, sie finden uns nicht". In: *FAZ* v. 2.3.1998;
Karger, Ulrich: Jens Sparschuhs „Verstreute Prosa". In: *Kommune. Forum für Politik, Ökonomie, Kultur* (Frankfurt) 15 (1997) 10;
Ders.: „Ich dachte, sie finden uns nicht". In: *az Stadtillustrierte* (Frankfurt) (1997) Dez.;

Mischke, Roland: Mit Spaten und Federkiel durch Berlin. Jens Sparschuh unterwegs. In: *Mitteldeutsche Zeitung* v. 15.11.1997;
Modick, Klaus: Zwischen Wahrheit und Wahrheit. Jens Sparschuh als Berliner Stadtarchäologe und Flaneur in der Tradition Franz Hessels. In: *SZ* v. 10.12.1997 (*Literaturbeilage*);
Noack, Bernd: Wege durchs Labyrinth. Jens Sparschuh liest heute in Fürth aus seinem neuen Erzählband „Ich dachte, sie finden uns nicht". In: *Nürnberger Nachrichten* v. 3.11.1997;
Opitz, Michael: Stadtwege, Sprachpfade. Jens Sparschuhs poetologisches Konzept urbanen Schreibens. In: *Der Tagesspiegel* v. 14.9.1997;
Stiebert, Klaus: Leben auf dünner Kruste. In: *Sax* (Dresden) (1998) 4;
Sturm, Afra: Witz mit Methode. Witzig ist Jens Sparschuhs neues Buch mit dem rätselhaften Titel, und immer gut für Überraschungen. In: *Tages-Anzeiger* (Zürich) v. 13.10.1997 (*Messebeilage*).]

315. Ders.: Lavaters Maske. Roman. Köln: Kiepenheuer & Witsch, 1999.
[Dazu: Moritz, Rainer: Angeheitert. Jens Sparschuhs neuer Roman. In: *NZZ* v. 12.10.1999.]

316. Ders.: Eins zu eins. Roman. Köln: Kiepenheuer & Witsch, 2003.
[Dazu: Grub, Frank Thomas: Auf der Suche nach dem verschwundenen Volk. Jens Sparschuh über ‚Wende' und Wenden. In: Livres/Bücher. Un supplément du *Tageblatt* 8 (2003) 4 v. 18.4.2003.]

317. Springer, Kai: Wanderungen durch Neufünfland. [Berlin]: Spotless, 1999 (*Spotless-Reihe Nr. 111*).

318. Stade, Martin: Wilhelms Haus. Erzählungen. Hrsg. von Wulf Kirsten. Weimar: Wartburg Verlag, 2000 (*Edition Muschelkalk der Literarischen Gesellschaft Thüringen e.V., Band 1*).

319. Steimle, Uwe: Uns fragt ja keener. Ostalgie. Texte für Ilse Bähnert und Günter Zieschong. Berlin: Eulenspiegel, 1997.
[Hörbuch: Ostalgie. Tom Pauls = Ilse Bähnert; Uwe Steimle = Günter Zischong [sic]. Kabarett. Dresden: asp records, 1993; 1 CD (*asp records/A&S Production*; [ohne Bestellnummer]).]

320. Ders.: Psst! De Stasiakten in der Stasizentrale! Frau Bähnert und Herr Zieschong bei der Gauckbehörde. In: *LVZ* v. 15./16.3.1997.

321. Ders.: Frau Bähnert und Herr Zieschong: Millionärin mit Herz, Biedenkopf statt CDU, Schwein gehabt, Gysis Zukunft. In: Ders.: *Mich fragt ja eener ... und zwar Hans-Dieter Schütt*. Berlin: Eulenspiegel, 2001, 89-101.

322. Steinkühler, Martina: Jennys alter Hut ... oder: Die verschwundene Grenze. Reutlingen: Ensslin & Laiblin, 1992.

323. Stollwerck, Karsten: Du bist also der Meik? Wien/München: Verlag Jungbrunnen, 1995.

324. Stolper, Armin: Lausitzer Bekenntnisse. Görlitz: Viadukt-Verlag, [1992].

325. Strahl, Rudi: Endlich im Schlaraffialand. Erzähltes und Erdichtetes. Berlin: Eulenspiegel, 1997.

326. Streeruwitz, Marlene: Majakowskiring. Erzählung. Frankfurt a.M.: Fischer TB, 2000 (*Collection S. Fischer*).

327. Strehlau, Matthias: Das Märchen von Königin Angela. In: S., M.: *Chronisch Deutsch. Geschichten „aus dem Osten"*. Berlin: Frieling, 1993 (*Frieling-Neue Texte*), 74-77.

328. Ders.: Chronisch deutsch. Geschichten „aus dem Osten". Berlin: Frieling, 1993 (*Frieling-Neue Texte*).

329. Struzyk, Brigitte: Kein Text allein. In: *ndl* 40 (1992) 11, 28-38.

330. Dies.: Provinz Rattenpfiff. In: *Verrat an der Kunst? Rückblicke auf die DDR-Literatur*. Hrsg. von Karl Deiritz und Hannes Krauss. Berlin: Aufbau TB, 1993 (*AtV Dokument und Essay*), 225-232.

331. Angeschmiert. Jürgen Stryjak über den Dienst am deutschen Kunden. In: *Das Magazin* (1996) 10, 81.

332. Surminski, Arno: Kein schöner Land. Roman. Frankfurt a.M./Berlin: Ullstein, 1993.
[Lizenzausgabe: Hameln: CW Niemeyer, 1994 (*Edition Richarz, Bücher in großer Schrift*).]
[Taschenbuchausgabe: Frankfurt a.M./Berlin: Ullstein TB, 1996.]
[Dazu: Beyersdorf, Herman: Arno Surminski, *Kein Schöner Land*: Der Roman der Wende? In: Dunne, Kerry/Campbell, Ian R. (Hgg.): *Unravelling the Labyrinth. Decoding Text and Language. Festschrift for Eric*

Lowson Marson. Frankfurt a.M./Berlin/Bern/New York/Paris/Wien: Lang, 1997, 159-174;
Rohr, Karin: Deutschland – kein schöner Land? In: *Deister- und Weserzeitung* v. 3.12.1993.]

333. Ders.: Besuch aus Stralsund. Erzählungen. Frankfurt a.M./Berlin: Ullstein, 1995.

334. Tilger, Lutz: Fritzleben. Roman einer Wende. Berlin: Volk & Welt, 1994 (*Zur Lage der Nation*).
[Dazu: Franke, Konrad: Viel fiel ihnen nicht ein. In: *SZ* v. 7.12. 1994;
Jauer, Joachim: Rezensionen als Ersatzkaffee. Mogelpackung „Fritzleben" oder: Ist die Lage der Nation wirklich so ernst? In: *BZ* v. 17./18.9.1994;
Kruppa, Renate: Der Roman zur Wende, der spurlos verschwand. Fiktive Rezensionen über „Fritzleben". In: *Schweriner Volkszeitung* v. 20.5.1995;
Pralle, Uwe: Frisch zusammengeleimt. Es ist vollbracht: Lutz Tilgers Wende-Epos „Fritzleben". In: *FR* v. 24.9.1994;
Roesmer, Katharina: Deutsch-deutsche Travestie. In: *ndl* 43 (1995) 2, 185-188;
Schipke, Ralph: Es war einmal, nichts ist mehr so, wie es gewesen ist. Nabelschau im Wendelicht: Kritik über ein Buch über einen Roman, den es gar nicht gibt – Lutz Tilgers „Fritzleben". In: *nordkurier* v. 7.1.1995;
Wedel, Mathias: November, November! Was wäre, wenn der lange ersehnte, große Wenderoman doch erschienen wäre? Er würde vermutlich „Fritzleben" von Lutz Tilger heißen und wäre ein Schelmenroman. In: *junge Welt* v. 1.12.1994.]

335. Timm, Uwe: Johannisnacht. Roman. Köln: Kiepenheuer & Witsch, 1996.
[Taschenbuchausgabe: München: dtv, 1998.]
[Dazu: Dotzauer, Gregor: [o.T.]. In: *Die Woche* v. 4.10.1996.]

336. Ders.: Eine Wendegeschichte. In: Timm, Uwe: *Nicht morgen, nicht gestern. Erzählungen*. Köln: Kiepenheuer & Witsch, 1999, 130-158.
[Taschenbuchausgabe: München: dtv, 2001.]

337. Titze, Marion: Unbekannter Verlust. Berlin: Rowohlt Berlin, 1994.
[Dazu: Haas, Franz: Abschied vom Erziehungslager Ost. „Unbekannter Verlust", ein Erzähldebüt von Marion Titze. In: *NZZ* v. 23.11.1994;

auch in: *Deutsche Literatur 1994. Jahresüberblick*. Hrsg. von Franz Josef Görtz, Volker Hage und Uwe Wittstock unter Mitarbeit von Katharina Frühe. Einleitung von Hubert Winkels. Stuttgart: Reclam, 1995, 244-246;
Hamm, Peter: Eine deutsche Freundschaft und die Wende. „Unbekannter Verlust" – das erste Buch von Marion Titze. In: *SZ* v. 9.11.1994.]

338. Dies.: Das Haus der Agave. Erzählungen. Stuttgart: Klett-Cotta, 1997.

339. Dies.: Schillers schönes Fieber und andere Diagnosen. Zürich: Ammann, 1999 (*Meridiane, Aus aller Welt, Band 8*).
[Dazu: Bürger, Jan: Blauhemd und blaue Blume. Marion Titze ist auf der Suche nach den geistigen Grundlagen unserer Zeit. In: *Die Zeit* v. 25.3.1999.]

340. Ulbrich, Reinhard: Spur der Broiler. Wir und unser goldener Osten. Berlin: Rowohlt Berlin, 1998.
[Taschenbuchausgabe: Reinbek: Rowohlt TB, 1999.]
[Dazu: Hillger, Ilka: Ein DDR-Quartett und seine turbulente Lebensreise. Das neue Jahr begann in der Buchhandlung „7 Säulen" mit einer Foto-Ausstellung von Andreas Kämper und Reinhard Ulbrichs Lesung aus „Spur der Broiler". In: *Mitteldeutsche Zeitung* (Dessau/Rosslau) v. 3.2.1998
sowie in: *Mitteldeutsche Zeitung* (Köthen) v. 4.2.1998.]

341. Wagner, Bernd: Die Wut im Koffer. Kalamazonische Reden 1-9. Berlin: Rowohlt Berlin, 1991.
[eine der Reden unter dem Titel *Blitzschlag, Angst und Vaterlandsliebe. Letzte Rede an die Kreuzberger Sperlinge* zuerst in: *Mein Deutschland findet sich in keinem Atlas. Schriftsteller aus beiden deutschen Staaten über ihr nationales Selbstverständnis*. Hrsg. von Françoise Barthélemy und Lutz Winckler. Frankfurt a.M.: Luchterhand, 1990, 101-125.]
[Dazu: Creutziger, Werner: Die Aufregung von gestern. In: *ndl* 39 (1991) 11, 138-141.]

342. Ders.: Paradies. Roman. Berlin: Ullstein, 1997.

343. Ders.: Schattenmorelle. Erzählungen. Erweiterte Neuausgabe. Berlin: Ullstein, 1999.

344. Wagner, David: Ostdeutsche, Westdeutsche, meine Cousine und ich. In: *Merkur* 54 (2000) 2, 179-182.

345. Wagner, Richard: In der Hand der Frauen. Roman. Stuttgart: Deutsche Verlags-Anstalt, 1995.

346. Walser, Martin: Die Verteidigung der Kindheit. Roman. Frankfurt a.M.: Suhrkamp, 1991.
[Taschenbuchausgabe: Frankfurt a.M.: Suhrkamp, 1993.]
[Dazu: Fuld, Werner: Mutter ist die Beste. Martin Walsers deutscher Roman. In: *FAZ* v. 14.9.1991;
auch in: *Deutsche Literatur 1991. Jahresüberblick*. Hrsg. von Franz Josef Görtz, Volker Hage und Uwe Wittstock unter Mitarbeit von Katharina Frühe. Stuttgart: Reclam, 1992, 244-249;
Hage, Volker: Walsers Deutsches Requiem. Sein Roman „Die Verteidigung der Kindheit". In: *Die Zeit* v. 9.8.1991;
auch in: *Deutsche Literatur 1991. Jahresüberblick*. Hrsg. von Franz Josef Görtz, Volker Hage und Uwe Wittstock unter Mitarbeit von Katharina Frühe. Stuttgart: Reclam, 1992, 237-244;
unter dem Titel *Königssohn von Wasserburg. Martin Walsers Deutschland-Romane. ‚Die Verteidigung der Kindheit'* auch in: H., V.: *Propheten im eigenen Land. Auf der Suche nach der deutschen Literatur*. München: dtv, 1999; 274-288, 274-281;
Lewis, Alison: The ‚phantom-pain' of Germany: Mourning and fetishism in Martin Walser's *Die Verteidigung einer Kindheit* [sic]. In: Monteath, Peter/Alter, Reinhard (Hgg.): *Kulturstreit – Streitkultur. German Literature since the wall*. Amsterdam/Atlanta: Rodopi, 1996 (*German Monitor 38*), 125-144;
Lüderssen, Klaus: Juristsein im Nichts. Zu Martin Walsers „Die Verteidigung der Kindheit". In: *Merkur* 46 (1992) 516, 265-270;
Reich-Ranicki, Marcel/Löffler, Sigrid/Karasek, Hellmuth: [Literarisches Quartett am 10.10.1991. Gast: Peter von Matt]. In: R.-R., M./L., S./K., H.: *... und alle Fragen offen. Das Beste aus dem Literarischen Quartett*. Hrsg. von Stephan Reichenberger unter Mitarbeit von Alex Rühle. Mit einem Vorwort von Johannes Willms. München: Heyne, 2000, 173-176;
Schmücker, Reinold: Der Abgesang auf eine große Liebe. Martin Walser und „Die Verteidigung der Kindheit" – ein Roman über einen Außenseiter, der nicht erwachsen werden will. Eine sensible Chronik, die den deutschen Alltag zwischen 1929 und 1987 ausleuchtet. In: *Deutsches Allgemeines Sonntagsblatt* v. 23.8.1991;

Steinert, Hajo: Die Geschichte lässt sich nicht einfrieren. „Die Verteidigung der Kindheit" von Martin Walser: Ein Glücksfall für die deutsche Literatur. In: *Die Weltwoche* v. 12.9.1991;
Stickler, Jeanette/Walser, Martin: Ein Schicksal als Einladung. Ein Gespräch über die Entstehungsgeschichte des neuen Romans „Die Verteidigung der Kindheit". In: *BuchJournal* (1991) 3;
auch in: *Deutsche Literatur 1991. Jahresüberblick*. Hrsg. von Franz Josef Görtz, Volker Hage und Uwe Wittstock unter Mitarbeit von Katharina Frühe. Stuttgart: Reclam, 1992, 254-260;
Wehdeking, Volker: Martin Walsers Roman „Die Verteidigung der Kindheit" und seine Erzählprosa, Essays und Interviews zur Überwindung der deutschen Teilung. In: W., V.: *Die deutsche Einheit und die Schriftsteller. Literarische Verarbeitung der Wende seit 1989*. Stuttgart/Berlin/Köln: Kohlhammer, 1995, 102-117;
Ein deutsches Muttersöhnchen. Joseph von Westphalen über Martin Walsers neuen Roman „Die Verteidigung der Kindheit". In: *Der Spiegel* 45 (1991) 33 v. 12.8.1991, 171-174.]

346. Walther, Joachim: Das Floß der Utopia [1990]. In: *Nie wieder Ismus! Neue deutsche Satire*. Hrsg. von Manfred und Christine Wolter. Berlin: Eulenspiegel, 1992, 126;
auch in: W., J.: *Verlassenes Ufer. Prosa*. Leipzig: Forum Verlag, 1994, 214.

347. Ders.: Verlassenes Ufer. Prosa. Leipzig: Forum Verlag, 1994.

348. Ders.: Finale Ferch. In: TERTIA-Gruppe (Hg.): *Transformationen*. Bonn: TERTIA Bildung und Beruf GmbH & Co./TERTIA Training und Consulting GmbH & Co., 1998, 141-149.

349. Wawerzinek, Peter: Es war einmal ... Parodien zur DDR-Literatur. Mit einem Comic von Bernd Fraedrich. Berlin: Unabhängige Verlagsbuchhandlung Ackerstraße, 1990.

350. Ders.: Das Kind das [sic] ich war. Berlin: Transit, 1994

351. Ders.: Mein Babylon. Berlin: Transit, 1995.

[Taschenbuchausgabe: Das Kind das [sic] ich war. Mein Babylon. Frankfurt a.M.: Fischer TB, 1997.]

352. Wedel, Mathias: Mama, was ist ein Wessi? Ein Dreh- und Wendebuch./Wieczorek, Thomas: Papa, was ist ein Ossi? Ein Dreh- und Wendebuch. Berlin: Eulenspiegel, [2000].

353. Weingartner, Gabriele: Bleiweiß. Roman. München: Beck, 2000.

354. Das Trabi-Denkmal. Trabi-Geschichten für große Kinder und Erwachsene. Aufgeschrieben von Manfred Weniger. Hildburghausen: Verlag Frankenschwelle, 1996.

355. Wenzel, Hans-Eckardt: Malinche. Legenden von Liebe und Verrat. [Halle (S.)/Leipzig]: Mitteldeutscher Verlag, 1991.

356. Werner, Frank: Haus mit Gästen. Roman. Stuttgart: Deutsche Verlags-Anstalt, 1992.

357. Westphalen, Joseph von: High Noon. Ein Western zur Lage der Nation. Hamburg: Hoffmann und Campe, 1994.

358. Woelk, Ulrich: Rückspiel. Roman. Frankfurt a.M.: S. Fischer, 1993.
[Taschenbuchausgabe: Frankfurt a.M.: Fischer TB, 1995.]
[Dazu: Neubauer, Michael: Romanwirrwar in der Großstadt. Literatur im Sog einer unerhörten Begebenheit: zum Boom der Berlin-Romane der neunziger Jahre. In: *GrauZone* (1997) 9/10, 6-11;
Schulz, Gerhard: Ein Erbe der Wiedervereinigung. Ulrich Woelk, der literarische Geschichtsdetektiv. In: *FAZ* v. 4.12.1993;
auch in: *Deutsche Literatur 1993. Jahresüberblick*. Hrsg. von Franz Josef Görtz, Volker Hage und Uwe Wittstock unter Mitarbeit von Katharina Frühe. Stuttgart: Reclam, 1994, 250-253.]

359. Wolf, Christa: Was bleibt. Berlin (DDR)/Weimar: Aufbau, 1990;
auch: Frankfurt a.M.: Luchterhand, 1990.
[Taschenbuchausgaben: Frankfurt a.M.: Luchterhand, 1993;
München: dtv, 1994 sowie München: Luchterhand, 2002.]
[Dazu: Ahrends, Martin: Ach, ihr süssen Wessis. Zu den Anwürfen gegen Christa Wolf. In: *Sonntag* v. 1.7.1990;
Altenburg, Matthias: Gesamtdeutsche Heulsuse. In: *Stern* Nr. 26 v. 21.6.1990;
Böttiger, Helmut: Den Moralischen kriegen. Christa Wolf und die Diskussion darüber, „Was bleibt“. In: *Stuttgarter Zeitung* v. 6.7.1990;
Colton, Christopher: *Was bleibt* – eine neue Sprache? In: *Christa Wolf in Perspective*. Edited by Ian Wallace. Amsterdam/Atlanta: Rodopi, 1994 (*German Monitor 30*), 207-226;
Cosentino, Christine: Christa Wolfs *Was bleibt*: was bleibt von, was wird aus der DDR-Literatur. In: *Germanic Notes* 22 (1991) 1-2, 12-14;

Escherig, Ursula: Diagnose: Sprachverlust. Christa Wolfs umstrittene Erzählung „Was bleibt". In: *Der Tagesspiegel* v. 24.6.1990;
[Interview mit Hellmuth Karasek und Rolf Becker]: Nötige Kritik oder Hinrichtung? SPIEGEL-Gespräch mit Günter Graß [sic] über die Debatte um Christa Wolf und die DDR-Literatur. In: *Der Spiegel* 44 (1990) 29 v. 16.7.1990, 138-143;
Greiner, Ulrich: Mangel an Feingefühl. In: *Die Zeit* v. 1.6.1990;
Grotz, Elisabeth: „Gejammer einer Heuchlerin für Heuchler?" Zur Diskussion über Christa Wolfs „Was bleibt". In: *Die Presse* v. 7./8.7. 1990;
Hage, Volker: Kunstvolle Prosa. In: *Die Zeit* v. 1.6.1990;
unter dem Titel *Kunstvolle Prosa. Plädoyer für Christa Wolfs Erzählstück ‚Was bleibt‘* auch in: H., V.: *Propheten im eigenen Land. Auf der Suche nach der deutschen Literatur.* München: dtv, 1999, 108-113;
Ders.: Zehn Thesen. In: Anz, Thomas (Hg.): *„Es geht nicht um Christa Wolf". Der Literaturstreit im vereinigten Deutschland.* Erweiterte Neuausgabe. Frankfurt a.M.: Fischer TB, 1995, 247-249;
unter dem Titel *Wer hat Angst vor Christa Wolf? Ein Jahr danach: ‚Was bleibt‘ und die Folgen* auch in: H., V.: *Propheten im eigenen Land. Auf der Suche nach der deutschen Literatur.* München: dtv, 1999, 124-126;
Hörnigk, Therese: Eine Suche nach der verlorenen Zeit? Christa Wolf und ihre Erzählung „Was bleibt". In: *Der deutsch-deutsche Literaturstreit oder „Freunde, es spricht sich schlecht mit gebundener Zunge". Analysen und Materialien.* Hrsg. von Karl Deiritz und Hannes Krauss. Hamburg/Zürich: Luchterhand, 1991, 95-101;
Jäger, Manfred: Auch Worte sind Taten. „Was bleibt", eine Erzählung über die eigene Bespitzelung durch die Stasi von Christa Wolf – 1979 geschrieben, erst jetzt veröffentlicht. Zu spät? In: *Deutsches Allgemeines Sonntagsblatt* v. 29.6.1990;
Jansen, Hans: Ein deutscher Streit um das, was bleibt ... Zur Kontroverse um das neue Buch von Christa Wolf. In: *Westdeutsche Allgemeine Zeitung* v. 9.7.1990;
Kuhn, Anna K.: ‚Zweige vom selben Stamm‘? Christa Wolf's *Was bleibt*, *Kein Ort. Nirgends*, and *Sommerstück*. In: *Christa Wolf in Perspective.* Edited by Ian Wallace. Amsterdam/Atlanta: Rodopi, 1994 (*German Monitor 30*), 187-205;
Lehnert, Herbert: Fiktionalität und autobiographische Motive. Zu Christa Wolfs Erzählung „Was bleibt". In: *WB* 37 (1991) 3, 423-444;
Jurgensen, Manfred: Rehearsing the end: Christa Wolf's *Störfall. Nachrichten eines Tages*, *Sommerstück* and *Was bleibt* – a kind of trilogy? .

In: Monteath, Peter / Alter, Reinhard (Hgg.): *Kulturstreit – Streitkultur. German Literature since the wall.* Amsterdam / Atlanta: Rodopi, 1996 (*German Monitor 38*), 93-107;
Kaminski, Nicola: Sommerstück – Was bleibt – Medea. Stimmen. Wende-Seismographien bei Christa Wolf. In: Erhart, Walter / Niefanger, Dirk (Hgg.): *Zwei Wendezeiten. Blicke auf die deutsche Literatur 1945 und 1989*. Tübingen: Niemeyer, 1997, 115-139;
„Selbstgemachte Konfitüre". SPIEGEL-Redakteur Hellmuth Karasek über die Diskussion um Christa Wolfs Erzählung „Was bleibt". In: *Der Spiegel* 44 (1990) 26 v. 25.6.1990, 162-164;
Knorr, Wolfram: Hexenjagd der Wendehälse? Christa W.: Die Konsequenz. In: *Die Weltwoche* v. 28.6.1990;
Koch, Uwe: Literaturkritik im Zeichen der Sieger. Der kurze Prozeß mit Christa Wolfs neuester Erzählung „Was bleibt". In: *Volkszeitung* v. 22.6.1990;
Krieger, Hans: Nachdenken über Christa W. „Was bleibt" – Ein Testfall für den Umgang mit DDR-Kultur. In: *Bayerische Staatszeitung* v. 31.8.1990;
Kuhn, Anna K.: *Was bleibt.* (Re)Assessing Christa Wolf Scholarship after the *Wende*: A Review Essay. In: *The Germanic Review* LXVII (1992) 4, 173-180;
Müller, Wolfgang Johannes: Bleibt das von Christa Wolf? In: *Bayernkurier* v. 14.7.1990;
Parin, Paul: Die Vernichtung einer Schriftstellerin. Zur Medienkampagne gegen Christa Wolf. In: *Wochenzeitung* v. 6.7.1990;
Sallis, Judith M.: The search for permanence in a disintegrating world: Christa Wolf's *Was bleibt.* In: Monteath, Peter / Alter, Reinhard (Hgg.): *Kulturstreit – Streitkultur. German Literature since the wall.* Amsterdam / Atlanta: Rodopi, 1996 (*German Monitor 38*), 109-123;
Schmitt, Hans-Jürgen: Was bleibt? Christa Wolf und andere Autoren und Intellektuelle zur DDR und Deutschland. In: *FR* v. 16.6.1990;
Schirrmacher, Frank: „Dem Druck des härteren, strengeren Lebens standhalten". Auch eine Studie über den autoritären Charakter: Christa Wolfs Aufsätze, Reden und ihre jüngste Erzählung „Was bleibt". In: *FAZ* v. 2.6.1990;
Schönewerk, Klaus-Dieter: Viele Fragen und kein Fragezeichen. „Was bleibt", Christa Wolfs jüngste Erzählung im Aufbau-Verlag. In: *ND* v. 11.7.1990;
Schütte, Wolfram: Reiß:Wolf. Zu einem Eil-Verfahren beim Umgang mit der DDR-Literatur. In: *FR* v. 8.6.1990;
Ders.: Hoppla, jetzt kommen wir! Vergangenheitsbewältigung in der DDR. In: *FR* v. 29.6.1990;

Schwilk, Heimo: Nachdenken über Christa W. Staatsdichterin, Staatssicherheit, Staatsverdruß: Christa Wolfs Erzählung „Was bleibt" ist das schonungslose Protokoll einer späten Einsicht. In: *Rheinischer Merkur* v. 22.6.1990;
auch in: *Deutsche Literatur 1990. Jahresüberblick*. Hrsg. von Franz Josef Görtz, Volker Hage und Uwe Wittstock unter Mitarbeit von Katharina Frühe. Stuttgart: Reclam, 1991, 266-272
sowie in: S., H.: *Wendezeit – Zeitenwende. Beiträge zur Literatur der achtziger Jahre*. Bonn/Berlin: Bouvier, 1991, 177-182;
Steinert, Hajo: Vermeintliche Atmosphäre der Bedrohung. „Was bleibt", die neue Erzählung der DDR-Autorin Christa Wolf: Für diese Prosa ist alles zu spät. In: *Die Weltwoche* v. 14.6.1990;
[Leserbriefe]: „Schwierigkeiten, mit der Wahrheit fertig zu werden". ZEIT-Kontroverse über Christa Wolf und ihre neue Erzählung. In: *Die Zeit* v. 29.6.1990;
[Leserbriefe]: Waren wir Monster? Der Fall Christa Wolf. In: *Die Zeit* v. 17.8.2001.]

360. Dies.: Nagelprobe. In: Uecker, Günther: *Aufbruch. Werke 1986-1991*. St. Gallen: Erker-Galerie, [1992], 30-36;
auch in: *ndl* 40 (1992) 5, 34-44
sowie in: W., C.: *Auf dem Weg nach Tabou. Texte 1990-1994*. Köln: Kiepenheuer & Witsch, 1994, 156-169
sowie [o.T.; nur Gedicht]. In: W., C./Schröder, Helga: *Was nicht in den Tagebüchern steht*. Berlin: Gerhard Wolf Janus press, 1995, ohne Seitenangabe.

361. Dies.: Medea. Stimmen. München: Luchterhand, 1996.
[Taschenbuchausgabe: München, dtv, 1999.]
[Hörbuch: Hörspielbearbeitung und Regie: Jörg Jannings; Sprecher: Christa Wolf, Corinna Harfouch, Werner Wölbern, Peter Roggisch u.v.a. München: DerHörVerlag/Audio Books/NDR, 1997; 3 MCs/3 CDs.]
[Dazu: Balzer, Jens: Tobt nicht, rast nicht, flucht nicht. Die Königin ist nicht Täterin, sondern reines Opfer: Christa Wolf gibt „Medea Stimmen". In: *Die Zeit* v. 23.2.1996;
Fuhrmann, Manfred: Honecker heißt jetzt Aietes. Aber Medea wird verteufelt human: Christa Wolf schreibt den Mythos neu. In: *FAZ* v. 2.3.1996;
auch in: *Deutsche Literatur 1996. Jahresüberblick*. Hrsg. von Franz Josef Görtz, Volker Hage und Hubert Winkels in Zusammenarbeit mit Katharina Frühe. Stuttgart: Reclam, 1997, 262-268;

Glaser, Horst Albert: Stimmenimitatorin (Christa Wolf). In: G., H.A.: *Medea oder Frauenehre, Kindsmord und Emanzipation. Zur Geschichte eines Mythos*. Frankfurt a.M./Berlin/Bern/Bruxelles/New York/Oxford/Wien: Lang, 2001, 131-133;

Hage, Volker: Kein Mord, nirgends. Ein Angriff auf die Macht und die Männer: Christa Wolfs Schlüsselroman „Medea". In: *Der Spiegel* 50 (1996) 9 v. 26.2.1996, 202-208;

unter dem Titel *Kein Mord. Nirgends. Ein Angriff auf die Macht und die Männer: Christa Wolfs Roman „Medea"* auch in: *Deutsche Literatur 1996. Jahresüberblick*. Hrsg. von Franz Josef Görtz, Volker Hage und Hubert Winkels in Zusammenarbeit mit Katharina Frühe. Stuttgart: Reclam, 1997, 268-273

sowie unter dem Titel *Kein Mord. Nirgends. Christa Wolfs ‚Medea'-Version* auch in: H., V.: *Propheten im eigenen Land. Auf der Suche nach der deutschen Literatur*. München: dtv, 1999, 289-294;

Hochgeschurz, Marianne (Hg.): Christa Wolfs Medea. Voraussetzungen zu einem Text. Mythos und Bild. Berlin: Gerhard Wolf Janus press, 1998.

[Taschenbuchausgabe: München: dtv, 2000.]

[Dazu: [Anon.]: Beben in Santa Monica. In einem neuen Buch läßt Christa Wolf ihren Roman „Medea" gegen eine „männlich dominierte" Kritik verteidigen und plaudert Werkstattgeheimnisse aus. In: *Der Spiegel* 52 (1998) 25 v. 15.6.1998, 180f.;

Hoyer, Gisela: Medeas Masken: Vom Graben im Mythos. Für „Medea" griffen Dichter immer wieder zur Feder. Christa Wolf hat ihrem Roman nun einen Materialband folgen lassen. In: *LVZ* v. 21./22.3.1998];

Krause, Tilman: Kassandra steigt vom Kothurn. Mit „Medea" hat Christa Wolf ihre bisher entspannteste Frauengestalt geschaffen. In: *Der Tagesspiegel* v. 26.2.1996;

Lühe, Irmela von der: „Unsere Verkennung bildet ein geschlossenes System" – Christa Wolfs ‚Medea' im Lichte der Schillerschen Ästhetik. Marbach: Deutsche Schillergesellschaft, 2000 (*Marbacher Schillerreden*);

Luserke-Jaqui, Matthias: MEDEA. Studien zur Kulturgeschichte der Literatur. Tübingen/Basel: Francke, 2002; darin insbes. Kapitel 16 *Medea good girl. Wolf* Medea *(1996)*, 219-227;

Meyer-Gosau, Frauke: Kassiber von drüben. Die DDR aus der Schlüsselloch-Perspektive: Der Roman „Medea" von Christa Wolf lädt zum Dechiffrieren und Spekulieren ein. In: *Die Woche* v. 8.3.1996;

Milch, Paulina: Neue Wahrheit ausprobiert. In ihrem jüngsten Roman „Medea. Stimmen" deutet Christa Wolf den Mythos von der Kindsmörderin als politische Lüge. In: *Wochenpost* v. 22.2.1996.

Mohr, Heinrich: Die poetische Erfindung der wilden Frau. Gegen die abendländische Tradition – Christa Wolfs „Medea". In: *Das Parlament*, 22./29.3.1996 (*Sonderausgabe zur Leipziger Buchmesse 1996*);
Paul, Georgina: Schwierigkeiten mit der Dialektik: Zu Christa Wolfs *Medea. Stimmen*. In: *German Life and Letters* 50 (1997) 2, 227-240;
Sørensen, Barbara: 5. Nachtrag: Tragischer Ausgang einer tragischen Geschichte? Abschließende Bemerkungen zu Christa Wolfs im Februar 1996 erschienener Erzählung [sic] *Medea. Stimmen*. In: S., B.: Sprachkrise und Utopie in Christa Wolfs Texten nach der Wende. Die Krise der Intellektuellen im wiedervereinigten Deutschland. Kopenhagen/München: Fink, 1996 (*Publications of the Department of Languages and Intercultural Studies, Aalborg University, Vol. 16/Text & Kontext, Sonderreihe, Band 38*), 112-124;
Wahl, Christine: Gern schmerzfrei. „Medea Stimmen" [sic], in der Volksbühne vorgestellt – ohne die Autorin Wolf. In: *Der Tagesspiegel* v. 25.2.1996;
Wallmann, Jürgen P.: Revisionsverfahren im „Fall Medea". In: *Deutschland Archiv* 29 (1996) 4, 639f.]

362. Dies.: Hierzulande Andernorts. Erzählungen und andere Texte 1994-1998. München: Luchterhand, 1999.
[Taschenbuchausgabe: München: dtv, 2001.]
[Dazu: Gansel, Carsten: Von den Schwierigkeiten, Ich zu sagen. Auf der Suche nach einem bewohnbaren Land. Zu Christa Wolfs Erzählungsband „Hierzulande Andernorts". In: *Freitag* v. 9.7.1999;
Haertel, Sigrid: Christa & Kassandra. In: *BuchJournal* (1999) 1, 65.]

363. Dies.: Leibhaftig. Erzählung. München: Luchterhand, 2002.
[Hörbuch: Christa Wolf liest *Leibhaftig*. Berlin: DAV/Deutschland-Radio, 2002; 5 CDs.]
[Dazu: Grub, Frank Thomas: Im Labyrinth des „Ich". Der Prozess einer Selbstfindung: Christa Wolfs eindrucksvolle Erzählung „Leibhaftig". In: Livres/Bücher. Un supplément du *Tageblatt* 7 (2002) 4 v. 19.4.2002;
Mieding, Nicole: Wenn Gesellschaft krank macht. Bitteres Resümee: Christa Wolfs „Leibhaftig" – Biografische Parallelen. In: *Rhein-Zeitung* v. 14.3.2002.]

364. Wolff, Gabriele: Rote Grütze. Kriminalroman. Frankfurt a.M.: Fischer TB, 1994 (*Fischer Frauenkrimi*).

365. Wonneberger, Jens: Die Sprengung. In: *Schokoladenbruch. neustadt lese buch*. Hg.: C. David 7. Auflage. Dresden: Verlag Die Scheune, 1999, 79-81.
[zuerst: Dresden: Verlag Die Scheune, 1996.]

366. Ders.: Wiesinger. Der Mann mit Hacke und Spaten. Roman. Berlin: Kowalke & Co., 1999.

367. Wosniak, Reinhard: Sie saß in der Küche und rauchte. Roman. Halle (S.): Mitteldeutscher Verlag, 1995.

368. Wüstefeld, Michael: Grenzstreifen. Warmbronn: Verlag Ulrich Keicher, 1993 (*Roter Faden 36*).

369. Wyden, Peter: Die Mauer war unser Schicksal. Aus dem Amerikanischen von Udo Rennert. Mit einer Mauer-Chronik von Hartwig Bögeholz. Berlin: Rowohlt Berlin, 1995.
[Originalausgabe: *Wall*. The Inside Story of Divided Berlin. New York: Simon & Schuster, 1989.]
[Dazu: Hilsberg, Stephan: Literarische Wegmarken in der deutsch-deutschen Landschaft. Die gesellschaftliche Wirklichkeit im geteilten und im vereinten Deutschland. In: *Das Parlament* v. 29.9.-6.10.1995.]

370. Zähringer, Norbert: So. Roman. Berlin: Alexander Fest Verlag, 2001.
[Dazu: Bartels, Gerrit: Besseres Leben klingt gut. Kurze Schnitte, großes Kino und alle Zeiten superfest im Griff: Norbert Zähringers gelungener Debütroman „So". In: *taz* v. 21.4.2001;
Grub, Frank Thomas: Im Labyrinth der Geschichten. Norbert Zähringers grandioser Berlin-Roman. In: Livres/Bücher. Un supplément du *Tageblatt* 6 (2001) 10 v. 16.11.2001;
Pabst, Stephan: Auswege sind überflüssig. Norbert Zähringer betrachtet in seinem Debütroman das zeitgenössische Angestelltenleben. In: *Der Tagesspiegel* v. 5.5.2001.]

371. Zeindler, Peter: Feuerprobe. Roman. Zürich: Arche, 1991.

372. Zeller, Eva: Das Sprungtuch. Erzählungen. Stuttgart: Deutsche Verlags-Anstalt, 1991.

373. Zöller, Elisabeth: Alex – belogen. Mit Collagen von Anne Kolloch. Überarbeitete, mit einem neuen Nachwort versehene Ausgabe. München: dtv, 1995 (*dtv junior*).
[zuerst: Recklinghausen: Georg Bitter Verlag, 1991.]

374. Zschokke, Matthias: Der dicke Dichter. Roman. Köln/Basel: Bruckner & Thünker, 1995.

375. Zucker, Renée: Berlin ist anderswo. Berlin: Rowohlt Berlin, 1995. [Taschenbuchausgabe: Reinbek: Rowohlt TB, 1997.]

376. Zuckermann, Marcia: Das vereinigte Paradies. Nachrichten vom ost-westlichen Divan. Roman. München: dtv, 1999 (*dtv premium*). [Dazu: Mittag, Susanne: Witzig und fetzig. In: *BuchJournal* (1999) 3;
Erzählter Jazz. Ossis und Wessis vereint in Beziehungskisten: Peggy Parnass über Marcia Zuckermanns Roman. In: *dtv magazin* 1999 (Winter), 26f.]

377. Zwarg, Matthias: Brief an K. Marx. Halle (S.): Mitteldeutscher Verlag, 1992.

1.3 Lyrik

1. Anderson, Sascha: Jewish Jetset. Zeichnungen: A. R. Penck. Berlin: Druckhaus Galrev, 1991.

2. Einigkeit und aus Ruinen. Eine deutsche Anthologie. Hrsg. von Heinz Ludwig Arnold. Frankfurt a.M.: S. Fischer, 1999.
[Darin insbes.: III. Einigkeit und Recht und Freiheit. 1990-1998, 229-271.].

3. Astel, Hans Arnfried: Wohin der Hase läuft. Epigramme und ein Vortrag. Mit einem Essay von Hubert Fichte. Leipzig: Forum Verlag, [1992].

4. Bartsch, Wilhelm: Die Mauern von Damaskus. In: *Sinn und Form* 44 (1992) 4, 543.

5. Ders.: Hölderlinturm. Zehnter November 1989. In: *Sinn und Form* 44 (1992) 4, 544f.

6. Ders.: Das Mansfeld. In: *Sinn und Form* 44 (1992) 4, 546f.

7. Ders.: Gen Ginnungagap. Gedichte. Halle (S.): Mitteldeutscher Verlag, 1994.

8. Becker, Jürgen: Winter, helle Fenster. In: B., J.: *Foxtrott im Erfurter Stadion*. Frankfurt a.M.: Suhrkamp, 1993, 34-42;
auch in: B., J.: *Die Gedichte*. Frankfurt a.M.: Suhrkamp, 1995, 667-673.

9. Ders.: Foxtrott im Erfurter Stadion. Gedichte. Frankfurt a.M.: Suhrkamp, 1993.
[Dazu: Borchmeyer, Dieter: Hauch von Heiterkeit. Der Lyriker Jürgen Becker. In: *FAZ* v. 7.12.1993;
auch in: *Deutsche Literatur 1993. Jahresüberblick*. Hrsg. von Franz Josef Görtz, Volker Hage und Uwe Wittstock unter Mitarbeit von Katharina Frühe. Stuttgart: Reclam, 1994, 104-108.]

10. Ders.: Die Gedichte. Frankfurt a.M.: Suhrkamp, 1995.
[Darin v.a. die Bände: *Das englische Fenster* (1990), 565-639 sowie *Foxtrott im Erfurter Stadion* (1993), 641-710.]

11. Beckert, Dieter/Wolff, Jürgen B.: Die Liebe in den Zeiten der Kohlära. Ein Brettlbuch. Duo Sonnenschirm. Leipzig: Thom, 1993.

12. Biermann, Wolf: Michail Gorbatschow. In: B., W.: *Alle Lieder*. Köln: Kiepenheuer & Witsch, 1991, 403-406.
[Lizenzausgaben: Stuttgart/München: Deutscher Bücherbund, 1991 sowie Frankfurt a.M./Wien: Büchergilde Gutenberg, 1992.]
[Dazu: Reich-Ranicki, Marcel/Löffler, Sigrid/Karasek, Hellmuth: [Literarisches Quartett am 9.12.1991. Gast: Karin Kathrein]. In: R.-R., M./L., S./K., H.: *... und alle Fragen offen. Das Beste aus dem Literarischen Quartett*. Hrsg. von Stephan Reichenberger unter Mitarbeit von Alex Rühle. Mit einem Vorwort von Johannes Willms. München: Heyne, 2000, 180-197.]

13. Ders.: Verkauft uns nicht! In: Ebd., 410f.

14. Ders.: Ballade von den verdorbenen Greisen. In: Ebd., 412f.

15. Ders.: Berliner Liedchen. In: Ebd., 418.

16. Ders.: Seestück, hochpolitisch. In: Ebd., 423-425.

17. Ders.: Ich hatte es auch schon halb vergessen. In: Ebd., 425-427.

18. Ders.: Im Schilf auf die Schnelle. In: Ebd., 427f.

19. Ders.: Mein Bauch ist leer. In: Ebd., 429f.

20. Ders.: Lamento. In: Ebd., 430f.

21. Ders.: Dideldumm. In: Ebd., 435-438.

22. Ders.: Nur wer sich ändert, bleibt sich treu. In: Ebd., 439f.

23. Biermann, Wolf: Paradies uff Erden. Ein Berliner Bilderbogen. Köln: Kiepenheuer & Witsch, 1999.
[Dazu: „Paradies uff Erden." Wolf Biermann über seine neue Berlin-CD. In: *Merkheft* Nr. 161 Sept.-Okt. 1999, 10f.; gekürzt in: *Merkheft* Nr. 162 Nov.-Dez. 1999, 25;
Kuhn, Matthias: Wieder keine Sonette. Biermanns „Paradies uff Erden". In: *SZ* v. 13.10.1999 (*Beilage*);
Schmitz, Alexander: „Genieß ich schwarze Nostalgie ..." Gedichte haben Konjunktur, die feinen Miniaturen am Rande des literarischen Mainstreams. Wer zählt eigentlich zum neuen Lyrik-Boom? Neues von Biermann, Gernhardt, Fritz & Co. In: *Welt am Sonntag* v. 10.10.1999 (*Buchmagazin*);
Steinaecker, M.v.: Alte Saite noch mal gedehnt. Wolf Biermann agierte in Schwerin. In: *Ostsee-Zeitung* v. 11./12.9.1999.]

24. Die Poesie hat immer recht. Gerhard Wolf. Autor, Herausgeber, Verleger. Ein Almanach zum 70. Geburtstag. Hrsg. von Peter Böthig. Berlin: Gerhard Wolf Janus press, 1998.

25. Braun, Volker: Der Stoff zum Leben 1-3. Gedichte. Frankfurt a.M.: Suhrkamp, 1990.

26. Ders.: Das Eigentum. In: *ND* v. 4./5.8.1990;
auch in: *Die Zeit* v. 10.8.1990
sowie in: B., V.: *Die Zickzackbrücke. Ein Abrißkalender*. Halle (S.): Mitteldeutscher Verlag, 1992, 84.
sowie in: Ders.: *Lustgarten, Preußen. Ausgewählte Gedichte*. Frankfurt a.M.: Suhrkamp, 1996, 140.

27. Ders.: Rot ist Marlboro. In: *ndl* 39 (1991) 12, 5-8.
[*Der 9. November, Es kann wieder gelernt werden, Mein Bruder, Der Reißwolf, Das Theater der Toten, Mein Terrortorium, Marlboro is Red. Red is Marlboro, Ende Oktober im August*;
alle auch in: B., V.: *Die Zickzackbrücke. Ein Abrißkalender*. Halle (S.): Mitteldeutscher Verlag, 83-94
sowie in: Ders.: *Lustgarten, Preußen. Ausgewählte Gedichte*. Frankfurt a.M.: Suhrkamp, 1996, 141-147.]

28. Ders.: Die Zickzackbrücke. Ein Abrißkalender. Halle (S.): Mitteldeutscher Verlag, 1992.

29. Ders.: Die Verstellung. In: *Ein Text für C.W.* Berlin: Gerhard Wolf Janus press, 1994, 18-22.

30. Ders.: Lustgarten, Preußen. Ausgewählte Gedichte. Frankfurt a.M.: Suhrkamp, 1996.
[Taschenbuchausgabe: Frankfurt a.M.: Suhrkamp, 2000.]
[Dazu: Götze, Karl Heinz: Bleiben, wo man nie war. Volker Brauns ausgewählte Gedichte aus den Jahren zwischen 1959 und 1995. In: *FR* v. 20.7.1996.]

31. Ders.: Schreiben im Schredder. In: B., V.: *Lustgarten, Preußen*. Ausgewählte Gedichte. Frankfurt a.M.: Suhrkamp, 1996, 164-166;
leicht verändert auch in: B., V.: *Tumulus*. Frankfurt a.M.: Suhrkamp, 1999, 21-23.

32. Ders.: Strafkolonie. In: *FAZ* v. 22.8.1998.

33. Ders.: Tumulus. Frankfurt a.M.: Suhrkamp, 1999.
[Dazu: Herzinger, Richard: Auf dem Totenhügel. Volker Braun hält fest an den Ruinen einer großen Illusion. In: *Die Zeit* v. 25.3.1999;
Wallmann, Jürgen P.: Über Volker Braun. In: *europäische ideen* (2000) 118 (*Akten, Fakten, Politiker, Spione oder: Die Feigheit des Westens*), 29f.]

34. Grenzfallgedichte. Eine deutsche Anthologie. Hrsg. von Anna Chiarloni und Helga Pankoke. Berlin/Weimar: Aufbau, 1991.
[Dazu: Ertl, Wolfgang: [o.T.]. In: *The Germanic Review* LXVII (1992) 4, 183.]

35. Von einem Land und vom andern. Gedichte zur deutschen Wende 1989/90. Mit einem Essay hrsg. von Karl Otto Conrady. Frankfurt a.M.: Suhrkamp, 1993 (*Edition Suhrkamp Leipzig*).

36. Czechowski, Heinz: Die überstandene Wende. In: *Die sanfte Revolution. Prosa, Lyrik, Protokolle, Erlebnisberichte, Reden*. Hrsg. von Stefan Heym und Werner Heiduczek. Mitarbeit: Ingrid Czechowski. Leipzig/Weimar: Gustav Kiepenheuer, 1990, 420;
mit leicht veränderten Zeilenumbruch auch in: C., H.: *Nachtspur. Gedichte und Prosa 1987-1992*. Zürich: Ammann, 1993, 148.

37. Ders.: Gedichte. In: *Sinn und Form* 44 (1992) 4, 536-542.
[*Das Asyl* [1992], 536, auch in: C., H.: *Nachtspur. Gedichte und Prosa 1987-1992*. Zürich: Ammann, 1993, 176; *Unstrutwärts* [1992], 536f., auch in: Ebd., 277f.; *Man muß* [1992], 538f.; *Nach dem Umsturz* [1991], 539f., auch in: Ebd., 210f.; *Bauernsterben* [1990], 541f., auch in: Ebd., 255f., sowie in veränderter Fassung in: Ders.: *Wüste Mark Kolmen. Gedichte*. Zürich: Ammann, 1997, 10f.]

38. Ders.: Nachtspur. Gedichte und Prosa 1987-1992. Zürich: Ammann, 1993.
[Dazu: Cramer, Sibylle: Hölderlin möchte ich sein. Heinz Czechowskis poetisches Journal „Nachtspur". In: *Die Zeit* v. 4.6.1993 (*Literatur*).]

39. Ders.: Riesa, Umgebung: *Der stürzende Ikarus* [1990], *Ich rede mit Werner* [1990], *Aus den Schaufenstern der Innenstädte* [1992], *Hinter der Stadt* [1993], *Riesa, Umgebung* [1993], *Eines dunklen Abends* (1993], *Blick, wenn du kannst* [1993], *Die Bitterkeit auf meiner Zunge* (1995]. In: *ndl* 43 [1995] 2, 32-38.

40. Ders.: Wüste Mark Kolmen. Gedichte. Zürich: Ammann, 1997.

41. Ders.: Sanft gehen wie Tiere die Berge neben dem Fluß. Bremen: Neue Bremer Presse, [o.J.].

42. Ders.: Mein Westfälischer Frieden. Ein Zyklus 1996-1998. Mit einem Nachwort von Walter Gödden. Köln: Bücher der Nyland-Stiftung, 1998 (*Reihe: Neue Westfälische Literatur, Band 7*).

43. [wortBILD. Visuelle Poesie in der DDR. Hrsg. von Guillermo Deisler und Jörg Kowalski. Halle (S.)/Leipzig: Mitteldeutscher Verlag, 1990.]

44. Delius, Friedrich Christian: Selbstporträt mit Luftbrücke. Ausgewählte Gedichte 1962-1992. Reinbek: Rowohlt, 1993.
[Dazu: Segebrecht, Wulf: Widerruf. Der Lyriker F.C. Delius. In: *FAZ* v. 30.4.1993;
auch in: *Deutsche Literatur 1993. Jahresüberblick*. Hrsg. von Franz Josef Görtz, Volker Hage und Uwe Wittstock unter Mitarbeit von Katharina Frühe. Stuttgart: Reclam, 1994, 116-118.]

45. Deutschland, ein Kindermärchen. „Von allen Ländern in der Welt das deutsche mir am besten gefällt". 1847 war das in Schullesebüchern zu lesen: Deutschland für Kinder. Und heute? Wir stellen 22 Variationen auf das alte „Deutsche Lied" vor, getippt, handgeschrieben, kommentiert und korrigiert, so wie sie uns erreicht haben. Eine Sammlung neuerer deutscher Kinderlieder, gedichtet von 22 deutschen Dichtern im Herbst 1994. In: *Die Zeit* v. 7.10.1994 (*Die Zeit Literatur*).

46. Döring, Stefan: III/9. In: D., S.: *Zehn*. Edition Galrev. Fotoarbeiten von Thomas Florschuetz. Berlin: Edition Galrev/Druckhaus Galrev, 1990, ohne Seitenangabe;

auch in: *Von einem Land und vom andern. Gedichte zur deutschen Wende 1989/1990.* Mit einem Essay hrsg. von Karl Otto Conrady. Frankfurt a.M.: Suhrkamp, 1993 (*Edition Suhrkamp Leipzig*), 52.

47. Ders.: Zehn. Fotoarbeiten von Thomas Florschuetz. Berlin: Edition Galrev/Druckhaus Galrev, 1990.

48. Drawert, Kurt: Ortswechsel. In: *ndl* 41 (1993) 7; 24-26;
auch in: D., K.: *Haus ohne Menschen. Zeitmitschriften.* Frankfurt a.M.: Suhrkamp, 1993 (*Edition Suhrkamp Leipzig*), 115-117, 115.

49. Ders.: Fraktur. Lyrik, Prosa, Essay. Leipzig: Reclam, 1994.

50. Ders.: Wo es war. Gedichte. Frankfurt a.M.: Suhrkamp, 1996.

51. Ders.: klagelied (barock). In: D., K.: *Frühjahrskollektion. Gedichte.* Frankfurt a.M.: Suhrkamp, 2002, 73f.

52. Ders.: Revolutionen. Letzter Stand. In: Ebd., 51.

53. Ebell, Karl Heinz: ... und die menschen wohnen in meinen augen. Gedichte zwischen Deutschland und Deutschland. Berlin: Frieling, 1992 (*Frieling-Lyrik*).

54. Ebersbach, Volker: Irdene Zeit. Gedichte. Grimma: Heidrun Popp Verlag, 1999 (*Grimmaer Reihe, Band 3*).

55. Endler, Adolf: Citatteria & Zackendullst. Notizen, Fragmente, Zitate. Berlin: Unabhängige Verlagsbuchhandlung Ackerstraße, 1990.

56. Ders.: Der Pudding der Apokalypse. Gedichte 1963-1998. Frankfurt a.M.: Suhrkamp, 1999.
[Hörbuch: A.E.: Der Pudding der Apokalypse. Gedichte. Ausgewählt und gelesen von Adolf Endler. München: Der HörVerlag, 2000; 1 CD.]
[Dazu: Braun, Michael: An den Rand des „Hustler" gekritzelt. Der Ketzer als Klassiker. Adolf Endler durchquert den „Pudding der Apokalypse". In: *Freitag* v. 8.10.1999 (*Literatur Extra*);
Papst, Manfred: Rosinen im Pudding der Apokalypse. Adolf Endlers gesammelte Gedichte. In: *NZZ* v. 12.10.1999 (*Neue Literatur*).]

57. Enzensberger, Hans Magnus: Zukunftsmusik. Frankfurt a.M.: Suhrkamp, 1991.
[Taschenbuchausgabe: Frankfurt a.M.: Suhrkamp, 1993.]

58. Faktor, Jan: Epiker an Georgs Seite beim Stauen des Gesprächsflusses. In: *Zersammelt. Die inoffizielle Literaturszene der DDR nach 1990. Eine Bestandsaufnahme*. Hrsg. von Roland Berbig, Birgit Dahlke, Michael Kämper-van den Boogaart und Uwe Schoor (*Theater der Zeit/Recherchen* 6), 229-237.

59. Gerlach, Harald: Nirgends und zu keiner Stunde. Gedichte. Berlin: Aufbau, 1998.

60. Gernhardt, Robert: Berliner Zehner. Hauptstadtgedichte. Zürich: Haffmans, 2001.
[Taschenbuchausgabe: Frankfurt a.M.: Fischer TB, 2003.]

61. Gosse, Peter: Gleisskörper. Gedichte. Halle (S.): Mitteldeutscher Verlag, 1996 (*mdv lindenblatt*).

62. Grass, Günter: Treuhand. In: *ndl* 40 (1992) 12, 8-11.

63. Ders.: Novemberland. 13 Sonette. Göttingen: Steidl, 1993 [erneut 2001].
[Dazu: Detering, Heinrich: Nur der Orkan ist ohne Grenzen. Günter Grass hat dreizehn lyrische Leitartikel verfaßt. In: *FAZ* v. 30.4.1993;
Wagner, Jan: Thraenen des Vaterlandes. Anno 1992: Günter Grass mahnt in Sonetten, zeichnet mit glücklicher Hand, und das alles ist mehr als nur luxuriös. In: *FR* v. 15.8.2002.]

64. Ders.: Fundsachen für Nichtleser. Göttingen: Steidl, 1997.

65. Gröschner, Annett/Bara, Tina: Herzdame Knochensammler. Gedichte, Fotografie. Berlin: Kontext, 1993 (*collektionKONTEXT*).

66. Grünbein, Durs: Schädelbasislektion. Gedichte. Frankfurt a.M.: Suhrkamp, 1991.

67. Ders.: Falten und Fallen. Gedichte. Frankfurt a.M.: Suhrkamp, 1994.
[Dazu: Falcke, Eberhard: Lyrischer Landesmeister. Balanceakt zwischen tönender Rhetorik und großer Poesie: Durs Grünbeins Gedichtband „Falten und Fallen". In: *Die Zeit* v. 1.4.1994;
auch in: *Deutsche Literatur 1994. Jahresüberblick*. Hrsg. von Franz Josef Görtz, Volker Hage und Uwe Wittstock unter Mitarbeit von Katharina Frühe. Einleitung von Hubert Winkels. Stuttgart: Reclam, 1995, 137-142.]

68. Ders.: Nach den Satiren. Gedichte. Frankfurt a.M.: Suhrkamp, 1999. [Dazu: Nentwich, Andreas: Der strahlende Eisblock. „Nach den Satiren" – das reichste und bedenklichste Buch des Dichters Durs Grünbein. In: *Die Zeit* v. 8.4.1999.]

69. Grüneberger, Ralph: Dieselbe Straße, ein anderes Land. Gedichte 1977-1996. Karl-Georg Hirsch, Acrylstiche. Magdeburg: Blaue Äpfel, 1996.

70. Hacks, Peter: Tamerlan in Berlin. In: *literatur konkret* (1997/98) 22, 37.

71. Ders.: Die Gedichte. Hamburg: Edition Nautilus, 2000.
[Darin v.a. die *Jetztzeit*-Gedichte, 284-337; zuerst in: *Konkret* (1998/1999); für die Thematik relevant v.a.: Rote Sommer. In: *Konkret* (1998) 6, 29; Appell. In: *Konkret* (1998) 11, 11; Das Vaterland. In: *Konkret* (1998) 12, 26.]
[Dazu: Reimpatrouille. In: *Konkret* (2000) 1, 50-54;
Braun, Michael: Der Erdenwunder schönstes war die Mauer. Linksaristokratische Provokationen eines sozialistischen Eremiten. In seinen „Gedichten" ist für Peter Hacks die Liebe und die Sowjetmacht nur gemeinsam darstellbar. In: *Freitag* v. 24.3.2000 (*Literatur Extra*);
Hensel, Kerstin: Gacksch auf den Wolken. Peter Hacks: „Die Gedichte" in einem dicken Band. In: *ND* v. 23.-26.3.2000 (*Literatur-Beilage*);
Jäger, Lorenz: Singe mir, Muse, den Sozialismus. Abschied mittels Meisterschaft: Peter Hacks betrachtet die DDR als schöne Kunst. In: *FAZ* v. 21.3.2000.]

72. Hensel, Kerstin: Gewitterfront. Gedichte. [Halle (S.)/Leipzig]: Mitteldeutscher Verlag, 1991.

73. Dies.: Freistoss [sic]. Gedichte. Mit zwölf plus eins Kupferstichen von Ulrich Köhler. Leipzig: Connewitzer Verlagsbuchhandlung, 1995.

74. Dies.: Bahnhof verstehen. Gedichte 1995-2000. München: Luchterhand, 2001.

75. Hilbig, Wolfgang: Bilder vom Erzählen. Gedichte. Mit Radierungen von Horst Hussel. Frankfurt a.M.: S. Fischer, 2001.

76. Hochhuth, Rolf: Alle Erzählungen, Gedichte und Romane. Mit einem Nachwort von Albert von Schirnding. Reinbek: Rowohlt, 2001.

77. Ders.: Zwischen Sylt und Wilhelmstraße. Essays, Gedichte, Reden. Mit einem Nachwort von Gert Ueding. Berlin: Volk und Welt, 2001.

78. Holst, „Matthias" BAADER: traurig wie hans moser im sperma weinholds. texte. Berlin: Produzenten-Verlag, 1990.

79. Honecker, Erich: Tiefe Eindrücke und andere Gedichte. Hrsg. von Hans Wald. Siegen: [ohne Verlagsangabe], 1993 (*Vergessene Autoren der Moderne, Sonderheft*).

80. Hummelt, Norbert: 6 Gedichte. In: *Die Zeit danach. Neue deutsche Literatur*. Hrsg. von Helge Malchow und Hubert Winkels. Köln: Kiepenheuer & Witsch, 1991, 162-167.

81. Jansen, Johannes: prost neuland. spottklagen und wegzeug. Berlin (DDR)/Weimar: Aufbau, 1990.

82. Kahlau, Heinz: Jahrestag. In: *ndl* 40 (1992) 1, 102;
auch in: K., H.: *Kaspers Waage. Gedichte*. Berlin/Weimar: Aufbau, 1992, 39.

83. Ders.: *Kaspers Waage. Gedichte*. Berlin/Weimar: Aufbau, 1992.

84. Kamnitzer, Heinz: Abgesang mit Herzschmerzen. Berlin: Spotless, 1993.

85. Ders.: Die Rückwende. Neue Geschichte – Neue Gedichte. Berlin: Spotless, 1994.

86. Ders.: Der Preis der Wende. Ein Poesiealbum. Schkeuditz: GNN Verlag Sachsen/Berlin, 1995.

87. karsunke, yaak: gespräch mit dem stein. gedichte. Berlin: Rotbuch, 1992.

88. Kirsch, Sarah: Erlkönigs Tochter. Gedichte. Stuttgart: Deutsche Verlags-Anstalt, 1992.
[Dazu: Braun, Michael: [Belletristik im Gespräch]. In: *EichholzBrief* 30 (1993) 2, 113f.]

89. Kirsten, Wulf: Stimmenschotter. Gedichte 1987-1992. Zürich: Ammann, 1993.
[Dazu: Neumann, Peter Horst: Ein Land aus Gedächtnis und Sprache. Wulf Kirstens Gedichtband „Stimmenschotter". In: *NZZ* v. 1.10.1993;

auch in: *Deutsche Literatur 1993. Jahresüberblick*. Hrsg. von Franz Josef Görtz, Volker Hage und Uwe Wittstock unter Mitarbeit von Katharina Frühe. Stuttgart: Reclam, 1994, 181-185.]

90. Ders.: Streugut. In: *NZZ* v. 27./28.7.1996.

91. Ders.: Wettersturz. Gedichte 1993-1998. Zürich: Ammann, 1999.
[Dazu: Hamm, Peter: Vom Wort- und Weltvertrauen. Wulf Kirsten dichtet an gegen das Vergessen. In: *Die Zeit* v. 25.3.1999.]

92. Klässner, Bärbel: Nahe dem wortwendekreis. Gedichte und andere Texte. Rudolstadt: Hain Verlag, 1997 (*Thüringen-Bibliothek, Band 4*).

93. Koch, Klaus D.: Hiergeblieben! Wendezeitlose Sprüche. Aphorismen und Epigramme. Bremen/Rostock: Edition Temmen, 1998.

94. Köhler, Barbara: Deutsches Roulette. Gedichte 1984-1989. Frankfurt a.M.: Suhrkamp, 1991.

95. Königsdorf, Helga: 1989 oder Ein Moment Schönheit. Eine Collage aus Briefen, Gedichten, Texten. Berlin (DDR)/Weimar: Aufbau, 1990 (*Texte zur Zeit*).

96. Kolbe, Uwe: Vaterlandkanal. Ein Fahrtenbuch. Frankfurt a.M.: Suhrkamp, 1990.

97. Ders.: Nicht wirklich platonisch. Gedichte. Frankfurt a.M.: Suhrkamp, 1994.
[Dazu: Bormann, Alexander von: „Zu brechen das Eis und das Eis". Uwe Kolbes neue Gedichte. In: *NZZ* v. 19.5.1994;
auch in: *Deutsche Literatur 1994. Jahresüberblick*. Hrsg. von Franz Josef Görtz, Volker Hage und Uwe Wittstock unter Mitarbeit von Katharina Frühe. Einleitung von Hubert Winkels. Stuttgart: Reclam, 1995, 187-191.]

98. Ders.: Vineta. Gedichte. Frankfurt a.M.: Suhrkamp, 1998.
[Dazu: Franke, Konrad: Die jetzt alles nachholen wollen. Uwe Kolbes „Vineta"-Gedichte für nicht zu schnell denkende Leser. In: *SZ* v. 4.11.1998 (*Beilage*).

99. Ders.: Die Farben des Wassers. Gedichte. Frankfurt a.M.: Suhrkamp, 2001.

100. Kraft, Gisela: keilschrift. gedichte 1984-1990. Berlin/Weimar: Aufbau, 1992.

101. Krauß, Angela: Leipzig 1999. In: *Leipzig im Umbruch*. Fotografien von Ralf Schuhmann. Texte von Angela Krauß, Ingo Andreas Wolf. Amsterdam/Dresden: Verlag der Kunst, 1999, 7.

102. Krechel, Ursula: Adieu, Berliner Zimmer. In: *Spätmoderne und Postmoderne. Beiträge zur deutschsprachigen Gegenwartsliteratur*. Hrsg. von Paul Michael Lützeler. Frankfurt a.M.: Fischer TB, 1991, 7-10.

103. Krüger, Michael: Brief nach Hause. Gedichte. Salzburg/Wien: Residenz Verlag, 1993.

104. Kulinna, Gisela: Herbst '90. In: *WendeBlätter – werkstatt* 1. Sebnitz 1991, 28.

105. Kunert, Günter: Fremd daheim. Gedichte. München/Wien: Hanser, 1990.
[Hörbuch: Fremd daheim. Gedichte und Prosa. Gelesen von Günter Kunert. München: DerHörVerlag, 1999; 1 CD.]

106. Ders.: Mein Golem. Gedichte. München/Wien: Hanser, 1996.

107. Ders.: Nacht Vorstellung. Gedichte. München/Wien: Hanser, 1999.

108. Kunze, Reiner: ein tag auf dieser erde. gedichte. Frankfurt a.M.: S. Fischer, 1998.
[Taschenbuchausgabe: Frankfurt a.M.: Fischer TB, 2000.]
[Dazu: Jung, Jochen: Kunzes Kunst. Der Dichter liegt wach, und der Leser wird unruhig – neue Gedichte von Reiner Kunze. In: *Die Zeit* v. 10.12.1998;
Klein, Michael: „eines tages wird uns in der seele frösteln". Reiner Kunzes neuer Lyrikband über Schönheiten und Gefährdungen unseres Lebens. In: *Lesart* (1998) 4, 30f.]

109. Laabs, Joochen: Ungerechtfertigtes Lamento. In: *Berlin – Ein Ort zum Schreiben. 347 Autoren von A bis Z. Porträts und Texte*. Mit einem Vorwort von Walter Jens. Hrsg. von Karin Kiwus im Auftrag der Akademie der Künste. Berlin: Aufbau, 1996, 267.

110. Leipziger Pfeffermühle: Fragen. In: *Warten auf Demo. Kabarettabend mit der Leipziger Pfeffermühle*. Programmblatt vom 30.9.1990. Idar-Oberstein 1990 [Faltblatt].

111. Leupold, Dagmar: Vogelschwarm über dem Potsdamer Platz. In: L., D.: *Byrons Feldbett. Gedichte.* Frankfurt a.M.: S. Fischer, 2001, 21.

112. DEUTSCH in einem anderen LAND. Die DDR (1949-1990) in Gedichten. Hrsg. von Rüdiger Mangel, Stefan Schnabel, Peter Staatsmann. Berlin: Theater der Freien Volksbühne/Edition Hentrich, 1990 (*Reihe Deutsche Vergangenheit, Stätten der Geschichte Berlins, Band 46*).

113. Mayer-Freiwaldau, Rudolf: Wendezeiten. Gedichte und Aphorismen. München: edition Transform, 1991 (*BOGENDRUCKE edition Transform HERP*).

114. Mensching, Steffen: Berliner Elegien. Gedichte. Leipzig: Faber & Faber, 1995 (*Die Sisyphosse. Eine Bücherreihe*).

115. Mittenzwei, Johannes: Wendejahre. Gedichte. Berlin: verlag am park, 1997.

116. Monk, Radjo: König im wüsten Land. Wahnfried Jokers Chronik 1959-1995. Rudolstadt: Hain Verlag, 1998 (*Thüringen-Bibliothek, Band 5*).

117. Müller, Günter: VON WEGEN von wegen... Magdeburg: Helmuth-Block-Verlag, 1996.

118. Müller, Heiner: Ein Gespenst verläßt Europa. Fotografien von Sibylle Bergemann. Mit einem Nachwort von Peter Voigt. Köln: Kiepenheuer & Witsch, 1990.

119. Ders.: Glückloser Engel 2. In: *Sinn und Form* 43 (1991) 5, 852; auch in: M., H.: *Werke 1.* Hrsg. von Frank Hörnigk. *Die Gedichte.* Frankfurt a.M.: Suhrkamp, 1998, 236.

120. Ders.: Mommsens Block/Langhoff, Matthias: Brief an einen Senator. Berlin: Berliner Ensemble, 1993 (*Berliner Ensemble, Drucksache 1*); auch in: M., H.: *Werke 1.* Hrsg. von Frank Hörnigk. *Die Gedichte.* Frankfurt a.M.: Suhrkamp, 1998, 257-263.

121. Ders.: Ajax zum Beispiel. In: *FAZ* v. 29.10.1994 (*Beilage*); auch in: M., H.: *Werke 1.* Hrsg. von Frank Hörnigk. *Die Gedichte.* Frankfurt a.M.: Suhrkamp, 1998, 292-297.

122. Ders.: Werke 1. Hrsg. von Frank Hörnigk. Die Gedichte. Frankfurt a.M.: Suhrkamp, 1998.

[zwei unterschiedlich ausgestattete Parallelausgaben: gebunden/broschiert]
[Dazu: Hensel, Kerstin: Himmel der Abgrund. Aussichtslose Geschichte. Heiner Müllers Gedichte. In: *Freitag* v. 20.3.1998 (*Literatur Extra*); Schmitter, Elke: Horaz und ich. Heiner Müller als Lyriker: Eine eher mäßige Begabung. In: *Die Zeit* v. 8.4.1998;
Schütt, Hans-Dieter: Das Schöne und der Schrecken. Heiner Müller: Die Gedichte eröffnen die vollständige Werkausgabe. In: *ND* v. 23.-26.3.1998 (*Beilage zur Leipziger Buchmesse 1998*).]

123. Ders.: Gedichte. Berlin: Alexander Verlag, 1999 (*Sonder-ZEICHEN 5*).

124. Novak, Helga M.: solange [sic] noch Liebesbriefe eintreffen. Gesammelte Gedichte. Hrsg. von Rita Jorek. Mit einem Nachwort von Eva Demski. Frankfurt a.M.: Schöffling & Co., 1999.

125. Oechelhaeuser, Gisela (Hg.): Von der Wende bis zum Ende. Wendejahr – die Distel im Scharfen Kanal. Berlin: Edition Hentrich/lansk mehr, 1990.

126. Dies. (Hg.): Das letzte Ende. Gibt es ein Leben nach der Wiedervereinigung? Die Distel im Scharfen Kanal. Berlin: Edition Hentrich/lansk mehr, 1991 (*Reihe Deutsche Vergangenheit, Stätten der Geschichte Berlins, Band 57*).

127. Fluchtfreuden Bierdurst. Letzte Gedichte aus der DDR. Hrsg. von Dorothea Oehme. Mit einer Vorbemerkung von Fritz Rudolf Fries. Berlin: Unabhängige Verlagsbuchhandlung Ackerstraße, 1990.

128. Oliver, José F.A.: im gerippe eines tages. In: O., J.F.A.: *Gastling. Gedichte.* Berlin: Das Arabische Buch, 1993, 22-28.

129. Papenfuß-Gorek, Bert: SoJa. Mit dreizehn Zeichnungen von Wolfram Adalbert Scheffler. Berlin: Druckhaus Galrev, 1990.

130. Ders.: LED SAUDAUS. notdichtung. karrendichtung. Berlin: Gerhard Wolf Janus press in Zusammenarbeit mit BasisDruck, 1991.

131. Petersdorff, Dirk von: Wie es weitergeht. Gedichte. Frankfurt a.M.: S. Fischer, 1992 (*Collection S. Fischer*).
[Darin v.a.: *Ich bringe mich ein*, 21f., [*Die Dichter über dem Alexanderplatz.*], 33.]

132. Ders.: Zeitlösung. Gedichte. Frankfurt a.M.: S. Fischer, 1995 (*Collection S. Fischer*).
[Darin v.a.: *Margot Honeckers Mantel*, 41, *Heiner Müller im Bad*, 42, *Hegel-Meditation*, 43f., *Der Weg war leider nicht das Ziel*, 49f., *Leipziger Wandteppich*, 79.]

133. Ders.: Im Museum der Geschichte. In: P., D.v.: *Bekenntnisse und Postkarten. Gedichte*. Frankfurt a.M.: S. Fischer, 1999, 31.

134. Plessen, Elisabeth: [Drei Gedichte.] Hilton Berlin Clubraum/Zimmer 6001. In: *Merkur* 57 (2003) 2, 141-143.

135. die Prinzen: du mußt ein schwein sein. Illustriert von Uschi Heusel. Leipzig: Gustav Kiepenheuer, 2003.

136. Rathenow, Lutz: Verirrte Sterne oder Wenn alles wieder mal ganz anders kommt. Gedichte. Gifkendorf: Merlin, 1994.

137. Reimann, Andreas: Stichlinge. In: *ndl* 50 (2002) 1, 185-187 (*Post-Skriptum*).

138. Rennert, Jürgen: Mein Land ist mir zerfallen. In: *ndl* 38 (1990) 4, 132;
auch in: *Von einem Land und vom andern. Gedichte zur deutschen Wende 1989/1990*. Mit einem Essay hrsg. von Karl Otto Conrady. Frankfurt a.M.: Suhrkamp, 1993 (*Edition Suhrkamp Leipzig*), 34.

139. Ders.: Chopiniade. In: *ndl* 40 (1992) 1, 109-116.

140. Ders.: Akrostichon. In: *Ein Text für C.W. Berlin*: Gerhard Wolf Janus press, 1994, 171.

141. Rosenlöcher, Thomas: Ostbarbar. In: *ndl* 43 (1995) 2, 124-128.
[*Erdsirenen*, 124f., auch in: R., T.: *Die Dresdner Kunstausübung. Gedichte*. Frankfurt a.M.: Suhrkamp, 1996, 13; *Der Birnbaum droht mir über die Mauer*, 125, auch in: Ebd., 12; *Das Buchlabyrinth*, 125f., auch in: Ebd., 56; *Umfrage*, 126, unter dem Titel *Die deutsche Seele* als Teil von *Auf eine Umfrage von Radio Veronika* auch in: Ebd., 51; *Das Sturmzimmer*, 127, unter dem Titel *Sturmzimmer* auch in: Ebd., 79; *Ostbarbarar*, 127f., auch in: Ebd., 69f.]

142. Ders.: Die Dresdner Kunstausübung. Gedichte. Frankfurt a.M.: Suhrkamp, 1996.

143. Ders.: Ich sitze in Sachsen und schau in den Schnee. 77 Gedichte. Frankfurt a.M.: Suhrkamp, 1998.
[Dazu: Franke, Konrad: Er sitzt in Sachsen, ouhh! Neues und Älteres vom Lyriker Thomas Rosenlöcher. In: *SZ* v. 7.10.1998.]

144. Ders.: Die Transformation meiner Füße gen Westen. Variationen zu einem damaligen Gedicht. In: TERTIA-Gruppe (Hg.): *Transformationen*. Bonn: TERTIA Bildung und Beruf GmbH & Co./TERTIA Training und Consulting GmbH & Co., 1998, 55-66.

145. Schacht, Ulrich: [ohne Titel] [Drei Gedichte]. In: *Supplement Literatur im technischen Zeitalter*. LCB DAAD II/1990. Hrsg. von Walter Höllerer, Norbert Miller, Joachim Sartorius; 59-61, 59;
[DAS BRANDENBURGER TOR HAB] auch in: *Von einem Land und vom andern. Gedichte zur deutschen Wende 1989/1990*. Mit einem Essay hrsg. von Karl Otto Conrady. Frankfurt a.M. 1993 (*Edition Suhrkamp Leipzig*), 40.

146. Schedlinski, Rainer: Die Männer der Frauen. Zeichnungen: Uta Hünniger. Berlin: Druckhaus Galrev, 1991.

147. Seifert, Ilja: Irrgarten zerstören/Schröder, Christian: scheinen will mir zukunft. ein AbWendeBüchlein. [Berlin]: Spotless, 1999 (*Spotless-Reihe Nr. 112*).

148. Spaniel, Thomas: deutsche vexierbilder. Gedichte. Rudolstadt: Hain Verlag, 1996 (*Thüringen-Bibliothek, Band 2*).

149. Stötzer-Kachold, Gabriele: grenzen los fremd gehen. Mit Zeichnungen der Autorin. Berlin: Gerhard Wolf Janus press, 1992.

150. Teschke, Holger: Elegie nach Vergil. In: T., H.: *Jasmunder Felder. Windschlucht. New York. Gedichte*. Berlin/Weimar: Aufbau, 1991, 47;
auch in: *Von einem Land und vom andern. Gedichte zur deutschen Wende 1989/1990*. Mit einem Essay hrsg. von Karl Otto Conrady. Frankfurt a.M.: Suhrkamp, 1993 (*Edition Suhrkamp Leipzig*), 64.

151. Treichel, Hans-Ulrich: Der einzige Gast. Gedichte. Frankfurt a.M.: Suhrkamp, 1994.

152. Tritschel, Tom: engel und meier. gedichte 1984-1998. Rudolstadt/Jena: Hain Verlag, 1999 (*Thüringen-Bibliothek, Band 10*).

153. Der letzte Versuch. Rückwärts und nicht vergessen. Politische Prosa und Epigramme von Günter Ullmann. Asendorf: MUT-Verlag, 1994.

154. Wagner, Richard: Schwarze Kreide. Gedichte. Frankfurt a.M.: Luchterhand, 1991.

155. Wegner, Bettina: In Niemandshaus hab ich ein Zimmer. Lieder und Gedichte. Berlin: Aufbau TB, 1997.

156. Werner, Frank: Die Pappelchaussee. Gedichte. Stuttgart: Deutsche Verlags-Anstalt, 1990.
[Darin v.a. der erste Unterzyklus *Offenes Land*, 5-28.]

157. Werner, Walter: Fuß im Geröll. Gedichte. Mit einem Nachwort von Wilhelm Bartsch. Halle (S.): Mitteldeutscher Verlag, 1996 (*mdv lindenblatt*).

158. Wolf, Christa/Schröder, Helga: Was nicht in den Tagebüchern steht. Berlin: Gerhard Wolf Janus press, 1995.

159. Wüstefeld, Michael: Wie ich aus Amsterdam nach Dresden zurückgeholt wurde. In: *Sinn und Form* 44 (1992) 5, 836-838.

160. Ders.: Absage. In: *Sinn und Form* 46 (1994) 1, 108-111.

161. Zschorsch, Gerald: Null Uhr. In: *Die Welt* v. 10.11.1990;
auch in: *Literatur im Widerspruch. Gedichte und Prosa aus 40 Jahren DDR*. Hrsg. von Joachim-Rüdiger Groth. Köln: Verlag Wissenschaft und Politik, 1993 (*Edition Deutschland Archiv*), 190.

1.4 Dramatik/Drehbücher

1. Achternbusch, Herbert: Auf verlorenem Posten. Revolutionsfarce. In: A., H.: *MIXWIX*. Köln: Kiepenheuer & Witsch, 1990, 267-293;
auch in: *Theater heute* 31 (1990) 4, 15-20
sowie in: *Spectaculum* 51. Sechs moderne Theaterstücke. Frankfurt a.M. 1991, 7-22.
[Teilabdruck in: *Theater heute. Jahrbuch* (1990), 26-29.]
[Dazu: Autoren inszenieren ihre Stücke: Der wüste Westen. Peter von Becker über die Uraufführungen von George Taboris „Weisman und Rotgesicht“ in Wien und Herbert Achternbuschs „Auf verlorenem Posten“ in München. In: *Theater heute* 31 (1990) 5, 9-13;

Göhl, Hans: Das Kamel muß sein. Achternbuschs „Auf verlorenem Posten". In: *Handelsblatt* v. 12.4.1990;
auch in: *Deutsche Literatur 1990. Jahresüberblick*. Hrsg. von Franz Josef Görtz, Volker Hage und Uwe Wittstock unter Mitarbeit von Katharina Frühe. Stuttgart: Reclam, 1991, 39-41;
[Interview mit Thomas Thieringer]: „Ich bin doch kein Floh im Gesellschaftspelz". Herbert Achternbusch antwortet auf Fragen von Thomas Thieringer. In: *Theater heute* 31 (1990) 5, 14.]

2. Arjouni, Jakob: Edelmanns Tochter. Theaterstück. Zürich: Diogenes, 1996.

3. Becker, Jurek: Wir sind auch nur ein Volk. Drehbücher der Folgen 1 bis 3: Die Serie zur Einheit. Der erste Arbeitstag. Der Rest der Familie. Frankfurt a.M.: Suhrkamp, 1994.

4. Ders.: Wir sind auch nur ein Volk. Drehbücher der Folgen 4 bis 6: Der empfindliche Bruder. Stasi für Anfänger. Der zweite Sekretär. Frankfurt a.M.: Suhrkamp, 1995.

5. Ders.: Wir sind auch nur ein Volk. Drehbücher der Folgen 7 bis 9: Die Westparty. Streik und andere Scherereien. Der kurze Abschied. Frankfurt a.M.: Suhrkamp, 1995.

   [Dazu: Wehdeking, Volker: Epilog: Theater und Klamauk um die deutsche Einheit. Bühnenversuche von Rolf Hochhuth, Franz Xaver Kroetz, Christoph Hein, Botho Strauß und eine Fernsehserie von Jurek Becker. In: W., V.: *Die deutsche Einheit und die Schriftsteller. Literarische Verarbeitung der Wende seit 1989*. Stuttgart/Berlin/Köln: Kohlhammer, 1995; 147-166, 163-166.]

6. Good bye, Lenin! Ein Film von Wolfgang Becker. Drehbuch von Bernd Lichtenberg. Co-Autor Wolfgang Becker. Hrsg. von Michael Töteberg. Berlin: Schwarzkopf & Schwarzkopf, 2003.
   [Soundtrack: Good bye, Lenin! Musik von Yann Thiersen. [o.O.]: Labels, 2003; 1 CD (*Labels/Emi Music France 724358202021*);
   auch als „Plaste und Elaste Deluxe Version inklusive Extra-CD mit Musik, Stilblüten und DDR-Lexikon" /Original Soundtrack Musik von Yann Tiersen. Extra-CD, Musik & Worte aus dem „real existierenden Sozialismus". [o.O.]: Labels, 2003; 1 CD (*Labels/Emi Music France 724358444209*).]
   [Dazu: [Anon.]: DDR überlebt im Miniformat. „Good Bye, Lenin!" ist eine tragikomische Familiengeschichte. In: *Rhein-Zeitung* v. 14.2.2003;

[Anon.]: Gesamtdeutsches Geflüster im Kino. Ossis und Wessis lachen und weinen gemeinsam über „Good bye [sic], Lenin!" – Tragikomischer Film lockt Hunderttausende. In: *Rhein-Zeitung* v. 28.2.2003;
Oßwald, Dieter: Von Wildschweinen, Ossis und Mexiko. Interview mit Daniel Brühl zu „Good Bye, Lenin!" In: *Unicum* 21 (2003) 2, 28;
Ders.: Good Bye, Lenin! Smarte Politkomödie über die Wende. In: *Unicum* 21 (2003) 2, 28;
Deusch-deutsches Kino-Wunder. Andreas Pecht zum Erfolg von „Good Bye, Lenin!" In: *Rhein-Zeitung* v. 28.2.2003.]

7. Berg, Jochen: Fremde in der Nacht. Berlin: Autoren-Kollegium, 1991 [Bühnenmanuskript].

8. Braun, Volker: Böhmen am Meer. In: B., V.: *Texte in zeitlicher Folge. Band 10. Wie es gekommen ist. Rot ist Marlboro. Böhmen am Meer. Iphigenie in Freiheit. Schriften. Register*. Halle (S.): Mitteldeutscher Verlag, 1993, 61-115.

9. Ders.: Iphigenie in Freiheit. Frankfurt a.M.: Suhrkamp, 1992;
auch in: B., V. *Texte in zeitlicher Folge. Band 10. Wie es gekommen ist. Rot ist Marlboro. Böhmen am Meer. Iphigenie in Freiheit. Schriften. Register*. Halle (S.): Mitteldeutscher Verlag, 1993, 125-146.
[Dazu: [P.I.]: Stuß. Brauns „Iphigenie" uraufgeführt. In: *FR* v. 19.12. 1992;
[V.A.]: Mißlungenes Pamphlet. Volker Brauns „Iphigenie in Freiheit". In: *SZ* v. 29.12.1992;
Bumann, Ulrich: Volker Brauns Iphigenie in der Konsumschlacht. In: *Die Welt* v. 19.12.1992;
Diehl, Siegfried: Volk und Volker. Brauns „Iphigenie in Freiheit" in Frankfurt uraufgeführt. In: *FAZ* v. 19.12.1992;
Franke, Eckhard: Alles wird zerredet, alles wird zerschwatzt. Frankfurter Uraufführungen: Goetz und Braun. In: *Saarbrücker Zeitung* v. 23.12.1992;
Ders.: Der Text spreizt sich vielfach ins Vulgäre. Volker Brauns „Iphigenie in Freiheit" wurde in den Frankfurter Kammerspielen uraufgeführt. In: *Rheinische Post* v. 14.1.1993;
Funke, Christoph: Hohlraum zwischen zwei Masken. Versuch Nr. 3: Justus Carrière spielt Brauns „Iphigenie in Freiheit". In: *Der Tagesspiegel* v. 13.1.1993;
Michaelis, Rolf: Dein Wort in Goethes Ohr! Das letzte Werk der DDR-Literatur: „Iphigenie in Freiheit" – Volker Brauns Requiem auf den utopischen Sozialismus, ein höhnisches Pamphlet auf das vereinte Deutschland. In: *Die Zeit* v. 10.4.1992;

Pfützner, Klaus: Ermunterung zu widerständigem Denken. Beifall in Cottbus, Befremden in Frankfurt: Volker Brauns neues Stück „Iphigenie in Freiheit“ bietet Stoff zur Diskussion. In: *ND* v. 23.12.1992;

Reid, J. H.: Elektra, Iphigenie, Antigone: Volker Brauns's Women and the *Wende*. In: *Women and the* Wende. *Social Effects and Cultural Reflections of the German Unification Process*. Proceedings of a Conference held by *Women in German Studies* 9-11 September 1993 at the University of Nottingham. Edited by Elizabeth Boa and Janet Wharton. Amsterdam/Atlanta: Rodopi, 1994 (*German Monitor 31*), 189-199;

Rheinländer, Jörg: Von der Arbeit der Widersprüche. Ein Gespräch mit Volker Braun über dessen Stück „Iphigenie in Freiheit“. In: *FR* v. 17.12.1992;

Visser, Anthonya: „Und so wie es bleibt ist es“. Volker Brauns *Iphigenie in Freiheit*: eine Dekonstruktion des deutschen Einigungsprozesses? In: *Literatur und politische Aktualität*. Hrsg. von Elrud Ibsch und Ferdinand van Ingen unter Mitarbeit von Anthonya Visser. Amsterdam/Atlanta: Rodopi, 1993 (*Amsterdamer Beiträge zur neueren Germanistik, Band 36*), 131-154.]

10. Ders.: Der Wendehals. Eine Unterhaltung. Frankfurt a.M.: Suhrkamp, 1995.
[Dazu: Vormweg, Heinrich: Ziellos in der Fußgängerzone. „Der Wendehals“: Volker Brauns Unterhaltung mit dem abgewickelten Kollegen Schaber. In: *SZ* v. 5.4.1995 (*Beilage*).]

11. Brussig, Thomas: Heimsuchung. Schauspiel für fünf Personen. Berlin: Volk & Welt, 2000.
[Dazu: Ambrosius, Claus: Langweilowsk und fadowitsch. Thomas Brussigs erstes Schauspiel „Heimsuchung“ enttäuscht in Mainz – Höflichkeitsapplaus für laue Inszenierung. In: *Rhein-Zeitung* v. 10.10.2000.]

12. Diederichsen, Diedrich: Drei Dramen vom Grill. In: *Die Zeit danach. Neue deutsche Literatur*. Hrsg. von Helge Malchow und Hubert Winkels. Köln: Kiepenheuer & Witsch, 1991, 50-65.

13. Drawert, Kurt: Alles ist einfach. Stück in sieben Szenen. Frankfurt a.M.: Suhrkamp, 1995.

14. Ders.: Steinzeit. Lustspiel. In: D., K.: *Steinzeit*. Frankfurt a.M.: Suhrkamp, 1999, 31-129.

15. Finkeldes, Dominik: Abendgruß oder Himmel und Hölle auf dem Bürgersteig. 1998 [keine Druckfassung].

[Dazu: Trauth, Volker: Die Geschichte kündigte uns. Dominik Finkeldes Nachwendestück „Abendgruß oder Himmel und Hölle auf dem Bürgersteig“ an den Freien Kammerspielen Magdeburg uraufgeführt. In: *ND* v. 7.7.1998.]

16. Hacks, Peter: Die späten Stücke I. Fafner, die Bisam-Maus. Der Geldgott. Der Maler des Königs. Die Höflichkeit der Genies. Genovefa. Hamburg: Edition Nautilus, 1999.

17. Ders.: Die späten Stücke II. Orpheus in der Unterwelt. Operette für Schauspieler, Orpheus in der Unterwelt. Burleske Oper. Bojarenschlacht. Tatarenschlacht. Der falsche Zar. Hamburg: Edition Nautilus, 1999. [Dazu: Schmitter, Elke: Die Wende wenden. Das Volk im Blick, die Macht im Augenwinkel: Eine freie Theatergruppe in Bitterfeld probt Peter Hacks' „Orpheus in der Unterwelt“. In: *Die Zeit* v. 10.9.1998.]

18. Sonnenallee. Das Buch zum Film. Hrsg. von Leander Haußmann. Mitarbeit: Bettina Gries. Mit dem Drehbuch, einem Interview mit Leander Haußmann und Thomas Brussig sowie Beiträgen von Alexander Osang, Ernst Röhl, Jonathan Meese u.a. Berlin: Quadriga, 1999.

19. Hein, Christoph: Die Ritter der Tafelrunde. In: H., C.: *Die Ritter der Tafelrunde und andere Stücke*. Berlin/Weimar: Aufbau, 1990, 131-193;
mit dem Untertitel „Schauspiel in drei Akten“ versehen auch in: *Theater heute* 30 (1989) 7, 27-35
sowie mit dem Untertitel „Eine Komödie“ versehen auch in: *Theater der Zeit* 44 (1989) 7, 55-64
sowie mit dem Untertitel „Eine Komödie“ versehen auch in: *Theatertexte 2*. Hrsg. von Peter Reichel. Berlin (DDR): Henschel Verlag, 1990, 153-223.
[Dazu: [Anon.]: „Das Geld ist nicht der Gral“. Aus einer Diskussion mit Christoph Hein und den Schöpfern des Fernsehfilms „Die Ritter der Tafelrunde“ nach der Voraufführung in der Akademie der Künste zu Berlin am 29.9.1990. In: *Chronist ohne Botschaft. Christoph Hein. Ein Arbeitsbuch. Materialien, Auskünfte, Bibliographie*. Hrsg. von Klaus Hammer. Berlin/Weimar: Aufbau, 1992, 226-229;
[Div.]: Stücke und Inszenierungen im Spiegel der Kritik. In: *Chronist ohne Botschaft. Christoph Hein. Ein Arbeitsbuch. Materialien, Auskünfte, Bibliographie*. Hrsg. von Klaus Hammer. Berlin/Weimar: Aufbau, 1992; 230-261, 258-261;
Janssen-Zimmermann, Antje: Schlötel, Lassalle und König Artus. Aktuelle Anmerkungen zu Dramen von Christoph Hein (1990). In: *Christoph*

Hein. Texte, Daten, Bilder. Hrsg. von Lothar Baier. Frankfurt a.M.: Luchterhand, 1990, 171-183;
Dies.: „Subjektive Objektivität". Drei Theatertexte Christoph Heins – eine „Trilogie des Sozialismus"? In: *Chronist ohne Botschaft. Christoph Hein. Ein Arbeitsbuch. Materialien, Auskünfte, Bibliographie*. Hrsg. von Klaus Hammer. Berlin/Weimar: Aufbau, 1992, 184-194;
Klunker, Heinz: Angst vorm Gral. Zur Nicht-Kritik der Hein-Uraufführung in den Zeitungen der DDR. In: *Theater heute* 30 (1989) 7, 24;
Kochta, Karla: Austreibung des Grals? In: *Chronist ohne Botschaft. Christoph Hein. Ein Arbeitsbuch. Materialien, Auskünfte, Bibliographie*. Hrsg. von Klaus Hammer. Berlin/Weimar: Aufbau, 1992, 223-225 [zuerst in: *Programmheft „Die Ritter der Tafelrunde" (Spielzeit 1989/90)*; *Schauspiel. Journal des Staatsschauspiels Dresden*, 1989/90, Nr. 6];
Ritter von der traurigen Gestalt. Hartmut Krug über die Uraufführung von Christoph Heins neuem Stück in Dresden. In: *Theater heute* 30 (1989) 7, 23-26;
Mayer, Hans: XII. Die Ritter der Tafelrunde. In: M., H.: *Der Turm von Babel. Erinnerung an eine Deutsche Demokratische Republik*. Frankfurt a.M.: Suhrkamp, 1991; 248-265, 248-257;
Pietzsch, Ingeborg: Suche nach dem Gral. „Die Ritter der Tafelrunde" von Christoph Hein am Dresdner Staatsschauspiel uraufgeführt. In: *Theater der Zeit* 44 (1989) 7, 53f.;
Senger, Judith: Hunger auf Hoffnung. Christoph Heins „Ritter der Tafelrunde" in Dresden uraufgeführt. In: *FR* v. 18.5.1989;
auch in: *Deutsche Literatur 1989. Jahresüberblick*. Hrsg. von Franz Josef Görtz, Volker Hage und Uwe Wittstock. Stuttgart: Reclam, 1990, 79-82;
Seyfarth, Ingrid: Palaver am Runden Tisch. Zur Uraufführung von *Die Ritter der Tafelrunde* am Staatsschauspiel Dresden. In: *Sonntag* (1989) 20;
auch in: *Christoph Hein. Texte, Daten, Bilder*. Hrsg. von Lothar Baier. Frankfurt a.M.: Luchterhand, 1990, 184-187.]

20. Ders.: Randow. Eine Komödie. Berlin: Aufbau, 1994.
[Dazu: Wehdeking, Volker: Epilog: Theater und Klamauk um die deutsche Einheit. Bühnenversuche von Rolf Hochhuth, Franz Xaver Kroetz, Christoph Hein, Botho Strauß und eine Fernsehserie von Jurek Becker. In: W., V.: *Die deutsche Einheit und die Schriftsteller. Literarische Verarbeitung der Wende seit 1989*. Stuttgart/Berlin/Köln: Kohlhammer, 1995; 147-166, 159-162.]

21. Ders.: Bruch. In Acht und Bann. Zaungäste. Himmel auf Erden. Stücke. Berlin: Aufbau, 1999.
[Dazu: Rossmann, Andreas: Chef ist, wer über die Anredeformen verfügt. Das Neue sieht am Düsseldorfer Schauspielhaus recht alt aus: Anna Badoras Uraufführung von Christoph Heins „Bruch“. In: *FAZ* v. 1.3.1999;
Schmidt, Christian: Selbstauflösung. Christoph Heins „Zaungäste“ und „Himmel auf Erden“ als Lustspiele im Schauspielhaus Chemnitz. In: *junge Welt* v. 15.10.1999;
Teschke, Holger: Zaungäste der Geschichte. Vier neue Stücke von Christoph Hein. In: *Neue Promenade* (1999/2000) 7, 9;
Thieringer, Thomas: Deutsche Akte mit Siegfried und Sieglinde. Das Nationaltheater Weimar zeigt neue Stücke von Christoph Hein und Gert Heidenreich. In: *SZ* v. 4.5.1999;
Woldt, Christoph: Vergreister Chronist. Offenbarungseid: Christoph Heins neuer Theatertext „Himmel auf Erden“. In: *junge Welt* v. 15.10. 1999.]

22. Hensel, Kerstin: Grimma. Komödie. In: *Theater der Zeit* 51 (1996) 4, 87-93.
[Dazu: [Interview mit Ronald Richter]: Überall ist Grimma. Kerstin Hensel im Gespräch mit Ronald Richter. In: *Theater der Zeit* 51 (1996) 4, 86f.]

23. Hochhuth, Rolf: Wessis in Weimar. Szenen aus einem besetzten Land. Berlin: Volk & Welt, 1993.
[Taschenbuchausgabe: München: dtv, 1994.]
[Abdruck der ‚Rohwedder-Szene‘ unter dem Titel *„Dann wird man Sie ermorden“. Die Rohwedder-Szene aus Rolf Hochhuths Drama „Wessis in Weimar“* auch in: *Der Spiegel* 46 (1992) 23 v. 1.6.1992, 272-275.]
[Dazu: Entgegnung, geschrieben am 9.2.1993, anläßlich der Uraufführung am 10.2.1993 und an alle Zuschauer zusammen mit einem Exemplar des Stückabdrucks verteilt;
[R.M.]: Leichenschau. Theater in Meiningen: Hochhuth inszeniert „Wessis in Weimar“. In: *Die Zeit* v. 16.12.1994.
[Anon.]: Bühnenelefant und Papiertiger. Uraufführung in Berlin: „Wessis in Weimar“. In: *Focus* (1993) 6 v. 8.2.1993, 66f.;
[Anon.]: Hochhuth inszeniert sein Stück „Wessis in Weimar“. In: *Ostsee-Zeitung* v. 11./12.9.1999;
[Anon.]: Hochhuth zog Einspruch gegen Uraufführung zurück. In: *Berliner Kurier* v. 11.2.1993;
[Anon.]: Rolf Hochhuths „Wessis“ nun in Neustrelitz. In: *ND* v. 6./7.3.1993;

[Anon.]: Todesursache: Treuhand. Deutschland aufgeregt: Das neue Stück des Schriftstellers Rolf Hochhuth spaltet die Nation. Es heißt „Wessis in Weimar". Es geht um Machenschaften der Treuhand. Stimmt alles, was der Dichter schreibt? SUPER ILLU erzählt die authentische Geschichte des Ehepaars Käthe und Herbert Seydel, deren Schicksal der Stoff für Hochhuths Drama war. In: *Super Illu* Nr. 7 v. 11.2.1993, 4-6;

[Anon.]: Verlag gegen Hochhuth-Zensur. In: *Die Welt* v. 6.8.1993;

[Anon.]: Verleumdung. Rolf Hochhuth wehrt sich. In: *FAZ* v. 27.5.1992 [Dazu: Stellungnahme des manager magazins zur Erklärung von Rolf Hochhuth (Überschrift: „Verleumdung") in der F[r]ankfurter Allgemeinen Zeitung vom 27.05.1992];

[Interview mit Harald Biskup]: Arglistig getäuscht? Rolf Hochhuth will die Berliner Uraufführung seines Stücks „Wessis in Weimar" noch immer verhindern: „Eine Zumutung ohnegleichen". In: *Kölner Stadtanzeiger* v. 9.2.1992;

Der Bundeskanzler der Bundesrepublik Deutschland/Presse- und Informationsamt der Bundesregierung: [Presseerklärung Nr. 275/92 v. 26.5.1992] zu dem Interview von Rolf Hochhuth vom 26. Mai 1992 im MANAGER MAGAZIN;

Ebert, Gerhard: Viele Fragen und noch mehr Getöse um eine Uraufführung. Kommt die Theaterästhetik unter die Räder der Marktwirtschaft? Und ist Rolf Hochhuth gar das Opfer? In: *ND* v. 10.2.1993;

[Interview mit Michael Gatermann, Peter Saalbach und Wolfgang Nagel]: Das Bekenntnis. Im mm-Interview: Die kalkulierten Provokationen eines professionellen Dramatikers. In: *manager magazin* (1992) 6, 289-296;

Herhoffer, Bernd: Wessis in Weimar: Hochhuth, Schiller und die Deutschen. In: *The New Germany. Literature and Society after Unification.* Edited by Osman Durrani, Colin Good, Kevin Hilliard. Sheffield: University of Sheffield Press, 1995, 109-127;

Höbel, Wolfgang: Treuhandland ist abgebrannt. Statt einer Ur- eine grandiose Berliner Unaufführung von Hochhuths „Wessis in Weimar". In: *SZ* v. 12.2.1993;

Jenny, Urs: „So läppisch wie rätselhaft". Rolf Hochhuths Wiedervereinigungs-Stück „Wessis in Weimar" sorgte im Mai 1992 für Schlagzeilen: durch die SPIEGEL-Veröffentlichung einer Szene, die den Mord an Treuhand-Chef Rohwedder abhandelt. Die Uraufführung in Berlin führte nun zu neuen Konfrontationen: zwischen Autor und Regisseur. In: *Der Spiegel* 47 (1993) 7 v. 15.2.1993, 220-222;

Kant, Hermann: Treuhand als moralische Anstalt. In: *ND* v. 12.6. 1992;

Kinzer, Stephen: For a German Gadfly, A New Play, a New Furor. In: *The New York Times* v. 2.3.1993;
Köster, Cornelia: Religionskrieg ohne Gnade. Eine grandiose Uraufführung. Rolf Hochhuths „Wessis in Weimar“ am Berliner Ensemble. In: *Wochenpost* v. 18.2.1993;
Krug, Hartmut: Alles klar. „Wessis in Weimar“: ein Trauerspiel. In: *Freitag* v. 19.2.1993;
„Goethe kommt doch auch nicht mit seinem Verleger an!“ Rolf Hochhuth und der Wirbel um „Wessis in Weimar“. In: Lahann, Birgit: *Geliebte Zone. Geschichten aus dem neuen Deutschland*. Fotos von Ute Mahler. Vorwort von Thomas Brussig. Stuttgart: Deutsche Verlags-Anstalt, 1997, 118-129;
Müller, Roland: Was dem Hochhuth nicht steht. Einar Schleef zerhackt in Berlin „Wessis in Weimar“. In: *Stuttgarter Zeitung* v. 12.2.1993; auch in: *Deutsche Literatur 1993. Jahresüberblick*. Hrsg. von Franz Josef Görtz, Volker Hage und Uwe Wittstock unter Mitarbeit von Katharina Frühe. Stuttgart: Reclam, 1994, 26-29;
Oesterreich, Volker: Ein Weihespiel der würdelosen Art. Spektakuläre Premiere: Das umstrittene Stück „Wessis in Weimar“ von Rolf Hochhuth wurde am Berliner Ensemble (ur-)aufgeführt. In: *Berliner Morgenpost* v. 12.2.1993;
Pees, Matthias: „Wessis“ in Hamburg – haltungslos und unsolide. Hochhuths „eigentliche Uraufführung“ – ein Flop. In: *BZ* v. 27./28.2. 1993;
Pfützner, Klaus: Szenische Lesung erhellte die politische Brisanz. Rolf Hochhuths „Wessis“ in Neustrelitz. In: *ND* v. 31.3.1993;
[Interview mit Claus Rehfeld]: „Nur wo ein Haben ist, ist auch ein Sagen“. Ein Gespräch mit dem Schriftsteller Rolf Hochhuth über sein Stück „Wessis in Weimar“ und die Reaktionen darauf. In: *Märkische Oderzeitung* v. 1.6.1992;
Rinke, Moritz: Szenen aus einem besetzten Text. In: *Basler Zeitung* v. 15.12.1994;
Rowohlt ... informiert: Pressemitteilung v. 26.5.1992: Das MANAGER MAGAZIN behauptet in der Anzeigenkampagne für seine Ausgabe vom 26. Mai 1992, Rolf Hochhuth ‚rechtfertige‘ in seinem neuen Stück „Wessis in Weimar“ den Mord am ehemaligen Treuhand-Chef Detlev Rohwedder;
Rühle, Günther: Krieg in Deutschland. Die Uraufführung am Berliner Ensemble: Hochhuth/Schleefs „Wessis in Weimar“. In: *Der Tagesspiegel* v. 12.2.1993;
Saalbach, Peter: Haltet den Dichter. Über den Dächern von Basel dramatisiert Rolf Hochhuth den Mord an Treuhand-Chef Detlev Rohwedder.

Der Gewaltakt ist die Schlüsselszene in seinem neuen Stück, das die „Ausplünderung“ des Ostens darstellt. mm geht mit dem Chefankläger der deutschen Literatur ins Gericht. In: *manager magazin* (1992) 6, 283-289;
[Interview mit Rolf Michaelis]: Hochhuth ist ein Feigling. Ein Interview mit dem Regisseur der Berliner Uraufführung, Einar Schleef. In: *Die Zeit* v. 19.2.1993;
Es geht ihm gar nicht um die Ossis. Treuhand-Sprecher Wolf Schöde über Rolf Hochhuths „Wessis in Weimar“. In: *Wochenpost* v. 25.2.1993;
Stadelmaier, Gerhard: Ein Volk, ein Reich, zwei Rührer. Das ideale Paar: Schleef und Hochhuth – „Wessis in Weimar“ kongenial uraufgeführt. In: *FAZ* v. 12.2.1993;
Stadelmaier, Gerhard: Nachschuß. Hochhuths Terror-Theater. In: *FAZ* v. 26.5.1992;
Wegner, Matthias: Das Zeitstück langweilt die Zeitgenossen. Deutsche Erregung ist deutsche Betulichkeit – Hochhuths „Wessis in Weimar“ endlich hochhuthtreu: in Hamburg. In: *FAZ* v. 27.2.1993;
Wehdeking, Volker: Epilog: Theater und Klamauk um die deutsche Einheit. Bühnenversuche von Rolf Hochhuth, Franz Xaver Kroetz, Christoph Hein, Botho Strauß und eine Fernsehserie von Jurek Becker. In: W., V.: *Die deutsche Einheit und die Schriftsteller. Literarische Verarbeitung der Wende seit 1989*. Stuttgart/Berlin/Köln: Kohlhammer, 1995; 147-166, 155-158;
Wiegenstein, Roland H.: Das Stück, der Stunk und die Trostlosigkeit. Berserker trifft Buchhalter: Einar Schleef inszeniert Rolf Hochhuths „Wessis in Weimar“. In: *FR* v. 12.2.1993;
Wille, Franz: Kriegstagebuch. Die Schlacht um Deutschland. Einar Schleefs „Wessis in Weimar“ am Berliner Ensemble. In: *Theater heute* 34 (1993) 3, 1f. (*Foyer*).]

24. Karge, Manfred: MauerStücke. Schauspielhaus Bochum [Bochum 1990] (*Programmbuch Nr. 52, Spielzeit 1990/91*).

25. Kroetz, Franz Xaver: Ich bin das Volk. Volkstümliche Szenen aus dem neuen Deutschland. Berlin: Berliner Ensemble, 1993 (*Berliner Ensemble, Drucksache 13/14*).
[Dazu: Schreiber, Ulrich: Zwischen Heintje und Heiner (Müller). Franz Xaver Kroetz, Großmeister des bayerlnden Küchenmief-Realismus, meldet sich mit „Ich bin das Volk“ zurück. In: *FR* v. 27.9.1994;
auch in: *Deutsche Literatur 1994. Jahresüberblick*. Hrsg. von Franz Josef Görtz, Volker Hage und Uwe Wittstock unter Mitarbeit von Katharina Frühe. Einleitung von Hubert Winkels. Stuttgart: Reclam, 1995, 80-83;

Wehdeking, Volker: Epilog: Theater und Klamauk um die deutsche Einheit. Bühnenversuche von Rolf Hochhuth, Franz Xaver Kroetz, Christoph Hein, Botho Strauß und eine Fernsehserie von Jurek Becker. In: W., V.: *Die deutsche Einheit und die Schriftsteller. Literarische Verarbeitung der Wende seit 1989*. Stuttgart/Berlin/Köln: Kohlhammer, 1995; 147-166, 152-155.]

26. Künzel, Tobias: Elixier. 1998 [Musical; keine Druckfassung].
[Dazu: [Anon.]: Bittersüßes aus Bitterfeld. Mit den „Prinzen" wurde Tobias Künzel zum Popstar. Nun präsentiert er in Leipzig ein Musical – eine East Side Story aus dem Chemie-Revier. In: *Der Spiegel* 52 (1998) 9 v. 23.2.1998, 220.]

27. Auf der Mauer auf der Lauer. Theaterstück für Menschen ab 12 von Reiner Lücker und Volker Ludwig. Hrsg. vom Grips-Theater. Berlin: [Grips-Theater], 1990.
[Dazu: [Schlußszene 2. Inszenierung.] Auf der Mauer auf der Lauer. Theaterstück für Menschen ab 12 von Reiner Lücker und Volker Ludwig. Grips-Theater, Berlin: [Grips-Theater], 1997 [Bühnenmanuskript].]
[Dazu: Auf der Mauer auf der Lauer. Theaterstück für Menschen ab 12 von Reiner Lücker und Volker Ludwig. Berlin: [Grips-Theater], 1997 [Programmheft].]

28. Martin, Christian: VOGTLÄNDISCHE TRILOGIE. TRAUMREISE. ein spiel. ABSEITS. ein volksstück. GOLAN. ein volksstück. Berlin: Henschel Schauspiel Theaterverlag, 1990 [Bühnenmanuskript].

29. Mensching, Steffen/Wenzel, Hans-Eckardt: Textbücher. [Aller]letztes aus der Da Da eR. Hundekomödie. Hrsg. von Andrea Doberenz. [Halle (S.)/Leipzig]: Mitteldeutscher Verlag, 1991.
[Film: Wenzel & Mensching: Letztes aus der DaDaeR. Ein Film von Jörg Foth. DEFA Studio Babelsberg, 1990. Berlin: Buschfunk, 1999 (*Buschfunk 06345*).]

30. Müller, Elfriede: Goldener Oktober. Ein Schauspiel. In: *Theater heute* 32 (1991) 5, 44-54;
auch in: M., E.: *Die Bergarbeiterinnen. Goldener Oktober. Zwei Stücke*. Frankfurt a.M.: Verlag der Autoren, 1992 (*Theaterbibliothek*), 81-160.

31. Müller, Harald (Hg.): DDR-Theater des Umbruchs. Werner Buhss, Klaus Rohleder, Georg Seidel, Gruppe Zinnober, Lothar Trolle, Jo Fabian, Bert Koß, Jörg Michael Koerbl. Frankfurt a.M.: Eichborn, 1990.

32. Müller, Heiner: Germania 3 Gespenster am toten Mann. Mit einem lexikalischen Anhang, zusammengestellt von Stephan Suschke. Köln: Kiepenheuer & Witsch, 1996;
auch in: M., H.: *Werke 5*. Hrsg. von Frank Hörnigk in Zusammenarbeit mit der Stiftung Archiv der Akademie der Künste, Berlin. Redaktionelle Mitarbeit: Klaus Gehre, Barbara Schönig und Marit Gienke. *Die Stücke 3*. Frankfurt a.M.: Suhrkamp, 2002, 253-297
[zwei unterschiedlich ausgestattete Parallelausgaben: gebunden/broschiert].
[Dazu: [(dpa)]: Brecht-Plagiat: Müllers „Germania" darf nicht mehr verbreitet werden. In: *LVZ* v. 28./29.3.1998;
Schödel, Helmut: Im Tal der Ahnungslosen. Leander Haußmann inszeniert in Bochum Heiner Müllers letztes Stück „Germania 3 – Gespenster am Toten Mann". In: *Die Zeit* v. 31.5.1996;
auch in: *Deutsche Literatur 1996. Jahresüberblick*. Hrsg. von Franz Josef Görtz, Volker Hage und Hubert Winkels in Zusammenarbeit mit Katharina Frühe. Stuttgart: Reclam, 1997, 73-77;
Wirsing, Sibylle: Finale in Deutschland. Heiner Müllers „Germania 3", die Uraufführung in Bochum unter der Regie von Leander Haußmann. In: *Wochenpost* v. 30.5.1996.]

33. Plenzdorf, Ulrich: Freiheitsberaubung. Ein Stück. Nach der gleichnamigen Erzählung von Günther [sic] de Bruyn. Frankfurt a.M.: Suhrkamp, 1990 [überarbeitete Fassung].

34. Ders.: Liebling, Prenzlauer Berg. 1. Berlin: Aufbau TB, 1997.

35. Ders.: Liebling, Prenzlauer Berg. [2]. Ein Anwalt kommt selten allein. Berlin: Aufbau TB, 1997.

36. Ders.: Liebling, Prenzlauer Berg. [3]. Ein Anwalt fährt Rikscha. Berlin: Aufbau TB, 1998.

37. Ders.: Eins und eins ist uneins. Revolte Reform Revue. Politrevue. Berlin: Eulenspiegel, 1999.

38. Pohl, Klaus: Karate-Billi kehrt zurück. In: P., K.: *Karate-Billi kehrt zurück. Die schöne Fremde. Zwei Stücke. Neufassung*. Frankfurt a.M.: Verlag der Autoren, 1993 (*Theaterbibliothek*).
[Dazu: Wegner, Matthias: Spiel mir das Lied von Billi Bieberkopf. Klaus Pohls neues Stück und seine Uraufführung am Deutschen Schauspielhaus in Hamburg. In: *FAZ* v. 18.5.1991;

Rhie, Won-Yang: Die Spiegelung der Wiedervereinigung in zwei neueren Theaterstücken. – B. Straußens *Schlußchor* und K. Pohls *Karate-Billi kehrt zurück*. In: Koreanische Gesellschaft für Germanistik in Zusammenarbeit mit dem Goethe-Insitut Seoul (Hg.): *Realismus, Expressionismus, Gegenwart. Stiltendenzen in der deutschen Literatur*. Das germanistische Kolloquium 1992. 28.10. bis 31.10.1992. Dokumentation der Tagungsbeiträge. Seoul 1993 (*KGG Dokumentationen, Band 1*), 234-253; Wille, Franz: Vorwärts in die Vergangenheit. Ein Ost-Stück kommt endlich im Osten an: Pohls „Karate-Billi" am Berliner Deutschen Theater. In: *FAZ* v. 22.4.1992.]

39. Ders.: Wartesaal Deutschland StimmenReich. Eine Studie über den Charakter der Deutschen. Gekürzte Fassung. In: *Theater heute* 36 (1995) 12, 44-55.
[Dazu: Merschmeier, Michael: Von deutscher Vereinigung. Klaus Pohls „Wartesaal Deutschland StimmenReich – Ein Heimatabend" am Deutschen Theater in Berlin, inszeniert vom Autor. In: *Theater heute* 36 (1995) 12, 40-43.]

40. Rathenow, Lutz: Autorenschlachten. Strichfassung. [Berlin 1993; unveröffentlichtes Bühnenmanuskript].

41. Schleef, Einar: Totentrompeten 1-4. *Totentrompeten. Drei Alte tanzen Tango. Deutsche Sprache schwere Sprache. Gute Reise auf Wiedersehen.* Stücke und Materialien. Frankfurt a.M.: Suhrkamp, 2002.
[Dazu: Ehlert, Matthias: Letzte Ausfahrt Sangerhausen. In Schwerin wurde der dritte Teil von Schleefs „Totentrompeten" uraufgeführt. In: *FAZ* v. 13.11.2000.]

42. Schneider, Peter/Trotta, Margarethe von; Mitarbeit: Felice Laudadido: Das Versprechen oder Der lange Atem der Liebe. Filmszenarium. Berlin: Volk & Welt, 1995.

43. Seidel, Georg: Villa Jugend. In: S., G.: *Villa Jugend. Das dramatische Werk in einem Band.* Hrsg. von Andreas Leusink mit einem Nachwort von Martin Linzer. Berlin/Frankfurt a.M.: Henschel Schauspiel Theaterverlag/Verlag der Autoren, 1992, 215-275.

44. Skowronek, Detlef G.: Bruch-Stück. Ein Theater-Skandal. In: *Schokoladenbruch. neustadt lese buch.* Hg.: C. David. 7. Auflage. Dresden: Verlag Die Scheune, 1999, 27-35.
[zuerst: Dresden: Verlag Die Scheune, 1996.]

45. Strahl, Rudi: Ein seltsamer Heiliger oder Ein irrer Duft von Bibernell. Lustspiel. Berlin: Eulenspiegel, 1995.

46. Strauß, Botho: Schlußchor. Drei Akte. München/Wien: Hanser, 1991. [Taschenbuchausgabe: München: dtv, 1996.]
[Dazu: Ders.: Schlußchor. Schaubühne am Lehniner Platz [Programmbuch, Spielzeit 1991/92; Berlin 1992].]
[Dazu: Dönhoff, Marion Gräfin: Ein Stück über die deutsche Einheit? Anmerkungen zu Botho Strauß' „Schlußchor". In: *Die Zeit* v. 21.6.1991;
Dazu: [Leserbriefe]: Gekonnt ist auch ungelernt. Anmerkungen zu Botho Strauß' „Schlußchor". In: *Die Zeit* v. 2.8.1991];
Henrichs, Benjamin: Deutschland vor! Noch ein Chor! Dieter Dorn inszeniert das neue Stück von Botho Strauß: „Schlußchor". In: *Die Zeit* v. 8.2.1991;
auch in: *Deutsche Literatur 1991. Jahresüberblick*. Hrsg. von Franz Josef Görtz, Volker Hage und Uwe Wittstock unter Mitarbeit von Katharina Frühe. Stuttgart: Reclam, 1992, 23-30;
Jansen, Hans: Unscharfe Gruppenbilder. ‚Schlußchor' von Botho Strauß unter Minks in Düsseldorf. In: *Westdeutsche Allgemeine Zeitung* v. 21.6.1991;
Kaiser, Joachim: Der schräge Blick des Botho Strauß. Zur „Schlußchor"-Uraufführung in den Münchner Kammerspielen. In: *SZ* v. 4.2.1991;
Krajenbrink, Marieke: „Da mach ich mir ein historisches Eselsohr". Tradition und Aktualität in Botho Strauß' *Schlußchor*. In: *Literatur und politische Aktualität*. Hrsg. von Elrud Ibsch und Ferdinand van Ingen unter Mitarbeit von Anthonya Visser. Amsterdam/Atlanta: Rodopi, 1993 (*Amsterdamer Beiträge zur neueren Germanistik, Band 36*), 193-211;
Rhie, Won-Yang: Die Spiegelung der Wiedervereinigung in zwei neueren Theaterstücken. – B. Straußens *Schlußchor* und K. Pohls *Karate-Billi kehrt zurück*. In: Koreanische Gesellschaft für Germanistik in Zusammenarbeit mit dem Goethe-Insitut Seoul (Hg.): *Realismus, Expressionismus, Gegenwart. Stiltendenzen in der deutschen Literatur*. Das germanistische Kolloquium 1992. 28.10. bis 31.10.1992. Dokumentation der Tagungsbeiträge. Seoul 1993 (*KGG Dokumentationen, Band 1*), 234-253;
Stadelmaier, Gerhard: Ode an die Meute. Komödie der Deutschen: „Schlußchor" von Botho Strauß in München uraufgeführt. In: *FAZ* v. 4.2.1991;
Strauß, Botho: Auge und Augenblick. In: *Die Zeit* v. 2.8.1991;
Wehdeking, Volker: Epilog: Theater und Klamauk um die deutsche Einheit. Bühnenversuche von Rolf Hochhuth, Franz Xaver Kroetz, Christoph Hein, Botho Strauß und eine Fernsehserie von Jurek Becker.

In: W., V.: *Die deutsche Einheit und die Schriftsteller. Literarische Verarbeitung der Wende seit 1989*. Stuttgart/Berlin/Köln: Kohlhammer, 1995; 147-166, 148-151.]

47. Ders.: Das Gleichgewicht. Stück in drei Akten. München/Wien: Hanser, 1993.
[Dazu: Sucher, C. Bernd: Mit ironischem Bucheckernblick. Luc Bondy rettet Botho Strauß' jüngstes Paare-Passanten-Stück „Das Gleichgewicht". In: *SZ* v. 28.7.1993;
auch in: *Deutsche Literatur 1993. Jahresüberblick*. Hrsg. von Franz Josef Görtz, Volker Hage und Uwe Wittstock unter Mitarbeit von Katharina Frühe. Stuttgart: Reclam, 1994, 65-71;
Gerhard Stadelmaier: Herzphantomschmerzen. „Das Gleichgewicht" von Botho Strauß in Luc Bondys Regie. In: *FAZ* v. 28.7.1993;
auch in: *Deutsche Literatur 1993. Jahresüberblick*. Hrsg. von Franz Josef Görtz, Volker Hage und Uwe Wittstock unter Mitarbeit von Katharina Frühe. Stuttgart: Reclam, 1994, 71-75.]

48. Trolle, Lothar: Hermes in der Stadt. Stücke. Hrsg. und mit einem Nachwort von Fritz Mierau. Mit sieben Zeichnungen von Horst Hussel. Berlin: Henschel Theater, 1991.

49. Der deutsche Zwilling. Ein Stück von Michael Wildenhain [unveröffentlichtes Auftragswerk für das Saarländische Staatstheater, Saarbrücken, 1999; Programmheft des Saarländischen Staatstheaters Nr. 142 (Spielzeit 1999/2000)].

1.5 Autobiografien/Erinnerungen/Erfahrungsberichte/ Tagebücher/Briefe

1. Anderson, Sascha: Sascha Anderson. Köln: DuMont, 2002.
[Dazu: Halter, Martin: Ausspionieren als „Halma-Spiel". Sascha Anderson, dereinst Leitwolf der Prenzlauer-Berg-Szene, hat seine Erinnerungen verfasst. In: *Saarbrücker Zeitung* v. 6.3.2002.]

2. Ardenne, Manfred von: Die Erinnerungen. München: Herbig, 1990.

3. Ders.: Erinnerungen, fortgeschrieben. Ein Forscherleben im Jahrhundert des Wandels der Wissenschaften und politischen Systeme. Düsseldorf: Droste, 1997.

4. Ash, Timothy Garton: Die Akte „Romeo". Persönliche Geschichte. Aus dem Englischen von Udo Rennert. München/Wien: Hanser, 1997. [Originalausgabe: The File. A Personal History. London: HarperCollinsPublishers, 1997.]
[Dazu: Plath, Jörg: Romeo in Ost-Berlin. Timothy Garton Ashs Gauck-Akte. In: *lektu:ren* (1997) 12, 22 (*Rezensionen*).]

5. Axen, Hermann: Ich war ein Diener der Partei. Autobiographische Gespräche mit Harald Neubert. Berlin: edition ost, 1996.

6. Bahr, Egon: Zu meiner Zeit. München: Blessing, 1996.

7. Becker, Johannes M.: Ein Land geht in den Westen. Die Abwicklung der DDR. Bonn: J.H.W. Dietz Nachf., 1991.

8. Bengsch, Gerhard: Heiratsschwindel. Offener Brief an Mademoiselle Carmen M. [Berlin]: Spotless, 2001 (*Spotless-Reihe Nr. 125*).

9. Bergmann-Pohl, Sabine: Abschied ohne Tränen. Rückblick auf das Jahr der Einheit. Aufgezeichnet von Dietrich von Thadden. Berlin/Frankfurt a.M.: Ullstein, 1991.

10. Beyer, Frank: Wenn der Wind sich dreht. Meine Filme, mein Leben. München: Econ, 2001.
[Dazu: Hoffmeister, Stefanie: Drehort in einem gespaltenen Land. Die Biografie eines deutschen Filmemachers – Frank Beyer. In: *Das Parlament* v. 8-15.6.2001.]

11. Boeger, Wilhelm: Der Leihbeamte. Berichte aus Bonn, Schwerin und anderen Kleinstädten. Halle (S.): Mitteldeutscher Verlag, 1998.
[Dazu: Fries, Fritz Rudolf: Realsatire, aufgepaßt. Wilhelm Boeger: ein Bonner „Leihbeamter" auf Dienstfahrt. In: *ND* v. 26.-29.3.1998 (*Beilage zur Leipziger Buchmesse 1998*).]

12. Ders.: Der Leihbeamte kehrt zurück. Neue Berichte aus Deutsch-Deutschland. Halle (S.): Mitteldeutscher Verlag, 1999.

13. Bofinger, Manfred: Der krumme Löffel. Miniaturen einer Kindheit. Berlin: Aufbau, 1998.
[Dazu: Medicus, Thomas: Sanellabilder, hübsch gerahmt. Maikäfer, flieg: Manfred Bofingers Berliner Kindheit um 1949. In: *FAZ* v. 13.3.1999.]

14. Brüning, Elfriede: Und außerdem war es mein Leben. Aufzeichnungen einer Schriftstellerin. Berlin: Elefanten Press, 1994.
[Taschenbuchausgabe: Und außerdem war es mein Leben. Bekenntnisse einer Zeitzeugin. München: dtv, 1998/2. Auflage 2001.]

15. Dies.: Jeder lebt für sich allein. Nachwende-Notizen. Berlin: Karl Dietz, 1999 (*edition reiher*).

16. Bruyn, Günter de: Zwischenbilanz. Eine Jugend in Berlin. Frankfurt a.M.: S. Fischer, 1992.
[Lizenzausgabe: Frankfurt a.M./Wien: Büchergilde Gutenberg, 1992.]
[Taschenbuchausgabe: Frankfurt a.M.: Fischer TB, 1994.]
[Hörbuch: Von und mit Günter de Bruyn. Berlin: DAV, 2001; 6 CDs]
[Dazu: Harig, Ludwig: Ein Erzähler übt, die Wahrheit zu sagen. Günter de Bruyns autobiographisches Werk „Zwischenbilanz" lädt zum Gespräch über Literatur ein. In: *SZ* v. 7.3.1992;
auch in: *Deutsche Literatur 1992. Jahresüberblick*. Hrsg. von Franz Josef Görtz, Volker Hage und Uwe Wittstock unter Mitarbeit von Katharina Frühe. Stuttgart: Reclam, 1993, 137-144;
Isenschmidt, Andreas: Bekenntnisse eines Unpolitischen. Günter de Bruyns Leben in den Dikaturen. In: *Die Zeit* v. 27.3.1992;
Kurz, Paul Konrad: Nicht angepaßt noch Utopist. Günter de Bruyns autobiographischer Bericht „Zwischenbilanz". In: *Orientierung* (1992) 56, 232-234.
Reich-Ranicki, Marcel: Deutsche Mittellage. Günter de Bruyns Zwischenbilanz. In: *FAZ* v. 18.4.1992.]

17. Ders.: Das erzählte Ich. Über Wahrheit und Dichtung in der Autobiographie. Frankfurt a.M.: S. Fischer, 1995 (*Fischer Bibliothek*).
[Dazu: Seibt, Gustav: Verborgenes liegt frei herum. Erinnerung, sprich: Günter de Bruyn über die Wahrheit der Autobiographie. In: *FAZ* v. 25.3.1995 (*Beilage*).]

18. Ders.: Vierzig Jahre. Ein Lebensbericht. Frankfurt a.M.: S. Fischer, 1996.
[Taschenbuchausgaben: Frankfurt a.M.: Fischer TB, 1998 sowie 2002 (*Limitierte Jubiläumsedition*).]
[Dazu: Hinck, Walter: Zaudern im Hinterhaus. Günter de Bruyns Lebensbericht „Vierzig Jahre". In: *FAZ* v. 23.11.1996;
Ludorowska, Halina: Tabu: Anpassung. Zu Günter de Bruyns Autobiographie *Vierzig Jahre*. In: Eggert, Hartmut/Golec, Janusz (Hgg.): *Tabu und Tabubruch. Literarische und sprachliche Strategien im 20.*

Jahrhundert. Ein deutsch-polnisches Symposium. Stuttgart/Weimar: Metzler, 2002, 213-226;
Michaelis, Rolf: Einer mit Wenn und Aber. Der zweite Band von Günter de Bruyns Lebensbericht: „Vierzig Jahre". In: *Die Zeit* v. 1.11.1996;
Reich-Ranicki, Marcel/Löffler, Sigrid/Karasek, Hellmuth: [Literarisches Quartett am 16.8.1996. Gast: Ruth Klüger]. In: R.-R., M./L., S./K., H.: *... und alle Fragen offen. Das Beste aus dem Literarischen Quartett.* Hrsg. von Stephan Reichenberger unter Mitarbeit von Alex Rühle. Mit einem Vorwort von Johannes Willms. München: Heyne, 2000, 500-510;
Wiedemann, Charlotte: Anpassen, widerstehen. Im zweiten Band seiner Autobiographie beschreibt der Schriftsteller Günter de Bruyn sein Leben in der DDR: eine subtile Selbstbefragung. In: *Die Woche* v. 30.8.1996;
auch in: *Deutsche Literatur 1996. Jahresüberblick.* Hrsg. von Franz Josef Görtz, Volker Hage und Hubert Winkels in Zusammenarbeit mit Katharina Frühe. Stuttgart: Reclam, 1997, 142-145.]

19. Buckler, Alois: Grenzgänger. Erlebnisse aus den Jahren 1947-1961 an der innerdeutschen Grenze. Leipzig: Thomas Verlag, 1991.

20. Cibulka, Hanns: Am Brückenwehr. Zwischen Kindheit und Wende. Leipzig: Reclam, 1994.

21. Ders.: Tagebuch einer späten Liebe. Leipzig: Reclam, 1998.
[Dazu: Lindner, Reinhold: Wie überall. Nur anders. Hanns Cibulkas neue Tagebucherzählung von einer späten Liebe. In: *Freie Presse* v. 20.3.1998.]

22. Damm, Sigrid: Diese Einsamkeit ohne Überfluß. Frankfurt a.M./Leipzig: Insel, 1995.
[Taschenbuchausgabe: Frankfurt a.M.: Suhrkamp, 2000.]

23. Darnton, Robert: Der letzte Tanz auf der Mauer. Berliner Journal 1989-1990. Aus dem Amerikanischen von Hans Günter Holl. München/Wien: Hanser, 1991.
[Originalausgabe: Berlin Journal 1989-1990. New York: W. W. Norton, 1991.]

24. Unsere Haut. Tagebücher von Frauen aus dem Herbst 1990. Hrsg. von Irene Dölling, Adelheid Kuhlmey-Oehlert, Gabriela Seibt. Berlin: Dietz Verlag Berlin, 1992.

25. Domröse, Angelica: Ich fang mich selbst ein. Mein Leben. Aufgeschrieben von Kerstin Decker. Bergisch Gladbach: Lübbe, 2003.

26. Eckart, Gabriele: Der gute fremde Blick. Eine (Ost)deutsche entdeckt Amerika. Köln: Kiepenheuer & Witsch, 1992.

27. Endlich, Luise: NeuLand. Ganz einfache Geschichten. Berlin: Transit, 1999.
[Taschenbuchausgabe: Frankfurt a.M.: Fischer TB, 2001.]
[Dazu: Baumann, Antje: OstWind aus NeuLand. Zur Debatte um doch nicht ganz einfache Geschichten. In: *Mit gespaltener Zunge? Die deutsche Sprache nach dem Fall der Mauer*. Hrsg. von Ruth Reiher und Antje Baumann. Berlin: Aufbau TB, 2000, 194-221;
Broder, Henryk M.: Aufruhr unter Bummelanten. Im deutsch-deutschen Binnenverhältnis wird der Umgangston rauer: Es wächst auseinander, was nicht zusammengehört. Eine Hausfrau, ein Soziologe und ein linkes Autorenteam üben sich im verbalen „Ossi-Bashing“ – und bringen die Seele der Ostdeutschen in Wallung. In: *Der Spiegel* 53 (1999) 40 v. 4.10.1999, 158-162;
General, Regina: Halten Sie durch! Moaschendrohtzaoun auf Reportageformat. Luise Endlichs Bände „Neuland“ und „Ostwind“. In: *Freitag* v. 24.3.2000 (*Literatur Extra*);
Kummer, Jochen: Einfache Geschichten aus dem Osten. Die Wuppertalerin Gabriela Mendling schrieb ein Buch über ihr neues Leben in Frankfurt/Oder. Das Buch ist ein Bestseller – die Autorin wird mit Hass verfolgt. In: *Welt am Sonntag* v. 29.8.1999;
Springer, Kai: Ossis: Lasagne mit den Fingern. In: S., K.: *Wanderungen durch Neufünfland*. [Berlin]: Spotless, 1999 (*Spotless-Reihe Nr. 111*), 3-9.]

28. Dies.: OstWind. Nicht ganz einfache Geschichten. Berlin: Transit, 2000.
[Dazu: Baumann, Antje: OstWind aus NeuLand. Zur Debatte um doch nicht ganz einfache Geschichten. In: *Mit gespaltener Zunge? Die deutsche Sprache nach dem Fall der Mauer*. Hrsg. von Ruth Reiher und Antje Baumann. Berlin: Aufbau TB, 2000, 194-221;
General, Regina: Halten Sie durch! Moaschendrohtzaoun auf Reportageformat. Luise Endlichs Bände „Neuland“ und „Ostwind“. In: *Freitag* v. 24.3.2000 (*Literatur Extra*).]

29. Eppelmann, Rainer: Wendewege. Briefe an die Familie. Hrsg. von Dietmar Herbst. Bonn/Berlin: Bouvier, 1992.

30. Ders.: Fremd im eigenen Haus. Mein Leben im anderen Deutschland. Köln: Kiepenheuer & Witsch, 1993.

31. Fischer, Therese: Mit dem Trabi in den Westen. Geschichte eines schweren Neubeginns. Berlin: Frieling, 1999 (*Frieling-Erfahrungen*).

32. Fricke, Hans: Davor – Dabei – Danach. Ein ehemaliger Kommandeur der Grenztruppen der DDR berichtet. Köln: GNN, [o.J.].

33. Fries, Fritz Rudolf: Diogenes auf der Parkbank. Erinnerungen. Berlin: Das Neue Berlin, 2002.

34. Gast, Gabriele: Kundschafterin des Friedens. 17 Jahre Topspionin der DDR beim BND. Frankfurt a.M.: Eichborn, 1999.
[Taschenbuchausgabe: Berlin: Aufbau TB, 2000.]

35. Gerlach, Manfred: Mitverantwortlich. Als Liberaler im SED-Staat. Berlin: Morgenbuch Verlag, 1991.

36. Geschonneck, Erwin: Meine unruhigen Jahre. Hrsg. von Günter Agde. 3., erweiterte Auflage. Berlin: Aufbau TB, 1996.
[zuerst: Berlin (DDR): Dietz, 1984.]

37. Göpfert, Mario: Blätter aus dem Dresdner Herbst 89. Ein Stundentagebuch. In: *Die sanfte Revolution. Prosa, Lyrik, Protokolle, Erlebnisberichte, Reden.* Hrsg. von Stefan Heym und Werner Heiduczek. Mitarbeit: Ingrid Czechowski. Leipzig/Weimar: Gustav Kiepenheuer, 1990, 200-214.

38. Gundlach, Traute: Grenzspuren. Tagebuch einer deutsch-deutschen Teilung. Berlin: Frieling, 1991.

39. Gysi, Gregor: Das war's. Noch lange nicht! Düsseldorf: Econ, 1995.
[Taschenbuchausgabe: Düsseldorf: Econ TB, 1997;
aktualisierte Neuausgabe: München: Econ Ullstein List, 2001 (*Econ TB*).]

40. Ders.: Ein Blick zurück, ein Schritt nach vorn. Hamburg: Hoffmann und Campe, 2001.
[Taschenbuchausgabe: Reinbek: Rowohlt TB, 2002 (*rororo Sachbuch*).]

41. Hagen, Eva-Maria: Eva und der Wolf. Düsseldorf/München: Econ, 1998.
[Dazu/Auszüge: Völlig verliebt im „Stunkhaufen". Der Defa-Star [sic] und der verbotene Dichter bereiteten den DDR-Oberen Kopfzerbrechen. Doch die Liebe war stark. Briefe zwischen Eva-Maria Hagen und Wolf Biermann. In: *LVZ* v. 21./22.3.1998.]

42. Halbauer, Eberhard: Der Wossi. Die neue deutsche Spezies hautnah erlebt. Berlin: Frieling, 1997 (*Frieling-Erfahrungen*).

43. Hannover, Heinrich: Die Republik vor Gericht 1975-1995. Erinnerungen eines unbequemen Rechtsanwalts. Berlin: Aufbau, 1999.
[Taschenbuchausgabe: Berlin: Aufbau TB, 2001.]
[Dazu: Gust, Wolfgang: Im Zweifel gegen den Angeklagten. Heinrich Hannovers „Erinnerungen eines unbequemen Rechtsanwalts". In: *Neue Promenade* (1999/2000) 7, 19;
Wesel, Uwe: Hauch von Volksgerichtshof. Der zweite Band der Erinnerungen von Heinrich Hannover. In: *Die Zeit* v. 14.10.1999.]

44. Hannsmann, Margarete: Tagebuch meines Alterns. München: Albrecht Knaus, 1991.
[Dazu: Liersch, Werner: Einsamkeit – vorweggenommener Tod. In: *ndl* 39 (1991) 8, 129-131.]

45. Hasemann, Erich: Soldat der DDR. Erinnerungen aus über dreißigjähriger Dienstzeit in den bewaffneten Organen der DDR. Berlin: verlag am park, 1997.

46. Heiduczek, Werner: Im gewöhnlichen Stalinismus. Meine unerlaubten Texte. Tagebücher – Briefe – Essays. Leipzig/Weimar: Gustav Kiepenheuer, 1991.

47. Hein, Christoph: Brief an Sara, New York. In: H., C.: *Die fünfte Grundrechenart. Aufsätze und Reden 1987-1990*. Frankfurt a.M.: Luchterhand, 1990, 197-209;
unter dem Titel *Ein Brief an Sara, New York* auch in: H., C.: *Als Kind habe ich Stalin gesehen. Essais und Reden*. Berlin/Weimar: Aufbau, 1990/1992, 184-198
[zuerst unter dem Titel *East Berlin Diary* in: *The New York Times Magazine* v. 17.12.1989].

48. Hein, Klaus: Aufgerichteter Engel. Allegorische Vergleiche. Peenemünde: Axel-Dietrich-Verlag, 2001.

49. Honecker, Erich: Moabiter Notizen. Letztes schriftliches Zeugnis und Gesprächsprotokolle vom BRD-Besuch 1987 aus dem persönlichen Besitz Erich Honeckers. Berlin: edition ost, 1994.

50. Teurer Genosse! Briefe an Erich Honecker. Hrsg. von Monika Deutz-Schroeder und Jochen Staadt. Berlin: Transit, 1994.

51. „Erich, wir brauchen Dich!" Briefe nach Moabit. Köln: PapyRossa, 1996.
[Dazu: Wedel, Mathias: „Vergeben Sie mir ...". Briefe an Erich. In: *ND* v. 2.-7.10.1996 (*Beilage zur Frankfurter Buchmesse 1996*).]

52. Herrmann, Frank-Joachim: Der Sekretär des Generalsekretärs. Honeckers persönlicher Mitarbeiter über seinen Chef. Ein Gespräch mit Brigitte Zimmermann und Reiner Oschmann. Berlin: edition ost, 1996 (*Rote Reihe*).

53. Corvalán, Luis: Gespräche mit Margot Honecker über das andere Deutschland. Berlin: Das Neue Berlin, 2001.
[Dazu: Stephan, Gerd-Rüdiger: Erich Honecker: Despot – Dogmatiker – Dilettant? Publizistische Unternehmungen vor dem 90. Geburtstag. In: *Deutschland Archiv* 35 (2002) 4, 669-674.]

54. Jacobeit, Wolfgang: Von West nach Ost – und zurück. Autobiographisches eines Grenzgängers zwischen Tradition und Novation. Münster: Westfälisches Dampfboot, 2000.
[Dazu: Ullrich, Volker: Ein Grenzgänger. Der DDR-Kulturhistoriker Wolfgang Jacobeit erinnert sich. In: *Die Zeit* v. 23.5.2001.]

55. Jahnke, Karl Heinz: Zu Hause in der DDR. Biographische Notizen. Bonn: Pahl-Rugenstein, 1999.
[Dazu: Prokop, Siegfried: Ernst genommen. DDR-Biografien. In: *ND* v. 13.-19.10.1999 (*Beilage zur Frankfurter Buchmesse 1999*).]

56. Janka, Walter: Schwierigkeiten mit der Wahrheit. Reinbek: Rowohlt TB, 1990;
vom Autor neu durchgesehener Text: Berlin (DDR)/Weimar: Aufbau, 1990 (*Texte zur Zeit*).
[Dazu: Kunert, Günter: Unter der bleiernen Decke. Verbrecher sitzen über ihre Opfer zu Gericht – Walter Jankas Erinnerungen. In: *Die sanfte Revolution. Prosa, Lyrik, Protokolle, Erlebnisberichte, Reden.* Hrsg. von Stefan Heym und Werner Heiduczek. Mitarbeit: Ingrid Czechowski. Leipzig/Weimar: Gustav Kiepenheuer, 1990, 32-36.]

57. Ders.: Spuren eines Lebens. Berlin: Rowohlt Berlin, 1991.

58. Ders.: ... bis zur Verhaftung. Erinnerungen eines deutschen Verlegers. Berlin/Weimar: Aufbau, 1993.

59. Ders.: Die Unterwerfung. Eine Kriminalgeschichte aus der Nachkriegszeit. Mit einem Vorwort von Günter Kunert. Hrsg. von Günter Netzeband. München/Wien: Hanser, 1994.

60. Nach langem SCHWEIGEN endlich SPRECHEN. Briefe an Walter Janka. Hrsg. von Alfred Eichhorn und Andreas Reinhardt. Berlin (DDR)/Weimar: Aufbau, 1990 (*Texte zur Zeit*).

61. Jogschies, Rainer: Ist das noch mein Land? Ein deutsches Tagebuch. Hamburg: Rasch und Röhring, 1994.

62. Just, Gustav: Zeuge in eigener Sache. Die fünfziger Jahre. Mit einem Geleitwort von Christoph Hein. Berlin (DDR): Buchverlag Der Morgen, 1990;
auch: Frankfurt a.M.: Luchterhand, 1990.
[Dazu: General, Regina: Die Durchsteller. „Zeuge in eigener Sache“: Die Erinnerungen Gustav Justs. In: *Die Zeit* v. 9.3.1990.]

63. Kallabis, Heinz: Ade, DDR! Tagebuchblätter 7. Oktober 1989 bis 8. Mai 1990. Berlin (DDR): Treptower Verlagshaus, 1990.

64. Kant, Hermann: Abspann. Erinnerung an meine Gegenwart. Berlin/Weimar: Aufbau, 1991.
[Taschenbuchausgabe: Berlin: Aufbau TB, 1994; erneut 2003.]
[Dazu: [Anon.]: Laotse geht von Bord. Er müsse nun hinnehmen, als „Übel von gestern“ und als „Schurke im Stück“ zu gelten: Hermann Kant, ehemals Präsident des DDR-Schriftstellerverbandes, hat, unter dem hintergründigen Titel „Abspann“, seine Memoiren geschrieben; sie schildern den Umstrittenen als „getreuen Paladin“, der „bei Gefahr ins Horn stieß“. In: *Der Spiegel* 45 (1991) 38 v. 16.9.1991, 240-244;
Bruyn, Günter de: Scharfmaul und Prahlhans. Der „Abspann“ des Hermann Kant: der ehemalige Präsident des DDR-Schriftstellerverbandes hat seine Erinnerungen geschrieben. In: *Die Zeit* v. 19.9.1991;
auch in: *Deutsche Literatur 1991. Jahresüberblick*. Hrsg. von Franz Josef Görtz, Volker Hage und Uwe Wittstock unter Mitarbeit von Katharina Frühe. Stuttgart: Reclam, 1992, 193-200;
Fries, Fritz Rudolf: Von der Einsamkeit des Langstreckenläufers. Hermann Kants Autobiografie. In: *ndl* 39 (1991) 11, 131-137;

Fettaugen auf der Brühe. Die Schriftstellerin Monika Maron über ehemalige DDR-Größen und ihre Auftritte in den Medien. In: *Der Spiegel* 45 (1991) 38 v. 16.9.1991, 244-246;
auch in: M., M.: *Nach Maßgabe meiner Begreifungskraft. Artikel und Essays*. Frankfurt a.M.: S. Fischer, 1993, 99-102;
Reich-Ranicki, Marcel/Löffler, Sigrid/Karasek, Hellmuth: [Literarisches Quartett am 10.10.1991. Gast: Peter von Matt]. In: R.-R., M./L., S./K., H.: *… und alle Fragen offen. Das Beste aus dem Literarischen Quartett.* Hrsg. von Stephan Reichenberger unter Mitarbeit von Alex Rühle. Mit einem Vorwort von Johannes Willms. München: Heyne, 2000, 176.]

65. Keller, Dietmar. Minister auf Abruf. Möglichkeiten und Grenzen von 121 Tagen im Amt. Berlin: dietz berlin, 1990.

66. Kempowski, Walter: In Rostock. Aus der Reihe „Ganz persönlich“. Beschreibungen in Zusammenarbeit mit dem ZDF. Mit 40 Fotos von Erhard Pansegrau und einer Karte. Freiburg i.B.: Eulen Verlag, 1990.

67. Ders.: Alkor. Tagebuch 1989. München: Knaus, 2001.
[Dazu: Drews, Jörg: Nartumer Melange. Walter Kempowskis Tagebuch von 1989 vermeidet die große Geste. In: *ndl* 50 (2002) 1, 167-170.]

68. Kirsch, Sarah: Spreu. Göttingen: Steidl, 1991.
[Taschenbuchausgabe: Göttingen: Steidl, 1996.]

69. Klein, Fritz: Drinnen und Draußen. Ein Historiker in der DDR. Erinnerungen. Durchgesehene Ausgabe. Frankfurt a.M.: Fischer TB, 2001.
[zuerst: Frankfurt a.M.: S. Fischer, 2000.]
[Dazu: Schwenger, Hannes: Vorher und nachher. Fritz Kleins Erinnerungen. In: *europäische ideen* (2000) 118 (*Akten, Fakten, Politiker, Spione oder: Die Feigheit des Westens*), 28f.]

70. Königsdorf, Helga: Landschaft in wechselndem Licht. Erinnerungen. Berlin: Aufbau, 2002.
[Dazu: Grub, Frank Thomas: [Vitrine]. In: Livres/Bücher. Un supplément du *Tageblatt* 8 (2003) 2 v. 21.2.2003.]

71. Krenz, Egon: Herbst '89. Berlin: Neues Leben, 1999.
[Dazu: Becker, Holger: Als ein Zauberlehrling am Rad der Weltgeschichte drehte. Bemerkungen zum Ende der DDR anhand zweier Neuerscheinungen des Herbstes 1999. In: *junge Welt* v. 6.10.1999 (*Sonderbeilage DDR 50*).]

72. Ders.: Briefe und Zeugnisse. Berlin: Neues Leben, 2000.

73. Krug, Manfred: Abgehauen. Ein Mitschnitt und Ein Tagebuch. Düsseldorf/München: Econ, 1996.
[Taschenbuchausgabe: Düsseldorf/München: Econ TB, 1998.]
[Dazu: Beyer, Frank: 29. Hiergeblieben, nicht *Abgehauen*. In: B., F.: *Wenn der Wind sich dreht. Meine Filme, mein Leben*. München: Econ, 2001, 372-374;
Festenberg, Nikolaus von: Ein Abschied gestern. Verlogene Stasi-Spitzel, verstörte Künstler, verschlagene DDR-Bonzen – Regisseur Frank Beyer verfilmte Manfred Krugs Tagebuch „Abgehauen". In: *Der Spiegel* 52 (1998) 23 v. 1.6.1998, 234;
Lücke, Detlev: Reden wir in Hemdsärmeln. Manfred Krugs Tagebuch über seine Ausreise. In: *Freitag* v. 26.4.1996.]

74. Kuczynski, Jürgen: Schwierige Jahre – mit einem besseren Ende? Tagebuchblätter 1987 bis 1989. Berlin: Tacheles-Verlag, 1990.

75. Ders.: Kurze Bilanz eines langen Lebens. Berlin: Elefanten Press, 1991.

76. Ders.: „Ein linientreuer Dissident". Memoiren 1945-1989. Berlin/Weimar: Aufbau, 1992.
[Taschenbuchausgabe: Berlin: Aufbau TB, 1994.]

77. Ders.: Ein hoffnungsloser Fall von Optimismus? Memoiren 1989-1994. Berlin: Aufbau, 1994.

78. Ders.: Ein treuer Rebell. Memoiren 1994-1997. Berlin: Aufbau, 1998.
[Dazu: Roesler, Jörg: Treu sich selbst. In: *ND* v. 26.-29.3.1998 (*Beilage zur Leipziger Buchmesse 1998*).]

79. Kuczynski, Rita: Mauerblume. Ein Leben auf der Grenze. München: Claassen, 1999.

80. Kunert, Günter: Erwachsenenspiele. Erinnerungen. München/Wien: Hanser, 1997.
[„Ausschnitt aus dem Anfang" auch auf Hörbuch: G.K.: *Fremd daheim. Gedichte und Prosa*. Gelesen von Günter Kunert. München: DerHör-Verlag, 1999; 1 CD.]
[Dazu: Hieber, Jochen: Anthrazit und Eierschale. „Erwachsenenspiele": Günter Kunert hat seine Erinnerungen geschrieben. In: *FAZ* v. 18.10.1997;

Speicher, Stephan: Deutscher Dichter mit ungerührtem Blick. Günter Kunert erinnert sich an sein Leben: „Erwachsenenspiele". In: *BZ* v. 14.10.1997;
auch in: *Deutsche Literatur 1997. Jahresüberblick*. Hrsg. von Volker Hage, Rainer Moritz und Hubert Winkels. Stuttgart: Reclam, 1998, 159-164.]

81. Kunkel, Gottfried: Kreuz des Ostens. Eine Romanbiographie. Gerterode: [Selbstverlag], 2000.

82. Kunz, Gregor: Tagebuch. In: *Oktober 1989. Wider den Schlaf der Vernunft*. Berlin (DDR): Neues Leben, 1990/Berlin: Elefanten Press, 1989 (*Temperamente 1*), 87-89.

83. Kunze, Reiner: Am Sonnenhang. Tagebuch eines Jahres. Frankfurt a.M.: S. Fischer, 1993.
[Taschenbuchausgabe: Frankfurt a.M.: Fischer TB, 1995.]
[Dazu: Wüstefeld, Michael: Die DDR als Schattenfleck am Sonnenhang. In: *ndl* 41 (1993) 11, 147-150.]

84. Kusche, Lothar: Aus dem Leben eines Scheintoten. Zerstreute Erinnerungen. Berlin: Eulenspiegel, 1997.
[Dazu: Biskupek, Matthias: Lexikon der Kunst-Prominenz. Lother Kusche sammelte „Zerstreute Erinnerungen". In: *ND* v. 20.-23.3.1997 (*Beilage zur Leipziger Buchmesse 1997*).

85. Marcuse, Peter: A German Way of Revolution. DDR-Tagebuch eines Amerikaners. Berlin: dietz berlin, 1990.

86. May, Gisela: Es wechseln die Zeiten. Erinnerungen. Leipzig: Militzke, 2002.

87. Mittag, Günter: Um jeden Preis. Im Spannungsfeld zweier Systeme. Berlin/Weimar: Aufbau, 1991.

88. Modrow, Hans: Aufbruch und Ende. Hamburg: Konkret Literatur Verlag, 1991.

89. Ders.: Ich wollte ein neues Deutschland. Mit Hans-Dieter Schütt. Berlin: Dietz Verlag Berlin, 1998.

90. Ders.: Von Schwerin bis Strasbourg. Erinnerungen an ein halbes Jahrhundert Parlamentsarbeit. Berlin: edition ost im Verlag Das Neue Berlin, 2001.

91. Unser Zeichen war die Sonne. Gelebtes und Erlebtes. Hrsg. von Hans Modrow. Berlin: Neues Leben, 1996.

92. Müller, Heiner: Krieg ohne Schlacht. Leben in zwei Diktaturen. Eine Autobiographie. Erweiterte Neuausgabe mit einem Dossier von Dokumenten des Ministeriums für Staatssicherheit der ehemaligen DDR. Köln: Kiepenheuer & Witsch, 1994.
[zuerst: Köln: Kiepenheuer & Witsch, 1992.]
[Dazu: Allen, Pam: [o.T.]. In: *GDR Bulletin* 19 (1993) 2, 19f.;
Edelmann, Gregor: Gift der Rache tropft aus dem Buch. In: *BZ* v. 31.7.1992;
Kurz, Paul Konrad: „Krieg ohne Schlacht". Heiner Müllers autobiographische Bekenntnisse. In: *Orientierung* (1993) 57, 107f.;
Matt, Beatrice von: Rohstoff. Heiner Müllers Autobiographie. In: *NZZ* v. 18.9.1992;
auch in: *Deutsche Literatur 1992. Jahresüberblick*. Hrsg. von Franz Josef Görtz, Volker Hage und Uwe Wittstock unter Mitarbeit von Katharina Frühe. Stuttgart: Reclam, 1993, 213-218;
Raddatz, Fritz J.: Ich ist ein anderer. Heiner Müller hat ein Buch gesprochen – voll von ärgerlicher Geschwätzigkeit und anrührenden Werkstattberichten: „Krieg ohne Schlacht". In: *Die Zeit* v. 3.7.1992;
auch in: *Deutsche Literatur 1992. Jahresüberblick*. Hrsg. von Franz Josef Görtz, Volker Hage und Uwe Wittstock unter Mitarbeit von Katharina Frühe. Stuttgart: Reclam, 1993, 218-225;
Reich-Ranicki, Marcel/Löffler, Sigrid/Karasek, Hellmuth: [Literarisches Quartett am 13.8.1992. Gast: Wendelin Schmidt-Dengler]. In: R.-R., M./L., S./K., H.: *... und alle Fragen offen. Das Beste aus dem Literarischen Quartett*. Hrsg. von Stephan Reichenberger unter Mitarbeit von Alex Rühle. Mit einem Vorwort von Johannes Willms. München: Heyne, 2000, 221-223;
Schirrmacher, Frank: Kommunismus als Rollenspiel. Geschwätzig, unentbehrlich: Heiner Müller erzählt aus seinem Leben. In: *FAZ* v. 11.7.1992.]

93. Mueller-Stahl, Armin: Unterwegs nach Hause. Erinnerungen. Düsseldorf: Marion von Schröder, 1997.

94. Mundstock, Karl: Brief nach Bayern./Schwedler, Horst: ABC der Heuchelei. Zwei zu einer Sache. [Berlin]: Spotless, 1999 (*Spotless-Reihe Nr. 110*).

95. Nakath, Detlef (Hg.): Deutschlandpolitiker der DDR erinnern sich. Berlin: FIDES Verlags- und Veranstaltungsgesellschaft, 1995 (*Spurensicherung*).

96. WENDE-TAGE-BUCH. Ein Tagebuch von der Wende bis zur Einheit. Mit Fotos und Texten von Martin Naumann. Leipzig: Militzke Verlag, 1998.

97. Panitz, Eberhard/Huhn, Klaus: Himmlischer Briefwechsel über ein versunkenes Land. [Berlin]: Spotless, 1999 (*Spotless-Reihe Nr. 109*).

98. Pirskawetz, Lia: Aus meinem Tagebuch. In: Knabe, Hubertus (Hg.): *Aufbruch in eine andere DDR. Reformer und Oppositionelle zur Zukunft ihres Landes*. Reinbek: Rowohlt TB, 1989 (*rororo aktuell*), 118-125.

99. Pleschinski, Hans: Ostsucht. Eine Jugend im deutsch-deutschen Grenzland. München: Beck, 1993.
[Taschenbuchausgabe: München: dtv, 2003.]
[Dazu: Steinert, Hajo: Addi, Petra, Ursel und die Ostsucht. Im deutsch-deutschen Grenzland: Hans Pleschinski und Thomas Rosenlöcher. In: *Die Zeit* v. 4.6.1993 (*Literatur*).]

100. Preuß, Renate: Aus dem Tagebuch einer Krankenhausbibliothekarin II (6. bis 14. Februar 1990). In: *WendeBlätter – werkstatt* 1. Sebnitz 1991, 32f.

101. Rathenow, Lutz: Und ewig währt die DDR. Der Versuch eines Tagebuches. In: *Die DDR wird 50. Texte und Fotografien*. Hrsg. von Volker Handloik und Harald Hauswald. Berlin: Aufbau, 1998, 67-79.

102. Rehmann, Ruth: Unterwegs in fremden Träumen. Begegnungen mit dem anderen Deutschland. München/Wien: Hanser, 1993.
[Taschenbuchausgabe: München: dtv, 1996.]

103. Reinhold, Roswitha: Der Weg in die Freiheit. Dem Staatsgefängnis „DDR“ entflohen. Gauting: [Selbstverlag], 1993.

104. Dreizehn deutsche Geschichten. Erzähltes Leben aus Ost und West. Hrsg. von Winfried Ripp und Wendelin Szalai. Hamburg: Edition Körber-Stiftung, 1998.

105. Rosenlöcher, Thomas: Dresdner Tagebuch – Achter September bis zehnter Oktober. In: *Schöne Aussichten. Neue Prosa aus der DDR*. Hrsg. von Christian Döring und Hajo Steinert. Frankfurt a.M.: Suhrkamp, 1990, 311-325.

106. Ders.: Dresdener Tagebuch. In: *Die sanfte Revolution. Prosa, Lyrik, Protokolle, Erlebnisberichte, Reden*. Hrsg. von Stefan Heym und Werner Heiduczek. Mitarbeit: Ingrid Czechowski. Leipzig/Weimar: Gustav Kiepenheuer, 1990, 183-199.

107. Ders.: Die verkauften Pflastersteine. Dresdener Tagebuch. Frankfurt a.M.: Suhrkamp, 1990.
[Dazu: Kormann, Julia: Der Weg des Dichters durch die enteilende Zeit – Thomas Rosenlöchers *Die verkauften Pflastersteine* und *Die Wiederentdeckung des Gehens beim Wandern*. In: K., J.: *Literatur und Wende. Ostdeutsche Autorinnen und Autoren nach 1989*. Wiesbaden: Deutscher Universitäts-Verlag, 1999 (*Literaturwissenschaft/Kulturwissenschaft*); 271-306, 271-291.]

108. Rühmkorf, Peter: Tabu I. Tagebücher 1989-1991. Reinbek: Rowohlt, 1995.
[Taschenbuchausgabe: Reinbek: Rowohlt TB, 1997.]
[Dazu: Radisch, Iris: Die Revolution frißt ihre Gründer. Ein Epitaph auf die alte Bundesrepublik: Peter Rühmkorfs Tagebücher aus den Jahren 1989 bis 1991. In: *Die Zeit* v. 13.10.1995;
auch in: *Deutsche Literatur 1995. Jahresüberblick*. Hrsg. von Franz Josef Görtz, Volker Hage und Hubert Winkels in Zusammenarbeit mit Katharina Frühe. Stuttgart: Reclam, 1996, 262-268.]

109. Rusch, Claudia: Meine Freie Deutsche Jugend. Mit einem Text von Wolfgang Hilbig. Frankfurt a.M.: S. Fischer, 2003.

110. Schabowski, Günter: Der Absturz. Berlin: Rowohlt Berlin, 1991.

111. Ders.: Ich bin draußen. Erzwungene Denkpause: Mein Gefängnistagebuch. In: *FAZ* v. 5.10.2000.

112. „Mut und Zuversicht gegeben". Briefe an Kurt Masur 9. Oktober 1989 bis 18. März 1990. Hrsg. von Ulla Schäfer. Frankfurt a.M./Berlin: Ullstein, 1990.

113. Schäuble, Wolfgang: Der Vertrag. Wie ich über die deutsche Einheit verhandelte. Hrsg. und mit einem Vorwort von Dirk Koch und Klaus Wirtgen. Stuttgart: Deutsche Verlags-Anstalt, 1991.

114. Schalck-Golodkowski, Alexander: Deutsch-deutsche Erinnerungen. Reinbek: Rowohlt, 2000.
[Taschenbuchausgabe: Reinbek: Rowohlt TB, 2001.]
[Dazu: Hoffmann, Wolfgang: Seine Wahrheit. Alexander Schalck-Golodkowskis Bericht vom Innenleben der DDR-Führung. In: *Die Zeit* v. 23.3.2000;
Scheer, Udo: Die Wahrheiten eines Überzeugungstäters. Über Alexander Schalck-Golodkowskis sogenannte Erinnerungen. In: *europäische ideen* (2000) 118 (*Akten, Fakten, Politiker, Spione oder: Die Feigheit des Westens*), 21-25;
Schreiber, Jürgen: Die Unschuld vom Lande. Zehn Jahre nach dem Mauerfall hat der frühere DDR-Devisenbeschaffer Alexander Schalck-Golodkowski seine Memoiren angekündigt. Am Tegernsee genießt er die bayrische Toleranz. Er ist vom Plan- zum Marktwirtschaftler geworden. Besuch bei einer Hassfigur. In: *Der Tagesspiegel* v. 16.10.1999.]

115. Schirdewan, Karl: Ein Jahrhundert Leben. Erinnerungen und Visionen. Autobiographie. Berlin: edition ost, 1998.

116. Schlesak, Dieter: Stehendes Ich in laufender Zeit. Leipzig: Reclam, 1994.

117. Schlesinger, Klaus: Fliegender Wechsel. Eine persönliche Chronik. Frankfurt a.M.: S. Fischer, 1990;
auch: Rostock: Hinstorff, 1990: „Teilauflage zum Vertrieb in der DDR für die Hinstorff Verlag GmbH, Rostock".
[Taschenbuchausgabe: Berlin: Aufbau TB, 1995.]
[Vorabdruck in Auszügen unter dem Titel *Seitenwechsel. Ein Ost-West-Tagebuch* in: *Neue Rundschau* 101 (1990) 1, 100-106 (*Deutschland, Deutschland ...*).]

118. Schneider, Jürgen: Bekenntnisse eines Baulöwen. Unter Mitarbeit von Ulf Mailänder und Josef Hrycyk. München: Ullstein Berlin, 1999.

119. Ders.: „Alle meine Häuser". Moderne Denkmale in Deutschland. Bad Homburg/Leipzig: Verlag Ausbildung + Wissen, 2000.

120. Schneider, Rolf: Frühling im Herbst. Notizen vom Untergang der DDR. Göttingen: Steidl, 1991.
[Dazu: Noll, Chaim: Strichmännlein macht sich verdächtig. In: *Die Welt* v. 24.4.1991.]

121. Ders.: Volk ohne Trauer. Notizen nach dem Untergang der DDR. Göttingen: Steidl, 1992.

122. Leipziger DEMONTAGEBUCH. DEMO. MONTAG. TAGEBUCH. DEMONTAGE. Zusammengestellt und mit einer Chronik von Wolfgang Schneider. Leipzig/Weimar: Gustav Kiepenheuer, 1990.

123. Schnitzler, Karl-Eduard von: Meine Schlösser oder Wie ich mein Vaterland fand. [Neuauflage.] Hamburg: Edition Nautilus, 1995.
[zuerst: Berlin (DDR): Neues Leben, 1989.]

124. Schöbel, Frank: Frank und frei. Die Autobiographie. Berlin: Das Neue Berlin, 1998.
[Taschenbuchausgabe: Berlin: Aufbau TB, 2000.]

125. Schollak, Sigmar: KALLOSCH. Roman einer Autobiographie. Berlin: Weidler Buchverlag, 1995.

126. Schur, Gustav-Adolf: Täve. Die Autobiographie. Gustav-Adolf Schur erzählt sein Leben. Berlin: Das Neue Berlin, 2001.

127. Seyppel, Joachim: Schlesischer Bahnhof. Erinnerungen. München: Herbig, 1998.
[Dazu: Hinck, Walter: Auf Hasenjagd. Joachim Seyppels Erinnerungen „Schlesischer Bahnhof“. In: *FAZ* v. 8.3.1999.]

128. Spira, Steffie: Rote Fahne mit Trauerflor. Tagebuch-Notizen. Freiburg i.B.: Kore, 1990.

129. Dies.: Trab der Schaukelpferde. Autobiographie. Freiburg i.B.: Kore, 1991.

130. Steineckert, Gisela: Und dennoch geht es uns gut ... Briefe 1992-1998. Berlin: Das Neue Berlin, 1998.

131. Strittmatter, Erwin: Vor der Verwandlung. Aufzeichnungen. Hrsg. von Eva Strittmatter. Mit einem Nachwort von Eva Strittmatter. Berlin: Aufbau, 1995.
[Taschenbuchausgabe: Berlin: Aufbau TB, 2000.]
[Hörbuch: Mit Manfred Steffen. Berlin: DAV/MDR Kultur, 2002; 3 CDs.]

132. Struzyk, Brigitte: In vollen Zügen. Rück-Sichten. Berlin/Weimar: Aufbau, 1994.

133. Teltschik, Horst: 329 Tage. Innenansichten der Einigung. Berlin: Siedler, 1991.

134. Tetzner, Reiner: Leipziger Ring. Aufzeichnungen eines Montagsdemonstranten Oktober 1989 bis 1. Mai 1990. Mit 42 Fotos. Frankfurt a.M.: Luchterhand, 1990.

135. Thalheim, Barbara: Mugge. 25 Jahre on the road. Erinnerungen. Mit einem Vorwort von Konstantin Wecker. Berlin: edition ost, 2000.

136. Ulbricht, Lotte: Mein Leben. Selbstzeugnisse, Briefe und Dokumente. Mit über 200 meist unveröffentlichten Fotos. Hrsg. von Frank Schumann. Berlin: Das Neue Berlin, 2003.

137. Walter, Ursula: Ein Blatt im Wind. Vierzig Jahre Leben in der DDR. Frankfurt a.M.: R.G. Fischer, 1992 (*Edition Fischer*).

138. Weber, Gisela: Von normal bis verrückt. Rückschau einer DDR-Lehrerin mit einem weinenden und einem lachenden Auge. Schkeuditz: GNN, 1997.
[Dazu: Joseph, Detlev: Ohne Schnörkel. Rückschau einer DDR-Lehrerin. In: *ND* v. 26.-29.3.1998 (*Beilage zur Leipziger Buchmesse 1998*).]

139. Wilkening, Christina: Ich wollte Klarheit. Tagebuch einer Recherche. Berlin/Weimar: Aufbau, 1992.

140. Winkler, Karl: Zur Klärung eines Sachverhalts. Berlin (DDR)/Weimar: Aufbau, 1990 (*Texte zur Zeit*).
[zuerst unter dem Titel *Made in GDR. Jugendszenen aus Ost-Berlin*: Oberbaumverlag, 1983.]

141. Witt, Katarina: Meine Jahre zwischen Pflicht und Kür. München: C. Bertelsmann, 1994.
[Taschenbuchausgabe: München: Goldmann, 1995.]

142. Wolf, Christa: Ein Tag im Jahr. 1960-2000. München: Luchterhand, 2003.

143. Wolf, Markus: In eigenem Auftrag. Bekenntnisse und Einsichten. München: Schneekluth, 1991 (*Schneekluth, Zeitzeugen sprechen*).
[Neuausgabe: Berlin: Schwarzkopf & Schwarzkopf, 1999 (*Schwarzkopf & Schwarzkopf POLITIK*).]

144. Ders.: Spionagechef im geheimen Krieg. Erinnerungen. München: List, 1997.

[Erweiterte und bearbeitete Fassung der englischsprachigen Originalausgabe: *The Man Without a Face*. New York: Times Books/Random House, 1997.]

145. [Zwerenz, Gerhard: Der Widerspruch. Autobiographischer Bericht. Berlin: Aufbau TB, 1991 (*Texte zur Zeit*).
[zuerst: Frankfurt a.M.: S. Fischer, 1974 (*Fischer Format*).]]

146. Zwerenz, Gerhard: Die neuen letzten, aber nicht allerletzten Antworten des Herrn Z. In: *ndl* 40 (1992) 3, 98-108.

147. Ders.: Die 12 Antworten des Herrn Z. In: *Nie wieder Ismus! Neue deutsche Satire*. Hrsg. von Christine und Manfred Wolter. Berlin: Eulenspiegel, 1992, 75-78.

148. Ders.: Die Antworten des Herrn Z. oder Vorsicht, nur für Intellektuelle. Mit einer Dokumentation: „Freunde und Feinde über Zwerenz". Querfurt: Dingsda-Verlag, 1997.

1.6 Protokoll-Literatur und verwandte Formen

1. Nach dem Sturz. Gespräche mit Erich Honecker. Aufgezeichnet von Reinhold Andert. Leipzig: Faber & Faber, 2001.
[Dazu: Stephan, Gerd-Rüdiger: Erich Honecker: Despot – Dogmatiker – Dilettant? Publizistische Unternehmungen vor dem 90. Geburtstag. In: *Deutschland Archiv* 35 (2002) 4, 669-674.]

2. Bahrmann, Hannes/Links, Christoph (Hgg.): Bilderchronik der Wende. Erlebnisse aus der Zeit des Umbruchs 1989/90. Berlin: Ch. Links, 1999.

3. Baehr, Vera-Maria: Wir denken erst seit Gorbatschow. Protokolle von Jugendlichen aus der DDR. Recklinghausen: Georg Bitter Verlag, 1990.

4. Behnk, Angelika/Westerwelle, Ruth: Die Frauen von ORWO. 13 Lebensbilder. Leipzig: Gustav Kiepenheuer, 1995.

5. Startbahn Ost. Zehn Lebensbilder. Fotografien: Günter Bersch. Texte: Ilona Rühmann. Berlin: Ch. Links, 2000.

6. Chalupsky, Jutta/Rothmann, Renate: Freier Markt auf nackter Haut. Wessi-Report aus Leipzig. Vom Top-Manager bis zum Puff-Besitzer. Berlin: Aufbau TB, 1991 (*Texte zur Zeit*).

7. Clemenz, Manfred: „Wir können nicht besser klagen“. Ostdeutsche Lebensläufe im Umbruch. Berlin: Aufbau, 2001.
[Dazu: Rammelt, Renate: Ins Schwimmen geraten. Das Leben in der DDR unter der West-Lupe. In: *Das Parlament* v. 15.-22.6.2001.]

8. Elitz, Ernst: Sie waren dabei. Ost-deutsche Profile von Bärbel Bohley zu Lothar de Maizière. Stuttgart: Deutsche Verlags-Anstalt, 1991.

9. Fischer, Erica/Lux, Petra: Ohne uns ist kein Staat zu machen. DDR-Frauen nach der Wende. Köln: Kiepenheuer & Witsch, 1990.

10. Gebert, Anke: Im Schatten der Mauer. Erinnerungen, Geschichten und Bilder vom Mauerbau bis zum Mauerfall. [Es erzählen: Regine Hildebrandt, Götz Friedrich, Herbert Otto, Jo Brauner, Rolf Schneider, Manfred Stolpe, Dagmar Berghoff und viele andere.] Bern/München/Wien: Scherz, 1999.

11. Gedächtnisprotokolle. In: *Oktober 1989. Wider den Schlaf der Vernunft*. Berlin (DDR): Neues Leben, 1990/Berlin: Elefanten Press, 1989 (*Temperamente 1*), 47-68.

12. Geulen, Dieter: Politische Sozialisation in der DDR. Autobiographische Gruppengespräche mit Angehörigen der Intelligenz. Opladen: Leske + Budrich, 1998.
[Dazu: Krautheim, Hans-Jobst: Geboren und groß geworden in der DDR. Gespräche mit Angehörigen der einstigen „Intelligenz“. In: *Das Parlament* v. 15.-22.6.2001;
Prössl, Christoph: Betrogenes Opfer, nicht Akteur. Eine Untersuchung über die Sozialisation der DDR-Intelligenz. In: *Der Tagesspiegel* v. 18.1.1999.]

13. Grenzgeschichten. Berichte aus dem deutschen Niemandsland. Hrsg. von Andreas Hartmann und Sabine Künsting. Frankfurt a.M.: S. Fischer, 1990.

14. Heym, Stefan/Heym, Inge: Flüchtlingsgespräche. In: *Die sanfte Revolution. Prosa, Lyrik, Protokolle, Erlebnisberichte, Reden*. Hrsg. von Stefan Heym und Werner Heiduczek. Mitarbeit: Ingrid Czechowski. Leipzig/Weimar: Gustav Kiepenheuer, 1990, 52-78.

15. Hofmann, Annegret: Unterwegs nach Deutschland. Kinder im Niemandsland. Protokolle nach Gesprächen. Berlin/Weimar: Aufbau, 1992.

16. Der letzte Tag. 9. November 1989. Der Mann, der an der Bornholmer Straße in Berlin den ersten Schlagbaum öffnete, erinnert sich. Interview: Peter Jacobs und Anja Schäfers. In: *Wochenpost* v. 9.11.1995.

17. Jesse, Eckhard (Hg.): Eine Revolution und ihre Folgen. 14 Bürgerrechtler ziehen Bilanz. Jens Reich, Konrad Weiß, Marianne Birthler, Vera Lengsfeld, Günter Nooke, Wolfgang Templin, Markus Meckel, Ehrhart Neubert, Freya Klier, Rainer Eppelmann, Edelbert Richter, Ulrike Poppe, Friedrich Schorlemmer, Joachim Gauck. Berlin: Ch. Links, 2000.
[Dazu: Fricke, Karl Wilhelm: Wunsch und Wirklichkeit. Wortmeldungen ehemaliger DDR-Bürgerrechtler. In: *Das Parlament* v. 8.-15.9.2000; Scheer, Udo: Von der Revolution erzählen. Bürgerrechtler bilanzieren den Untergang der DDR. In: *FR* v. 27.10.2000.]

18. Karau, Gisela: Grenzerprotokolle. Gespräche mit ehemaligen DDR-Offizieren. Frankfurt a.M.: dipa-Verlag, 1992.

19. Dies.: Stasiprotokolle. Gespräche mit ehemaligen Mitarbeitern des „Ministeriums für Staatssicherheit" der DDR. Frankfurt a.M.: dipa-Verlag, 1992.

20. Dies.: Ach, wissen Se ... Berliner Dialoge. Frankfurt a.M.: dipa-Verlag, 1993.

21. Klein, Olaf Georg: Plötzlich war alles ganz anders. Deutsche Lebenswege im Umbruch. Köln: Gustav Kiepenheuer & Witsch, 1994.

22. Königsdorf, Helga: Adieu DDR. Protokolle eines Abschieds. Reinbek: Rowohlt TB, 1990 (*rororo aktuell*).

23. Dies.: Unterwegs nach Deutschland. Über die Schwierigkeit, ein Volk zu sein: Protokolle eines Aufbruchs. Reinbek: Rowohlt TB, 1995 (*rororo aktuell*).

24. Kuczynski, Rita: Die Rache der Ostdeutschen. Berlin: Parthas, 2002.

25. Landgrebe, Christiane: Der Tag, an dem die Mauer fiel. Prominente Zeitzeugen erinnern sich. Berlin: Ullstein, 1999.

26. Go West! Ostdeutsche in Amerika. Porträts von Andreas Lehmann. Berlin: Schwarzkopf & Schwarzkopf, 1998.
[Vorabdruck: Rolf Babiel: Ich bin die Nummer 1. In: *Das Magazin* (1998) 4, 69-73.]

27. Die letzten Tage der DDR. Bürger berichten vom Ende ihrer Republik. Berlin: *Edition Fischer*insel in der Druck- und Verlagsanstalt „das blatt“, 1990.

28. Lindner, Bernd: „Nur wir können wissen, wie es war“. Politische Selbsterfahrung und Geschichtskonstruktion am Beispiel von Biographien des Leipziger Herbst 89. In: Rauschenbach, Brigitte (Hg.): *Erinnern, Wiederholen, Durcharbeiten. Zur Psycho-Analyse deutscher Wenden.* Berlin: Aufbau TB, 1992 (*Texte zur Zeit*), 228-235.

29. Ders./Grüneberger, Ralph (Hgg.): Demonteure. Biographien des Leipziger Herbst. Bielefeld: Aisthesis, 1992.

30. Malchow, Birgit (Hg.): Der Letzte macht das Licht aus. Wie DDR-Diplomaten das Jahr 1990 im Ausland erlebten. Mit einem Geleitwort von Richard von Weizsäcker. 2., korrigierte Auflage. Berlin: edition ost im Verlag Das Neue Berlin, 2001 (*Rote Reihe*).
[zuerst: Berlin: edition ost, 1999 (*Rote Reihe*).]

31. Margolis, Karen: Der springende Spiegel. Begegnungen mit Frauen zwischen Oder und Elbe. Frankfurt a.M.: Luchterhand, 1991.

32. Moericke, Helga: Wir sind verschieden. Lebensentwürfe von Schülern aus Ost und West. Frankfurt a.M.: Luchterhand, 1991.

33. Ostrowski, Christine: Im Streit. Ostdeutsche Biografien. Selbstzeugnisse, Briefe, Dokumente. Mit einem Fotoessay. Hrsg. von Joachim Jahns. Mit einem Vorwort von Ronald Weckesser. Querfurt: Dingsda-Verlag Cornelia Jahns, 1993.

34. Panitz, Eberhard/Huhn, Klaus: Mein Chef ist ein Wessi. Gedächtnisprotokolle 1992. Berlin: Spotless, 1992.

35. Riecker, Ariane/Schwarz, Annett/Schneider, Dirk: Stasi intim. Gespräche mit ehemaligen MfS-Angehörigen. Leipzig: Forum Verlag, 1990.

36. Roehricht, Karl Hermann: Lebensverläufe. Innenansichten aus der DDR. Berlin: Morgenbuch Verlag, 1991.

37. Schabowski, Günter: Das Politbüro. Ende eines Mythos. Eine Befragung. Hrsg. von Frank Sieren und Ludwig Koehne. Reinbek: Rowohlt TB, 1990 (*rororo aktuell*).

38. Scherzer, Landolf: Der Erste. Mit einem weiterführenden Bericht „Der letzte Erste". Berlin: Aufbau TB, 1997.
[*Der letzte Erste* zuerst in: *Die sanfte Revolution. Prosa, Lyrik, Protokolle, Erlebnisberichte, Reden*. Hrsg. von Stefan Heym und Werner Heiduczek. Mitarbeit: Ingrid Czechowski. Leipzig/Weimar: Gustav Kiepenheuer, 1990, 345-365.]

39. Ders.: Der Zweite. Berlin: Aufbau, 1997.
[Vorabdruck von Auszügen unter dem Titel *„Kaum noch Unterschiede, was?" Nahaufnahme aus Thüringen (1)* in: *Der Spiegel* 51 (1997) 29 v. 14.7.1997, 56-69 und Folgeausgaben.]
[Taschenbuchausgabe: Berlin: Aufbau TB, 2000.]
[Dazu: [Anon.]: „Ich bin jetzt hier zu Hause". Landolf Scherzer machte vor der Wende mit dem Buch über einen SED-Kreissekretär Furore. Nun hat er den Landrat im thüringischen Bad Salzungen porträtiert – eine Nahaufnahme aus dem deutschen Vereinigungsprozeß. In: *Der Spiegel* 51 (1997) 29 v. 14.7.1997, 54f.;
Loest, Erich: Neureich und neuarm dicht beieinander. Landolf Scherzers Reportage aus dem Südwestzipfel Thüringens. In: L., E.: *Träumereien eines Grenzgängers. Respektlose Bemerkungen über Kultur und Politik*. Stuttgart/Leipzig: Hohenheim/Linden, 2001, 79-82 [zuerst in: *FAZ* v. 15.9.1997];
Oberemt, Gert: Tollhaus Wirklichkeit. Landolf Scherzer/„Der Zweite" – eine Reportage aus der neudeutschen Kommunalpolitik. In: *Rheinischer Merkur* v. 19.12.1997;
Schroeder, Wolfram: Bad Salzungen ist überall. Landolf Scherzers Reportage über einen ehemaligen Landrat macht nicht nur im Osten Furore. In: *Neue Promenade* (1997) 3, 9.]

40. Ders.: Der Letzte. Berlin: Aufbau, 2000.
[Taschenbuchausgabe: Berlin: Aufbau TB, 2002.]
[Dazu: Kochinke, Jürgen: Aufschreiben, was ist – als neugieriger (Zeiten-)Wanderer. Landolf Scherzer und sein neues Buch „Der Letzte". In: *LVZ* v. 23.3.2000 (*BücherJournal zur Leipziger Buchmesse*).]

41. Ders.: Die Fremden. Unerwünschte Begegnungen und verbotene Protokolle. Mit einem Nachwort von Günter Wallraff. Berlin: Aufbau, 2002.
[Dazu: Grub, Frank Thomas: [Reportage]. In: Livres/Bücher. Un supplément du *Tageblatt* 7 (2002) 12 v. 20.12.2002.]

42. Wendezeiten. Deutsche Lebensläufe in fünf politischen Systemen. Hrsg. von Franziska Schlotterer und Isabella Knoesel. Fotografien von Markus Schädel. Berlin: Henschel, 1997.

43. See, Wolfgang: Mauerfreunde. Menschen von drüben mit neuer Befangenheit betrachtet. Berlin: Wichern-Verlag, 1992.

44. Simon, Jana: Denn wir sind anders. Die Geschichte des Felix S. Berlin: Rowohlt Berlin, 2002.
[Dazu: Schmidt, Thomas E.: Als das Boot gekentert war. Die jungen Autoren Ostdeutschlands erzählen kühl vom Leben in der Zone. In: *Die Zeit* v. 5.9.2002.]

45. Staud, Toralf (Hg.): Auf dem Moped in die Freiheit. Wendegeschichten aus der Altmark. Halle (S.): Mitteldeutscher Verlag, 2000.
[Dazu: Fraude, Andreas: [o.T.]. In: *Deutschland Archiv* 35 (2002) 4, 724.]

46. Ulrich, Holde-Barbara: Schmerzgrenze. 11 Porträts im Gespräch. Bärbel Bohley, Sabina Hager, Heidrun Hegewald ... Berlin: Dietz Berlin, 1991 (*Zeitthemen/dietz berlin*).

47. Villain, Jean: Die Revolution verstösst ihre Väter. Aussagen und Gespräche zum Untergang der DDR. Bern: Zytglogge, 1990.

48. Wagnerovà [sic], Alena: Anette, Karin und Maria – drei Frauen aus Rostock. In: Eifler, Christine (Hg.): *Kreuz & Quer. Ost-West-Erfahrungen.* Mit Beiträgen von Angelika Blickhäuser, Alena Wagnerovà [sic], Ulrike Weiland, Regine Othmer-Vetter, Sabine Spangenberg, Marion Lerner, Bärbel Pukall, Barbara Siemers, Bianca Nellen-Brandt. Köln: Heinrich-Böll-Stiftung e.V., 1994, 17-39.

49. Weiland, Ulrike: Dort drüben bin auch ich oder: Das Tabu der Grenzüberschreitung. In: Eifler, Christine (Hg.): *Kreuz & Quer. Ost-West-Erfahrungen.* Mit Beiträgen von Angelika Blickhäuser, Alena Wagnerovà [sic], Ulrike Weiland, Regine Othmer-Vetter, Sabine Spangenberg, Marion Lerner, Bärbel Pukall, Barbara Siemers, Bianca Nellen-Brandt. Köln: Heinrich-Böll-Stiftung e.V., 1994, 40-67.

50. Wierling, Dorothee: Gewendete Biographien? In: Rauschenbach, Brigitte (Hg.): *Erinnern, Wiederholen, Durcharbeiten. Zur Psycho-Analyse deutscher Wenden.* Berlin: Aufbau TB, 1992 (*Texte zur Zeit*), 217-227.

51. Wilkening, Christina: Staat im Staate. Auskünfte ehemaliger Stasi-Mitarbeiter. Berlin/Weimar: Aufbau, 1990 (*Texte zur Zeit*).

52. Wroblewsky, Clement (Hg.): „Da wachste eines Morgens uff und hast 'nen Bundeskanzler". Wie DDR-Bürger über ihre Zukunft denken. Hamburg: Rasch und Röhring, 1990.

53. Zglinicki, Claudia von: Ich, Prinzessin Viola. Ein altes Haus und seine Besetzer. Berlin: Aufbau TB, 1995.

54. Ostdeutsche Biographien. Lebenswelt im Umbruch. Hrsg. von Rainer Zoll unter Mitarbeit von Thomas Rausch. Frankfurt a.M.: Suhrkamp, 1999.

1.7 Essays/Reden/Briefe/Reportagen/Gespräche/Kommentare/Kolumnen

1. [Anon.]: Liebe Ossis! Berlin: Eulenspiegel, 2003.

2. Ahrends, Martin: Ihr verbrauchten Verbraucher! Von der diskreten Häßlichkeit der Westdeutschen. Göttingen: Wallstein, 1991 (*Göttinger Sudelblätter*).

3. Anderson, Sascha: Das Prinzip Subversion und seine Folgen. In: *Neue Rundschau* 101 (1990) 1, 94-98 (*Deutschland, Deutschland ...*).

4. Andert, Reinhold/Wedel, Mathias: Land unter oder: Selten ein Schaden ohne Nutzen. Berlin: edition ost, 1995.

5. Augstein, Rudolf/Grass, Günter: Deutschland, einig Vaterland? Ein Streitgespräch. Göttingen: Steidl, 1990.

6. Axen, Hermann: Ich war ein Diener der Partei. Autobiographische Gespräche mit Harald Neubert. Berlin: edition ost, 1996.

7. Baake, Bodo: Thüringer Wortweltbilder. Montagskolumnen. Hrsg. von Wulf Kirsten. Weimar: Wartburg Verlag, 2000 (*Edition Muschelkalk der Literarischen Gesellschaft Thüringen e.V., Band 2*).

8. Bahr, Egon: Sicherheit für und vor Deutschland. Vom Wandel durch Annäherung zur Europäischen Sicherheitsgemeinschaft. München/Wien: Hanser, 1991.

9. Baier, Lothar: Volk ohne Zeit. Essay über das eilige Vaterland. Berlin: Wagenbach, 1990.

10. Ders.: Die verleugnete Utopie. Zeitkritische Texte. Berlin: Aufbau TB, 1993.
[Relevant v.a. Teil II.]

[Dazu: Winkels, Hubert: Freiheit oder Literatur. Zwei Essaybände von Lothar Baier. In: *Die Zeit* v. 3.3.1995.]

11. Ders.: Ostwestpassagen. Kulturwandel – Sprachzeiten. München: Kunstmann, 1995.

12. Ders.: Keine Zeit! 18 Versuche über die Beschleunigung. München: Kunstmann, 2000.
[Dazu: Hofmann, Gunter: Rasant träge. Lothar Baiers Essays über eine Gesellschaft, unter deren nervöser Oberfläche sich wenig ändert. In: *Die Zeit* v. 10.5.2001.]

13. Baring, Arnulf: Deutschland, was nun? Ein Gespräch mit Dirk Rumberg und Wolf Jobst Siedler. Berlin: Siedler, 1991.
[Dazu: „Unsere Existenz in der Tiefe“. SPIEGEL-Redakteur Gerhard Spörl über Arnulf Barings „Deutschland, was nun?“ In: *Der Spiegel* 45 (1991) 47 v. 18.11.1991, 59-65.]

14. Mein Deutschland findet sich in keinem Atlas. Schriftsteller aus beiden deutschen Staaten über ihr nationales Selbstverständnis. Hrsg. von Françoise Barthélemy und Lutz Winckler. Frankfurt a.M.: Luchterhand, 1990.

15. Becker, Jurek: Über die letzten Tage. Ein kleiner Einspruch gegen die große deutsche Euphorie. In: *Neue Rundschau* 101 (1990) 1, 90 (*Deutschland, Deutschland ...*).

16. Ders.: Der Defekt ist der Normalfall. Der Schriftsteller Jurek Becker über Arroganz und Opportunismus in West- und Ostdeutschland. In: *Der Spiegel* 47 (1993) 36 v. 6.9.1993, 86-88.

17. Ders.: Ende des Größenwahns. Aufsätze, Vorträge. Frankfurt a.M.: Suhrkamp, 1996.

18. Jurek Beckers Neuigkeiten an Manfred Krug & Otti. Düsseldorf/München: Econ, 1997.
[Taschenbuchausgabe: München: Econ & List TB, 1999.]
[Dazu: [Anon.]: „Es war quasi Liebe“. Manfred Krug und der Dichter Jurek Becker – eine legendäre Männerfreundschaft. In: *Der Spiegel* 51 (1997) 34 v. 18.8.1997, 192f.]

19. Beier, Peter: Am Morgen der Freiheit. Eine Streitschrift. Neukirchen-Vluyn: Neukirchener Verlag des Erziehungsvereins, 1995.

20. Bender, Peter: Unsere Erbschaft. Was war die DDR – was bleibt von ihr? Hamburg/Zürich: Luchterhand, 1992 (*Luchterhand Essay, Band 11*).

21. Ders.: Die vier Deutschlands meines Lebens. In: *Deutschland Archiv* 35 (2002) 4, 639-646.

22. Benser, Günter: DDR – gedenkt ihrer mit Nachsicht. Berlin: Karl Dietz Verlag, 2000.
[Dazu: Nakath, Detlef: Mit kritischer Nachsicht. Nachruf auf die DDR. In: *ND* v. 23.-26.3.2000 (*Beilage zur Leipziger Buchmesse 2000*).]

23. Kopfnuss 1. Essays über Kultur und Politik. Hrsg. von Heinrich von Berenberg und Klaus Wagenbach. Berlin: Wagenbach, 1993.

24. Bergsdorf, Wolfgang: Deutschland im Streß. Politische und gesellschaftliche Herausforderungen nach der Wende. München/Landsberg (L.): Bonn Aktuell im verlag moderne industrie, 1993.

25. Ders.: Deutschland an der Jahrtausendwende. Erfahrungen und Herausforderungen. In: *Aus Politik und Zeitgeschichte* 1-2/2000 v. 7.1.2000, 33-38.

26. Bichsel, Peter: Wie ist die Stimmung in der Schweiz? In: B., P.: *Im Gegenteil. Kolumnen 1986-1990*. Frankfurt a.M.: Luchterhand, 1990, 152f.

27. Ders.: Weil es zu erwarten war. In: Ebd., 154f.

28. Ders.: Johann Wolfgang Goethe, DDR-Schriftsteller aus Weimar. In: Ebd., 159-161.

29. Ders.: Ein großes Bißchen Freiheit. In: B., P.: *Gegen unseren Briefträger konnte man nichts machen. Kolumnen 1990-1994*. Frankfurt a.M.: Suhrkamp, 1995, 24-27.

30. Ders.: Die Bewältigung der Unschuld. In: Ebd., 28-31.

31. Ders.: Der Betrug mit der Freiheit. In: Ebd., 32-35.

32. Ders.: Der Asylant aus Magdeburg. In: Ebd., 78-80.

33. Biermann, Wolf: Wer war Krenz? In: Knabe, Hubertus (Hg.): *Aufbruch in eine andere DDR. Reformer und Oppositionelle zur Zukunft ihres Landes*. Reinbek: Rowohlt TB, 1989 (*rororo aktuell*), 23-31 [zuerst in: *taz* v. 18.11.1989].

34. Ders.: Das wars. Klappe zu. Affe lebt. Ein Nachruf auf die DDR, ein Abschied von der Chausseestraße 131 und ein paar Deutlichkeiten über die Täter, die sich nun als Opfer sehen. In: *Die Zeit* v. 2.3.1990;
unter dem Titel *Duftmarke setzen* auch in: B., W.: *Über das Geld und andere Herzensdinge. Prosaische Versuche über Deutschland.* Köln: Kiepenheuer & Witsch, 1991, 15-31.

35. Ders.: Auch ich war bei der Stasi. In: *Die Zeit* v. 4.5.1990;
unter dem Titel *Nichts ist wie es ist* auch in: B., W.: *Über das Geld und andere Herzensdinge. Prosaische Versuche über Deutschland.* Köln: Kiepenheuer & Witsch, 1991, 32-50.

36. Ders.: Nur wer sich ändert, bleibt sich treu. Der Streit um Christa Wolf, das Ende der DDR, das Elend der Intellektuellen: Das alles ist auch komisch. In: *Die Zeit* v. 24.8.1990;
auch in: B., W.: *Über das Geld und andere Herzensdinge. Prosaische Versuche über Deutschland.* Köln: Kiepenheuer & Witsch, 1991, 51-71.

37. Ders.: Klartexte im Getümmel. 13 Jahre im Westen. Von der Ausbürgerung bis zur November-Revolution. Hrsg. von Hannes Stein. Köln: Kiepenheuer & Witsch, 1990.
[Dazu: Glotz, Peter: Das Riesenkadaverlein. Wolf Biermanns „Klartexte im Getümmel". In: *FAZ* v. 2.10.1990;
auch in: *Deutsche Literatur 1990. Jahresüberblick*. Hrsg. von Franz Josef Görtz, Volker Hage und Uwe Wittstock unter Mitarbeit von Katharina Frühe. Stuttgart: Reclam, 1991, 112-117.]

38. Ders.: *Über das Geld und andere Herzensdinge. Prosaische Versuche über Deutschland.* Köln: Kiepenheuer & Witsch, 1991.

39. Ders.: Ein öffentliches Geschwür. Wolf Biermann antwortet seinen Kritikern in einem offenen Brief an Lew Kopelew. In: *Der Spiegel* 46 (1992) 3 v. 13.1.1992, 158-167.

40. Ders.: „à la lanterne! à la lanterne!" Wolf Biermann über die Stasi-Debatte, Judas Ischariot und die Feigheit vor dem Verräter. In: *Der Spiegel* 46 (1992) 39 v. 21.9.1992, 81-92.

41. Ders.: Der Sturz des Dädalus oder Eizes für die Eingeborenen der Fidschi-Inseln über den IM Judas Ischariot und den Kuddelmuddel in Deutschland seit dem Golfkrieg. Köln: Kiepenheuer & Witsch, 1992.

42. Ders.: Wir bleiben auf ewig im selben Boot – und fahren längst auf verschiedenen Flüssen. In: Kratschmer, Edwin (Hg.): *Dem Erinnern eine Chance. Jenaer Poetik-Vorlesungen „Zu Beförderung der Humanität" 1993/94*. Köln: Heinrich-Böll-Stiftung e.V., 1995, 85-100.

43. Ders.: Wie man Verse macht und Lieder. Eine Poetik in acht Gängen. Köln: Kiepenheuer & Witsch, 1997.
[Dazu: Bohse, Reinhard: Poesie, Politik und Privates. Wolf Biermann vollführt Zeiten- und Seitensprünge. In: *LVZ* v. 15./16.3.1997 (*Buchjournal zur Leipziger Buchmesse 1997*);
Jessen, Jens: Verzweifelte Arabesken eines Dichterlebens. Wolf Biermanns Düsseldorfer Poetik-Vorlesungen. In: *BZ* v. 20.3.1997.]

44. Ders./Trende, Klaus: Schmerz der Freiheit. Ein Gespräch. Cottbus: Der Fabrik Verlag Ackermann, 1997 (*Einblicke*).

45. Bierwisch, Manfred: Ausgrenzung ist nicht akzeptabel. Noch einmal zum Aufruf „Für unser Land". In: *BZ* v. 4.1.1990 (*Standpunkt*).

46. Biskupski, Friederike: [ohne Titel]. In: *Nach langem SCHWEIGEN endlich SPRECHEN. Briefe an Walter Janka*. Hrsg. von Alfred Eichhorn und Andreas Reinhardt. Berlin (DDR)/Weimar: Aufbau, 1990 (*Texte zur Zeit*), 165.

47. Bisky, Jens: Aufstand, Stillstand. Wie einst im Herbst, in der DDR: Was soll uns ein neues 1989? In: *SZ* v. 25.11.2002.

48. Blanke, Thomas/Erd, Rainer (Hgg.): DDR – Ein Staat vergeht. Frankfurt a.M.: Fischer TB, 1990.

49. Nichts wird mehr so sein, wie es war. Zur Zukunft der beiden deutschen Republiken. Hrsg. von Frank Blohm und Wolfgang Herzberg. Leipzig: Reclam, 1990;
auch: Frankfurt a.M.: Luchterhand, 1990.

50. Böhm, Jürgen/Brune, Joachim/Flörchinger, Heribert/Helbing, Antje/Pinther, Annegret: DeutschStunden. Aufsätze. Was Jugendliche von der Einheit denken. Mit einem Vorwort von Wolf Biermann. Berlin: Argon, 1993.

51. Heinrich-Böll-Stiftung/Probst, Lothar (Hgg.): Differenz in der Einheit. Über die kulturellen Unterschiede der Deutschen in Ost und West. 20 Essays, Reden und Gespräche. Berlin: Ch. Links, 1999.

52. Böttiger, Helmut: Rausch im Niemandsland. Es gibt ein Leben nach der DDR. Berlin: Fannei & Walz, 1994.

53. Ders.: Ostzeit/Westzeit. Aufbrüche einer neuen Kultur. München: Luchterhand, 1996.

54. Bogdal, Klaus-Michael: Wer darf sprechen? Schriftsteller als moralische Instanz – Überlegungen zu einem Ende und einem Anfang. In: *WB* 37 (1991) 4, 597-603;
auch in: *Der deutsch-deutsche Literaturstreit oder „Freunde, es spricht sich schlecht mit gebundener Zunge". Analysen und Materialien.* Hrsg. von Karl Deiritz und Hannes Krauss. Hamburg/Zürich: Luchterhand, 1991, 40-49.

55. Bohrer, Karl Heinz: Warum wir keine Nation sind. Warum wir eine werden sollten. In: *FAZ* v. 13.1.1990.

56. Ders.: Die Ästhetik am Ausgang ihrer Unmündigkeit. In: *Merkur* 44 (1990) 10/11 (*Sonderheft 500*), 851-865.

57. Ders.: Kulturschutzgebiet DDR? In: *Merkur* 44 (1990) 10/11 (*Sonderheft 500*), 1015-1018.

58. Brandt, Willy: „... was zusammengehört". Über Deutschland. 2., völlig überarbeitete und erweiterte Auflage. Bonn: Verlag J.H.W. Dietz Nachf., 1993 (*Dietz-Taschenbuch*).
[zuerst: Bonn: Verlag J.H.W. Dietz Nachf., 1990 (*Dietz-Taschenbuch*).]

59. Brauer, Kai: Einmal Ossi – immer Ossi? Stereotype. Wie der machtärmeren Gruppe lebenslang Eigenarten zugewiesen werden, die als Übel gelten. In: *Freitag* v. 11.12.1998.

60. Braun, Volker: Die Vernunft ermutigen, in der Dimension der Welt zu denken. Eröffnungsworte VOLKER BRAUNS an den DDR-Schriftstellerkongreß. In: *BZ* v. 2.3.1990;
unter dem Titel *Eröffnung des außerordentlichen Schriftstellerkongresses am 1. März 1990* auch in: B., V.: *Wir befinden uns soweit wohl. Wir sind erst einmal am Ende. Äußerungen.* Frankfurt a.M. 1998, 51-54.

61. Ders.: Die Leute von Hoywoy (2). In: *Wochenpost* v. 10.10.1991;
auch in B., V.: *Die Zickzackbrücke. Ein Abrißkalender.* Halle (S.): Mitteldeutscher Verlag, 1992, 63f.

62. Braun, Volker: Monströse Banalität. In: *Die Zeit* v. 22.11.1991; auch in: *MachtSpiele. Literatur und Staatssicherheit im Fokus Prenzlauer Berg*. Hrsg. von Peter Böthig und Klaus Michael. Leipzig: Reclam, 1993, 321-324,
sowie unter dem Titel *Ein Fall von monströser Banalität. Einleitung einer Diskussion in der LiteraturWERKstatt Berlin am 11. November 1991* auch in: B., V.: *Wir befinden uns soweit wohl. Wir sind erst einmal am Ende. Äußerungen.* Frankfurt a.M.: Suhkamp, 1998, 69-71.

63. Ders.: Ist das unser Himmel? Ist das unsre Hölle? In: *Sinn und Form* 45 (1993) 1, 166-169.

64. Ders.: Wir befinden uns soweit wohl. Wir sind erst einmal am Ende. Äußerungen. Frankfurt a.M.: Suhrkamp, 1998.

65. Ders.: Die Verhältnisse zerbrechen. Rede zur Verleihung des Georg-Büchner-Preises 2000 [Typoskript, 8 S.].

66. Breuel, Birgit (Hg.): Treuhand intern. Frankfurt a.M./Berlin: Ullstein, 1993.

67. Brussig, Thomas: Keine Gruppe 47, aber ... über [sic] die Wende zum Erzählen und die Chance junger deutscher Autoren. In: *Schreiben im heutigen Deutschland. Fragen an die Vergangenheit*. Hrsg. von Ursula E. Beitter. New York/Washington, D.C./Baltimore/Boston/Bern/Frankfurt a.M./Berlin/Vienna/Paris: Lang, 1998 (*Loyola College in Maryland Berlin Seminar, Contemporary German Literature and Society, Vol. 2*), 1-7.

68. Ders.: Die Lüge, die Einheit heißt. Die PDS in Berlin: Was ist daran schlimm? In: *SZ* v. 26.6.2001.

69. Bruyn, Günter de: Fromme Wünsche, offene Fragen. In: Naumann, Michael (Hg.): *Die Geschichte ist offen. DDR 1990: Hoffnung auf eine neue Republik. Schriftsteller aus der DDR über die Zukunftschancen ihres Landes*. Reinbek: Rowohlt TB, 1990 (*rororo aktuell*), 23-29; unter dem Titel *Fromme Wünsche und offene Fragen. Fragmentarisches zu den Veränderungen in der DDR* auch in: *Günter de Bruyn. Materialien zu Leben und Werk*. Hrsg. von Uwe Wittstock. Frankfurt a.M.: Fischer TB, 1991 (*Informationen und Materialien zur Literatur*), 14-18.

70. Ders.: So viele Länder, Ströme und Sitten. Geschichte und künftige Möglichkeiten einer deutschen Kulturnation [Vortrag in der Evangelischen Akademie Tutzing am 1.2.1990]. In: *FAZ* v. 3.2.1990;
unter dem Titel *So viele Länder, Ströme, Sitten. Gedanken über die deutsche Kulturnation* auch in: B., G. de: *Jubelschreie, Trauergesänge. Deutsche Befindlichkeiten.* Frankfurt a.M.: S. Fischer, 1991, 16-26.

71. Ders.: Jubelschreie, Trauergesänge. Die Nachwirkungen der Zensur führen zu einer literarischen Klimavergiftung – in beiden Teilen Deutschlands. Verbotene Bücher verlieren den Heiligenschein des Märtyrertums. Denn so war es doch: Wer ein schlechtes verbotenes Buch auch schlecht nannte, wurde zum Komplizen des Zensors; wer ein gutes verbotenes Buch lobte, geriet in den Verdacht, es nur wegen des Verbots zu tun. In: *Die Zeit* v. 7.9.1990;
unter dem Titel *Jubelschreie, Trauergesänge. Bemerkungen zum Literatenstreit* auch in: B., G. de: *Jubelschreie, Trauergesänge. Deutsche Befindlichkeiten.* Frankfurt a.M.: S. Fischer, 1991, 46-54,
sowie unter dem Titel *Jubelschreie, Trauergesänge. Bemerkungen zum Literatenstreit* in: *Kultur und Macht – Deutsche Literatur 1949-1989.* Hrsg. vom Sekretariat für kulturelle Zusammenarbeit nichttheatertragender Städte und Gemeinden in Nordhrein-Westfalen, Gütersloh. Bielefeld: Aisthesis, 1992, 103-107.

72. Ders.: Zur Erinnerung. Brief an alle, die es angeht. In: *Sinn und Form* 42 (1990) 3, 453-458;
auch in: B., G. de: *Jubelschreie, Trauergesänge. Deutsche Befindlichkeiten.* Frankfurt a.M.: S. Fischer, 1991, 7-15.

73. Ders.: Der Riß und die Literatur. Auch eine Antwort an Heiner Müller. In: *FAZ* v. 23.10.1991.

74. Ders.: Jubelschreie, Trauergesänge. Deutsche Befindlichkeiten. Frankfurt a.M.: S. Fischer, 1991.
[Taschenbuchausgabe: Frankfurt a.M.: Fischer TB, 1994.]
[Auszug unter dem Titel *Über den Schriftsteller als Entdecker* auch in: *Schreiben im heutigen Deutschland. Fragen an die Vergangenheit.* Hrsg. von Ursula E. Beitter. New York/Washington, D.C./Baltimore/Boston/Bern/Frankfurt a.M./Berlin/Vienna/Paris: Lang, 1998 (*Loyola College in Maryland Berlin Seminar, Contemporary German Literature and Society, Vol. 2*), 9-15.]

75. Ders.: Fremd im eignen Land [Kirchentagsrede, gehalten in München, Juni 1993]. In: *Über Deutschland. Schriftsteller geben Auskunft*. Hrsg. von Thomas Rietzschel. Leipzig: Reclam, 1993, 154-173.

76. Ders.: Ostdeutsche Irritationen. Ein Vortrag [Vortrag, gehalten zur Eröffnung der Katholischen Akademie Berlin, Januar 1995] (*europäische ideen* (1995) (*Sonderheft*)).

77. Ders.: Was ich noch schreiben will. Gespräch mit Ingo Hermann in der Reihe „Zeugen des Jahrhunderts". Hrsg. von Ingo Hermann. Göttingen: Lamuv, 1995 (*Zeugen des Jahrhunderts*).

78. Ders.: Deutsche Zustände. Über Erinnerungen und Tatsachen, Heimat und Literatur. Fotos von Barbara Klemm. Frankfurt a.M.: S. Fischer, 1999.
[Taschenbuchausgabe: Frankfurt a.M.: Fischer TB, 2001.]
[Dazu: Glotz, Peter: Mahnungen aus dem Oderbruch. Günter de Bruyn arbeitet sich an deutschen Zuständen ab und gerät gelegentlich in besinnliche Aggressivität. In: *Die Woche* v. 15.10.1999;
Lehmann, Horst H.: Blühende Landschaften. Günter de Bruyn über „Deutsche Zustände". In: *ND* v. 13.-18.10.1999 (*Beilage zur Frankfurter Buchmesse 1999*).]

79. Bubner, Rüdiger: Philosophen und die deutsche Einheit. In: *Merkur* 44 (1990) 10/11 (*Sonderheft 500*), 1018-1025.

80. Ders.: Zwischenrufe. Aus den bewegten Jahren. Frankfurt a.M.: Suhrkamp, 1993.

81. Buch, Hans Christoph: Die Stunde der Dichter. Die Meinungsmacher produzieren nur Sperrmüll. Und die Lyriker sind Experten für alles, was in ihren Reden nicht vorkommt. In: *Die Zeit* v. 4.12.1992;
auch in: B., H.C.: *An alle! Reden, Essays und Briefe zur Lage der Nation*. Frankfurt a.M. 1994, 47-52.

82. Ders.: *An alle! Reden, Essays und Briefe zur Lage der Nation*. Frankfurt a.M.: Suhrkamp, 1994.

83. Bullion, Constanze von: Macht vergessen. Nationalpreis für Neues Forum: Bärbel Bohley über DDR-Erben. In: *SZ* v. 26.5.2000.

84. Corino, Karl: Vom Leichengift der Stasi. Die DDR-Literatur hat an Glaubwürdigkeit verloren. Eine Entgegnung. In: *SZ* v. 6.12.1991;

auch in: *Deutsche Literatur 1991. Jahresüberblick*. Hrsg. von Franz Josef Görtz, Volker Hage und Uwe Wittstock unter Mitarbeit von Katharina Frühe. Stuttgart: Reclam, 1992, 289-294.

85. Corvalán, Luis: Gespräche mit Margot Honecker über das andere Deutschland. Berlin: Das Neue Berlin, 2001.
[Dazu: Stephan, Gerd-Rüdiger: Erich Honecker: Despot – Dogmatiker – Dilettant? Publizistische Unternehmungen vor dem 90. Geburtstag. In: *Deutschland Archiv* 35 (2002) 4, 669-674.]

86. Czechowski, Heinz: Von der DDR nach Deutschland? In: *ndl* 39 (1991) 9, 51-70.
[*Im Schatten des Denkmals*, 51-59; *Von der DDR nach Deutschland? Eine Rede*, 60-64; *Stoffumwandlung unbekannt. Anmerkungen zu einem journalistischen Text*, 65-70]

87. Ders.: Ambivalenzen. Gedanken über Connewitz und anliegende Ortsteile. In: H.C.: *Nachtspur. Gedichte und Prosa 1987-1992*. Zürich: Ammann, 1993, 173-175.

88. Das Vergängliche überlisten. Selbstbefragungen deutscher Autoren. Hrsg. von Ingrid Czechowski. Leipzig: Reclam, 1996.

89. Drei Meilen vor dem Anfang. Reden über die Zukunft. Hrsg. von Ingrid Czechowski. Leipzig: Reclam, 1998.

90. Dahn, Daniela: Wir bleiben hier oder Wem gehört der Osten. Vom Kampf um Häuser und Wohnungen in den neuen Bundesländern. Rechtsberatung: Barbara Erdmann. Reinbek: Rowohlt TB, 1994 (*rororo aktuell*).

91. Dies.: Westwärts und nicht vergessen. Vom Unbehagen in der Einheit. Berlin: Rowohlt Berlin, 1996.
[Taschenbuchausgabe: Reinbek: Rowohlt TB, 1997 (*rororo Sachbuch*).]

92. Aus der Zuschauerdemokratie heraustreten. Daniela Dahn, eine Initiatorin der Erfurter Erklärung, antwortet den Kritikern des Aufrufs. In: *BZ* v. 18./19.1.1997;
unter dem Titel *Aus der Zuschauerdemokratie heraustreten (1997). Antwort an die Kritiker der Erfurter Erklärung* auch in: D., D.: *Vertreibung ins Paradies. Unzeitgemäße Texte zur Zeit*. Reinbek: Rowohlt TB, 1998, 132-138.

93. Dies.: Vertreibung ins Paradies. Unzeitgemäße Texte zur Zeit. Reinbek: Rowohlt TB, 1998 (*rororo aktuell*).

94. Dies.: Spitzenzeit. Lebenszeichen aus einem gewesenen Land. Reinbek: Rowohlt TB, 2000 (*rororo Sachbuch*).
[zuerst unter dem Titel *Spitzenzeit. Feuilletons und eine Collage*. Halle (S.)/Leipzig: Mitteldeutscher Verlag, 1980.]

95. Dies.: Wenn und Aber. Anstiftungen zum Widerspruch. Reinbek: Rowohlt TB, 2002 (*rororo Sachbuch*).

96. DDR + BRD = ? Die Deutschen und ihre Identität. Eine Veranstaltung der Deutschen Angestellten-Gewerkschaft. Walsroder Forum IV. 28. September 1990, Walsrode. Hamburg: Bildung und Reisen, [1990].

97. Decker, Kerstin und Gunnar: Gefühlsausbrüche oder Ewig pubertiert der Ostdeutsche. Reportagen, Polemiken, Porträts. Berlin: Das Neue Berlin, 2001.

98. Delius, Friedrich Christian: Der Westen wird wilder. Die Intellektuellen und die deutsche Frage: Die Claims werden abgesteckt. In: *Die Zeit* v. 2.2.1990.

99. Ders.: ‚Einheit, deutsche'. In: D., F.C.: *Warum ich schon immer Recht hatte – und andere Irrtümer. Ein Leitfaden für deutsches Denken.* Berlin: Rowohlt Berlin, 2003, 36-38.

100. Ders.: Die Verlockungen der Wörter oder Warum ich immer noch kein Zyniker bin. Berlin: Transit, 1996.

101. Ders.: ‚Einheitsgewinnler'. In: Ebd., 38.

102. Ders.: ‚Roman zur deutschen Einheit?'. In: Ebd., 104f.

103. Ders.: ‚Vereinigung, deutsche'. In: Ebd., 127-131.

104. Deutschland, Deutschland … Elke Schmitter: Dieser Abend in Berlin; Jurek Becker: Über die letzten Tage; Walter Jens: Nachdenken über Deutschland; Sascha Anderson: Das Prinzip Subversion und seine Folgen; Klaus Schlesinger: Seitenwechsel. In: *Neue Rundschau* 101 (1990) 1, 85-106.

105. Teurer Genosse! Briefe an Erich Honecker. Hrsg. von Monika Deutz-Schroeder und Jochen Staadt. Berlin: Transit, 1994.

106. Dieckmann, Christoph: Mit uns zieht die neue Zeit. Zehn Kapitelchen zum I. Republikgeburtstag. In: *ndl* 39 (1991) 10, 73-88.

107. Ders.: My Generation. Cocker, Dylan, Lindenberg und die verlorene Zeit. Mit Fotos von Harald Hauswald und anderen. Berlin: LinksDruck Verlag Ch. Links, 1991.

108. Ders.: Oh! Great! Wonderful! Anfänger in Amerika. Berlin: Ch. Links, 1992.

109. Ders.: Niemandsland und seine Geister. „Erfahrung veränderter Welt – wo leben wir?“ Jahrestagung des ostdeutschen PEN-Zentrums in Berlin. In: *Die Zeit* v. 15.1.1993;
unter dem Titel *Niemandsland und seine Geister. Dichter in undichter Zeit* auch in: D., C.: *Die Zeit stand still, die Lebensuhren liefen. Geschichten aus der deutschen Murkelei.* Berlin: Ch. Links, 1993, 110-114.

110. Ders.: Abendlicht. Eine Predigt für und wider den Mythos DDR. In: *Die Zeit* v. 26.2.1993;
auch in: D., C.: *Die Zeit stand still, die Lebensuhren liefen. Geschichten aus der deutschen Murkelei.* Berlin: Ch. Links, 1993, 123-131.

111. Ders.: Die Zeit stand still, die Lebensuhren liefen. Geschichten aus der deutschen Murkelei. Berlin: Ch. Links, 1993.

112. Ders.: Time is on my side. Ein deutsches Heimatbuch. Berlin: Ch. Links, 1995.

113. Ders.: Was heißt im Osten Opposition? Auf der Suche nach einem politischen Phänomen. In: *Die Zeit* v. 12.4.1996.

114. Ders.: Als Fremdlinge im eigenen Haus. Sind wir Ostdeutsche Immigranten? Quatsch, wir waren schon immer hier! In: *Die Zeit* v. 24.5.1996.

115. Ders.: Die Geschichte der Geschichten. Acht Kapitelchen über ostdeutsche Identität [1997]. In: *Drei Meilen vor dem Anfang. Reden über die Zukunft*. Hrsg. von Ingrid Czechowski. Leipzig 1998, 59-80.

116. Ders.: In der Niemandszeit. Drei Kapitelchen über die ostwestdeutsche Ungleichzeitigkeit. In: D., C.: *Volk bleibt Volk. Deutsche Geschichten.* Berlin: Ch. Links, 2001, 69-76 [zuerst unter dem Titel *In der Nie-*

mandszeit. Drei Kapitel über die ostwestdeutsche Ungleichzeitigkeit in: *Die Zeit* v. 17.9.1998].

117. Ders.: Das wahre Leben im falschen. Geschichten von ostdeutscher Identität. Berlin: Ch. Links, 1998.
[Hörbuch: Christoph Dieckmann liest aus *Das wahre Leben im falschen*. Berlin: DAV/MDR, 2002; 1 CD.]
[Dazu: Decker, Gunnar: Mehr als ein Alibi-Ostler. Nachdenken über das „Ding oder Unding DDR" (II): Christoph Dieckmann schrieb „Das wahre Leben im falschen". In: *ND* v. 16./17.10.1999.]

118. Ders.: Hinter den sieben Bergen. Geschichten aus der deutschen Murkelei. München: dtv, 2000.
[Auswahl aus den Bänden *My Generation*, *Die Zeit stand still, die Lebensuhren liefen*, *Time is on my side* und *Das wahre Leben im falschen* sowie ein bislang nicht in Buchform erschienener Text und ein eigens für diesen Band geschriebener Text.]

119. Ders.: Der sterbende Schwan. Berlins Palast der Republik, Symbol des deutschen Umgangs mit Geschichte, wird 25 Jahre alt. In: *Die Zeit* v. 19.4.2001;
unter dem Titel *Der sterbende Schwan. Der Berliner Palast der Republik wird 25 Jahre alt* auch in: D., C.: *Volk bleibt Volk. Deutsche Geschichten*. Berlin: Ch. Links, 2001, 208-216.

120. Ders.: Volk bleibt Volk. Deutsche Geschichten. Berlin: Ch. Links, 2001.
[Dazu: Steinmetzger, Ulrich: Große Themen und kleine Leute. In: *Saarbrücker Zeitung* v. 28.6.2002.]

121. Ders.: Nach dem Glauben. Von den Versprechen enttäuscht: Erstmals wählt der Osten ohne jede Illusion. In: *Die Zeit* v. 12.9.2002.

122. Ders.: Die Liebe in den Zeiten des Landfilms. Eigens erlebte Geschichten. Berlin: Aufbau TB, 2002.
[Dazu: Grub, Frank Thomas: [Vitrine]. In: Livres/Bücher. Un supplément du *Tageblatt* 8 (2003) 5 v. 16.5.2003.]

123. Dieckmann, Friedrich: Die Suche nach der verlorenen Zeit. In: *FR* v. 11.8.1990;
auch in: D., F.: *Glockenläuten und offene Fragen. Berichte und Diagnosen aus dem anderen Deutschland*. Frankfurt a.M.: Suhrkamp, 1991, 266-270.

124. Ders.: Die Schwierigkeit zu siegen. In: *Wochenpost* v. 7.9.1990 (*Zeitzeichen*);
auch in: D., F.: *Vom Einbringen. Vaterländische Beiträge*. Frankfurt a.M.: Suhrkamp, 1992, 27-32.

125. Ders.: Glockenläuten und offene Fragen. Berichte und Diagnosen aus dem anderen Deutschland. Frankfurt a.M.: Suhrkamp, 1991.

126. Ders.: Vom Einbringen. Vaterländische Beiträge. Frankfurt a.M.: Suhrkamp, 1992.

127. Ders.: Unser Leben in der Utopie. Von der Niederlage der Projekte zum Prozeß der Vermittlung. In: *Politik ohne Projekt? Nachdenken über Deutschland*. Hrsg. von Siegfried Unseld. Frankfurt a.M.: Suhrkamp, 1993, 175-199;
auch in: *Kopfnuss 1. Essays über Kultur und Politik*. Hrsg. von Heinrich v. Berenberg und Klaus Wagenbach. Berlin: Wagenbach, 1993, 133-147
sowie in: D., F.: *Temperatursprung. Deutsche Verhältnisse*. Frankfurt a.M.: Suhrkamp, 1995, 168-192.

128. Ders.: Temperatursprung. Deutsche Verhältnisse. Frankfurt a.M.: Suhrkamp, 1995.

129. Ders.: Wege durch Mitte. Stadterfahrungen. Berlin: Berlin Verlag, 1995.

130. Ders.: Der Irrtum des Verschwindens. Zeit- und Ortsbestimmungen. Leipzig: Gustav Kiepenheuer, 1996.

131. Ders.: Zeitstrophen. Eine Reminiszenz. In: *Die Poesie hat immer recht. Gerhard Wolf. Autor, Herausgeber, Verleger. Ein Almanach zum 70. Geburtstag*. Hrsg. von Peter Böthig. Berlin: Gerhard Wolf Janus press, 1998, 178-183.

132. Deutsche Einheit. Gedanken, Einsichten und Perspektiven. Hrsg. von Eberhard Diepgen. Berlin: Jaron Verlag, 2000.

133. Dönhoff, Marion/Miegel, Meinhard/Nölling, Wilhelm/Reuter, Edzard/Schmidt, Helmut/Schröder, Richard/Thierse, Wolfgang/Weizsäcker, Ernst Ulrich von: Ein Manifest. Weil das Land sich ändern muß. Erweiterte Neuausgabe. Reinbek: Rowohlt, 1993.
[zuerst: Reinbek: Rowohlt, 1992.]

134. Dönhoff, Marion/Bender, Peter/Dieckmann, Friedrich/Michnik, Adam/Schorlemmer, Friedrich/Schröder, Richard/Wesel, Uwe: Ein Manifest II. Weil das Land Versöhnung braucht. Reinbek: Rowohlt, 1993.

135. Dohnanyi, Klaus von: Brief an die deutschen demokratischen Revolutionäre. München: Knaur, 1990;
auch: Leipzig/Weimar: Gustav Kiepenheuer, 1990.
[Dazu: Dieckmann, Friedrich: Vademecum vom West-Onkel. Klaus von Dohnanyis „Brief an die Deutschen Demokratischen Revolutionäre". In: *Die Zeit* v. 9.3.1990]

136. Ders.: Das deutsche Wagnis. Die Risiken der deutsch-deutschen Vereinigung (I). In: *Der Spiegel* 44 (1990) 39 v. 24.9.1990, 162-182.

137. Drawert, Kurt: Haus ohne Menschen. Ein Zustand. In: D., K.: *Haus ohne Menschen. Zeitmitschriften.* Frankfurt a.M.: Suhrkamp, 1993 (*Edition Suhrkamp Leipzig*), 9-19;
zuerst in gekürzter Fassung in: *Der Spiegel* 47 (1993) 27 v. 5.7.1993, 149-151.

138. Ders.: Zustandsbeschreibung. Zwischenbericht. In: D., K.: *Haus ohne Menschen. Zeitmitschriften.* Frankfurt a.M.: Suhrkamp, 1993 (*Edition Suhrkamp Leipzig*), 118f.;
auch in: D., K.: *Fraktur. Lyrik, Prosa, Essay*. Leipzig: Reclam, 1994, 63f.

139. Ders.: Haus ohne Menschen. Zeitmitschriften. Frankfurt a.M.: Suhrkamp, 1993 (*Edition Suhrkamp Leipzig*).

140. Ders.: Polen. Eine innere Reise. In: TERTIA-Gruppe (Hg.): *Transformationen.* Bonn: TERTIA Bildung und Beruf GmbH & Co./TERTIA Training und Consulting GmbH & Co., 1998, 113-128;
auch in: D., K.: *Rückseiten der Herrlichkeit. Texte und Kontexte.* Frankfurt a.M.: Suhrkamp, 2001, 47-63.

141. Ders.: Rückseiten der Herrlichkeit. Texte und Kontexte. Frankfurt a.M.: Suhrkamp, 2001.

142. Dubiel, Helmut: Linke Trauerarbeit. In: *Merkur* 44 (1990) 6, 482-491.

143. Dussmann, Peter: Die Einheit ermöglicht neue Wege. In: *Deutsche Einheit. Gedanken, Einsichten und Perspektiven.* Hrsg. von Eberhard Diepgen. Berlin: Jaron Verlag, 2000, 79-84.

144. Räumt die Steine hinweg. DDR Herbst 1989. Geistliche Reden im politischen Aufbruch. Mit einem Geleitwort von Heinrich Albertz. Hrsg. von Andreas Ebert, Johanna Haberer und Friedrich Kraft. München: Claudius-Verlag (*Sonntagsblatt-Taschenbuch*), 1989.

145. Endler, Adolf: Ede Nordfalls „Wende-Roman". In: Kratschmer, Edwin (Hg.): *Dem Erinnern eine Chance. Jenaer Poetik-Vorlesungen „Zu Beförderung der Humanität" 1993/94.* Köln: Heinrich-Böll-Stiftung e.V., 1995, 177-184;
auch in: *ndl* 43 (1995) 2, 129-136.

146. Ders.: Schweigen Schreiben Reden Schweigen. Reden 1995-2001. Frankfurt a.M.: Suhrkamp, 2003.

147. Engler, Wolfgang: Die Ostdeutschen. Kunde von einem verlorenen Land. Berlin: Aufbau, 1999.
[Taschenbuchausgabe: Berlin: Aufbau TB, 2000.]
[Dazu: Gansel, Carsten: Life – made in GDR. Über das Lebensgefühl der Ostdeutschen. In: *Neue Promenade* (1999) 6, 13;
Günther, Egon: Die Farbe vor der schwarzen Wand. Nachdenken über das „Ding oder Unding DDR" (I): Wolfgang Engler schrieb „Die Ostdeutschen". In: *ND* v. 16./17.10.1999;
Kopka, Fritz-Jochen: Staat ohne moderne Menschen. Ein Ostdeutscher und ein Amerikaner haben neue Bücher über die untergegangene DDR geschrieben. In: *Die Woche* v. 26.3.1999.]

148. Ders.: Die Ostdeutschen als Avantgarde. Berlin: Aufbau, 2002.
[Dazu: Bisky, Jens: Traumbilder vom Osten in den Farben des Westens. Die Jahre, die Ihr nicht kennt, im Land, das Ihr zu kennen meint: Jana Hensel und Wolfgang Engler versuchen, das Leben der Ostdeutschen zu beschreiben. In: *SZ* v. 9.10.2002 (*Beilage*);
Dettling, Warnfried: Das Richtige im Falschen. Wolfgang Engler beschreibt Gefühle und Mentalitäten der Ostdeutschen. In: *Die Zeit*, Oktober 2002 (*Sonderbeilage*);
Grub, Frank Thomas: Soziales Scheitern: ein Fremdwort. Wolfgang Englers „soziologische Erzählung". In: Livres/Bücher. Un supplément du *Tageblatt* 8 (2003) 2 v. 21.2.2003;
[Interview mit René Strien]: Die Ostdeutschen als Avantgarde. Wolfgang Engler im Interview. In: *Neue Promenade* (2002) 16, 18.]

149. Ensikat, Peter: Ab jetzt geb' ich nichts mehr zu. Nachrichten aus den neuen Ostprovinzen. München: Kindler, 1993.

150. Enzensberger, Hans Magnus: Gangarten – Ein Nachtrag zur Utopie. Wenn ein Alltag anbricht, der ohne Propheten auskommt. In: *FAZ* v. 19.5.1990.

151. Ders.: Die Große Wanderung. Dreiunddreißig Markierungen. Mit einer Fußnote ‚Über einige Besonderheiten bei der Menschenjagd'. Frankfurt a.M.: Suhrkamp, 1992.

152. Ders.: Aussichten auf den Bürgerkrieg. Frankfurt a.M.: Suhrkamp, 1993.
[Taschenbuchausgabe: Frankfurt a.M.: Suhrkamp, 1996.]

153. „Erich, wir brauchen Dich!" Briefe nach Moabit. Köln: PapyRossa, 1996.
[Dazu: Wedel, Mathias: „Vergeben Sie mir ...". Briefe an Erich. In: *ND* v. 2.-7.10.1996 (*Beilage zur Frankfurter Buchmesse 1996*).]

154. Erklärung des Berliner Schriftstellerverbandes. In: *Oktober 1989. Wider den Schlaf der Vernunft*. Berlin (DDR): Neues Leben, 1990/Berlin: Elefanten Press, 1989 (*Temperamente 1*), 30.

155. Faber, Elmar: Fort ins gelobte Land. Bottighofen: Libelle, 1993 (*libelle : essai*).

156. Fest, Joachim: Der zerstörte Traum. Vom Ende des utopischen Zeitalters. Berlin: Siedler, 1991 (*Corso bei Siedler*).

157. Földényi, László F.: Ein Foto aus Berlin. Essays, 1991-1994. Aus dem Ungarischen übersetzt von Hans Skirecki. München: Matthes & Seitz, 1996.

158. Förster, Wieland: Grenzgänge. Zwei Texte. Mit einem Essay von Walter Jens. Berlin: Volk & Welt, 1995 (*Zur Lage der Nation*).

159. Fritze, Lothar: Innenansicht eines Ruins. Gedanken zum Untergang der DDR. München: Olzog, 1993 (*Akademiebeiträge zur politischen Bildung, Band 25*).

160. Ders.: Die Gegenwart des Vergangenen. Über das Weiterleben der DDR nach ihrem Ende. Weimar/Köln/Wien: Böhlau, 1997.

[Dazu: Engler, Wolfgang (1997): Das Grau in Grau der roten Fahne. Lothar Fritze über das Fortleben der DDR nach ihrem Ende. In: *BZ* v. 20.3.1997.]

161. Fühmann, Franz: Offener Brief an den Leiter der Hauptverwaltung Buchhandel und Verlage im Ministerium für Kultur Klaus Höpcke. In: *Sinn und Form* 42 (1990) 3, 459-465. Dazu: Höpcke, Klaus: Postscriptum Januar 1990. In: *Sinn und Form* 42 (1990) 3, 465f.

162. Für unser Land. In: *ND* v. 29.11.1989;
auch in: *Wochenpost* v. 8.12.1989;
unter dem Titel *Aufruf für eine eigenständige DDR vom 26. November 1989* auch in: Schüddekopf, Charles (Hg.): *„Wir sind das Volk!" Flugschriften, Aufrufe und Texte einer deutschen Revolution.* Mit einem Nachwort von Lutz Niethammer. Reinbek: Rowohlt, 1990, 240f.

163. Gaus, Günter: Zur Sache: Deutschland. Vortrag am 2. Februar 1992 in Dresden. In: *ndl* 40 (1992) 3, 11-31;
unter dem Titel *Wir müssen aus dem Sumpf auf festen Boden* auch in: G., G.: *Kein einig Vaterland. Texte von 1991 bis 1998.* Mit einem Vorwort von Friedrich Schorlemmer und einem Gespräch mit Daniela Dahn. Berlin: edition ost, 1998, 26-49.

164. Ders.: Kein einig Vaterland. Texte von 1991 bis 1998. Mit einem Vorwort von Friedrich Schorlemmer und einem Gespräch mit Daniela Dahn. Berlin: edition ost, 1998.

165. Zur Person. Friedrich Schorlemmer, Lothar de Maizière, Gregor Gysi, Ingrid Köppe, Christoph Hein, Hans Modrow. Sechs Porträts in Frage und Antwort von Günter Gaus. Berlin (DDR): Volk & Welt, 1990.

166. Gaus, Günter: Zur Person. Band 1. Gespräche mit Schriftstellern. Jurek Becker, Daniela Dahn, Walter Jens, Hermann Kant, Helga Königsdorf, Christa Wolf. Berlin: edition ost, 1998.

167. Ders.: Zur Person. Band 2. Gespräche mit Ministerpräsidenten. Reinhard Höppner, Oskar Lafontaine, Johannes Rau, Berndt Seite, Heide Simonis, Bernhard Vogel, Wolfgang Clement. Berlin: edition ost, 1998.

168. Ders.: Zur Person. [Band 3]. Gespräche mit bildenden und darstellenden Künstlern. Kurt Böwe, Albert Hetterle, Dieter Hildebrandt, Thomas Langhoff, Kurt Maetzig, Wolfgang Mattheuer, Claus Peymann, Willi Sitte, Katharina Thalbach. Berlin: edition ost, 1999.

169. Ders.: Zur Person. [Band 4]. Gespräche mit Frauen. Katarina Witt, Inge Vieth, Barbara Thalheim, Hildegard Hamm-Brücher, Gisela Oechelhaeuser, Antje Vollmer, Ellen Brombacher. Berlin: edition ost, 1999.

170. Ders.: Zur Person. [Band 5]. Gisela May, Harald Schmidt, Inge Keller, Heinz Berggruen, Johannes Mario Simmel, Egon Bahr, Klaus Schlesinger. Berlin: edition ost im Verlag Das Neue Berlin, 2001.

171. General, Regina: Von Häusern und Utopien. Ankunft im deutschen Alltag. In: *Aus Politik und Zeitgeschichte* B 1-2/2000 v. 7.1.2000, 15-21.

172. Genscher, Hans-Dietrich: Unterwegs zur Einheit. Reden und Dokumente aus bewegter Zeit. Berlin: Siedler, 1991.

173. Sternstunde der Deutschen. Hans-Dietrich Genscher im Gespräch mit Ulrich Wickert. Mit sechs Beiträgen von Hans-Dietrich Genscher und einem Vorwort von Erich Loest. Stuttgart/Leipzig: Hohenheim, 2000.

174. Gerlach, Harald: Fortgesetzte Landnahme. Fußnoten zum Zeitgeist. Rudolstadt: Hain Verlag, 1997 (*Thüringen-Bibliothek, Band 1*).

175. Giesen, Bernd/Leggewie, Claus (Hgg.): Experiment Vereinigung. Ein sozialer Großversuch. Berlin: Rotbuch, 1991.

176. Gilges, Konrad: Deutschland – ein „normaler Nationalstaat"? In: *Die Neue Gesellschaft. Frankfurter Hefte* 38 (1991) 9, 840f.

177. Glotz, Peter: Der Irrweg des Nationalstaats. Europäische Reden an ein deutsches Publikum. Stuttgart: Deutsche Verlags-Anstalt, 1990.

178. Ders.: Warum wir eine Nation sind. Warum wir uns jedoch nicht abermals vom „deutschen Hunde" beißen lassen sollten: Eine Antwort auf Karl Heinz Bohrer. In: *FAZ* v. 9.2.1990.

179. Ders.: Normalisierung – Sonderweg. Aus dem Wörterbuch des wiedervereinigten Deutschland. In: *Die Neue Gesellschaft. Frankfurter Hefte* 38 (1991) 9, 823-826;
unter dem Titel *Deutscher Sonderweg? Aus dem Wörterbuch des wiedervereinigten Deutschland* auch in: G., P.: *Die falsche Normalisierung. Die unmerkliche Verwandlung der Deutschen 1989 bis 1994. Essays.* Frankfurt a.M.: Suhrkamp, 1994, 33-41.

180. Ders.: Die falsche Normalisierung. Die unmerkliche Verwandlung der Deutschen 1989 bis 1994. Essays. Frankfurt a.M.: Suhrkamp, 1994.

181. Goettle, Gabriele: Deutsche Sitten. Erkundungen in Ost und West. Mit Photographien von Elisabeth Kmölniger. Frankfurt a.M.: Eichborn, 1991 (*Die andere Bibliothek, Band 78*).
[Taschenbuchausgabe: Frankfurt a.M.: Fischer TB, 1993.]
[Dazu: Welz, Dieter: On reconnaissance in the former GDR. Interventionist strategies of the narrative in Gabriele Goettle's Deutsche Sitten: Erkundungen in Ost und West. In: Monteath, Peter/Alter, Reinhard (Hgg.): *Kulturstreit – Streitkultur. German Literature since the wall*. Amsterdam/Atlanta: Rodopi, 1996 (*German Monitor 38*), 165-172.]

182. Dies.: Deutsche Bräuche. Ermittlungen in Ost und West. Mit Photographien von Elisabeth Kmölniger. Frankfurt a.M.: Eichborn, 1994 (*Die andere Bibliothek, Band 111*).

183. Dies.: Deutsche Spuren. Erkenntnisse aus Ost und West. Mit Photographien von Elisabeth Kmölniger. Frankfurt a.M.: Eichborn, 1997 (*Die andere Bibliothek, Band 152*).
[Taschenbuchausgabe: Frankfurt a.M.: Fischer TB, 1996; geplant, aber laut Verlag nicht erschienen.]

184. Dagewesen und aufgeschrieben. Reportagen über eine deutsche Revolution. Hrsg. von Dieter Golombek und Dietrich Ratzke. Frankfurt a.M.: Institut für Medienentwicklung und Kommunikation (IMK), 1990.

185. Facetten der Wende. Reportagen über eine deutsche Revolution. Band II. Hrsg. von Dieter Golombek und Dietrich Ratzke. Frankfurt a.M.: Institut für Medienentwicklung und Kommunikation, 1991.

186. Grass, Günter: Lastenausgleich: Fällig sofort und ohne Vorbedingungen. Plädoyer für politischen Gestaltungswillen auf dem SPD-Parteitag. In: *FR* v. 19.12.1989;
unter dem Titel *Lastenausgleich* auch in: G., G.: *Deutscher Lastenausgleich. Wider das dumpfe Einheitsgebot. Reden und Gespräche.* Berlin (DDR)/Weimar: Aufbau, 1990 (*Texte zur Zeit*), 7-12
sowie in: G., G.: *Gegen die verstreichende Zeit. Reden, Aufsätze und Gespräche 1989-1991*. Hamburg/Zürich: Luchterhand, 1991, 28-34.

187. Ders.: Kurze Rede eines vaterlandslosen Gesellen. In: *Die Zeit* v. 9.2.1990;
auch in: G., G.: *Gegen die verstreichende Zeit. Reden, Aufsätze und Gespräche 1989-1991*. Hamburg/Zürich: Luchterhand, 1991, 35-41.

188. Ders.: Schreiben nach Auschwitz. Nachdenken über Deutschland: ein Schriftsteller zieht Bilanz aus 35 Jahren. Die Frankfurter Poetik-Vorlesung [13.2.1990]. In: *Die Zeit* v. 23.2.1990;
auch in: G., G.: *Gegen die verstreichende Zeit. Reden, Aufsätze und Gespräche 1989-1991*. Hamburg/Zürich: Luchterhand 1991, 42-73.

189. Ders.: Was rede ich. Wer hört noch zu. Die deutsche Einigung hat sich auf Mark und Pfennig verkürzt, die Revolutionäre von Leipzig, Dresden und Berlin sind die Angeschmierten. In: *Die Zeit* v. 11.5.1990;
unter dem Titel *Einige Ausblicke vom Platz der Angeschmierten* auch in: G., G.: *Gegen die verstreichende Zeit. Reden, Aufsätze und Gespräche 1989-1991*. Hamburg/Zürich: Luchterhand 1991, 77-86.

190. Ders.: Bericht aus Altdöbern [Rede im Berliner Reichstag am 16.6.1990 anlässlich der konstituierenden Sitzung des *Kuratoriums für ein demokratisch verfaßtes Deutschland*]. In: *FR* v. 30.6.1990;
auch in: *europäische ideen* (1990) 74 (*Faschismus Stalinismus 2*), 12-15
sowie in: G., G.: *Gegen die verstreichende Zeit. Reden, Aufsätze und Gespräche 1989-1991*. Hamburg/Zürich: Luchterhand, 1991, 87-95.

191. Ders.: Deutscher Lastenausgleich. Wider das dumpfe Einheitsgebot. Reden und Gespräche. Frankfurt a.M.: Luchterhand, 1990;
auch: Berlin (DDR)/Weimar: Aufbau, 1990 (*Texte zur Zeit*).
[Dazu: Dieckmann, Christoph: Auf dem Sprung nach Deutschland. In: *ndl* 38 (1990) 8, 148-151;
auch in: D., C.: *My Generation. Cocker, Dylan, Lindenberg und die verlorene Zeit*. Mit Fotos von Harald Hauswald und anderen. Berlin: LinksDruck Verlag Ch. Links, 1991, 239-242.]

192. Ders.: Ein Schnäppchen namens DDR. Warnung vor Deutschland: Das Monstrum will Großmacht sein [Rede im Berliner Reichstag, gehalten am 2.10.1990 vor den Fraktionen der *Grünen* und *Bündnis 90*]. In: *Die Zeit* v. 5.10.1990;

auch in: G., G.: *Gegen die verstreichende Zeit. Reden, Aufsätze und Gespräche 1989-1991*. Hamburg/Zürich: Luchterhand, 1991, 96-114.
[Dazu: [Leserbriefe]: Schwarzseher der Nation. Warnung vor dem vereinten Deutschland. In: *Die Zeit* v. 26.10.1990.]

193. Ders.: Gegen den Haß. Osloer Rede. In: *ndl* 38 (1990) 11, 5-8.

194. Ders.: Ein Schnäppchen namens DDR. Letzte Reden vorm Glockengeläut. Göttingen: Steidl, 1990.
[Taschenbuchausgabe: München: dtv, 1993.]
[Dazu: Mendler, Martin: War die deutsche Einheit ein Fehler? In: *Die Neue Gesellschaft. Frankfurter Hefte* 41 (1994) 3, 281-283.]

195. Ders.: *Gegen die verstreichende Zeit. Reden, Aufsätze und Gespräche 1989-1991*. Hamburg/Zürich: Luchterhand, 1991.

196. Ders.: Rede vom Verlust. Über den Niedergang der politischen Kultur im geeinten Deutschland. In: *SZ* v. 21./22.11.1992;
auch: Göttingen: Steidl, 1992.

197. Ders.: Rede über den Standort. Göttingen: Steidl, 1997.
[Dazu: Wie bleibt man widerständig in hoffnungslosen Situationen? Volker Braun in Dresden: Über Günter Grass, Unterschiede zwischen offizieller und literarischer Geschichtsschreibung sowie die Preisgabe der Macht [Rede, gehalten am 23.2.1997 im Schauspielhaus Dresden in der Reihe *Zur Sache: Deutschland*]. In: *Sächsische Zeitung* v. 28.2.1997;
unter dem Titel *Vorrede zu Günter Grassens „Rede über den Standort"* leicht verändert auch in: B., V.: *Wir befinden uns soweit wohl. Wir sind erst einmal am Ende. Äußerungen*. Frankfurt a.M.: Suhrkamp, 1998, 127-130.]

198. Ders.: Fünf Jahrzehnte. Ein Werkstattbericht. Hrsg. von G. Fritze Margull. Göttingen: Steidl/Verlag Buchhändler Vereinigung, 2001 (*editionWelttag*; hrsg. vom Börsenverein des Deutschen Buchhandels e.V. in Zusammenarbeit mit dem P.E.N.-Zentrum Deutschland).

199. Ders./Hildebrandt, Regine: Schaden begrenzen oder auf die Füße treten. Ein Gespräch. Mit Repliken von Fritz Ullrich Fack und Max Thomas Mehr. Berlin: Volk & Welt, 1993 (*Zur Lage der Nation*).
[Dazu: Heise, Ulf: Attacken auf verkrusteten deutschen Pluralismus. Günter Grass und Regine Hildebrandt im Dialog. In: *Freie Presse* v. 5.11.1993;

Mendler, Martin: War die deutsche Einheit ein Fehler? In: *Die Neue Gesellschaft. Frankfurter Hefte* 41 (1994) 3, 281-283;
Rammer, Stefan: Literatur-Fossil mit Qualitätsgarantie. Neues und Altes vom deutschen Vorzeige-Autor Günter Grass. In: *Passauer Neue Presse* v. 20.11.1993.]

200. Ders./Walser, Martin: Ein Gespräch über Deutschland. Moderation: Stephan Lohr. NDR 1994. Eggingen: Edition Isele, 1995; 1 MC.

201. Greiffenhagen, Martin und Sylvia: Ein schwieriges Vaterland. Zur politischen Kultur im vereinigten Deutschland. München/Leipzig: Paul List Verlag in der Südwest Verlag GmbH & Co. KG München, 1993.

202. Greiner, Ulrich: Das Phantom der Nation. Warum wir keine Nation sind und warum wir keine werden müssen – ein vergeblicher Zwischenruf im Intellektuellen-Streit um die deutsche Einheit. In: *Die Zeit* v. 16.3.1990.

203. Ders.: Redlichkeit und Moralität. Unerbetenes Geleitwort zum ersten deutschen Schriftstellerkongreß. In: *Die Zeit* v. 24.5.1991.

204. Grimm, Thomas: Was von den Träumen blieb. Eine Bilanz der sozialistischen Utopie. Vorwort von Heiner Müller. Berlin: Siedler, 1993.

205. Gröschner, Annett: ÿbbotaprag. heute. geschenke. schupo. schimpfen. hetze. sprüche. demonstrativ. sex. DDRbürg. gthierkatt. ausgewählte essays, fließ- & endnotentexte 1989-98. Berlin/Zepernick: Kontext, 1999.

206. Grözinger, Gerd: Teures Deutschland. Was kostet uns die DDR. Berlin: Rotbuch, 1990.

207. Grünbein, Durs: Galilei vermißt Dantes Hölle und bleibt an den Maßen hängen. Aufsätze 1989-1995. Frankfurt a.M.: Suhrkamp, 1996.

208. Gysi, Gregor: Einspruch! Gespräche, Briefe, Reden. Hrsg. von Hanno Harnisch und Hannelore Heider. Berlin: Alexander Verlag, 1992.

209. Ders.: Freche Sprüche. Hrsg. von Jörg Köhler und Hanno Harnisch. Berlin: Schwarzkopf & Schwarzkopf, 1995.
[Sonderausgabe: Berlin: Schwarzkopf & Schwarzkopf, 1997.]

210. Ders./Falkner, Thomas: Sturm aufs Große Haus. Der Untergang der SED. Gedanken von Gregor Gysi, Thomas Falkner und Werner Hübner – aufgezeichnet von Thomas Falkner. Berlin: *Edition Fischer*insel in der Druck- und Verlagsanstalt „das blatt", 1990.

211. Habermas, Jürgen: Der DM-Nationalismus. Weshalb es richtig ist, die deutsche Einheit nach Artikel 146 zu vollziehen, also einen Volksentscheid über eine neue Verfassung anzustreben. In: *Die Zeit* v. 30.3.1990.

212. Ders.: Die nachholende Revolution. Kleine politische Schriften VII. Frankfurt a.M.: Suhrkamp, 1990.

213. Ders.: Die zweite Lebenslüge der Bundesrepublik: Wir sind wieder „normal" geworden. In: *Politik ohne Projekt? Nachdenken über Deutschland*. Hrsg. von Siegfried Unseld. Frankfurt a.M.: Suhrkamp, 1993, 283-297.
[zuerst leicht gekürzt in *Die Zeit* v. 11.12.1992.]

214. Ders.: Die Normalität einer Berliner Republik. Frankfurt a.M.: Suhrkamp, 1995.
[Dazu: [Interview mit Stephan Sattler]: Ein politisch zivilisiertes Land. Der Philosoph und Soziologe Jürgen Habermas über Deutschland nach der Wiedervereinigung und die Suche nach Normalität. In: *Focus* (1995) 35 v. 28.8.1995, 122-124.

215. Hacks, Peter: Die Maßgaben der Kunst. Gesammelte Essays (1961-1995). Hamburg: Edition Nautilus, 1996.
[Dazu: Brandt, Sabine: Vom Holzhammer und anderen Waffen. Peter Hacks legt gesammelte Aufsätze aus fünfunddreißig Jahren vor. In: *FAZ* v. 14.12.1996;
Scalla, Mario: Plebejische Klassik. Die Maßgaben der Kunst: Gesammelte Essays von Peter Hacks. In: *Freitag* v. 4.10.1996 (*Literatur Extra*).]

216. Ders.: Schöne Wirtschaft. Ästhetisch-ökonomische Fragmente. Hamburg: Edition Nautilus, 1997 (*Kleine Bücherei für Hand und Kopf 43*).
[Dazu: Dieckmann, Friedrich: Was kostet die Kunst? Peter Hacks erklärt es in „Schöne Wirtschaft". In: *FAZ* v. 5.7.1997.]

217. Häfner, Gerald: 3. Oktober, Feiertag: Haben wir überhaupt einen Grund zum feiern? In: *a tempo. Das Lebensmagazin der Verlage Frei-*

es Geistesleben und Urachhaus [eingeheftet in *alverde. das aktuelle dm-Magazin* [Kundenzeitschrift der *dm*-Drogeriemärkte]] (2001) 10, 15-18.

218. Härtling, Peter: Zwischen Untergang und Aufbruch. Aufsätze, Reden, Gespräche. Berlin (DDR)/Weimar: Aufbau, 1990 (*Dokumentation Essayistik Literaturwissenschaft*).

219. Hättich, Manfred: Deutschland. Eine zu späte Nation. Mainz/München: v. Hase & Koehler, 1990.

220. 4. November '89. Der Protest. Die Menschen. Die Reden. Hrsg. von Annegret Hahn, Gisela Pucher, Henning Schaller, Lothar Scharsich. Berlin (DDR): Henschel, 1990;
auch: Frankfurt a.M./Berlin: Ullstein/Propyläen, 1990.

221. Haller, Michael: Zwei deutsche Seelen im Konflikt. Gerade befreit und schon wieder gedemütigt – DDR-Bürger in der Krise. In: *Die Zeit* v. 29.6.1990.

222. *Dona nobis pacem. Herbst '89 in Leipzig*. Friedensgebete, Predigten und Fürbitten. Hrsg. von Günter Hanisch, Gottfried Hänisch, Friedrich Magirius und Johannes Richter. 2. korrigierte Auflage. Berlin: Evangelische Verlagsanstalt, 1996.
[zuerst unter dem Titel *Dona nobis pacem. Fürbitten und Friedensgebete Herbst '89 in Leipzig*. Hrsg. von Günter Hanisch, Gottfried Hänisch, Friedrich Magirius und Johannes Richter. Berlin (DDR): Evangelische Verlagsanstalt, 1990.]

223. Hanke, Irma: Experiment Deutschland oder: Das neue deutsche Nationalgefühl. In: *WB* 37 (1991) 1, 55-70.

224. Sind wir ein Volk? DDR-Reporter berichten aus Deutschland West. BRD-Reporter berichten aus Deutschland Ost. Hrsg. von Irmela Hannover und Ilona Rothin. Hamburg/Berlin: Rasch und Röhring/Theuberger, 1990.

225. Deutsche Entfremdung. Zum Befinden in Ost und West. Hrsg. von Wolfgang Hardtwig und Heinrich A. Winkler. München: C.H. Beck, 1994 (*Beck'sche Reihe*).

226. Harich, Wolfgang: Keine Schwierigkeiten mit der Wahrheit. Zur nationalkommunistischen Opposition 1956 in der DDR. Berlin: Dietz, 1993.

227. Harig, Ludwig: Bei Erich dehemm. Der Honecker-Prozeß geht angeblich weiter. Der Angeklagte ist angeblich weg. Noch in Moabit hat unser Reporter – angeblich Honeckers Vater – Erich getroffen. In: *Die Zeit* v. 5.2.1993;
auch in: H., L.: *Der Wiedergeborene. Reportagen.* Heidelberg: Verlag Das Wunderhorn, 1997, 40-50,
sowie in: *„Erich, wir brauchen Dich!" Briefe nach Moabit.* Köln: PapyRossa, 1996, 92-105.

228. Hartmann, Ralph: Die Liquidatoren. Der Reichskommissar und das wiedergewonnene Vaterland. Vorwort: Hans Modrow. Berlin: Neues Leben, 1996 (*NL konkret 100*).

229. Ders.: Mit der DDR ins Jahr 2000. Berlin: Karl Dietz Verlag, 1999. [Dazu: Voß, Hans: Bedenkenswerte Provokation. Mit der DDR ins Jahr 2000? In: *ND* v. 13.-18.10.1999 (*Beilage zur Frankfurter Buchmesse 1999*).]

230. Hartung, Klaus: Der große Radwechsel oder Die Revolution ohne Utopie. In: *Nichts wird mehr so sein, wie es war. Zur Zukunft der beiden deutschen Republiken.* Hrsg. von Frank Blohm und Wolfgang Herzberg. Leipzig: Reclam, 1990, 164-186.

231. Ders.: Neunzehnhundertneunundachtzig. Ortsbesichtigungen nach einer Epochenwende. Frankfurt a.M.: Luchterhand, 1990 (*Luchterhand Essay*).

232. Ders.: Aufbruch ins Zentrum. Berlin ist nicht das Symbol der Vereinigungsmisere, sondern der Ort eines neuen Anfangs. In: *Die Zeit* v. 10.9.1998.

233. Haußmann, Leander: Man wechselt nicht so gerne die Feinde. Notizen aus Weimar. In: *Theater heute. Jahrbuch* (1990), 31f.

234. Hein, Christoph: Die fünfte Grundrechenart. Rede zur Geschichte im Ostberliner Schriftstellerverband am 14. September. In: *Die Zeit* v. 6.10.1989;
unter dem Titel *Gutgemeint ist das Gegenteil von wahr* auch in: *Sonntag* v. 29.10.1989;
unter dem Titel *Die fünfte Grundrechenart* auch in: H., C.: *Die fünfte Grundrechenart. Aufsätze und Reden 1987-1990.* Frankfurt a.M.: Luchterhand, 1990, 163-172

sowie in: Ders.: *Als Kind habe ich Stalin gesehen. Essais und Reden.* Berlin/Weimar: Aufbau, 1990/1992, 145-156.

235. Beitrag von Christoph Hein zu: Reden auf der Demonstration für Pressefreiheit in Berlin [4. November 1989]. In: *ndl* 38 (1990) 3; 173-177, 175f.;
unter dem Titel *Der alte Mann und die Straße* [Titel nicht von C.H.] auch in: H., C.: *Die fünfte Grundrechenart. Aufsätze und Reden 1987-1990.* Frankfurt a.M.: Luchterhand, 1990, 194-196
sowie in: Ders.: *Als Kind habe ich Stalin gesehen. Essais und Reden.* Berlin/Weimar: Aufbau, 1990/1992, 175-177.

236. Ders.: Brief an Sara, New York. In: H., C.: *Die fünfte Grundrechenart. Aufsätze und Reden 1987-1990.* Frankfurt a.M.: Luchterhand, 1990, 197-209;
unter dem Titel *Ein Brief an Sara, New York* auch in: Ders.: *Als Kind habe ich Stalin gesehen. Essais und Reden.* Berlin/Weimar: Aufbau, 1990/1992, 184-198
[zuerst unter dem Titel *East Berlin Diary* in: *The New York Times Magazine* v. 17.12.1989].

237. Ders.: Brief an den Rowohlt-Verlag, Reinbek. In: H., C.: *Die fünfte Grundrechenart. Aufsätze und Reden 1987-1990.* Frankfurt a.M.: Luchterhand, 1990, 210;
unter dem Titel *An den Rowohlt-Verlag, Reinbek bei Hamburg* auch in: Ders.: *Als Kind habe ich Stalin gesehen. Essais und Reden.* Berlin/Weimar: Aufbau, 1990/1992, 199f.

238. Ders.: Als Kind habe ich Stalin gesehen. Essais und Reden. Berlin/Weimar: Aufbau, 1990/1992.
[Taschenbuchausgabe: Berlin: Aufbau TB, 2000.]

239. Ders.: Die fünfte Grundrechenart. Aufsätze und Reden 1987-1990. Frankfurt a.M.: Luchterhand, 1990.
[Dazu: Bullivant, Keith: [o.T.]. In: *The Germanic Review* LXVII (1992) 3, 135f.]

240. Ders.: Die Mauern von Jerichow. Essais und Reden. Berlin: Aufbau TB, 1996.

241. Hein, Klaus: Plädoyer zu Peenemünde. Entschuldigung, Buße, Bekennen. Peenemünde: Verlag & Vertrieb Axel Dietrich, 1994.

242. Henrich, Dieter: Eine Republik Deutschland. Reflexionen auf dem Weg aus der deutschen Teilung. Frankfurt a.M.: Suhrkamp, 1990.

243. Ders.: Nach dem Ende der Teilung. Über Identitäten und Intellektualität in Deutschland. Frankfurt a.M.: Suhrkamp, 1993.

244. Hensel, Jana: Zonenkinder. Reinbek: Rowohlt, 2002.
[Hörbuch: Jana Hensel liest *Zonenkinder*. Berlin: DAV/MDR Kultur, 2003; 2 CDs.]
[Dazu: Bisky, Jens: Traumbilder vom Osten in den Farben des Westens. Die Jahre, die Ihr nicht kennt, im Land, das Ihr zu kennen meint: Jana Hensel und Wolfgang Engler versuchen, das Leben der Ostdeutschen zu beschreiben. In: *SZ* v. 9.10.2002 (*Beilage*);
Koppenhagen, Thomas: [Vitrine]. In: Livres/Bücher. Un supplément du *Tageblatt* 8 (2003) 1 v. 17.1.2003.]

245. Herlt, Günter: Birne contra Historie. Mit einem Vorwort von Hermann Kant. Berlin: Spotless, [o.J.].

246. Zusammen-wachsen. Gespräche aus einer Wende 1990-1992. Hrsg. von Ulrich Herold und Friedrich Schorlemmer. Berlin: Verlag CONSTRUCTIV Berlin, [o.J.].

247. Herrmann, Frank-Joachim: Der Sekretär des Generalsekretärs. Honeckers persönlicher Mitarbeiter über seinen Chef. Ein Gespräch mit Brigitte Zimmermann und Reiner Oschmann. Berlin: edition ost, 1996 (*Rote Reihe*).

248. Herzberg, Guntolf: Einen eigenen Weg gehen ... Texte aus Ost und West 1981-90. In memoriam Wolfgang Heise. Berlin: Dietz Verlag Berlin, 1991.

249. Heym, Stefan: Ist die DDR noch zu retten? Ein Schriftsteller und sein Staat. Aus dem real existierenden muß ein wirklicher Sozialismus werden. In: *Die Zeit* v. 13.10.1989;
unter dem Titel *Neue Hoffnung für die DDR. Essay. „Die Zeit“* auch in: H., S.: *Einmischung. Gespräche, Reden, Essays*. Ausgewählt und hrsg. von Inge Heym und Heinfried Henniger. Mit einem Vorwort von Egon Bahr. München: C. Bertelsmann, 1990, 239-244
sowie in: Ders.: *Stalin verläßt den Raum. Politische Publizistik*. Hrsg. und mit einem Nachwort von Heiner [sic] Henniger. Leipzig: Reclam, 1990, 271-276.

250. Ders.: Zwischenbericht. In: *Der Spiegel* 43 (1989) 43 v. 23.10.1989 (*Spiegel-Essay*), 41-44;
auch in: H., S.: *Einmischung. Gespräche, Reden, Essays*. Ausgewählt und hrsg. von Inge Heym und Heinfried Henniger. Mit einem Vorwort von Egon Bahr. München: C. Bertelsmann, 1990, 249-255
sowie in: Ders.: *Stalin verläßt den Raum. Politische Publizistik*. Hrsg. und mit einem Nachwort von Heiner [sic] Henniger. Leipzig: Reclam, 1990, 281-287.

251. Ders.: Hurra für den Pöbel. In: *Der Spiegel* 43 (1989) 45 v. 6.11.1989, (*Spiegel-Essay*), 30f.;
unter dem Titel *Dialog* auch in: H., S.: *Einmischung. Gespräche, Reden, Essays*. Ausgewählt und hrsg. von Inge Heym und Heinfried Henniger. Mit einem Vorwort von Egon Bahr. München: C. Bertelsmann, 1990, 259-264
sowie in: Ders.: *Stalin verläßt den Raum. Politische Publizistik*. Hrsg. und mit einem Nachwort von Heiner [sic] Henniger. Leipzig: Reclam, 1990, 290-295.

252. Ders.: Aschermittwoch in der DDR. In: *Der Spiegel* 43 (1989) 49 v. 4.12.1989 (*Spiegel-Essay*), 55-58;
unter dem Titel *Aschermittwoch* auch in: H., S.: *Einmischung. Gespräche, Reden, Essays*. Ausgewählt und hrsg. von Inge Heym und Heinfried Henniger. Mit einem Vorwort von Egon Bahr. München: C. Bertelsmann, 1990, 265-270.

253. Ders.: Stalin verläßt den Raum. Politische Publizistik. Hrsg. und mit einem Nachwort von Heiner [sic] Henniger. Leipzig: Reclam, 1990.

254. Ders.: Einmischung. Gespräche, Reden, Essays. Ausgewählt und hrsg. von Inge Heym und Heinfried Henniger. Mit einem Vorwort von Egon Bahr. München: C. Bertelsmann, 1990.
[Taschenbuchausgabe: Frankfurt a.M.: Fischer TB, 1992.]

255. Hilbig, Wolfgang: Der Moment, in dem wir glaubten, mündig zu sein ... Eine Dankrede [Dankrede zur Verleihung des Lessing-Preises am 18.1.1997 in Kamenz]. In: *ND* v. 30.1.1997.

256. Ders.: Der Rest ist Monolog. Offene Geheimnisse: Dankrede zur Verleihung des Georg-Büchner-Preises. In: *FAZ* v. 29.10.2002.

257. Hildebrandt, Dieter: Leider ist die Banane krumm. Über die Einheitspartei der Westskeptiker räsoniert Dieter Hildebrandt. Ostdeutsche Identität in der Debatte, neunte Folge. In: *junge Welt* v. 20.8.1994.

258. Hochhuth, Rolf: Zwischen Sylt und Wilhelmstraße. Essays, Gedichte, Reden. Mit einem Nachwort von Gert Ueding. Berlin: Volk und Welt, 2001.

259. Höllerer, Walter: Getrenntes will sich finden. Rede in der Nikolaikirche Berlin (Ost) zur Gründung der ‚Deutschen Gesellschaft' am 13. Januar 1990. In: *Sprache im technischen Zeitalter* 28 (1990) 113, 15-19.

260. Staatskanzlei des Landes Sachsen-Anhalt (Hg.): Leben mit der DDR. Reinhard Höppner im Gespräch mit Matthias Platzeck, Wolfgang Berghofer, Manfred Stolpe, Hans-Jochen Tschiche, Henning Voscherau, Klaus Oberländer, Christa Wolf, Marion Gräfin Dönhoff. Halle (S.): Mitteldeutscher Verlag, 2000.
[Dazu: Bollinger, Stefan: Okay, ich war dabei. Leben in Ostdeutschland. In: *ND* v. 23.-26.3.2000 (*Beilage zur Leipziger Buchmesse 2000*).]

261. „Ich bin am Ende meiner Erklärung. Tun Sie, was Sie nicht lassen können." Die letzte Rede des Erich Honecker. Moabit, 3. Dezember 1992. Berlin: Solidaritätskomitee für Erich Honecker, 1992;
[o.T.] auch in: Corvalán, Luis: *Gespräche mit Margot Honecker über das andere Deutschland*. Berlin: Das Neue Berlin, 2001, 203-218.

262. Erich Honecker zu dramatischen Ereignissen. Hamburg: W. Runge Verlag, [1992].

263. Honecker, Erich: Moabiter Notizen. Letztes schriftliches Zeugnis und Gesprächsprotokolle vom BRD-Besuch 1987 aus dem persönlichen Besitz Erich Honeckers. Berlin: edition ost, 1994.

264. Jacobi, Heinz: Deutschdeutsch. Materialien gegen ein Volk. Das Anschluß-Lesebuch. München: Verlag Maistraßenpresse, 1990 (*Der Bote, Sonderband IV*).

265. Ders.: Tod und Teufel. Polemiken. München: Verlag Maistraßenpresse, 1991 (*Der Bote Nr. 12*).

266. Jaeggi, Urs: Durcheinandergesellschaft. In: TERTIA-Gruppe (Hg.): *Transformationen*. Bonn: TERTIA Bildung und Beruf GmbH & Co./TERTIA Training und Consulting GmbH & Co., 1998, 13-27.

267. Nach langem SCHWEIGEN endlich SPRECHEN. Briefe an Walter Janka. Hrsg. von Alfred Eichhorn und Andreas Reinhardt. Berlin (DDR)/Weimar: Aufbau, 1990 (*Texte zur Zeit*).

268. [Jaspers, Karl: Freiheit und Wiedervereinigung. Über Aufgaben deutscher Politik. Vorwort von Willy Brandt. Mit einer Nachbemerkung zur Neuausgabe von Hans Saner. München/Zürich: Piper, 1990.]

269. Jens, Walter: Nachdenken über Deutschland. Warnung vor den Winken aus dem Zuschauerraum. In: *Neue Rundschau* 101 (1990) 1, 91-93 (*Deutschland, Deutschland ...*).

270. Ders.: Getrennte Vergangenheit, gemeinsame Zukunft. Plädoyer gegen die Preisgabe der DDR-Kultur. Fünf Forderungen an die Intellektuellen im geeinten Deutschland [Eröffnungsrede zum 3. Bertelsmann-Colloquium in Potsdam am 11.6.1990]. In: *SZ* v. 16./17.6.1990.

271. Jessen, Jens: Im Schlagen alter Schlachten scheint das Land erstarrt zu sein. Wer im Westen auf Veränderung gehofft hatte, sah sich durch den Beitritt der DDR wieder auf die Verhältnisse zurückgeworfen, an deren Zukunftsfähigkeit er gerade zu zweifeln begonnen hatte. In: *BZ* v. 6./7.11.1999.

272. Kant, Hermann: 140 Jahre Zweisamkeit. Gedanken zum Gedenken oder Mehrerlei Schwierigkeiten beim Entwurf eines Grass-Walser-Denkmals. In: *literatur konkret* (1997/98) 22, 6-9.

273. Ders.: Zeichen-Setzung. In: *ND* v. 28./29.3.1998.

274. Ders./Zwerenz, Gerhard: Unendliche Wende. Das Leipziger Gespräch zwischen Hermann Kant und Gerhard Zwerenz vom 23. März 1997. Querfurt: Dingsda-Verlag, 1997; 2 MCs.
Geringfügig veränderte Verschriftung: Kant, Hermann/Zwerenz, Gerhard: Unendliche Wende. Ein Streitgespräch. [Hrsg. von Joachim Jahns.] Querfurt: Dingsda-Verlag, 1998.

275. Karau, Gisela/Steineckert, Gisela/Boddien, Wilhelm von u.a.: Der Palast muß weg weg weg! Berlin: Spotless, 1994.

276. Karau, Gisela/Vetter, Jens: Gauck-Opfer. Nachwort: Rechtsanwalt Johannes Eisenberg. [Berlin]: Spotless, 1995.

277. Nachdenken über Deutschland. I. Reden. Hrsg. von Dietmar Keller. Berlin: Verlag der Nation, 1990.

278. Kirsch, Sarah: Das simple Leben. Stuttgart: Deutsche Verlags-Anstalt, 1994.

279. Kirsten, Wulf: Textur. Reden und Aufsätze. Zürich: Ammann, 1998.

280. Klier, Freya: Penetrante Verwandte. Kommentare, Aufsätze und Essays in Zeiten deutscher Einheit. Frankfurt a.M./Berlin: Ullstein, 1996 (*Ullstein Zeitgeschichte*).

281. Dies.: Wir Brüder und Schwestern. Geschichten zur Einheit. Berlin: Ullstein, 2000.
[Taschenbuchausgabe: München: Ullstein TB, 2002.]
[Dazu: Leinemann, Susanne: Berichte aus der Zwischenwelt. Zehn Jahre nach dem Mauerfall zieht der Osten Bilanz. In: *Die Welt* v. 30.9.2000.]

282. Kluge, Alexander: Chronik der Gefühle. Band I: Basisgeschichten. Band II: Lebensläufe. Frankfurt a.M.: Suhrkamp, 2000.
[zwei parallel erschienene Ausgaben in unterschiedlicher Ausstattung: gebunden/kartoniert]
[Hörbuch: A.K.: Lebensläufe. Chronik der Gefühle. Gelesen von Hannelore Hoger [und vom Autor]. Hamburg: HörbucHHamburg, 2001 (HR 2); 3 CDs/3MCs.]

283. Knabe, Hubertus (Hg.): Aufbruch in eine andere DDR. Reformer und Oppositionelle zur Zukunft ihres Landes. Reinbek: Rowohlt TB, 1989 (*rororo aktuell*).

284. Königsdorf, Helga: 1989 oder Ein Moment Schönheit. Eine Collage aus Briefen, Gedichten, Texten. Berlin (DDR)/Weimar: Aufbau, 1990 (*Texte zur Zeit*).

285. Dies.: Bitteres Erwachen. Zwischenbilanz zur Lage in der DDR. In: *FAZ* v. 4.1.1990.

286. Dies.: Das Spektakel ist zu Ende. Und die Künstler werden wieder gebraucht. In: *FAZ* v. 26.2.1990.

287. Dies.: Die Phasen der Revolution. In: *Das Argument* 32 (1990) 3, 340f.;
auch in: K, H.: *Aus dem Dilemma eine Chance machen. Aufsätze und Reden*. Hamburg/Zürich: Luchterhand, 1991, 26-30.

288. Dies.: Der Schmerz über das eigene Versagen. Was bleibt von der DDR-Literatur? In: *Die Zeit* v. 1.6.1990;

auch in: *Kulturchronik. Nachrichten und Berichte aus der Bundesrepublik Deutschland* (1990) 60, 7
sowie unter dem Titel *Was bleibt von der DDR-Literatur?* in: K., H.: *Aus dem Dilemma eine Chance machen. Aufsätze und Reden.* Hamburg/Zürich: Luchterhand, 1991, 31-34.

289. Dies.: Es lebe der Kapitalismus! In: *ND* v. 21./22.7.1990;
auch in: K., H.: *Aus dem Dilemma eine Chance machen. Aufsätze und Reden.* Hamburg/Zürich: Luchterhand 1991, 53-55.

290. Dies.: *Aus dem Dilemma eine Chance machen. Aufsätze und Reden.* Hamburg/Zürich: Luchterhand, 1991.

291. Dies.: Überleben wäre eine prima Alternative. Die gemeinsame deutsche Vergangenheit ist eine teuer bezahlte Erfahrung. In: *BZ* v. 22.2.1992;
auch in: K., H.: *Über die unverzügliche Rettung der Welt. Essays.* Berlin/Weimar: Aufbau, 1994, 57-68.

292. Dies.: Der Mut zu stolzen Tönen. In: *Women and the* Wende. *Social Effects and Cultural Reflections of the German Unification Process.* Proceedings of a Conference held by *Women in German Studies* 9-11 September 1993 at the University of Nottingham. Edited by Elizabeth Boa and Janet Wharton. Amsterdam/Atlanta: Rodopi, 1994 (*German Monitor 31*), 256-259.

293. Dies.: *Über die unverzügliche Rettung der Welt. Essays.* Berlin/Weimar: Aufbau, 1994.

294. Neues Deutschland. Innenansichten einer wiedervereinigten Nation. Hrsg. von Jörg-Dieter Kogel, Wolfram Schütte, Harro Zimmermann. Frankfurt a.M.: Fischer TB, 1993.

295. Kohler, Georg: Das institutionalisierte Individuum. Über intellektuelles Rollenverständnis heute. In: *Intellektuellendämmerung? Beiträge zur neuesten Zeit des Geistes.* Hrsg. von Martin Meyer. München/Wien: Hanser, 1992 *(Edition Akzente)*, 27-37.

296. Kolbe, Uwe: *Die Heimat der Dissidenten. Nachbemerkungen zum Phantom der DDR-Opposition.* In: *Freitag* v. 27.9.1991;
auch in: *Der deutsch-deutsche Literaturstreit oder „Freunde, es spricht sich schlecht mit gebundener Zunge". Analysen und Materialien.* Hrsg. von Karl Deiritz und Hannes Krauss. Hamburg/Zürich: Luchterhand, 1991, 33-39;

unter dem Titel *Die Heimat der Dissidenten. Anmerkungen zum Phantom der DDR-Opposition* auch in: K., U.: *Renegatentermine. 30 Versuche, die eigene Erfahrung zu behaupten*. Frankfurt a.M.: Suhrkamp, 1998, 47-55.

297. Ders.: Offener Brief an Sascha Anderson. In: *Die Zeit* v. 22.11. 1991;
auch in: *Deutsche Literatur 1991. Jahresüberblick*. Hrsg. von Franz Josef Görtz, Volker Hage und Uwe Wittstock unter Mitarbeit von Katharina Frühe. Stuttgart: Reclam, 1992, 280-282
sowie in: K., U.: *Renegatentermine. 30 Versuche, die eigene Erfahrung zu behaupten*. Frankfurt a.M.: Suhrkamp, 1998, 58-60.

298. Ders.: Die Situation. Göttingen: Wallstein, 1994 (*Göttinger Sudelblätter*).
[Dazu: Dieckmann, Christoph: Auferstanden aus Urinen. Dschungel unter der Mauer: Adolf Endler und Uwe Kolbe schreiben Erinnerungsbücher über den Prenzlauer Berg. In: *Die Zeit* v. 7.10.1994 (*Die Zeit Literatur*).]

299. Ders.: Mauerschatten, ins Wort verlängert. Schreiben und Schweigen in der DDR [Vortrag, gehalten auf der Tagung *Literatur in Diktatur und Demokratie – Erfahrungen mit der Zensur in Deutschland und in Portugal*, Lissabon, Goethe-Institut, 24.11.1995]. In: *NZZ* v. 10./11.2.1996;
unter dem Titel *Literatur in Diktatur und Demokratie – Erfahrungen mit der Zensur in Deutschland* auch in: K., U.: *Renegatentermine. 30 Versuche, die eigene Erfahrung zu behaupten*. Frankfurt a.M.: Suhrkamp, 1998, 165-173.

300. Ders.: Renegatentermine. Der individuelle Abschied von der sozialistischen Utopie. In: *Das Vergängliche überlisten. Selbstbefragungen deutscher Autoren*. Hrsg. von Ingrid Czechowski. Leipzig: Reclam, 1996, 13-37;
auch in: K., U.: *Renegatentermine. 30 Versuche, die eigene Erfahrung zu behaupten*. Frankfurt a.M.: Suhrkamp, 1998, 191-217.

301. Ders.: Renegatentermine. 30 Versuche, die eigene Erfahrung zu behaupten. Frankfurt a.M.: Suhrkamp, 1998.

302. Ders.: Station. In: TERTIA-Gruppe (Hg.): *Transformationen*. Bonn: TERTIA Bildung und Beruf GmbH & Co./TERTIA Training und Consulting GmbH & Co., 1998, 129-139.

303. Für Christa Wolf. Ein Brief von Lew Kopelew an die Zeit, die *FAZ* und die Welt. In: *taz* v. 14.6.1990.

304. Korn, Benjamin: Der deutsche Tanz. Notate zur Wiedervereinigung, aus der nahen Ferne. In: *Theater heute. Jahrbuch* (1990), 21f.

305. Kraft, Gisela: West-östliche Couch. Zweierlei Leidensweisen der Deutschen. Noten und Abhandlungen. Berlin: Aufbau TB, 1991 (*Texte zur Zeit*).

306. Dies.: Zu machtschlafener Zeit. Ein postpolitisches Fragment. Berlin: Dietz Verlag Berlin, 1994.

307. Kramer, Jane: Unter Deutschen. Briefe aus einem kleinen Land in Europa. Aus dem Amerikanischen von Elke und Gundolf S. Freyermuth. „Die Stasi auf dem Prenzlauer Berg" wurde von Eike Geisel übersetzt. Berlin: Verlag Klaus Bittermann, 1996 (*Edition TIAMAT, Critica Diabolis 63*).
[zuerst erschienen als *Letters from Europe* im *New Yorker*.]

308. Kratschmer, Edwin (Hg.): Dem Erinnern eine Chance. Jenaer Poetik-Vorlesungen „Zu Beförderung der Humanität" 1993/94. Köln: Heinrich-Böll-Stiftung e.V., 1995.

309. Krauß, Angela: Leipzig und Selbst. In: Supplement *Literatur im technischen Zeitalter*. LCB DAAD II/1990. Hrsg. von Walter Höllerer, Norbert Miller, Joachim Sartorius, 51-54;
auch in: K., A.: *Dienst Jahre und andere Prosa*. Berlin/Weimar: Aufbau, 1991, 89-95.

310. Die Wende benötigt das Wort der Autoren. Brief von Egon Krenz an Berliner Schriftsteller. In: *BZ* v. 1.11.1989;
unter dem Titel *Antwort an die Berliner Schriftsteller auf die Erklärung vom 14. September 1989* auch in: *ndl* 38 (1990) 3, 170f.

311. Egon Krenz an Initiatoren des Appells: Meine Unterschrift unter den Aufruf „Für unser Land". In: *ND* v. 30.11.1989.

312. Ders.: Wenn Mauern fallen. Die Friedliche [sic] Revolution: Vorgeschichte – Ablauf – Auswirkungen. Unter Mitarbeit von Hartmut König und Gunter Rettner. Wien: Neff, 1990.

313. Krockow, Christian Graf von: Die Deutschen in ihrem Jahrhundert 1890-1990. Reinbek: Rowohlt, 1990.
[Lizenzausgabe: Frankfurt a.M./Wien: Büchergilde Gutenberg, 1991.]

314. Kuby, Erich: Der Preis der Einheit. Ein deutsches Europa formt sein Gesicht. Hamburg: Konkret Literatur Verlag, 1990.

315. Kuczynski, Jürgen: Fortgesetzter Dialog mit meinem Urenkel. Fünfzig Fragen an einen unverbesserlichen Urgroßvater. Berlin: Schwarzkopf & Schwarzkopf, 1996 (*Schwarzkopf & Schwarzkopf POLITIK*).
[Taschenbuchausgabe: Berlin: Aufbau TB, 2000.]

316. Ders.: Was wird aus unserer Welt? Betrachtungen eines Wirtschaftswissenschaftlers. Berlin: Schwarzkopf & Schwarzkopf, 1997.

317. Kuczynski, Rita: Die Nummernschilder des Realen. Der Fremde ist nicht nur in der Fremde fremd, sondern auch im Osten Deutschlands. In: *SZ* v. 8.7.1999.

318. Kunert, Günter: Weltfremd und blind. Zum Streit um die Literatur der DDR. In: *FAZ* v. 30.6.1990.

319. Ders.: Der Sturz vom Sockel. Feststellungen und Widersprüche. München/Wien: Hanser, 1992.

320. Ders.: Über die undefinierbare DDR-Identität. Rede zum Tag der deutschen Einheit. In: *europäische ideen* (2000) 120 (*Zehn Jahre Deutsche Einheit?*), 13-17.

321. Kunze, Reiner: Begehrte, unbequeme Freiheit. Interviews zu Fragen von Torsten Büker, Angelika Diekmann, Karl Wilhelm Fricke, Heinrich Gartz, Wolfgang Kraus, Arturo Larcati, Volker Probst, Günter Ullmann und Renate Voigt 1989-1992. Hauzenberg: Pongratz, 1993 (*Edition Toni Pongratz, Nr. 48*).

322. Ders.: Wo Freiheit ist ... Gespräche 1977-1993. Frankfurt a.M.: S. Fischer, 1994.

323. Lahann, Birgit: Geliebte Zone. Geschichten aus dem neuen Deutschland. Fotos von Ute Mahler. Vorwort von Thomas Brussig. Stuttgart: Deutsche Verlags-Anstalt, 1997.
[Taschenbuchausgabe: München: Econ TB, 2001.]

324. Lange-Müller, Katja: Erinnerung an nicht fertiggeschriebene und einen unbeendet liegengebliebenen Text. Oder: Die Scheu vor der großen Metapher. Oder: Wenn Du nicht mehr weiter weißt, Frag' (-)Mente. In: TERTIA-Gruppe (Hg.): *Transformationen*. Bonn: TERTIA Bildung und Beruf GmbH & Co./TERTIA Training und Consulting GmbH & Co., 1998, 3-10.

325. Latchinian, Sewan: Germoney. In: *Theater heute. Jahrbuch* (1990), 30f.

326. Leinemann, Susanne: Aufgewacht. Mauer weg. Stuttgart/München: Deutsche Verlags-Anstalt, 2002.
[Dazu: Mischke, Roland: Die bisslose Generation. Susanne Leinemann blickt originell auf die verblichene DDR zurück. In: *Saarbrücker Zeitung* v. 23./24.11.2002.]

327. Lepenies, Wolf: Aufstieg und Fall der Intellektuellen in Europa. Frankfurt a.M./New York: Campus/Paris: Edition de la Maison des Sciences de l'Homme, 1992 (*Edition Pandora, Band 10, Europäische Vorlesungen I*).

328. Ders.: Das Ende der Utopie und die Rückkehr der Melancholie. Blick auf die Intellektuellen eines alten Kontinents. In: *Intellektuellendämmerung? Beiträge zur neuesten Zeit des Geistes*. Hrsg. von Martin Meyer. München/Wien: Hanser, 1992 (*Edition Akzente*), 15-26.

329. Ders.: Folgen einer unerhörten Begebenheit. Die Deutschen nach der Vereinigung. Berlin: Siedler, 1992 (*Corso bei Siedler*).

330. Lerner, Marion: Typisch Ost? Typisch West? Oder irgendwo dazwischen? In: Eifler, Christine (Hg.): *Kreuz & Quer. Ost-West-Erfahrungen*. Mit Beiträgen von Angelika Blickhäuser, Alena Wagnerovà [sic], Ulrike Weiland, Regine Othmer-Vetter, Sabine Spangenberg, Marion Lerner, Bärbel Pukall, Barbara Siemers, Bianca Nellen-Brandt. Köln: Heinrich-Böll-Stiftung e.V., 1994, 99-112.

331. [Leserbriefe]: Vereinigt oder vereinnahmt? Widersprüchliches aus Leserbriefen zu einem heißdiskutierten Thema. In: *LVZ* v. 16./17.12. 1989.

332. Die Kraft der Empfindlichkeit. Essays 1949 bis 1990. Hrsg. und mit einem Nachwort von Werner Liersch. Mit Textbeiträgen von Ernst Niekisch, Gerhard Zwerenz, Georg Maurer, Stefan Heym, Karl Mi-

ckel, Christa Wolf, Anna Seghers, Adolf Endler, Volker Braun, Rainer Kirsch, Kurt David, Franz Fühmann, Günter Kunert, Gerhard Wolf, Peter Gosse, Friedrich Dieckmann, Stephan Hermlin, Werner Creutziger, Erich Loest, Rolf Schneider, Werner Liersch, Christoph Hein, Manfred Streubel, Peter Hacks und Helga Königsdorf. Leipzig: Faber & Faber, 1998 (*Die DDR-Bibliothek, Band 16*).

333. Loest, Erich: Eine Zelle – mitten in Leipzig. In: *Die sanfte Revolution. Prosa, Lyrik, Protokolle, Erlebnisberichte, Reden.* Hrsg. von Stefan Heym und Werner Heiduczek. Mitarbeit: Ingrid Czechowski. Leipzig/Weimar: Gustav Kiepenheuer, 1990, 175-178.

334. Ders.: Zwiebeln für den Landesvater. Bemerkungen zu Jahr und Tag. Mit einem Nachwort von Heinz Klunker. Göttingen/Leipzig: Steidl/Linden, 1994.

335. Ders.: Genschers Balkon. Gedanken vor der Deutschen Botschaft in Prag. In: *LVZ* v. 30.9.1996;
auch in: *Sternstunde der Deutschen.* Hans-Dietrich Genscher im Gespräch mit Ulrich Wickert. Mit sechs Beiträgen von Hans-Dietrich Genscher und einem Vorwort von Erich Loest. Stuttgart/Leipzig: Hohenheim, 2000, 8-10.

336. Ders.: Als wir in den Westen kamen. Gedanken eines literarischen Grenzgängers. Stuttgart/Leipzig: Deutsche Verlags-Anstalt/Linden, 1997.

337. Ders.: Wenn ich Stadtrat in Leipzig wäre. In: *Freie Presse* v. 20.3. 1998.

338. Ders.: Träumereien eines Grenzgängers. Respektlose Bemerkungen über Kultur und Politik. Stuttgart/Leipzig: Hohenheim/Linden, 2001.
[Dazu: Scheer, Udo: Ein sympathischer Moralist. In: *Deutschland Archiv* 35 (2002) 4, 717f.]

339. Luft, Christa: Treuhandreport. Werden, Wachsen und Vergehen einer deutschen Behörde. Berlin/Weimar: Aufbau, 1992 (*Aufbau Sachbuch*).

340. Dies.: Die Lust am Eigentum. Auf den Spuren der deutschen Treuhand. Zürich: Orell Füssli, 1996.

341. Dies.: Zwischen WEnde [sic] und Ende. Reminiszenzen einer Zeitzeugin. Erweiterte Neuausgabe. 3., erweiterte Auflage. Berlin: Aufbau TB, 1999.
[zuerst: Berlin: Aufbau TB, 1991.]

342. Maaz, Hans-Joachim: „Stalinismus als Lebensform". Der DDR-Psychiater Hans-Joachim Maaz über die Psychologie der Wende. In: *Der Spiegel* 44 (1990) 9 v. 26.2.1990, 216-218.

343. Ders.: Der Gefühlsstau. Ein Psychogramm der DDR. Berlin: Argon, 1990.

344. Ders.: Das gestürzte Volk oder die unglückliche Einheit. Berlin: Argon, 1991.

345. Ders.: Psychosoziale Aspekte im deutschen Einigungsprozeß. In: *Aus Politik und Zeitgeschichte* B 19/91 v. 3.5.1991, 3-10.

346. Ders.: Die psychosozialen Probleme des Vereinigungsprozesses unter dem Blickwinkel der unbewältigten Vergangenheit in Deutschland. In: Rauschenbach, Brigitte (Hg.): *Erinnern, Wiederholen, Durcharbeiten. Zur Psycho-Analyse deutscher Wenden*. Berlin: Aufbau TB, 1992 (*Texte zur Zeit*), 197-205.

347. Ders.: Für andere Maßstäbe. Eine Flugschrift. Leipzig: Thomas Verlag, 1993.
[Dazu: Kraft, Gisela: Edelgas. In: Kraft, Gisela: *West-östliche Couch. Zweierlei Leidensweisen der Deutschen. Noten und Abhandlungen*. Berlin: Aufbau TB, 1991 (*Texte zur Zeit*), 115-117;
Schneider, Peter: Am runden Tisch muß beginnen, was auf dem westöstlichen Diwan enden soll. Eine Tour de Maaz. In: Bittermann, Klaus (Hg.): *Der rasende Mob. Die Ossis zwischen Selbstmitleid und Barbarei*. Mit Beiträgen von: Henryk M. Broder, Wiglaf Droste, Roger Willemsen, Gabriele Goettle, Christian Schmidt, Peter Schneider, Michael O.R. Kröher, Gerhard Henschel, Klaus Bittermann. Berlin: Verlag Klaus Bittermann, 1993 (*Edition TIAMAT, Critica Diabolis 37*), 75-90.]

348. Ders.: Vereinigungsstreß – ein Nährboden für Gewalt. In: *EichholzBrief* 30 (1993) 2, 46-51.

349. Macho, Thomas H.: Geistesgegenwart. Notizen zur Lage der Intellektuellen. In: *Intellektuellendämmerung? Beiträge zur neuesten Zeit des Geistes*. Hrsg. von Martin Meyer. München/Wien: Hanser, 1992 (*Edition Akzente*), 38-56.

350. Ders.: Der 9. November. Kalender als Chiffren der Macht. In: *Merkur* 54 (2000) 3, 231-242.

351. Maier, Charles S.: Das Verschwinden der DDR und der Untergang des Kommunismus. Aus dem Amerikanischen von Klaus Binder und Bernd Leineweber. Frankfurt a.M.: S. Fischer, 1999.
[Originalausgabe: Dissolution. The Crisis of Communism and the End of East Germany. Princeton/New Jersey: Princeton University Press, 1997.]
[Dazu: Kopka, Fritz-Jochen: Staat ohne moderne Menschen. Ein Ostdeutscher und ein Amerikaner haben neue Bücher über die untergegangene DDR geschrieben. In: *Die Woche* v. 26.3.1999.]

352. Maizière, Lothar de: Anwalt der Einheit. Ein Gespräch mit Christine de Mazières. Berlin: Argon, 1996.
[Originalausgabe: Requiem pour la R.D.A. Paris: Editions Denoël, 1995.]

353. Maron, Monika: Ich war ein antifaschistisches Kind [Rede, gehalten in den *Münchner Kammerspielen* im Rahmen der vom *Bertelsmann Verlag*, den *Münchner Kammerspielen* und der Stadt München veranstaltenen Reihe *Reden über das eigene Land: Deutschland*]. In: *Die Zeit* v. 1.12.1989;
auch in: M., M.: *Nach Maßgabe meiner Begreifungskraft. Artikel und Essays.* Frankfurt a.M.: S. Fischer, 1993, 9-28.

354. Dies.: Die Schriftsteller und das Volk. In: *Der Spiegel* 44 (1990) 7 v. 12.2.1990, 68-70;
unter dem Titel *Das neue Elend der Intellektuellen* in veränderter Fassung auch in: M., M.: *Nach Maßgabe meiner Begreifungskraft. Artikel und Essays.* Frankfurt a.M.: S. Fischer, 1993, 80-90.

355. Dies.: Fettaugen auf der Brühe. Die Schriftstellerin Monika Maron über ehemalige DDR-Größen und ihre Auftritte in den Medien. In: *Der Spiegel* 45 (1991) 38 v. 16.9.1991, 244-246;
auch in: M., M.: *Nach Maßgabe meiner Begreifungskraft. Artikel und Essays.* Frankfurt a.M.: S. Fischer, 1993, 99-102.

356. Dies.: Nach Maßgabe meiner Begreifungskraft. Artikel und Essays. Frankfurt a.M.: S. Fischer, 1993.
[Taschenbuchausgabe: Frankfurt a.M.: Fischer TB, 1995.]

357. Dies.: Heuchelei und Niedertracht. In: *FAZ* v. 14.10.1995;
auch in: M., M.: *quer über die Gleise. Essays, Artikel, Zwischenrufe.* Frankfurt a.M.: S. Fischer, 2000, 34-43.

358. Dies.: Im Osten nichts als Opfer? Solange die Deutschen sich scheuen, untereinander wie unter Gleichen zu streiten, bleiben die Sieger- und Verliererrollen weiterhin bequem verteilt. Vom notwendigen Ende einer Lebenslüge. In: *BZ* v. 9.5.1998;
auch in: M., M.: *quer über die Gleise. Essays, Artikel, Zwischenrufe.* Frankfurt a.M.: S. Fischer, 2000, 131-138.

359. Dies.: *quer über die Gleise. Essays, Artikel, Zwischenrufe.* Frankfurt a.M.: S. Fischer, 2000.
[Dazu: Grub, Frank Thomas: Die Konflikte nicht scheut. Monika Marons Essays „quer über die Gleise". In: *Saarbrücker Zeitung* v. 8.1.2001.]

360. Martin, Marko: Die Chronik der Befreiungsversuche. Zehn Jahre danach: Zum 3. Oktober. Ein Nachtrag. In: *europäische ideen* (2000) 120 (*Zehn Jahre Deutsche Einheit?*), 18-22.

361. Mattenklott, Gert: Botschaften aus Retrograd. Aspekte der intellektuellen Situation. In: *Intellektuellendämmerung? Beiträge zur neuesten Zeit des Geistes.* Hrsg. von Martin Meyer. München/Wien: Hanser, 1992 (*Edition Akzente*), 96-109.

362. Matussek, Matthias: Eintracht Deutschland. Reportagen und Glossen aus der neuen Republik. Düsseldorf: Patmos, 1999.
[Darin v.a.: 2. Keine Opfer, keine Täter. Zehn Jahre nach dem Mauerfall, 19-60.]

363. Mayer, Hans: Der Turm von Babel. Erinnerung an eine Deutsche Demokratische Republik. Frankfurt a.M.: Suhrkamp, 1991.
[Taschenbuchausgabe: Frankfurt a.M.: Suhrkamp, 1993.]
[Dazu: Hörnigk, Therese: [o.T.]. In: *The Germanic Review* LXVII (1992) 3, 137f.;
Mayer, Hans: Der Turm von Babel. Entstehung eines Buches. In: M, H.: *Wendezeiten. Über Deutsche und Deutschland.* Frankfurt a.M.: Suhrkamp, 1993, 125-141.]

364. Ders.: Über die Einheit der deutschen Literatur (Leipzig, 1991). In: *Der Tagesspiegel* v. 24.4.1991;
auch in: M., H.: *Wendezeiten. Über Deutsche und Deutschland.* Frankfurt a.M.: Suhrkamp, 1993, 151-162
sowie in: Ders.: *Reden über Deutschland (1945-1993).* Frankfurt a.M.: Suhrkamp, 1996, 151-161.

365. Ders.: Nachdenken über Kultur im heutigen Deutschland. In: *ndl* 40 (1992) 3, 68-90;
auch in: M., H.: *Wendezeiten. Über Deutsche und Deutschland.* Frankfurt a.M.: Suhrkamp, 1993, 193-224.

366. Ders.: Wendezeiten. Über Deutsche und Deutschland. Frankfurt a.M.: Suhrkamp, 1993.
[Taschenbuchausgabe: Frankfurt a.M.: Suhrkamp, 1995.]

367. Meckel, Markus: Selbstbewußt in die Deutsche Einheit. Rückblicke und Reflexionen. Berlin: Berlin Verlag Arno Spitz, 2001.

368. Meier, Christian: Deutsche Einheit als Herausforderung. Welche Fundamente für welche Republik? München: Hanser, 1990.

369. Ders.: Nicht Zerstörung, aber neue Herausforderung der Vernunft. Erwartungen an deutsche Intellektuelle nach 1989. In: *Intellektuellendämmerung? Beiträge zur neuesten Zeit des Geistes*. Hrsg. von Martin Meyer. München/Wien: Hanser, 1992 (*Edition Akzente*), 77-95.

370. Menge, Marlies: „Ohne uns läuft nichts mehr". Die Revolution in der DDR. Mit einem Vorwort von Christa Wolf. Stuttgart: Deutsche Verlags-Anstalt, 1990.

371. Dies.: Zurück nach Babelsberg. Blick auf ein vereintes Land. Köln: Kiepenheuer & Witsch, 1992.

372. Dies.: Klarer Fall von Ostalgie. In: *Die Zeit* v. 28.2.1997.

373. Dies.: Spaziergänge. Die Serie aus der Wochenzeitung DIE ZEIT. Mit Fotografien von Roger Melis. Spaziergänge mit Loriot, Christoph Hein, Sebastian Haffner, Eva Strittmatter, Jutta Hoffmann, Helga Schütz, Friedrich Schorlemmer, Monika Maron, Bettina Wegner, Gisela May, Wolfgang Kohlhaase, Stefan Heym, Daniela Dahn, Günter Kunert, Katharina Thalbach, Wolfgang Vogel, Wolfgang Mattheuer u.a. Berlin: Schwarzkopf & Schwarzkopf, 2000.

374. Meyer, Martin: Intellektuellendämmerung? In: *Intellektuellendämmerung? Beiträge zur neuesten Zeit des Geistes*. Hrsg. von Martin Meyer. München/Wien: Hanser, 1992 (*Edition Akzente*), 7-12.

375. Intellektuellendämmerung? Beiträge zur neuesten Zeit des Geistes. Hrsg. von Martin Meyer. München/Wien: Hanser, 1992 (*Edition Akzente*).

376. Misselwitz, Hans-J.: Nicht länger mit dem Gesicht nach Westen. Das neue Selbstbewußtsein der Ostdeutschen. Bonn: Verlag J.H.W. Dietz Nachfolger, 1996 (*Politik im Taschenbuch, Band 17*).

377. Mitscherlich, Margarete/Burmeister, Brigitte: Wir haben ein Berührungstabu. Hamburg: Klein, 1991.
[Taschenbuchausgabe: M., M./B., B.: *Wir haben ein Berührungstabu. Zwei deutsche Seelen – einander fremd geworden*. München/Zürich: Piper, 1993.]

378. Moeller, Michael Lukas/Maaz, Hans-Joachim: Die Einheit beginnt zu zweit. Ein deutsch-deutsches Zwiegespräch. Berlin: Rowohlt Berlin, 1991.

379. Mommsen, Hans: Der Fetisch der formalen Legalität. Der 9. November: Ein Datum, das über die schwierige Geschichte der Deutschen im 20. Jahrhundert Auskunft gibt. In: *SZ* v. 10.11.1998.

380. Momper, Walter: Grenzfall. Berlin im Brennpunkt deutscher Geschichte. München: C. Bertelsmann, 1991.

381. Morshäuser, Bodo: Hauptsache Deutsch. Frankfurt a.M.: Suhrkamp, 1992.

382. Ders.: Liebeserklärung an eine häßliche Stadt. Berliner Gefühle. Frankfurt a.M.: Suhrkamp, 1998.

383. „Schuld ist ein gesellschaftlicher Verblendungszusammenhang". Podiumsdiskussion mit Nadine Hauer, Helga Königsdorf, Hans-Martin Lohmann, Manfred Riedel, Friedrich Schorlemmer. Moderation: Helmut Moser. In: Rauschenbach, Brigitte (Hg.): *Erinnern, Wiederholen, Durcharbeiten. Zur Psycho-Analyse deutscher Wenden*. Berlin: Aufbau TB, 1992 (*Texte zur Zeit*), 80-113.

384. Moser, Tilmann: Besuche bei Brüdern und Schwestern. Frankfurt a.M.: Suhrkamp, 1992.

385. Was heißt Durcharbeiten? Initiativen für eine neue politische Kultur. Podiumsdiskussion mit Friedrich Dieckmann, Katharina Doyé, Irena Kukutz, Ralf Marschallek, Gisela Oechelhaeuser, Eva Sternheim-Peters. Moderation: Tilmann Moser. In: Rauschenbach, Brigitte (Hg.): *Erinnern, Wiederholen, Durcharbeiten. Zur Psycho-Analyse deutscher Wenden*. Berlin: Aufbau TB, 1992 (*Texte zur Zeit*), 303-339.

386. Gute Nacht, du Schöne. Autorinnen blicken zurück. Hrsg. von Anna Mudry. Frankfurt a.M.: Luchterhand, 1991.

387. Mueller, Harald: Deutschland, ein Fernsehmärchen. In: *Theater heute. Jahrbuch* (1990), 23f.

388. Müller, Heiner: „Zur Lage der Nation". Heiner Müller im Interview mit Frank M. Raddatz. Berlin: Rotbuch, 1990.

389. Ders.: Das Böse ist die Zukunft. Heiner Müller im Gespräch mit Frank Raddatz. Siebte Folge. In: *TransAtlantik* (1991) 3, 34-37;
auch in: M., H.: *„Jenseits der Nation"*. Heiner Müller im Interview mit Frank M. Raddatz. Berlin: Rotbuch, 1991, 69-81.

390. Ders.: „Jenseits der Nation". Heiner Müller im Interview mit Frank M. Raddatz. Berlin: Rotbuch, 1991.
[Dazu: Braddock, Katherine: [o.T.]. In: *The Germanic Review* LXVII (1992) 4, 182f.]

391. Ders.: Das Liebesleben der Hyänen. [Vorwort zu]: Grimm, Thomas: *Was von den Träumen blieb. Eine Bilanz der sozialistischen Utopie.* Vorwort von Heiner Müller. Berlin: Siedler, 1993, 7f.

392. Müller, Roland: Morgendliche Rede an mein Arbeitsamt. Deutsche Parodien & Satiren. [Berlin]: Spotless, 1996 (*Spotless-Reihe Nr. 64*).

393. Nagel, Jürgen: Sonntagsgedanken 1990/1990 – Pensées du dimanche. In: *Allemagne d'aujourd'hui* Nouvelle Série No. 112/Avril-Juin 1990, 30-33.

394. Naumann, Michael (Hg.): Die Geschichte ist offen. DDR 1990: Hoffnung auf eine neue Republik. Schriftsteller aus der DDR über die Zukunftschancen ihres Landes. Reinbek: Rowohlt TB, 1990 (*rororo aktuell*).
[Dazu: Glass, Erlis: [o.T.]. In: *The Germanic Review* LXVII (1992) 4, 183f.]

395. Neues Forum Leipzig: Jetzt oder nie – Demokratie. Leipziger Herbst '89. Mit einem Vorwort von Rolf Henrich. Leipzig: Forum Verlag, 1989; auch: München: C. Bertelsmann, 1990.

396. Niedecken, Wolfgang/Dieckmann, Christoph: Alles im Eimer, alles im Lot. Ein Gespräch. Berlin: Volk & Welt, 1994 (*Zur Lage der Nation*).

397. Noll, Chaim: Nachtgedanken über Deutschland. Reinbek: Rowohlt TB, 1992 (*rororo aktuell* Essay).

398. Nooteboom, Cees: Rückkehr nach Berlin. Aus dem Niederländischen von Helga van Beuningen. Frankfurt a.M.: Suhrkamp, 1998.

399. Osang, Alexander: Das Jahr Eins. Berichte aus der neuen Welt der Deutschen. Berlin: Volk & Welt, 1992.

400. Ders.: Hannelore auf Kaffeefahrt. Reportagen und Porträts. Frankfurt a.M.: Fischer TB, 1998.

401. Ders.: Ankunft in der neuen Mitte. Reportagen und Porträts. Berlin: Ch. Links, 1999.

402. Ders.: Schöne neue Welt. 50 Kolumnen aus Berlin und New York. Berlin: Ch. Links, 2001.

403. Ders.: Neunundachtzig. Helden-Geschichten. Berlin: Ch. Links, 2002.
[Dazu: Grub, Frank Thomas: [Reportage]. In: Livres/Bücher. Un supplément du *Tageblatt* 7 (2002) 12 v. 20.12.2002.]

404. Othmer-Vetter, Regine: Vom deutschen Brei und seinen KöchInnen. Zwei Briefe. In: Eifler, Christine (Hg.): *Kreuz & Quer. Ost-West-Erfahrungen*. Mit Beiträgen von Angelika Blickhäuser, Alena Wagnerovà [sic], Ulrike Weiland, Regine Othmer-Vetter, Sabine Spangenberg, Marion Lerner, Bärbel Pukall, Barbara Siemers, Bianca Nellen-Brandt. Köln: Heinrich-Böll-Stiftung e.V., 1994, 68-85.

405. Panitz, Eberhard/Huhn, Klaus: Ossiland ist abgebrannt. Nachwort: Heinrich Heine. Berlin: Spotless, 1994.

406. Pawel, Henning: Pawels Kolumne. Unfrisierte Gedanken zum Zeitgeschehen. Mit 25 Illustrationen von G. Ruth Mossner. Weimar/Jena: Wartburg Verlag, 1994.

407. Petersdorff, Dirk von: Verlorene Kämpfe. Essays. Frankfurt a.M.: S. Fischer, 2001.
[Dazu: Grub, Frank Thomas: Erkenntnisse und Provokationen. In: *titel* http://www.titel-magazin.de/petersdorff.htm [3 S.];
Ders.: [Vitrine]. In: Livres/Bücher. Un supplément du *Tageblatt* 7 (2002) 1 v. 18.1.2002.]

408. Gespräche zur Selbstaufklärung '92. Dokumentation nach Tonbandkassetten. Als Manuskript vervielfältigt vom Deutschen P.E.N.-Zentrum (Ost). Berlin: Klarsicht, 1993.

409. Pohl, Klaus: Das Deutschlandgefühl. Reinbek: Rowohlt TB, 1999.

410. Pollack, Detlef: Alles wandelt sich, nur der Ossi bleibt stets der gleiche? Ein Widerspruch zu den gängigen Deutungsmustern der mentalen Spaltung zwischen Ostdeutschen und Westdeutschen. In: *FR* v. 29.6.1996.

411. Ders.: Wer fremd ist, sieht besser. Die Ostdeutschen passen noch immer nicht ganz in den Westen. Das ist ihr Vorteil. In: *Die Zeit* v. 10.10.2002.

412. Presse- und Informationsamt der Bundesregierung (Hg.): Dokumentation zum 3. Oktober 1990. Reden zur Deutschen Einheit. Bonn: Presse- und Informationsamt der Bundesregierung, 1990 (*Reihe Berichte und Dokumentationen*).

413. Probst, Lothar: Ost-West-Differenzen und das republikanische Defizit der deutschen Einheit. In: *Aus Politik und Zeitgeschichte* B 41-42/98 v. 2.10.1998, 3-8.

414. Ders.: Ost-West-Unterschiede und das kommunitäre Erbe der DDR. Über die Rede von der „Inneren Einheit". In: Heinrich-Böll-Stiftung/Probst, Lothar (Hgg.): *Differenz in der Einheit. Über die kulturellen Unterschiede der Deutschen in Ost und West. 20 Essays, Reden und Gespräche*. Berlin: Ch. Links, 1999, 15-27.

415. Quilitzsch, Frank: Wie im Westen so auf Erden. Gespräche mit Schriftstellern und Liedermachern, Dichtern und Theaterleuten, Rocksängern und Pastoren. München: P. Kirchheim Verlag, 1998.

416. Rada, Uwe: Berliner Barbaren. Wie der Osten in den Westen kommt. Mit einem Fotoessay von Claudia C. Lorenz und einem Nachwort von Wolfgang Kil. Berlin: BasisDruck, 2001.
[Dazu: Engler, Wolfgang: Und um die Ecke liegt Kasachstan. Märkte und Basare: Uwe Radas Streifzüge durch die deutsche Hauptstadt. In: *SZ* v. 7.12.2001.]

417. Raddatz, Fritz J.: Die linke Krücke Hoffnung. Das Ende der Trierer Eschatologie oder: Die Angst der Intellektuellen vorm Utopie-Verlust. In: *Die Zeit* v. 14.9.1990.

418. Ders.: Der Riß. Skizzen einer Reise durch ein umgetauftes Land. In: *Die Zeit* v. 12.7.1991.

419. Rank, Sigurd: Einheitsbrei und Nachwendewehen. Nach-Denkliches zum deutsch-deutschen Miteinander. 2., überarbeitete Auflage. Quedlinburg: ARA Verlag, 1999.

420. Rathenow, Lutz: Nachdenken über Deutschland. In: Knabe, Hubertus (Hg.): Aufbruch in eine andere DDR. Reformer und Oppositionelle zur Zukunft ihres Landes. Reinbek: Rowohlt TB, 1989 (*rororo aktuell*), 285-293.

421. Ders.: Wiederverwendungsfähig? Ein Gespräch über DDR-Literatur und deutsche Politik. In: *Wespennest. zeitschrift für brauchbare texte und bilder* (1990) 78, 12-16.

422. Ders.: Akten, Fakten, Politiker, Spione. In: *europäische ideen* (2000) 118 (*Akten, Fakten, Politiker, Spione oder: Die Feigheit des Westens*), 5-11.

423. Ders.: Es war einmal eine Wohnung. Die DDR, die deutsche Einheit, der Dissident und was was bedeutet. In: *FR* v. 30.9.2000;
Unter leicht verändertem Titel auch in: *Deutsche Einheit. Gedanken, Einsichten und Perspektiven*. Hrsg. von Eberhard Diepgen. Berlin: Jaron Verlag, 2000, 190-204.

424. Ders.: Vom DDR-Bürger zum EU-Bürger. Spezifische Integrationsschübe und Integrationshemmnisse aus der Sicht eines ostdeutschen Schriftstellers. Bonn: Zentrum für Europäische Integrationsforschung/Center for European Integration Studies, Rheinische Friedrich-Wilhelms-Universität Bonn, 2000 (*ZEI-Discussion Paper C 65 2000*).

425. Rau, Johannes: Fernsehansprache zum 40. Jahrestag des Baus der Berliner Mauer. 13. August 2001. In: R., J.: *Reden und Interviews. Band 3.1. 1. Juli-31. Dezember 2001*. Berlin: Presse- und Informationsamt der Bundesregierung (Hg.), 2002, 48f.

426. Ders.: „Verschiedenheit achten – Gemeinsamkeit stärken". Rede in der Nikolaikirche in Leipzig. 9. Oktober 2001. In: Ebd., 158-172.

427. Ders.: Grußwort beim 4. Ostdeutschen Sparkassentag in Potsdam. 4. Juni 2002. In: R., J.: *Reden und Interviews. Band 3.2. 1. Januar-30. Juni 2002*. Berlin: Presse- und Informationsamt der Bundesregierung (Hg.), 2002, 424-433.

428. Ders.: Rede beim Festakt zum Jahrestag der Deutschen Einheit am 3. Oktober 2002 in Berlin. In: R., J.: *Die Zukunft unserer Geschichte. Reden beim Historikertag 2002 und zum Tag der Deutschen Einheit 2002*. Berlin: Presse- und Informationsamt der Bundesregierung (Hg.), 2002, 13-21.

429. Rauprich, Nina: Köln – Leipzig und zurück. Hamburg: Verlag Heinrich Ellermann, 2000.
[Dazu: Seuss, Siggi: Sonst nichts? Zwischen Leipzig und Köln – Katharina (Ost), Katharina (West) und die Lust, sich Briefe zu schreiben. In: *Die Zeit* v. 23.3.2000.]

430. Rauschenbach, Brigitte (Hg.): Erinnern, Wiederholen, Durcharbeiten. Zur Psycho-Analyse deutscher Wenden. Berlin: Aufbau TB, 1992 (*Texte zur Zeit*).

431. Reich, Jens: Was haben wir getan? Die Intelligenz und die sanften Revolutionen. In: Alles Design (*Kursbuch 106*. Berlin: Rowohlt Berlin, Dezember 1991), 169-179.

432. Ders.: Rückkehr nach Europa. Zur neuen Lage der deutschen Nation. Mit einem Nachwort zur Taschenbuchausgabe. München: dtv, 1993.
[zuerst: München/Wien: Hanser, 1991.]

433. Ders.: Abschied von den Lebenslügen. Die Intelligenz und die Macht. Berlin: Rowohlt Berlin, 1992.

434. Ders.: Warum ist die DDR untergegangen? Legenden und sich selbst erfüllende Prophezeiungen. In: *Aus Politik und Zeitgeschichte* B 46/96 v. 8.11.1996, 3-7.

435. Ders.: Zehn Jahre deutsche Einheit. In: *Aus Politik und Zeitgeschichte* B 1-2/2000 v. 7.1.2000, 28-32.

436. Riedel, Manfred: Zeitkehre in Deutschland. Wege in das vergessene Land. Berlin: Siedler, 1991.

437. Ders.: Die Sage vom guten Anfang. Über ein Kapitel deutscher Literatur-Geschichte. In: *Sinn und Form* 44 (1992) 4, 520-534.

438. Röhl, Ernst: Fünf Jahre sind genug! Sadomaso-Projekt DEUTSCHE EINHEIT. Berlin: Eulenspiegel, 1995.

439. 10 Jahre sind zuviel! SadoMaso-Projekt DEUTSCHE EINHEIT. Deutsch-deutsche Witze der Jahrtausendwende. Gesammelt und aufgeschrieben von Ernst Röhl, im Bild festgehalten von Heinz Jankofsky. Berlin: Eulenspiegel, [o.J.].

440. Roethe, Thomas: Arbeiten wie bei Honecker, leben wie bei Kohl. Ein Plädoyer für das Ende der Schonfrist. Frankfurt a.M.: Eichborn, 1999.
[Dazu: Broder, Henryk M.: Aufruhr unter Bummelanten. Im deutsch-deutschen Binnenverhältnis wird der Umgangston rauer: Es wächst auseinander, was nicht zusammengehört. Eine Hausfrau, ein Soziologe und ein linkes Autorenteam üben sich im verbalen „Ossi-Bashing" – und bringen die Seele der Ostdeutschen in Wallung. In: *Der Spiegel* 53 (1999) 40 v. 4.10.1999, 158-162;
Heuser, Uwe Jean: Ossi-Bashing als Sport. Wie wir mit den anderen Deutschen reden: Thomas Roethe rechnet mit den neuen Ländern ab. In: *Die Zeit* v. 14.10.1999.]

441. Rosenlöcher, Thomas: Der Untergang der Banane. In: *ndl* 40 (1992) 12, 167-170;
auch in: *Begrenzt glücklich. Kindheit in der DDR*. Hrsg. von Wilhelm Solms. Marburg: Hitzeroth, 1992, 7-11;
unter dem Titel *Das Leuchtbild der Banane* auch in: R., T.: *Ostgezeter. Beiträge zur Schimpfkultur*. Frankfurt a.M.: Suhrkamp, 1997, 28-32.

442. Ders.: Der Nickmechanismus. Ein Selbstbefragungsversuch. In: *Das Vergängliche überlisten. Selbstbefragungen deutscher Autoren*. Hrsg. von Ingrid Czechowski. Leipzig: Reclam, 1996, 114-142;
in erweiterter Fassung auch in: In: R., T.: *Ostgezeter. Beiträge zur Schimpfkultur*. Frankfurt a.M.: Suhrkamp, 1997, 97-145.

443. Ders.: Die Heimat hat sich schön gemacht. In: R., T.: *Ostgezeter. Beiträge zur Schimpfkultur*. Frankfurt a.M.: Suhrkamp, 1997, 19-27; auch in: *Die DDR wird 50. Texte und Fotografien*. Hrsg. von Volker Handloik und Harald Hauswald. Berlin: Aufbau, 1998, 94-97.

444. Ders.: Ostgezeter. Beiträge zur Schimpfkultur. Frankfurt a.M.: Suhrkamp, 1997.

445. Ders.: Die Transformation meiner Füße gen Westen. Variationen zu einem damaligen Gedicht. In: TERTIA-Gruppe (Hg.): *Transformationen*. Bonn: TERTIA Bildung und Beruf GmbH & Co./TERTIA Training und Consulting GmbH & Co., 1998, 55-66.

446. Roth, Jürgen/Rudolf, Michael: Spaltprodukte. Gebündelte Ost-West-Vorurteile. Leipzig: Reclam, 1997.

447. Rühmkorf, Peter: Deutschland, ein Lügenmärchen [Rede aus Anlass der Verleihung des Büchner-Preises 1993 sowie Gespräch mit Eva Schobel]. Göttingen: Wallstein, 1993 (*Göttinger Sudelblätter*).

448. Rutschky, Michael: Unterwegs im Beitrittsgebiet. Göttingen: Steidl, 1994.

449. Schädlich, Hans Joachim: Literaturwissenschaft und Staatssicherheitsdienst. In: *Die Abwicklung der DDR*. Hrsg. von Heinz Ludwig Arnold und Frauke Meyer-Gosau. Göttingen: Wallstein, 1992 (*Göttinger Sudelblätter*), 92-95.

450. Ders.: Über Dreck, Politik und Literatur. Aufsätze, Reden, Gespräche, Kurzprosa. Auswahl: Thomas Geiger. Fototeil: Renate von Mangoldt. Berlin: Literarisches Colloquium Berlin/Berliner Künstlerprogramm des DAAD, 1992.

451. Ders.: [o.T.]. (Berlin, 7.1.1995). In: *europäische ideen* (1995) 94 (*Deutschland 1945/PEN-Stimmen*), 40-41.

452. Schedlinski, Rainer: gibt es die ddr überhaupt? [überarbeitete Fassung des gleichnamigen Beitrages in der *taz* v. 7.10.1989] In: Knabe, Hubertus (Hg.): *Aufbruch in eine andere DDR. Reformer und Oppositionelle zur Zukunft ihres Landes*. Reinbek: Rowohlt TB, 1989 (*rororo aktuell*), 275-284;
auch in: *Oktober 1989. Wider den Schlaf der Vernunft*. Berlin (DDR): Neues Leben, 1990/Berlin: Elefanten Press, 1989 (*Temperamente 1*), 4-9.

453. Ders.: Das Sägen am eigenen Ast. In: Blanke, Thomas/Erd, Rainer (Hgg.): *DDR – Ein Staat vergeht.* Frankfurt a.M.: Fischer TB, 1990, 141-148.

454. Ders.: die phase der *schönen revolution* ist vorbei. In: *Die sanfte Revolution. Prosa, Lyrik, Protokolle, Erlebnisberichte, Reden.* Hrsg. von Stefan Heym und Werner Heiduczek. Mitarbeit: Ingrid Czechowski. Leipzig/Weimar: Kiepenheuer, 1990, 339-345;
auch in: s., r.: *die arroganz der ohnmacht. aufsätze und zeitungsbeiträge 1989 und 1990.* Berlin/Weimar: Aufbau, 1991, 47-56.

455. Ders.: die arroganz der ohnmacht. aufsätze und zeitungsbeiträge 1989 und 1990. Berlin/Weimar: Aufbau, 1991.

456. Scherzer, Landolf: Mitleid ist umsonst, Neid mußt du dir erarbeiten. Reportagen. Mit einem Vorwort von Günter Wallraff. Berlin: edition ost, 1997 (*Rote Reihe*).
[Dazu: Seuss, Siggi: Was in der Asche glimmt. Landolf Scherzers Reportagen über den ostdeutschen Alltag. In: *SZ* v. 3./4.5.1997.]

457. Im Osten erwacht die Geschichte. Essays zur Revolution in Mittel- und Osteuropa. Hrsg. von Frank Schirrmacher. Stuttgart: Deutsche Verlags-Anstalt, 1990.

458. Schlesinger, Klaus: Von der Schwierigkeit, Westler zu werden. Berlin: Aufbau TB, 1998.
[Dazu: Dahn, Daniela: Man soll nie nie sagen. Klaus Schlesinger: Schwierigkeit, Westler zu werden. In: *ND* v. 26.-29.3.1998 (*Beilage zur Leipziger Buchmesse 1998*).]

459. Schmaus, Cornelia: Wie spiele ich weiter? Überlegungen einer Schauspielerin in der DDR, Sommer 1990. In: *Theater heute. Jahrbuch* (1990), 32f.

460. Schmid, Thomas: Staatsbegräbnis. Von ziviler Gesellschaft. Berlin: Rotbuch, 1990.

461. Schmidt, Helmut: Einfügen in die Gemeinschaft der Völker. Mit zwei Appellen von Marion Gräfin Dönhoff und Helmut Schmidt. Frankfurt a.M.: Luchterhand, 1990 (*Luchterhand Essay*).

462. Ders.: Wir sind noch kein normales Volk. In: *Die Zeit* v. 2.4.1993.

463. Schmitter, Elke: Dieser Abend in Berlin. Ein Ortstermin. In: *Neue Rundschau* 101 (1990) 1, 87-89 (*Deutschland, Deutschland ...*).

464. Schneider, Michael: Die abgetriebene Revolution. Von der Staatsfirma in die DM-Kolonie. Berlin: Elefanten Press, 1990.

465. Schneider, Peter: Ein paar Dinge, die ich nicht mehr sicher weiß. Rede beim Kulturtreff „Zwischenrede“ am 22.12.89 in der Akademie der Künste, Ostberlin. In: *Mein Deutschland findet sich in keinem Atlas. Schriftsteller aus beiden deutschen Staaten über ihr nationales Selbstverständnis*. Hrsg. von Françoise Barthélemy und Lutz Winckler. Frankfurt a.M.: Luchterhand, 1990, 131-138.

466. Ders.: Man kann sogar ein Erdbeben verpassen. Plädoyer für eine Vergangenheitsbewältigung der Linken. In: *Die Zeit* v. 27.4.1990; auch in: S., P.: *Extreme Mittellage. Eine Reise durch das deutsche Nationalgefühl*. Reinbek: Rowohlt, 1990, 54-78.

467. Ders.: Extreme Mittellage. Eine Reise durch das deutsche Nationalgefühl. Reinbek: Rowohlt, 1990.

468. Die heilsame Entfremdung. Rolf Schneider über das schwierige Verhältnis zwischen Ost- und Westdeutschen. In: *Der Spiegel* 44 (1990) 39 v. 24.9.1990, 54f.

469. Schneider, Rolf: Die Sprache des Geldes. Reisen durch die Marktgesellschaft. Hrsg. von Kurt Scheel. Göttingen: Steidl, 1995.

470. Ders.: Gespenstische Wiederkehr von Vergangenheit. Ein Verhandlungstag des Krenz-Prozesses im Saal 500 des Berliner Landgerichts. In: *Sächsische Zeitung* v. 28.2.1997.

471. [Ders.]: Die Ostdeutschen wußten ihren Sieg nicht zu nutzen. Der Schriftsteller und Regisseur Rolf Schneider mit Gedanken zur Einheit: Das historische Gedächtnis wird zur Wegwerfware. In: *Rhein-Zeitung* v. 28.3.1999 (*RZ-Serie Signale. Gedanken zur Zeit*).

472. Schnitzler, Karl-Eduard von: Der rote Kanal. Armes Deutschland. Hamburg: Edition Nautilus, 1992.
[Dazu: Köhler, Otto: „Ich liebe Deutschland“. Karl-Eduard von Schnitzler blickt zurück. In: *Die Zeit* v. 11.12.1992.]

473. Ders.: Provokation. 2. Auflage. Hamburg: Edition Nautilus, 1994. [Dazu: Busche, Martin: Müder Kanalarbeiter. Karl-Eduard von Schnitzler will mit kaltem Kaffee provozieren. In: *junge Welt* v. 30.8.1994] [zuerst: Hamburg: Edition Nautilus, 1994.]

474. Ein Volk am Pranger? Die Deutschen auf der Suche nach einer neuen politischen Kultur. Hrsg. von Albrecht Schönherr. Berlin: Aufbau TB, [o.J.] (*Texte zur Zeit*).

475. Schorlemmer, Friedrich: Bis alle Mauern fallen. Texte aus einem verschwundenen Land. Berlin: Verlag der Nation, 1991. [Lizenzausgabe: Gütersloh: Bertelsmann Club, 1991.] [Taschenbuchausgabe: München: Knaur, [o.J.].]

476. Ders.: Versöhnung in der Wahrheit. Nachschläge und Vorschläge eines Ostdeutschen. München: Knaur, 1992.

477. Ders.: Worte öffnen Fäuste. Die Rückkehr in ein schwieriges Vaterland. München: Kindler, 1992.

478. Ders.: Eisige Zeiten. Ein Pamphlet. München: Blessing, 1996. [Dazu: Lücke, Detlev: Wut aus Wittenberg. Friedrich Schorlemmers Pamphlet „Eisige Zeiten". In: *Freitag* v. 4.10.1996.]

479. Ders. im Gespräch mit Meinhard Schmidt-Degenhard: Selig sind die Verlierer. Europa, hast du Ohren zu hören. Musikalische Meditation zur Berliner Messe von Arvo Pärt. Zürich: pendo, 1996 (*pendo-profile*).

480. Ders.: Die Wende in Wittenberg. Ein persönlicher Rückblick auf 10 Jahre des Widerspruchs und auf die Tage des Umbruchs. [o.O.]: Drei Kastanien Verlag, 1997 (*Drei Kastanien zeitnah*).

481. Ders.: Absturz in die Freiheit. Was uns die Demokratie abverlangt. Berlin: Aufbau TB, 2000.

482. Ders.: Nicht von Brot allein. Leben in einer verletzbaren Welt. Berlin: Aufbau TB, 2002.

483. Schröder, Richard: Erblast der Gespensterfurcht. Notizen zum stürmischen Ende der DDR. In: *FAZ* v. 29.9.1990.

484. Ders.: Zehn Jahre deutsche Einigung. In: *Aus Politik und Zeitgeschichte* B 40/2000 v. 29.9.2000, 3f.

485. Ders.: Einsprüche und Zusprüche. Kommentare zum Zeitgeschehen. Stuttgart/Leipzig: Hohenheim, 2001.
[Dazu: [ks]: Fester Ort im verunsicherten Land. Richard Schröders Einsprüche und Zusprüche. In: *Das Parlament* v. 15.-22.6.2001.]

486. Schubert, Helga: Das gesprungene Herz. Leben im Gegensatz. München: dtv, 1995.

487. Schübel, Theodor: Vom Ufer der Saale. Geschichten aus der Zwischenzeit. Ein Journal vom 10. November 1989 bis zum 3. Oktober 1990. Berlin: Siedler, 1992.

488. Schütz, Klaus: Über eine veränderte Stadt. In: *Deutsche Einheit. Gedanken, Einsichten und Perspektiven.* Hrsg. von Eberhard Diepgen. Berlin: Jaron Verlag, 2000, 212-222.

489. Seebacher-Brandt, Brigitte: Die Linke und die Einheit. Berlin: Siedler, 1991 (*Corso bei Siedler*).

490. Seibt, Gustav: Drei unterschiedliche Generationen. Was da zusammenwachsen soll – Ein demokratischer Zivilisationsprozeß. In: *FAZ* v. 29.9.1990.

491. Seite, Bernd [sic]: Kampf um die innere Einheit. In: *Der Lion* (2000) März, 28-31.

492. Senfft, Heinrich: Die sogenannte Wiedervereinigung. Berlin: Rowohlt Berlin, 1999.
[Dazu: [Anon.]: Polemik. In: *Rowohlt Revue* (1999) 63, 23.]

493. Simon, Annette: East goes West. In: *Ein Text für C.W.* Berlin: Gerhard Wolf Janus press, 1994, 186-192.

494. Das Buch der Unterschiede. Warum die Einheit keine ist. Hrsg. von Jana Simon, Frank Rothe, Wiete Andrasch. Berlin: Aufbau, 2000.
[Dazu: Ahbe, Thomas: „Sozialer Ultraschall". In: *Deutschland Archiv* 35 (2002) 5, 896-899.
Bernhard, Lutz: Nicht mehr Ost, noch nicht West. Die Entfremdung begann mit der Wende. Junge Autoren aus Ost und West – nicht mehr sogleich an Socken oder Haartracht unterscheidbar – erzählen Geschichten über sich und „die anderen". Sie sind „Zwischenkinder". In: *LVZ* v. 23.3.2000 (*BücherJournal zur Leipziger Buchmesse*);
Bull, Cornelia: Kunstfaser oder Kaschmir. Deutsche Jugend in Ost und West: Pullover bleibt doch Pullover. In: *SZ* v. 22.5.2000;

Gröschner, Annett: Jenseits von Milky Way. Ostler, Westler, Zwischenkinder. Junge Autoren aus Ost und West entdecken im „Buch der Unterschiede“, warum die Einheit keine ist. In: *Freitag* v. 24.3.2000; Tyron, Beate: Ja zum kleinen großen Unterschied. In: *Neue Promenade* (2000) 8, 7.]

495. Sloterdijk, Peter: Versprechen auf Deutsch. Rede über das eigene Land. Frankfurt a.M.: Suhrkamp, 1990.

496. Spangenberg, Sabine: Nur ein kleines Stückchen Wegs. Ein Brief. In: Eifler, Christine (Hg.): *Kreuz & Quer. Ost-West-Erfahrungen*. Mit Beiträgen von Angelika Blickhäuser, Alena Wagnerovà [sic], Ulrike Weiland, Regine Othmer-Vetter, Sabine Spangenberg, Marion Lerner, Bärbel Pukall, Barbara Siemers, Bianca Nellen-Brandt. Köln: Heinrich-Böll-Stiftung e.V., 1994, 86-98.

497. Sparschuh, Jens: Prenzlauer Berg Berlin. In: *FAZ* v. 19.4.1991;
unter dem Titel *Berlin NO* auch in: S., J.: *Ich dachte, sie finden uns nicht. Zerstreute Prosa*. Köln: Kiepenheuer & Witsch, 1997, 54-67.

498. Ders.: Paritätisch bröckelt der Putz. Wo die Ostkelle geschwungen wird – Berlin wächst und wird kleiner. In: *FAZ* v. 10.3.1995;
unter dem Titel *Ich dachte, sie finden uns nicht* auch in: S., J.: *Ich dachte, sie finden uns nicht. Zerstreute Prosa*. Köln: Kiepenheuer & Witsch, 1997, 7-10.

499. Ders.: Dies und das. In: *Sten Nadolny*. Hrsg. von Wolfgang Bunzel. Eggingen: Edition Isele, 1996 (*Porträt 6*), 261-263;
auch in: S., J.: *Ich dachte, sie finden uns nicht. Zerstreute Prosa*. Köln: Kiepenheuer & Witsch, 1997, 139-142.

500. Ders.: Mein Berliner Zimmer: ein Transitraum. In: *Der Tagesspiegel* v. 30.7.1996;
unter dem Titel *Transitraum Berliner Zimmer* auch in: S., J.: *Ich dachte, sie finden uns nicht. Zerstreute Prosa*. Köln: Kiepenheuer & Witsch, 1997, 11-19.

501. Ders.: Ich dachte, sie finden uns nicht. Zerstreute Prosa. Köln: Kiepenheuer & Witsch, 1997.
[Dazu: [hil]: Spree-Atlantis. Eine Stadtführung per Buch und Gespräch. In: *Zitty* (Berlin) 21 (1998) 1 v. 1.-4.1.1998;
[M.S.]: Der immobile Blick. Kurze Prosa über verlorene Heimaten: Jens Sparschuh. In: *Kulturspiegel* (1998) Okt.;

Agricola, Werner: Sparschuh: Ost-Nostalgie durchaus noch spürbar. Feuilletons: „Ich dachte, sie finden uns nicht". In: *Deister- und Weser-zeitung* (Hameln) v. 11.10.1997;
Bormann, Alexander von: Kommunikation und Abgeschiedenheit. Die zerstreute Prosa von Jens Sparschuh. In: *Deutschland Archiv* 31 (1998) 5, 851f.;
Encke, Julia: Mehr Westen war nie. Jens Sparschuhs Erzählungen „Ich dachte, sie finden uns nicht". In: *FAZ* v. 2.3.1998;
Karger, Ulrich: Jens Sparschuhs „Verstreute Prosa". In: *Kommune. Forum für Politik, Ökonomie, Kultur* (Frankfurt) 15 (1997) 10;
Ders.: „Ich dachte, sie finden uns nicht". In: *az Stadtillustrierte* (Frankfurt) (1997) Dez.;
Mischke, Roland: Mit Spaten und Federkiel durch Berlin. Jens Sparschuh unterwegs. In: *Mitteldeutsche Zeitung* v. 15.11.1997;
Modick, Klaus: Zwischen Wahrheit und Wahrheit. Jens Sparschuh als Berliner Stadtarchäologe und Flaneur in der Tradition Franz Hessels. In: *SZ* v. 10.12.1997 (*Literaturbeilage*);
Noack, Bernd: Wege durchs Labyrinth. Jens Sparschuh liest heute in Fürth aus seinem neuen Erzählband „Ich dachte, sie finden uns nicht". In: *Nürnberger Nachrichten* v. 3.11.1997;
Opitz, Michael: Stadtwege, Sprachpfade. Jens Sparschuhs poetologisches Konzept urbanen Schreibens. In: *Der Tagesspiegel* v. 14.9. 1997;
Stiebert, Klaus: Leben auf dünner Kruste. In: *Sax* (Dresden) (1998) 4;
Sturm, Afra: Witz mit Methode. Witzig ist Jens Sparschuhs neues Buch mit dem rätselhaften Titel, und immer gut für Überraschungen. In: *Tages-Anzeiger* (Zürich) v. 13.10.1997 (*Messebeilage*).]

502. Stahl, Peter: Ostgeld. In: *Sonntag* v. 22.7.1990 (*Rücksichten*).

503. Steimle, Uwe: *Mich fragt ja eener ... und zwar Hans-Dieter Schütt.* Berlin: Eulenspiegel, 2001.

504. Wendepunkte deutscher Geschichte 1848-1990. Hrsg. von Carola Stern und Heinrich August Winkler. Mit Beiträgen von Jürgen Kocka, Eberhard Kolb, Wolfgang J. Mommsen, Wolfgang Schieder, Gottfried Schramm und Heinrich August Winkler. Überarbeitete und erweiterte Neuausgabe. Frankfurt a.M.: Fischer TB, 1994.
[zuerst Frankfurt a.M.: Fischer TB, 1979.]

505. Stolpe, Manfred: Den Menschen Hoffnung geben. Reden, Aufsätze, Interviews aus zwölf Jahren. Berlin: Wichern-Verlag, 1991.

506. Ders.: Schwieriger Aufbruch. Berlin: Siedler, 1992.

507. Ders.: Demokratie wagen – Aufbruch in Brandenburg. Reden, Beiträge, Interviews 1990-1993. Mit einem Beitrag von Iring Fetscher. Berlin/Marburg: Schüren Presseverlag, 1994.

508. Strasser, Johano: Leben ohne Utopie? Frankfurt a.M.: Luchterhand, 1990 (*Luchterhand Essay*).

509. Strauss, Botho: Anschwellender Bocksgesang. In: *Der Spiegel* 47 (1993) 6 v. 8.2.1993, 202-207.
[Dazu: „Wegbereiter wie Nolte". Ignatz Bubis erläutert seine Intellektuellen-Schelte. In: *Der Spiegel* 48 (1994) 16 v. 18.4.1994, 170;
Dichter nach der Schlacht. SPIEGEL-Redakteur Volker Hage über Botho Strauß, dessen Kritiker und ein neues Theaterstück. In: *Der Spiegel* 47 (1993) 30 v. 26.7.1993, 140-146;
unter dem Titel *Das Echo des ‚Bocksgesangs'. Botho Strauß: Der Dichter nach der Schlacht* auch in: H., V.: *Propheten im eigenen Land. Auf der Suche nach der deutschen Literatur*. München: dtv, 1999, 133-138;
[Hage, Volker]: „Die gewaltige Schuld". Seit der Veröffentlichung seines SPIEGEL-Essays „Anschwellender Bocksgesang" vor 14 Monaten hat der vielfach angegriffene Schriftsteller Botho Strauß unbeugsam geschwiegen. Erst die jüngste Attacke von Ignatz Bubis bringt ihn jetzt zum Reden. Derweil schwächt Bubis überraschend seine Vorwürfe ab. In: *Der Spiegel* 48 (1994) 16 v. 18.4.1994, 168-170;
unter dem Titel *Zündeln mit verbotenen Ideen? Noch einmal: Strauß und sein ‚Bocksgesang'* auch in: H., V.: *Propheten im eigenen Land. Auf der Suche nach der deutschen Literatur*. München: dtv, 1999, 139-143;
„Der eigentliche Skandal". Botho Strauß antwortet seinen Kritikern. In: *Der Spiegel* 48 (1994) 16 v. 18.4.1994, 168f.]

510. Süssmuth, Rita: Zehn Jahre deutsche Einheit: Die innere Befindlichkeit der Gesellschaft. Eine kritische Bilanz. In: *Aus Politik und Zeitgeschichte* B 1-2/2000 v. 7.1.2000, 9-14.

511. Dies./Schubert, Helga: Bezahlen die Frauen die Wiedervereinigung? Mit einer aktualisierten Einführung von Monika Jaeckel. Hrsg. von Michael Haller. München/Zürich: Piper, 1992.
[zuerst: Zürich: pendo, 1990.]

512. Templin, Wolfgang: „Das kann doch nicht alles gewesen sein". In: *Kafka. Zeitschrift für Mitteleuropa* (2003) 10, 48-53.

513. Thierse, Wolfgang: Zukunft Ost. Perspektiven für Ostdeutschland in der Mitte Europas. Berlin: Rowohlt Berlin, 2001.
[Dazu: Glotz, Peter: Wolfgang Thierse: Damit der Osten nicht kippt. Zehn Jahre nach der Vereinigung sind neue Ideen und Konzepte gefragt. Ein Plädoyer für eine innovative und zukunftsfähige Politik. In: *Rowohlt Revue* (2002) 72, 12.]

514. [Ders.]: Wie einig sind sich die Deutschen? Gastbeitrag von Wolfgang Thierse zum Tag der Deutschen Einheit. In: *Rhein-Zeitung* v. 2./3.10.2002.

515. Titze, Marion: Schillers schönes Fieber und andere Diagnosen. Zürich: Ammann, 1999 (*Meridiane, Aus aller Welt, Band 8*).
[Dazu: Bürger, Jan: Blauhemd und blaue Blume. Marion Titze ist auf der Suche nach den geistigen Grundlagen unserer Zeit. In: *Die Zeit* v. 25.3.1999.]

516. Der letzte Versuch. Rückwärts und nicht vergessen. Politische Prosa und Epigramme von Günter Ullmann. Asendorf: MUT-Verlag, 1994.

517. Politik ohne Projekt? Nachdenken über Deutschland. Hrsg. von Siegfried Unseld. Frankfurt a.M.: Suhrkamp, 1993

518. Voigt, Jutta: Der Tiger weint. Echte Stories. Berlin: Transit, 1997.
[Dazu: Lücke, Detlev: Lautes Lächeln. Altmodisch und neugierig. Reportagen von Jutta Voigt. In: *Freitag* v. 21.3.1997.]

519. Dies.: Ruhe im Staat. Das Private als Résistance: Am Ende des Jahrhunderts dokumentieren Ausstellungen und Filme das aberwitzige Lebensgefühl in der DDR. In: *Die Woche* v. 15.10.1999.

520. Dies./Zöllner, Rolf: Der Spleen von Berlin. Berlin: Das Neue Berlin, 1999.

521. Wagenbach, Klaus: Distanz zum nationalen Erbe? Vaterland und Muttersprache. Warum schweigen die Intellektuellen? In: *Freitag* v. 3.10.1997.

522. Wagner, Matthias: Das Stasi-Syndrom. Über den Umgang mit den Akten des MfS in den 90er Jahren. Berlin: edition ost im Verlag Das Neue Berlin, 2001 (*Rote Reihe*).

523. Wagner, Richard: Postsozialistische Zeiten. In: W., R.: *Völker ohne Signale. Zum Epochenbruch in Osteuropa*. Berlin: Rotbuch, 1992, 7-17;

auch in: *Das Land am Nebentisch. Texte und Zeichen aus Siebenbürgen, dem Banat und den Orten versuchter Ankunft*. Hrsg. von Ernest Wichner. Leipzig: Reclam, 1993, 268-277.

524. Ders.: Völker ohne Signale. Zum Epochenbruch in Osteuropa. Berlin: Rotbuch, 1992.

525. Walser, Martin: Über Deutschland reden. Frankfurt a.M.: Suhrkamp, 1989.

526. Ders.: Zum Stand der deutschen Dinge. Gesten des Wiedersehens: Vom schwierigen Umgang mit der sanften Revolution und von den Schreckbildern der geschichtlichen Vorstellungskraft. In: *FAZ* v. 5.12.1989.

527. Ders.: Vormittag eines Schriftstellers. Über Deutschland reden – und die Folgen: Warum einer keine Lust mehr hat, am Streit der Meinungen teilzunehmen. In: *Die Zeit* v. 14.12.1990;
auch in: W., M.: *Vormittag eines Schriftstellers*. Frankfurt a.M.: Suhrkamp, 1994, 9-26.

528. Ders.: Walser: Deutsche Sorgen. In: *Der Spiegel* 47 (1993) 26 v. 28.6.1993, 40-47;
auch in: W., M.: *Vormittag eines Schriftstellers*. Frankfurt a.M.: Suhrkamp, 1994, 131-149.

529. Weck, Roger de: Vom Unfug des DM-Nationalismus. Die Bundesbank und Deutschlands Zukunft in Europa. In: *Die Zeit* v. 12.10.1990.

530. Wedel, Mathias: Einheitsfrust. Berlin: Rowohlt Berlin, 1994.

531. Ders.: Erich währt am längsten. Die Zone darf nicht sterben. Der PDS-Wähler. Das unbekannte Wesen. Berlin: Verlag Klaus Bittermann, 1996 (*Edition TIAMAT, Critica Diabolis 56*).

532. Ders.: Für eine Wiederzerspaltung. Ostler wie Westler brauchen eine Art von DDR. In: *junge Welt* v. 6.10.1999 (*Sonderbeilage DDR 50*).

533. Weizsäcker, Richard von: Rede anläßlich des Staatsaktes zum Tag der Deutschen Einheit in der Philharmonie zu Berlin am 3. Oktober 1990. Hrsg. von: Bundeszentrale für politische Bildung, Bonn, Landeszentrale für politische Bildung Baden-Württemberg, Stuttgart, Bayerische Landeszentrale für politische Bildungsarbeit, München, Landeszentrale für politische Bildungsarbeit, Berlin, Landeszentrale für politische Bildung, Bremen, Landeszentrale für politische Bildung, Hamburg, Hessische

Landeszentrale für politische Bildung, Wiesbaden, Niedersächsische Landeszentrale für politische Bildung, Hannover, Landeszentrale für politische Bildung, Düsseldorf, Landeszentrale für politische Bildung, Mainz, Landeszentrale für politische Bildung, Saarbrücken, Landeszentrale für politische Bildung, Kiel. [o.O.]: [o.V.], 1990.

534. Ders.: Drei Mal Stunde Null? 1949, 1969, 1989. Deutschlands europäische Zukunft. Berlin: Siedler, 2001.

535. Wendt, Heide-Ulrike: Immer nur das eine und andere Grenzfälle. Berlin: Elefanten Press, 1996 (*Ost-westlicher Diwan*).

536. Westphalen, Joseph von: Das große Fressen. Letzte Polemik gegen die deutsche Einheit. In: *Die Zeit* v. 18.5.1990;
unter dem Titel *Von deutscher Bulimie. Diagnose einer Freßgier* auch in: W., J.v.: *Von deutscher Bulimie. Diagnose einer Freßgier. Vergebliche Streitschrift gegen die deutsche Einheit.* München: Knesebeck & Schuler, 1990, 22-36.

537. Ders.: Von deutscher Bulimie. Diagnose einer Freßgier. Vergebliche Streitschrift gegen die deutsche Einheit. München: Knesebeck & Schuler, 1990.

538. Ders.: So sind wir nicht! Elf deutsche Eiertänze. Frankfurt a.M.: Eichborn, 2000.
[Dazu: Grub, Frank Thomas: Das deutsche Wesen in Dackelgestalt. In: *Saarbrücker Zeitung* v. 8.3.2001.]

539. *Der Alltag. Die Sensationen des Gewöhnlichen* Nr. 72 (Juni 1996). Thema: Wie erst jetzt die DDR entsteht.

540. Willms, Johannes: Zur Mitte, bitte! Plädoyer für eine Deutsche Nationalbibliothek in Berlin. In: *SZ* v. 3.5.2001.

541. Der 9. November. Fünf Essays zur deutschen Geschichte. Von Peter Bender, Wolfgang Benz, Hans Mommsen, Fritz Stern, Heinrich August Winkler. Hrsg. von Johannes Willms. München: Beck, 1994.

542. Winter, Michael: Völker, hört die Signale ab! Größte schriftstellerische Gemeinschaftsleistung aller Zeiten: Am Brocken haben sich Ost und West über Jahrzehnte hin belauscht – und alles einfach mitgeschrieben. In: *SZ* v. 25.11.2002 (*Deutschland extrem* [8]).

543. Wittstock, Uwe: Wenn Dichter Wechsel fälschen. Versuch, einen verwirrenden Literatur-Skandal zu ordnen. In: *SZ* v. 11.12.1991;
auch in: *Deutsche Literatur 1991. Jahresüberblick*. Hrsg. von Franz Josef Görtz, Volker Hage und Uwe Wittstock unter Mitarbeit von Katharina Frühe. Stuttgart: Reclam, 1992, 294-299.

544. Wolf, Christa: „Das haben wir nicht gelernt" [21. Oktober 1989]. In: *Wochenpost* v. 27.10.1989;
auch in: W., C.: *Reden im Herbst*. Berlin/Weimar: Aufbau, 1990 (*Texte zur Zeit*), 93-97
sowie in: Dies.: *Im Dialog. Aktuelle Texte*. Frankfurt a.M.: Luchterhand, 1990, 93-97

545. Dies.: Sprache der Wende. Rede auf dem Alexanderplatz. In: W., C.: *Reden im Herbst*. Berlin/Weimar: Aufbau, 1990 (*Texte zur Zeit*), 119-121;
auch in: Dies.: *Im Dialog. Aktuelle Texte*. Frankfurt a.M.: Luchterhand, 1990, 119-121
sowie [o.T.] in: Schüddekopf, Charles (Hg.): *„Wir sind das Volk!" Flugschriften, Aufrufe und Texte einer deutschen Revolution*. Mit einem Nachwort von Lutz Niethammer. Reinbek: Rowohlt TB, 1990, 213-215
sowie in: W., C.: *Auf dem Weg nach Tabou. Texte 1990-1994*. Köln: Kiepenheuer & Witsch, 1994, 11-13.

546. Appell Christa Wolfs an DDR-Bürger: Fassen Sie Vertrauen! Erklärung von Künstlern und Vertretern von fünf Bürgerinitiativen im DDR-Fernsehen. In: *ND* v. 9.11.1989;
unter dem Titel *Erklärung Christa Wolfs im Namen von Künstlern und Vertretern von fünf Bürgerinitiativen im DDR-Fernsehen (8.11.1989)* auch in: *ndl* 38 (1990) 3, 182f.

547. Dies.: Zwischenbilanz. Rede in Hildesheim. In: *FR* v. 8.2.1990;
unter dem Titel *Zwischenrede. Rede zu* [sic] *Verleihung der Ehrendoktorwürde der Universität Hildesheim* auch in: W., C.: *Reden im Herbst*. Berlin/Weimar: Aufbau, 1990 (*Texte zur Zeit*), 158-162
sowie in: Dies.: *Im Dialog. Aktuelle Texte*. Frankfurt a.M.: Luchterhand, 1990, 158-162.

548. Dies.: Nachtrag zu einem Herbst. In: W., C.: *Reden im Herbst*. Berlin/Weimar: Aufbau, 1990 (*Texte zur Zeit*), 7-17.

549. Dies.: Reden im Herbst. Berlin/Weimar: Aufbau, 1990 (*Texte zur Zeit*);
in der Bundesrepublik erschienen unter dem Titel *Im Dialog. Aktuelle Texte*. Frankfurt a.M.: Luchterhand, 1990.

550. Dies.: Eine Auskunft. In: *BZ* v. 21.1.1993.

551. Dies.: Rückäußerung. Auf den Brief eines Freundes. In: W., C.: *Auf dem Weg nach Tabou. Texte 1990-1994*. Köln: Kiepenheuer & Witsch, 1994, 266-279.

552. Dies.: Berlin, Montag, der 27. September 1993. In: W., C.: *Auf dem Weg nach Tabou. Texte 1990-1994*. Köln: Kiepenheuer & Witsch, 1994, 281-298.

553. Dies.: Auf dem Weg nach Tabou. Texte 1990-1994. Köln: Kiepenheuer & Witsch, 1994.
[Lizenzausgabe: Frankfurt a.M./Wien: Büchergilde Gutenberg, 1994.]
[Taschenbuchausgabe: München: dtv, 1996.]
[Dazu: Obermüller, Klara: Der Strick um den Hals der Dichterin. Über „Auf dem Weg nach Tabou" von Christa Wolf. In: *Die Weltwoche* v. 28.4.1994;
auch in: *Deutsche Literatur 1994. Jahresüberblick*. Hrsg. von Franz Josef Görtz, Volker Hage und Uwe Wittstock unter Mitarbeit von Katharina Frühe. Einleitung von Hubert Winkels. Stuttgart: Reclam, 1995, 254-258;
Sørensen, Barbara: Sprachkrise und Utopie in Christa Wolfs Texten nach der Wende. Die Krise der Intellektuellen im wiedervereinigten Deutschland. Kopenhagen/München: Fink, 1996 (*Publications of the Department of Languages and Intercultural Studies, Aalborg University, Vol. 16/Text & Kontext, Sonderreihe, Band 38*).]

554. Dies.: Begegnungen Third Street. In: *ndl* 43 (1995) 2, 7-31;
auch in: W., C.: *Hierzulande Andernorts. Erzählungen und andere Texte 1994-1998*. München: Luchterhand, 1999, 7-41.

555. Dies.: Hierzulande Andernorts. Erzählungen und andere Texte 1994-1998. München: Luchterhand, 1999.
[Taschenbuchausgabe: München: dtv, 2001.]
[Dazu: Gansel, Carsten: Von den Schwierigkeiten, Ich zu sagen. Auf der Suche nach einem bewohnbaren Land. Zu Christa Wolfs Erzählungsband „Hierzulande Andernorts". In: *Freitag* v. 9.7.1999;

Haertel, Sigrid: Christa & Kassandra. In: *BuchJournal* (1999) 1, 65.]

556. Wolf, Gerhard: Sprachblätter Wortwechsel. Im Dialog mit Dichtern. Leipzig: Reclam, 1992.

557. Was erwarten Sie von Deutschland, was wünschen Sie dem vereinten Land? „Einen König für die Bayern, einen König für die Sachsen!". ZEIT-Umfrage unter Schriftstellern deutscher Sprache. In: *Die Zeit* v. 5.10.1990.

558. *Zeit-Magazin*-Serie „Deutsche Ansichten" [Kolumnen von Jens [Georg] Reich (Ostberlin), Elke Schmitter (Westberlin), Jutta Voigt (Ostberlin), Roger Willemsen (Hamburg); vor allem zu den Themen ‚Wende' und ‚Innere Einheit']:

Reich, Jens: Weihrauch aus dem Altpapier. In: *Zeit-Magazin* Nr. 10 (1991), 6; Universalerbe ist der Westcontainer. In: *Zeit-Magazin* Nr. 14 (1991), 6; Alles im Blick. In: *Zeit-Magazin* Nr. 17 (1996), 6; Bewerbung mit Vergangenheit. In: *Zeit-Magazin* Nr. 21 (1991), 6; Der Riß in uns allen: § 218. In: *Zeit-Magazin* Nr. 25 (1991), 6; Der Reiher ist an allem schuld. In: *Zeit-Magazin* Nr. 29 (1991), 6; Requiem für ein Auto. In: *Zeit-Magazin* Nr. 33 (1991), 6; Lichtblick in der „Zone". In: *Zeit-Magazin* Nr. 37 (1991), 6; Arm, aber nicht armselig. In: *Zeit-Magazin* Nr. 2 (1992), 6; Allein, es fehlt die Botschaft. In: *Zeit-Magazin* Nr. 5 (1992), 6; Ich bitte um Rat. In: *Zeit-Magazin* Nr. 9 (1992), 6; Fast immer ist Krieg. In: *Zeit-Magazin* Nr. 13 (1992), 6; Jugend ist grausam. In: *Zeit-Magazin* Nr. 15 (1992), 6; Das Leiden der Disteln. In: *Zeit-Magazin* Nr. 42 (1992), 6; Solange es Bettler gibt. In: *Zeit-Magazin* Nr. 46 (1992), 6; Abschied vom Paradies. In: *Zeit-Magazin* Nr. 48 (1992), 6; Flucht in die rollende Blechkiste. In: *Zeit-Magazin* Nr. 51 (1992), 6.

Schmitter, Elke: Bettücher in den Smog gehängt. In: *Zeit-Magazin* Nr. 13 (1991), 6; Ambulante Gemütlichkeit. Ein Abgesang. In: *Zeit-Magazin* Nr. 20 (1991), 6; Freizeit macht Arbeit. In: *Zeit-Magazin* Nr. 24 (1991), 6; Von hier nach fort. In: *Zeit-Magazin* Nr. 30 (1991), 6; Von Menschen und Glühwürmern. In: *Zeit-Magazin* Nr. 34 (1991), 6; Vom rosa Riesen und den Folgen. In: *Zeit-Magazin* Nr. 38 (1991), 6; Erinnerung ist Glückssache. In: *Zeit-Magazin* Nr. 41 (1991), 8.

Jutta Voigt: Die Kette vor meiner Kneipe. In: *Zeit-Magazin* Nr. 12 (1991), 6; Die Kunst, ein neuer Mensch zu werden. In: *Zeit-Magazin* Nr. 16

(1991), 6; Die Besuchszeit ist vorbei. In: *Zeit-Magazin* Nr. 19 (1991), 6; Tango germanico. In: *Zeit-Magazin* Nr. 23 (1991), 6; Hunger nach Schicksal. In: *Zeit-Magazin* Nr. 27 (1991), 6; Vom Entzug einer Illusion. In: *Zeit-Magazin* Nr. 32 (1991), 6; Nachruf auf ein Privileg. In: *Zeit-Magazin* Nr. 36 (1991), 6; Das Glück bei Ostrowski. In: *Zeit-Magazin* Nr. 40 (1991), 6; Blitzkrieg gegen die Erinnerung. In: *Zeit-Magazin* Nr. 44 (1991), 6; Die Einheit zu zweit. In: *Zeit-Magazin* Nr. 49 (1991), 6; Das Herz hat seine Gründe. In: *Zeit-Magazin* Nr. 52 (1991), 6; Ein Russe auf Besuch. In: *Zeit-Magazin* Nr. 3 (1992), 4; Heimkehr an die Themse. In: *Zeit-Magazin* Nr. 6 (1992), 6; Unterwegs mit Harry. In: *Zeit-Magazin* Nr. 10 (1992), 6; Der kühle Charme der Konkurrenz. In: *Zeit-Magazin* Nr. 14 (1992), 6; Liebe Frau L., wir müssen uns unbedingt kennenlernen. In: *Zeit-Magazin* Nr. 18 (1992), 6.
[Dazu: Voigt, Jutta: Stimmen aus einem unbekannten Land. In: *PZ-Extra/Wir In Europa* Nr. 15 (1992), 36.]

Roger Willemsen: Im Auge der Bombe. In: *Zeit-Magazin* Nr. 11 (1991), 8; Ein Herz für Europa. In: *Zeit-Magazin* Nr. 15 (1991), 6; Abschied vom Schurken. In: *Zeit-Magazin* Nr. 18 (1991), 6; Der Staat in schwarz. In: *Zeit-Magazin* Nr. 22 (1991), 6; Abstieg in den siebten Himmel. In: *Zeit-Magazin* Nr. 26 (1991), 6; Die Macht im Saal. In: *Zeit-Magazin* Nr. 31 (1991), 6; Katastrophe im Wohnzimmer. In: *Zeit-Magazin* Nr. 35 (1991), 6; Der Sklave der Erkenntnis. In: *Zeit-Magazin* Nr. 39 (1991), 6; Im Schatten des Körpers des Kanzlers. In: *Zeit-Magazin* Nr. 43 (1991), 6; Von der Reinheit der Politik. In: *Zeit-Magazin* Nr. 47 (1991), 6; Literatur der S-Klasse. In: *Zeit-Magazin* Nr. 50 (1991), 6; Vom Eros der Religion. In: *Zeit-Magazin* Nr. 1 (1992), 6; Zwei Kriege, ein Coupé. In: *Zeit-Magazin* Nr. 4 (1992), 8; Vom Ende der Kritik. In: *Zeit-Magazin* Nr. 8 (1992), 6; Haltet mich fest. In: *Zeit-Magazin* Nr. 12 (1992), 6.

559. Zimmer, Dieter E.: Den Völkern Gespött oder Furcht. Die Deutschen und das Nationalgefühl. In: *Die Zeit* v. 6.4.1990.

560. Zinnow, Hans: Eine Wende für uns. Hoffnungstexte für ein neues Land. Neukirchen-Vluyn: Aussaat, 1992.

561. Zwerenz, Gerhard: Rechts und dumm? Hamburg: Carlsen, 1993.

562. Ders.: Die neue alte Welt-Unordnung. In: *europäische ideen* (1994) 88 (*Die Neue Weltordnung*), 1f.

1.8 Hörspiele/Features (Auswahl)

1. Gerlach, Harald: Markttag. Hörspiel. In: G., H.: *Fortgesetzte Landnahme. Fußnoten zum Zeitgeist.* Rudolstadt: Hain Verlag, 1996 (*Thüringen-Bibliothek, Band 1*), 23-52. Erstausstrahlung: 1994.

2. Mielke, Erich/Walther, Joachim: Erich Mielke – ein deutscher Jäger. Feature. Regie: Holger Jackisch. DLF/HR/MDR 1995. München: DerHörVerlag/Audio Books, 1997; 1 MC.

3. Schwochow, Rainer: „Jetzt flieg ich weiter zur Sonne". Leben mit dem Absturz. Ein Feature von Rainer Schwochow mit Szenenausschnitten aus dem Hörspiel „Ikaros" von Harald Gerlach. In: *So durften wir glauben zu kämpfen. Erfahrungen mit DDR-Medien.* Hrsg. von Edith Spielhagen. Berlin: Vistas, 1993, 13-28.

4. Sparschuh, Jens: *Bahnhof Friedrichstraße. Ein Museum.* Hörstück. [Sendemanuskript von *Radio Bremen/Sender Freies Berlin*]. Erstausstrahlung: 11.12.1989;
   Textfassung unter dem Titel *Bahnhof Friedrichstraße. Ein Museum I* auch in: S., J.: *Ich dachte, sie finden uns nicht. Zerstreute Prosa.* Köln: Kiepenheuer & Witsch, 1997, 30-47.

5. Ders.: Die Konquistadoren. [Sendemanuskript des *Norddeutschen Rundfunks*]. Erstausstrahlung: 1.12.1990.

6. Ders.: Das verlorene Mädchen. Dokumentation eines Hörspielprojekts mit Jens Sparschuh und Kindern der Realschule Freudenstadt. Von Irene Schuck. [Sendemanuskript des *Südwestfunks*]. Erstausstrahlung: 15.2.1992.

7. Ders.: Kyffhäuser. Hörspiel. [Produktionsmanuskript des *Senders Freies Berlin*]. Erstausstrahlung: 2.10.1992.

8. Ders.: Schiller in Amerika [Textfassung einer Passagen-Sendung des *Senders Freies Berlin* in Koproduktion mit *Radio Bremen*, Erstausstrahlung: 1993]. In: *ndl* 41 (1993) 5, 75-90;
   auch in: S., J.: *Ich dachte, sie finden uns nicht. Zerstreute Prosa.* Köln: Kiepenheuer & Witsch, 1997, 83-103.

9. Ders.: Ein seltener Knabe. Johannes R. Becher in Bad Saarow [Textfassung einer Feature-Koproduktion von *Sender Freies Berlin* und *Radio Bremen*, Erstausstrahlung: 1994]. In: S., J.: *Ich dachte, sie finden uns nicht. Zerstreute Prosa.* Köln: Kiepenheuer & Witsch, 1997, 118-138.

10. Weil, Marianne: Dem deutschen Volke. Feature. Regie: Marianne Weil und Stefan Dutt. SR/SFB 1995. München: DerHörVerlag/Audio Books, 1997; 1 MC.

1.9 Bildbände/Text-Bild-Bände

1. 50 Jahre DDR. Der Alltag der DDR, erzählt in Fotografien aus dem Archiv des ADN. Mit den Original-Bildunterschriften. Mit Texten von Helga Königsdorf und Walter Heilig. Herausgegeben und kommentiert von Günther Drommer. Berlin: Schwarzkopf & Schwarzkopf, 1999.

2. Bahrmann, Hannes/Links, Christoph (Hgg.): Bilderchronik der Wende. Erlebnisse aus der Zeit des Umbruchs 1989/90. Berlin: Ch. Links, 1999.

3. Bedeschinski, Christian: Ein-Blicke. Industriekultur im Osten Deutschlands. Berlin: Haude & Spener, 1995.

4. Startbahn Ost. Zehn Lebensbilder. Fotografien: Günter Bersch. Texte: Ilona Rühmann. Berlin: Ch. Links, 2000.
   [Dazu: Leinemann, Susanne: Berichte aus der Zwischenwelt. Zehn Jahre nach dem Mauerfall zieht der Osten Bilanz. In: *Die Welt* v. 30.9.2000.]

5. Bertsch, Georg C./Hedler, Ernst/Dietz, Matthias: SED. Schönes Einheits Design. Stunning Eastern Design. Savoir éviter le design. Köln: Taschen, 1990.

6. Bild Begegnung. Fotografien von Werner Lieberknecht, Christine Starke, Günter Starke. Texte von Ernst Jandl, Jens Wonneberger, Alexander Lange. Dresden: Edition DD, 1993 (*Edition DD – Bild-Begegnung*, Heft 1/1993).

7. Billhardt, Thomas: Alexanderplatz in Berlin-Mitte. Fotos aus fünf Jahrzehnten. Berlin: edition ost, 2000.

8. Ders./Hensel, Kerstin: Alles war so. Alles war anders. Bilder aus der DDR. Leipzig: Gustav Kiepenheuer, 1999.
   [Dazu: Aehnlich-Kiehl, Kathrin: Es war einmal ... Eigenwillige Bilder und skurrile Geschichten aus dem Alltag der DDR. In: *Neue Promenade* (1999) 6, 26.]

9. Olle DDR. Eine Welt von gestern. Fotografiert von Volker Döring, Joachim Donath und Rolf Zöllner. Beschrieben von Friedrich Schorlemmer und Christoph Dieckmann. Hrsg. von Helmut Fensch. Berlin: Henschel, 1993.

10. Gäbler, Gerhard: Fotografien 1978 bis 1999. Dresden: Verlag der Kunst, 2000.

11. Leipzig. Den Wandel zeigen. Zur Entwicklung des Stadtbildes von 1990 bis 2000. Text: Niels Gormsen. Mit einem Geleitwort von Hinrich Lehmann-Grube und Beiträgen von Klaus Eberhard, Ines Gillner, Silke Heit, Peter Lang, Jens Müller, Heike Scheller. Fotografien: Armin Kühne u.a. Leipzig: Edition Leipzig, 2000.

12. Gröschner, Annett/Bara, Tina: Herzdame Knochensammler. Gedichte, Fotografie. Berlin: Kontext, 1993 (*collektionKONTEXT*).

13. *Die DDR wird 50. Texte und Fotografien.* Hrsg. von Volker Handloik und Harald Hauswald. Berlin: Aufbau, 1998.
[Dazu: Geisler, Anika: Die DDR wird 50. In: *Die Zeit* v. 5.11.1998; Pergande, Frank: Wie Schabowski nicht erschossen wurde. Die DDR wird nicht fünfzig / Ein beeindruckender Bildband. In: *FAZ* v. 22.2.1999; Scheer, Udo: Alles DDR oder was? Ein Jahr vor Ultimo stimmt eine neue Anthologie den geneigten Leser auf das 50jährige Bestehen der DDR ein. In: *Thüringer Allgemeine* v. 2.10.1998.]

14. Hauswald, Harald: Seitenwechsel. Fotografien 1979-1999. Berlin: Aufbau, 1999.
[Dazu auch: Bekannte unbekannte Welt. Harald Hauswalds Fotos erzählen von der Boheme [sic] in der DDR, von Punks und Eckenstehern und Tangotänzern. Peter Wawerzinek über einen Fotografen, der nackten Königen mißtraut. In: *Das Magazin* (1997) 9, 36-43.

15. Vom Ende des Römerlatschens. Photoausstellung von Andreas Kämper. Mit einer grotesken Geschichte von Reinhard Ulbrich und einem Text von Gabriele Muschter. Köthen: Micado, 1997.
[Dazu: [LWL]: Farbfilm vergessen? In: *tip. Berlin Magazin* v. 13.-26.11.1997;
Hillger, Ilka: Ein DDR-Quartett und seine turbulente Lebensreise. Das neue Jahr begann in der Buchhandlung „7 Säulen" mit einer Foto-Ausstellung von Andreas Kämper und Reinhard Ulbrichs Lesung aus „Spur der Broiler". In: *Mitteldeutsche Zeitung* (Dessau/Rosslau) v. 3.2.1998
sowie in: *Mitteldeutsche Zeitung* (Köthen) v. 4.2.1998.]

16. Korall, Wolfgang: Wende gut, alles gut? Bilder aus Ostdeutschland. Mit Texten von Lutz Rathenow. München: Kindler, 1995.

17. Zeitenwende. Portraits aus Ostdeutschland 1986-1998. Photographien von Bernd Lasdin. Bremen: Edition Temmen, 1998.
[Dazu: [Anon.]: Vorher und nachher. In: *Die Zeit* v. 12.11.1998; Lehnhardt, Claudia: Voher-Nachher in Licht und Schatten. Photographien von Bernd Lasdin. In: *Lesart* (1998) 4, 44-47.]

18. [Lasdin, Bernd: So sind wir – Bilder aus einem Projekt. In: *Fotografie* 42 (1988) 10, 376-381.]

19. [Lasdin, Bernd: „So sind wir". In: *Niemandsland* 2 (1988) 7, 94-102.]

20. Lehmann, Rainer/Sieber, Hannes: DDR. Die Stunde Null. Ausstellung im Foyer des Asamtheater Freising vom 7. bis 17. Juni 1990. Freising: Frisinga, 1990.

21. Liebe, Joachim [Fotografien]/Schneider, Rolf [Essay]: Der rote Stern stirbt leise. Abzug der Russen aus Deutschland. Berlin: Dietz Verlag Berlin, 1995.

22. Die nackte Republik. Aktfotografien von Amateuren aus 40 Jahren Alltag im Osten. Hrsg. von der Zeitschrift „Das Magazin". Berlin: „Das Magazin" Verlagsgesellschaft, 1993 (*Magazin Spezial, Nr. 1*).

23. Marsden, Simon/McLaren, Duncan: Zeugen in Stein. Schlösser, Kirchen, Herrenhäuser im Osten Deutschlands. Mit einem Vorwort von Edzard Schmidt-Jortzig. Freiburg i.B.: Eulen Verlag, 1999.
[Originalausgabe: Beyond the Wall. London: Little, Brown and Company, 1999.]

24. Sibylle. Modefotografie aus drei Jahrzehnten DDR. Hrsg. von Dorothea Melis. Berlin: Schwarzkopf & Schwarzkopf, 1998.

25. Die Berlinerin. Fotografien und Geschichten. [Mit Beiträgen von Sibylle Bergemann, Barbara Klemm, Ute Mahler, Helga Paris, Monika Maron, Ingo Schulze, Jutta Voigt, und vielen anderen.] Hrsg. von Dorothea Melis. Berlin: Schwarzkopf & Schwarzkopf, 2000.

26. [Menasse, Robert]: Lernen, was Freiheit ist. Der Fall der Mauer vereinte den Schriftsteller Robert Menasse mit seiner Generation. In: *Zeit-Magazin* Nr. 46 (1998), 8 (*Mein Foto des Jahrhunderts*).

27. Michaelis, Andreas: DDR/GDR/RDA Souvenirs. ... und sie nannten es „Sonderinventar“./... and it was called „Special Inventory“./... et c’est un fonds „bien spécial“. Köln: Benedikt Taschen, 1994.

28. Moses, Stefan: DDR – ende mit wende. 200 Photographien 1989-1990. Mit Essays der Erinnerung von Rita Kuczynski und Harald Eggebrecht. Ostfildern-Ruit: Hatje Cantz, 1999.

29. Müller, Heiner: Ein Gespenst verläßt Europa. Fotografien von Sibylle Bergemann. Mit einem Nachwort von Peter Voigt. Köln: Kiepenheuer & Witsch, 1990.

30. WENDE-TAGE-BUCH. Ein Tagebuch von der Wende bis zur Einheit. Mit Fotos und Texten von Martin Naumann. Leipzig: Militzke Verlag, 1998.

31. Diva in grau. Häuser und Gesichter in Halle. Fotografien von Helga Paris. Texte von Wilhelm Bartsch, Heinz Czechowski, Elke Erb, Jörg Kowalski, Christa Moog, Detlef Opitz. Hrsg. von Jörg Kowalski und Dagmar Winklhofer im Mitteldeutschen Verlag. Halle (S.): Mitteldeutscher Verlag, 1991.

32. Wendezeiten. Deutsche Lebensläufe in fünf politischen Systemen. Hrsg. von Franziska Schlotterer und Isabella Knoesel. Fotografien von Markus Schädel. Berlin: Henschel, 1997.

33. Leipziger DEMONTAGEBUCH. DEMO. MONTAG. TAGEBUCH. DEMONTAGE. Zusammengestellt und mit einer Chronik von Wolfgang Schneider. Leipzig/Weimar: Gustav Kiepenheuer, 1990.

34. Schoeller, Wilfried F./Schoeller, Martin: Abschied von Bitterfeld. Göttingen: Steidl, 1994.

35. The East German Take-Off. Economy and Design in Transition. Edited by Angela Schönberger. Berlin: Ernst & Sohn, 1994.

36. Leipzig im Umbruch. Fotografien von Ralf Schuhmann. Texte von Angela Krauß, Ingo Andreas Wolf. Amsterdam/Dresden: Verlag der Kunst, 1999.

37. Die Mühle in Brehna. Fotos: Helfried Strauß. Text: Heinz Czechowski. Frankfurt a.M./Leipzig: Insel, 1992.

38. Voigt, Jutta/Zöllner, Rolf: Der Spleen von Berlin. Berlin: Das Neue Berlin, 1999.

1.10 Sonstige Quellen

1. [Anon.]: Auferstanden aus Ruinen. Im Osten viel Neues: Die Einkommen steigen, die Firmen werden wettbewerbsfähiger, die Bürger schöpfen neues Selbstbewußtsein – das ist das Ergebnis einer für den SPIEGEL erstellten, breitangelegten Untersuchung der Lebensverhältnisse in Ostdeutschland. Nach Crashs und Katastrophen entwickelt sich eine eigene Dynamik im Osten. In: *Der Spiegel* 49 (1995) 36 v. 4.9.1995, 118-139.

2. [Anon.]: „Es ist ein anderes Leben". Können die Deutschen nach 40 Jahren getrennter Entwicklung wieder ein Volk werden? Die Unterschiede in Mentalität und Lebensart sind auffällig, die Besonderheiten groß: Die Brüder – und Schwestern – passen kaum zusammen. Die Ostdeutschen verhalten sich wie Deutsche zweiter Klasse – und werden auch so behandelt. In: *Der Spiegel* 44 (1990) 39 v. 24.9.1990, 34-61.

3. [Anon.]: Die Gretchenfrage der Republik. Am nächsten Sonntag stimmen die DDR-Bürger bei ihrer ersten freien Wahl indirekt auch über das Ende der Bundesrepublik ab. Kommt es – so wünscht es Kanzler Kohl – zu einem Anschluß der DDR an den Westen? Wahrscheinlich ist: Beide Parlamente verständigen sich über eine neue gesamtdeutsche Verfassungsordnung. In: *Der Spiegel* 44 (1990) 11 v. 12.3.1990, 24-31.

4. [Anon.]: Kurs: Ost. In: *alverde. das aktuelle dm-Magazin* [Kundenzeitschrift der *dm*-Drogeriemärkte] (2001) Oktober, 4-6.

5. [Anon.]: Stolz aufs eigene Leben. Nur 19 Prozent der Ostdeutschen halten heute den Sozialismus für „ein zum Scheitern verurteiltes System", immerhin noch 15 Prozent wünschen sich gar die DDR zurück. Und eine Mehrheit glaubt, anders als 1990, daß zu DDR-Zeiten die Versorgung mit Wohnungen, der Gesundheitsdienst und die Schulen besser gewesen seien als heute: Eine SPIEGEL-Umfrage brachte eine überraschend starke, dabei durchaus differenzierte DDR-Nostalgie an den Tag. In: *Der Spiegel* 49 (1995) 27 v. 3.7.1995, 40-52.

6. Andert, Reinhold: Unsere Besten. Die VIPs des Ostens. Fotos von Robert Michel. Berlin: Elefanten Press, 1999.
[Vollständig überarbeitete und aktualisierte Neuausgabe des 1993 erstmals erschienenen Bandes *Unsere Besten – Die VIPs der Wendezeit*.]

7. Geht doch rüber! Fünf Jahrzehnte deutscher Geschichte. Joseph Behé, Frédérique Schwebel, Patrick Noël, Etienne Jung, Roland Peter, Klaus Mühlsteffen, Michael F. Walz. Stuttgart: Ehapa, 1999.
[Dazu: [Anon.]: [o.T.]. In: *Audimax* 12 (1999) 9/10.]

8. Alles Banane. Hrsg. von Holger Behm in Zusammenarbeit mit Werner Tammen. Berlin: Rotbuch, 1990.

9. Bölck, Lothar: Durchgedreht. Texte aus der Leipziger Pfeffermühle (seit 1989). Gerlingen: Bleicher Verlag, 1997 (*Bleicher Satire*).

10. Kleines Deutsches Wörterbuch. Hrsg. von Jörg Bong und Florian Illies. Frankfurt a.M.: S. Fischer, 2002.

11. DDR 50. Sonderbeilage der Tageszeitung *junge Welt* v. 6.10.1999.

12. Delius, Friedrich Christian/Lapp, Peter Joachim: Transit Westberlin. Erlebnisse im Zwischenraum. Mit einem Geleitwort von Egon Bahr. Berlin: Ch. Links, 1999.

13. [Programmheft]: DeutschlandRadio – Die zwei Programme 1999 (11).

14. [Programmheft] Distel. Das Berliner Kabarett am Bahnhof Friedrichstraße: Berlin, Berliner, am Berlinsten oder: Tickt die Geschichte richtig? [Berlin, Oktober 1991].

15. Dorlach, Sven: Der Fall Gauck. [Berlin]: Spotless, 1996.

16. Ensel, Leo: „Warum wir uns nicht leiden mögen ...“ Was Ossis und Wessis voneinander halten. 2. Auflage. Münster: agenda Verlag, 1995 (*agenda Zeitlupe, 1*).
[zuerst: Münster: agenda Verlag, 1993.]

17. Streiflichter aus Dresden. Hrsg. von Julia Estenfeld. Stuttgart/Leipzig: Hohenheim, 2001.

18. *Eulenspiegel* (1999) 10: Am 3. Oktober ist der Tag der Einheit.

19. Gaserow, Vera: Palast-Revolte. Das „Haus des Volkes“ soll abgerissen werden, aber das Volk will es behalten. In: *Zeit-Magazin* Nr. 22 (1993), 36-46.

20. Hänsel, Günter/Noll, Fritz: Rache in Düsseldorf. Der Markus-Wolf-Prozeß. Berlin: Spotless, 1994.

21. Hanel, Walter: Hoppla, wir sind wieder mehr. Hanels neue deutsche Chronik. Düsseldorf/Wien/New York/Moskau: Econ, 1991.

22. Heckhausen, Markus (Hg.): Das Buch vom Ampelmännchen. Berlin: Eulenspiegel, 1997.

23. Rückblicke auf die DDR. Festschrift für Ilse Spittmann-Rühle. Hrsg. von Gisela Hellwig. Köln: Verlag Wissenschaft und Politik, 1995 (*Edition Deutschland Archiv*).

24. Henniger, Barbara: Unsere Deutsche Demokratische Republik. Ein Bilderbuch aus dem Jenseits. Berlin: Rowohlt Berlin, 1998.

25. Trabi ... find' ich gut. Mit Beiträgen von Heribert Hofner, Harald Kaiser und Willi Mertens. Hamburg: Ellert & Richter, 1990.

26. Hoppe, Ralf: Auf Trabi-Trip. Die Liebe geht durch den Wagen: Der Trabant, das sozialistische Einheitsauto mit dem Vierteljahrhundert konservierter Technik-Historie, fasziniert uns PS-verwöhnte Bundesbürger. Und manch einer steigt um. In: *Zeit-Magazin* Nr. 46 (1989), 6-12.

27. Jankofsky, Heinz: Der Schein fürs Sein. Personalausweis für unsere Bürger der Deutschen Demolierten Republik. Berlin: Eulenspiegel/Das Neue Berlin, 1995.

28. Berlin jewendet. Das „Letzte" aus der DDR. Zusammengestellt von Wolfgang Janowitz und Eduard Huk. Berlin: Haude & Spener, 1990 (*Edition Jule Hammer*).

29. Kämper, Andreas/Ulbrich, Reinhard: Wir und unser Trabant. Berlin: Rowohlt Berlin, 1995.

30. Kaiser, Paul: Der Nippes der Funktionäre. Arsenal der Ostalgie / Schwieriger Kampf um die symbolischen Überreste des DDR-Sozialismus. In: *Rheinischer Merkur* v. 12.12.1997.

31. Lustiges Literaten-Lexikon. Mit Karikaturen von Harald Kretzschmar und Texten von Gert von Weber. Leipzig: Faber & Faber, [1998].

32. Kurtz, Andreas: Unsere Besten. Urkunden von gestern und heute für alle Lebenslagen. Berlin: Eulenspiegel, 1997.

33. Gennse dähn? Sächsische Witze. Mitgehört, gefunden und hrsg. von Bernd-Lutz Lange. Illustrationen von Lothar Otto. Frankfurt a.M.: Eichborn, 1991.

34. Lay, Conrad/Potting, Christoph (Hgg.): Gemeinsam sind wir unterschiedlich. Deutsch-deutsche Annäherungen. Autorinnen und Autoren: Tanja Bürgel, Ellen Esen, Michael Hofmann, Thomas Koch, Doris Kraut, Conrad Lay, Bernd Lindner, Corinna Onnen-Isemann, Ursula Osswald, Heide Platen, Alexander von Plato, Rudolf Woderich. Bonn: Bundeszentrale für politische Bildung, 1995 (*Arbeitshilfen für die politische Bildung*).

35. Merkel, Ina (Hg.): „Wir sind doch nicht die Mecker-Ecke der Nation". Briefe an das DDR-Fernehen. Mit einer Einführung von Ina Merkel und Felix Mühlberg. Köln/Weimar/Wien: Böhlau, 1998 (*alltag & kultur, Band 4*).
[Dazu: [(TK)]: Republikalltag im „Prisma". Briefe an das DDR-Fernsehmagazin. In: *Freie Presse* v. 17.3.2000 (*Literatur-Beilage*).]

36. Mini-Deutschland. Trabbi und Trouble. Originalausgabe. München: Heyne, 1990 (*Heyne Mini Nr. 33/125*).

37. Mühlenberg, Heidi/Kurt, Michael: Panikblüte. Bitterfeld-Report. Leipzig: Forum Verlag, 1991.

38. Ossi-Witze/Wessi-Witze. Ein Dreh- und Wendebuch. Berlin: Eulenspiegel, 2001.

39. Schülerwettbewerb Deutsche Geschichte um den Preis des Bundespräsidenten: Ost-West-Geschichte(n) – Jugendliche fragen nach. Katalog der preisgekrönten Arbeiten. Band 11 – Wettbewerb 1994/95. Hamburg: edition Körber-Stiftung, 1997 (*Findbuch Band 11. Katalog der preisgekrönten Arbeiten des 14. Schülerwettbewerbs Deutsche Geschichte um den Preis des Bundespräsidenten. Thema: „Ost-West-Geschichte(n) – Jugendliche fragen nach" (1994/95)*).

40. Ost-West-Geschichten. Schüler schreiben über Deutschland. Hrsg. von Lothar Dittmer und Detlef Siegfried. Mit einem Geleitwort von Bundespräsident Roman Herzog. München: Beck, 1996 (*Beck'sche Reihe*).

41. Der neue Wettbewerb! Ost-West-Geschichten. Jugendliche fragen nach. Deutsch-deutsche Geschichten erforschen 1945-1990 (*Spuren Suchen. Schülerwettbewerb Deutsche Geschichte um den Preis des Bundespräsidenten 8 (1994)*).

42. Die Ergebnisse! Ost-West-Geschichten 1945-1990. Jugendliche fragten nach (Spuren Suchen. Schülerwettbewerb Deutsche Geschichte um den Preis des Bundespräsidenten 9 (1995)).

43. Peters, Sieglinde (Hg.): Meine Hand für mein Produkt. Briefe aus der sozialistischen Produktion. Provoziert von Rainer B. aus Brandenburg. Berlin 1996.

44. Plewnia, Ulrike: Politiker taktieren mit Palazzo Prozzo. Die merkwürdige Geschichte vom Palast der Republik: Bleibt er nun doch erhalten? In: *Focus* (1994) 18 v. 2.5.1994, 135f.

45. Pötzsch, Birgitt: Vorm Tänzchen mit Honi steht die Visumkontrolle. Discobesucher in alten DDR-Klamotten tanzen zu „dancefloor"-Kampfliedern / „Ostalgie-Fete" in Magdeburg. In: *FR* v. 29.7.1996.

46. Przybylski, Peter: Tatort Politbüro. Die Akte Honecker. Berlin: Rowohlt Berlin, 1991.

47. Quizbuch DDR. Fakten, Kurioses, Wissenswertes. Mit Illustrationen von Barbara Henniger. Berlin: Eulenspiegel, 2000.

48. BRD ade! Vierzig Jahre in Rück-Ansichten von Sozial- und Kulturwissenschaftlern. Hrsg. von Otthein Rammstedt und Gert Schmidt unter Mitwirkung von Klaus Frerichs und Angela Rammstedt. Frankfurt a.M.: Suhrkamp, 1992.

49. Go East! DDR – Der nahe Osten. Hrsg. von Susanne Raubold. Mit Fotos von Till Bartels. Berlin: Elefanten Press, 1990.

50. Resch-Treuwerth, Jutta: Unter vier Augen. Liebesbriefe aus zwei Jahrzehnten. Mit Fotos von Hans-Jürgen Horn. Berlin: Schwarzkopf & Schwarzkopf, 1996 (*Schwarzkopf & Schwarzkopf LIEBE*).

51. Röcke, Matthias: Der Trabant. [o.O.]: Heel, 1990.

52. Alles Soljanka oder wie? Das ultimative DDR-Kochbuch 1949-1989. Hrsg. von Ute Scheffler. Mit einem Vorwort von Küchenmeister Peter Schroth. Leipzig: BuchVerlag für die Frau, 2000.
[Lizenzausgabe: [o.O.]: RM Buch und Medien Vertrieb GmbH, 2001.]

53. Scheffler, Ute/Heck, Dieter: EssKULTur. Der Goldbroiler. Rezepte, Tipps, Geschichten. Leipzig: BuchVerlag für die Frau, 2001.
[Lizenzausgabe: [o.O.]: RM Buch und Medien Vertrieb GmbH, 2002.]

54. Seidel, Peter/Dannegger, Klaus/Dölle, Christine: Mach's besser, Ossi! Leipzig: Forum Verlag, 1993.

55. Serwuschok, Ingolf/Dölle, Christine: Der BesserWessi. 97 BesserWessi-Witze und 22 Karikaturen. Leipzig: Forum Verlag, 1991.

56. Serwu & Co.Co: Wir woll'n unsern alten Erich wieder ham. 5. und endgültig letzte Auflage. Berlin: edition ost, 1997.
[zuerst: Berlin: edition ost, 1992.].

57. Sitte, Willi: Herr Mittelmaß 1949-1995. Hrsg. von Joachim Jahns. Querfurt: Dingsda-Verlag, 1995.

58. Das Wendebuch. Eingeleitet von M. Sondermann Cartoons E. Brendel Texte. Berlin: Verlag Technik, 1990.

59. Essen wie Erich. Bevor der Ofen aus war – Das Beste aus Honeckers Hofküche. Angerichtet von Klaus Steffen, garniert von Barbara Henniger, serviert vom Eulenspiegel Verlag. Berlin: Eulenspiegel, 1996.
[veränderte Taschenbuchausgabe: Essen wie Erich. Das Beste aus Honeckers Hofküche. Angerichtet von Klaus Steffen, garniert von Barbara Henniger, serviert vom Eulenspiegel Verlag. Berlin: Eulenspiegel, 1999.]

60. Stregel, Tobias/Tweder, Fabian: Gut gekauft – gern gekauft. 30 Postkarten. 3., neu gestaltete Auflage. Berlin: Elefanten Press, 1999.
[zuerst: Berlin: Elefanten Press, 1997.]

61. Dies.: Deutsche Kulinarische Republik. Szenen, Berichte und Rezepte aus dem Osten. Frankfurt a.M.: Eichborn, 1998.

62. Honecker-Witze. Gesammelt von Arn Strohmeyer. 14. Auflage. Frankfurt a.M.: Eichborn, 1991.
[zuerst: Frankfurt a.M.: Eichborn, 1988.]

63. Ulbrich, Reinhard: Knigge für Deutsche: Über den Umgang mit Ostmenschen./Über den Umgang mit Westmenschen. Ein Wendebuch. Graphiken von Axel C.A. Jirsch. Köthen: Micado, 1998.
[Dazu: [(bs)]: Gewerbeparks und Sättigungsbeilagen. In: *Schwäbische Zeitung* v. 19.2.1999;
Behling, Klaus: Probleme mit Ost-West? Der „Knigge für Deutsche“ ist da. In: *Bild* v. 7.4.1999;
Janert, Josefine: Sie bremsen auch für Wessis. Endlich gibt es einen deutsch-deutschen Vereinigungsknigge. In: *Der Tagesspiegel* v. 7.2.1999.]

64. Kleines Lexikon großer Ostprodukte. Gemäß TGL Nullachtfünfzehn aufgezeichnet von Reinhard Ulbrich und fotografiert von Andreas Kämper. Köthen: Micado, 1996.
[auch unter dem Titel *Kleines Lexikon großer Ostprodukte. Von Alekto bis Ziphona*. Düsseldorf/München: Econ TB, 1998.]
[Auszug zu ‚Pfeffi' leicht verändert unter dem Titel *Angestrichen: Freier Atem im Osten*. In: *Die Welt* v. 8.3.1997.]
[Dazu: [Anon.]: Lexikon der Ostprodukte. In: *Bild Leipzig* v. 21.3. 1997;
[cb]: Trabant. In: *Scope. Industrie-Magazin für Führungskräfte* (1997) März;
[CvR]: Römerlatsch. Ein Nachschlagewerk über gute alte DDR-Markenprodukte ist neu auf dem Markt. In: *tip. Berlin Magazin* v. 20.2.-5.3.1997;
[Do.]: Grobschlächtig, schwer zu handhaben, irgendwie altmodisch. Ein „Verdienter Einkäufer des Volkes" blickt zurück – im kleinen Lexikon großer Ostprodukte. In: *FAZ* v. 6.2.1997;
[H.K.J.]: [o.T.]. In: *FR* v. 9.7.1997;
[Kor.]: [o.T.]. In: *ZeitPunkt. Kulturmagazin. Sonderheft Nr. 4. Hotel- und Gastronomieführer '98/99. Leipzig + Halle*;
[tl]: Ham' wer jesiecht? In: *Der Tagesspiegel* v. 26.2.1997;
[W.B.]: Zahlbox oder Ferkeltaxe. Zwei amüsante Gedenkbücher über den Alltag in der DDR. In: *Spiegel special* (1997) 10;
Austilat, Andreas: Auf der Route 66 der Territoriums. Ein Führer durch die mobile Gesellschaft der DDR. In: *Weltspiegel. Sonntagsbeilage des Tagesspiegels* v. 19.10.1997;
Baier, Uta: Sprachlos mit Yvette intim. In: *BZ* v. 10.2.1997;
Flehmig, Sten: Konsum. In: *Die Woche* v. 28.2.1997;
Kohlschein, Torsten: Nahrung für ostdeutschen Selbsthaß. Zwei Nachschlagewerke zur DDR-Alltagskultur. In: *Freie Presse* v. 6.6.1997;
Menge, Marlies: Klarer Fall von Ostalgie. Wie war die DDR? Ein kleines Warenlexikon gibt Nachhilfe. In: *Die Zeit* v. 28.2.1997;
Nutt, Harry: Kleinode im Setzkasten der Gefühle. Krefafin, Krügerol und Kuko-Reis. Eine halbe Portion Taschenbuch versammelt ein Kompendium der Ostprodukte. Hilfreiche Handreichungen für West-Leser. In: *taz* v. 1./2.2.1997;
Scholz, Kai-Uwe: Ikonen des realen Sozialismus. Spiele für Ostalgiker. In: *design report* (1997) September;
Sturm, Anne: Ostprodukte. Nicht vergessen! „Yvette Intim" und „Exklepäng". In: *LVZ* v. 29.5.1997.]

65. Grüner Pfeil und Ferkeltaxe. Ein ostdeutsches Fahrtenbuch. Ziemlich alphabetisch geführt von Andreas Kämper (Bild) und Reinhard Ulbrich (Text). Köthen: Micado, 1997.
[auch unter dem Titel *Grüner Pfeil und Rennpappe. Ein ostdeutsches Fahrtenbuch*. München: Econ & List TB, 1999.]
[Dazu: [Anon.]: Lexikon der Ostprodukte. In: *Bild Leipzig* v. 21.3. 1997;
[W.B.]: Zahlbox oder Ferkeltaxe. Zwei amüsante Gedenkbücher über den Alltag in der DDR. In: *Spiegel special* (1997) 10;
Austilat, Andreas: Auf der Route 66 der Territoriums. Ein Führer durch die mobile Gesellschaft der DDR. In: *Weltspiegel. Sonntagsbeilage des Tagesspiegels* v. 19.10.1997;
Bressel, Wigmar: Neu: Grüner Pfeil und Ferkel-Taxe. Miniverlag mit Nostalgie im Höhenflug. In: *Bild Halle* v. 15.5.1997;
Gens, Lothar: Ostdeutsches Fahrtenbuch gibt satirische Rückschau. Neueste Edition des Köthener MICADO-Verlags – „Ferkeltaxe“ und anderes zum DDR-Verkehr. In: *Mitteldeutsche Zeitung* (Köthen) v. 17.7.1997;
Klose, Dirk: Das Verkehrswesen in der DDR. Der Karpatenschreck. In: *Das Parlament* v. 14.-20.11.1997;
Kohlschein, Torsten: Nahrung für ostdeutschen Selbsthaß. Zwei Nachschlagewerke zur DDR-Alltagskultur. In: *Freie Presse* v. 6.6.1997.]

66. Ulbrich, Reinhard/Kämper, Andreas: Sandmännchen im Trabi-Land. Das Ostalgie-Kultbuch. Düsseldorf/München: Econ & List TB, 1997.

67. Broiler, Bürger und Bananen. Ein Leipziger Gericht. Gerhard Gäbler: Fotografien, Bernd-Lutz Lange: Aphorismen, Rainer Schade: Satirische Zeichnungen. Hrsg. von Nicole De Vilder. Düsseldorf: Bollmann, 1991.

68. Vonosten, Victor: 20 goldene Verhaltensregeln für Wessis beim Umgang mit Ossis (Satire mit ernstem Ziel). Waltersdorf: Oberlausitzer Verlag, 1991.

69. *Vorwärts Spezial* (1998) 11: Der Osten schmeckt anders.

70. Weber, Wolfram: Trabi, Traba, Trabant. 30 Postkarten. Berlin: Elefanten Press, 1998.

71. *WendeBlätter* [Verlagsgemeinschaft ANARCHE, Sebnitz]. Hefte 1 (1990) 7, 2 (1991) 1, 2 (1991) 2, 3 (1992) 1; *Werkstatt* 1 (1991).

2 Dokumentationen/Sachbücher (Auswahl)

1. Adler, Hans-Gerd: Wir sprengen unsere Ketten. Die friedliche Revolution im Eichsfeld. Eine Dokumentation. Leipzig: Thomas-Verlag, 1990.

2. Ahbe, Thomas/Hofmann, Michael/Stiehler, Volker: Wir bleiben hier. Erinnerungen an den Herbst '89. Mit einer Chronik von Uwe Schwabe. Leipzig: Gustav Kiepenheuer, 1999.

3. Albrecht, Ulrich: Die Abwicklung der DDR. Die „2+4-Verhandlungen". Ein Insider-Bericht. Opladen: Westdeutscher Verlag, 1992.

4. Andert, Reinhold/Herzberg, Wolfgang: Der Sturz. Erich Honecker im Kreuzverhör. Berlin/Weimar: Aufbau, 1990.
[Dazu: Jesse, Eckhard: Honecker über Honecker. In: *Die Neue Gesellschaft. Frankfurter Hefte* 38 (1991) 9, 862f.]

5. Nach vier Jahrzehnten. Ein Rückblick auf die deutsche Teilung. Hrsg. von der Arbeitsgemeinschaft für Jugend und Bildung e.V., Wiesbaden, in Zusammenarbeit mit der Bundeszentrale für politische Bildung, Bonn. Zweite aktualisierte und erweiterte Auflage. Wiesbaden: Universum Verlagsanstalt, 1992.
[zuerst: Wiesbaden: Universum Verlagsanstalt, 1990.]

6. Aufbrüche. Dokumentation zur Wende in der DDR (Oktober 1989 bis März 1990). Autoren: Hedda Angermann, Katrin Drechsel, Hartmut Kröber, Bernd-Dietrich Müller, Hans-Walter Schmidt; unter Mitarbeit von Margrit Buchmeier, Françoise Campana, Kristine Monheim. Herausgeber: Goethe-Institut, München, Herder-Institut der Universität Leipzig, Institut für Internationale Kulturbeziehungen und Auswärtige Kulturarbeit der Universität Bayreuth. Redaktion: Hans-Walter Schmidt. München: Goethe-Institut, 1991.

7. Bahr, Eckhard: Sieben Tage im Oktober. Aufbruch in Dresden. Hrsg. mit freundlicher Unterstützung der „Gruppe der 20", Dresden. Mit einem Geleitwort von Superintendent Christof Ziemer und dem Abschlußbericht der Unabhängigen Untersuchungskommission. Mitarbeit: Sven Bartnik und Elisabeth Groh. Leipzig: Forum Verlag, 1990.

8. Bahrmann, Hannes/Links, Christoph: Wir sind das Volk. Die DDR zwischen 7. Oktober und 17. Dezember 1989. Eine Chronik. Berlin (DDR)/Weimar: Aufbau, 1990 (*Texte zur Zeit*);
auch: Wuppertal: Peter Hammer, 1990.

9. Dies.: Chronik der Wende. Die DDR zwischen 7. Oktober und 18. Dezember 1989. Berlin: Ch. Links, 1994.

10. Behnen, Peter/Pohle, Albrecht/Wöppel, Julius: Revolution in der DDR. Informationen – Materialien – Fragen. Hannover: Schroedel, 1990.

11. Behnke, Klaus/Fuchs, Jürgen (Hgg.): Zersetzung der Seele. Psychologie und Psychiatrie im Dienste der Stasi. Mit Beiträgen von: Mitchell G. Ash, Wanda von Baeyer-Katte, Klaus Behnke, Karin Elmer, Jürgen Fuchs, Halldór Hauksson, Edwin Kratschmer, Herbert Loos, Hans-Joachim Maaz, Helmut Müller-Enbergs, Rudi-Karl Pahnke, Ursula Plog, Christian Pross, Andreas Schmidt, Annette Simon, Sonja Süß, Edith Wolf. Hamburg: Rotbuch, 1995.

12. Behrend, Hanna (Hg.): Die Abwicklung der DDR. Wende und deutsche Vereinigung von innen gesehen. Köln: Neuer ISP Verlag, 1996.
[Originalausgabe: The German Unification. The Deconstruction of an Economy. London/East Haven (USA): Pluto Press, 1995.]

13. Revolution in der DDR. Das Volk schreibt Geschichte. Tage, die wir nie vergessen. (*Berliner Illustrierte*, Sonderausgabe, Dezember 1989).

14. Ein Palast und seine Republik. Ort – Architektur – Programm. Hg.: Thomas Beutelschmidt/Julia M. Novak. Berlin: Verlag Bauwesen, 2001.

15. [Blumenwitz, Dieter: Denk ich an Deutschland. Antworten auf die Deutsche Frage. 2 Bände. München: Bayerische Landeszentrale für politische Bildungsarbeit, 1989.]

16. [Buch, Günther: Namen und Daten wichtiger Personen der DDR. 4., überarbeitete und erweiterte Auflage. Berlin/Bonn: Verlag J.H.W. Dietz Nachf., 1987.]

17. Bundesministerium für innerdeutsche Beziehungen (Hg.): 120 Antworten. Hinweise für den Alltag in den neuen Bundesländern. Bonn: Bundesministerium für innerdeutsche Beziehungen, 1990.

18. Dass. (Hg.): Deutschland in Gegenwart und Zukunft. Der demokratische und soziale Rechtsstaat Bundesrepublik Deutschland. Mit Beiträgen von Ulrich Battis, Theodor Berchem, Hans Bertram, Gerhard Besier, Hugo Borger, Willi Daume, Manfred Görtemaker, Gernot Gutmann, Heinz Lampert, Rudolf Morsey, Günther Nonnenmacher, Manfred Spieker, Udo Wengst, Wolfgang Wessels, Michael Wolffsohn. Bonn: Bundesministerium für innerdeutsche Beziehungen, 1990.

19. Texte zur Deutschlandpolitik. Reihe III/Bände 8a und 8b – 1990. Redaktionelle Bearbeitung: Gesamtdeutsches Institut – Bundesanstalt für gesamtdeutsche Aufgaben. Hrsg. vom Bundesministerium für innerdeutsche Beziehungen Bonn: Deutscher Bundes-Verlag, 1991.

20. Christ, Peter/Neubauer, Ralf: Kolonie im eigenen Land. Die Treuhand, Bonn und die Wirtschaftskatastrophe der fünf neuen Bundesländer. Berlin: Rowohlt Berlin, 1991.
[Taschenbuchausgabe: Reinbek: Rowohlt TB, 1993.]

21. Das dicke DDR-Buch. Berlin: Eulenspiegel, 2002.

22. DDR im Umbruch (*Praxis Geschichte* (1990) 2).

23. *Der Bürger im Staat* 50 (2000) 4: Deutschland Ost – Deutschland West.

24. Auf dem Weg zur deutschen Einheit I. Deutschlandpolitische Debatten im Deutschen Bundestag vom 28. November 1989 bis zum 8. März 1990. Bonn: Deutscher Bundestag, Referat Öffentlichkeitsarbeit, 1990 (*Zur Sache. Themen parlamentarischer Beratung* 8/90).

25. Auf dem Weg zur deutschen Einheit II. Deutschlandpolitische Debatten im Deutschen Bundestag vom 30. März bis zum 10. Mai 1990. Bonn: Deutscher Bundestag, Referat Öffentlichkeitsarbeit, 1990 (*Zur Sache. Themen parlamentarischer Beratung* 9/90).

26. Auf dem Weg zur deutschen Einheit III. Deutschlandpolitische Debatten im Deutschen Bundestag vom 23. Mai bis zum 21. Juni 1990 mit Beratungen der Volkskammer der DDR zum Staatsvertrag über die Schaffung einer Währungs-, Wirtschafts- und Sozialunion und zur polnischen Westgrenze. Bonn: Deutscher Bundestag, Referat Öffentlichkeitsarbeit (*Zur Sache. Themen parlamentarischer Beratung* 12/90).

27. Berlin – Bonn. Die Debatte. Alle Bundestagsreden vom 20. Juni 1991. Hrsg. vom Deutschen Bundestag, Referat Öffentlichkeitsarbeit. Köln: Kiepenheuer & Witsch, 1991.

28. Diemer, Gebhard (Hg.): Kurze Chronik der Deutschen Frage. München: Olzog, 1990 (*Geschichte und Staat, Band 288*).

29. Eckert, Rainer: Opposition in der DDR. Widerstehen in einer totalitären Diktatur. In: *Informationen für die Truppe* 38 (1994) 7, 54-59.

30. Sandmann auf Reisen. Eine Ausstellung des Filmmuseums Potsdam mit Unterstützung des Ostdeutschen Rundfunks Brandenburg und des Mitteldeutschen Rundfunks. Hrsg. vom Filmmuseum Potsdam. Berlin: Vistas, [o.J.].

31. Der Fischer Weltalmanach. Sonderband DDR. Autoren: Eleonore Baumann, Dr. Wolf-Rüdiger Baumann, Prof. Dr. Wilhelm Bleek, Dr. Johannes L. Kuppe, Prof. Dr. Dietrich Staritz. Hrsg. von der Redaktion des Fischer Weltalmanach. Kartographie: Adolph Böhm. Frankfurt a.M.: Fischer TB, 1990.

32. Fricke, Karl Wilhelm: MfS intern. Macht, Strukturen, Auflösung der DDR-Staatssicherheit. Analyse und Dokumentation. Köln: Verlag Wissenschaft und Politik, 1991.

33. Fritsch-Bournazel, Renata: Europa und die deutsche Einheit. Stuttgart/München/Landsberg (L.): Bonn aktuell, 1990.

34. Für notwendige Erneuerung. [Erster Teil.] In: *ndl* 38 (1990) 1, 145-175.

35. Für notwendige Erneuerung. Dokumentation – Zweiter Teil. In: *ndl* 38 (1990) 2, 152-189.

36. Für notwendige Erneuerung. Dokumentation – Dritter Teil. In: *ndl* 38 (1990) 3, 163-191.

37. Gauck, Joachim: Die Stasi-Akten. Das unheimliche Erbe der DDR. Bearbeitet von Margarethe Steinhausen und Hubertus Knabe. Reinbek: Rowohlt TB, 1991 (*rororo aktuell*).

38. Gieseke, Jens, unter Mitarbeit von Doris Hubert: Die DDR-Staatssicherheit. Schild und Schwert der Partei. Bonn: Bundeszentrale für politische Bildung, 2000 (*Deutsche ZeitBilder*).

39. Ders.: Mielke-Konzern. Die Geschichte der Stasi 1945-1990. Stuttgart: Deutsche Verlags-Anstalt, 2001.
[Dazu: Wilke, Manfred: Die Firma. Die Stasi, ein Tochterunternehmen des sowjetischen Geheimdienstes, machte trotz größter Anstrengung aus der DDR-Bevölkerung kein Volk von Spitzeln. In: *SZ* v. 5.11.2001.]

40. Gill, David/Sailer, Dieter: Jeder Nachbar ein Spitzel? Das Ministerium für Staatssicherheit der DDR. In: *Informationen für die Truppe* 38 (1994) 6, 30-37.

41. The German Revolution of 1989. Causes and Consequences. Edited by Gert-Joachim Glaeßner and Ian Wallace. Oxford/Providence: Berg, 1992.

42. Die deutsche Vereinigung. Dokumente zu Bürgerbewegung, Annäherung und Beitritt. Hrsg. von Volker Gransow und Konrad H. Jarausch. Köln: Verlag Wissenschaft und Politik, 1991 *(Bibliothek Wissenschaft und Politik, Band 47)*.

43. German Unification. The Unexpected Challenge. Edited by Dieter Grosser. Oxford/Providence: Berg, 1992 (*German Historical Perspectives/VII*).

44. Grosser, Dieter/Bierling, Stephan/Kurz, Friedrich: Die sieben Mythen der Wiedervereinigung. Fakten und Analysen zu einem Prozeß ohne Alternative. München: Ehrenwirth, 1991.

45. Les conséquences de l'unification allemande. Sous la direction de Dieter Gutzen. Texte révisé par Arnaud Prêtre et Laurence Picard-Mellerin. Publié avec le concours de l'Office allemand d'Échanges Universitaires (DAAD). Paris: Presses Universitaires de France, 1997 (*Collection Premier Cycle*).

46. Hankel, Wilhelm: Die sieben Todsünden der Vereinigung. Wege aus dem Wirtschaftsdesaster. Berlin: Siedler, 1993.

47. Keine Gewalt! Der friedliche Weg zur Demokratie. Eine Chronik in Bildern. Hrsg. von Norbert Heber und Johannes Lehmann. 2., überarbeitete Auflage. Berlin: Verbum Druck- und Verlagsgesellschaft, 1991.
[zuerst: Berlin: Evangelische Verlagsanstalt, 1990.]

48. Wann bricht schon mal ein Staat zusammen! Die Debatte über die Stasi-Akten und die DDR-Geschichte auf dem 39. Historikertag 1992. Hrsg. von Klaus-Dietmar Henke. München: dtv, 1993 (*dtv dokumente*).

49. Herrnstadt, Rudolf: Das Herrnstadt-Dokument. Das Politbüro der SED und die Geschichte des 17. Juni 1953. Hrsg., eingeleitet und bearbeitet von Nadja Stulz-Herrnstadt. Reinbek: Rowohlt TB, 1990 (*rororo aktuell*).

50. Hertle, Hans-Hermann: Der Fall der Mauer. Die unbeabsichtigte Selbstauflösung des SED-Staates. 2., durchgesehene Auflage. Opladen/Wiesbaden: Westdeutscher Verlag, 1999.
[zuerst: Opladen: Westdeutscher Verlag, 1996.]

51. Ders.: Chronik des Mauerfalls. Die dramatischen Ereignisse um den 9. November 1989. 8. Auflage. Berlin: Ch. Links, 1999.
[zuerst: Berlin: Ch. Links, 1996.]

52. Höhne, Günter: Penti, Erika und Bebo Sher. Klassiker des DDR-Designs. Berlin: Schwarzkopf & Schwarzkopf, 2001.

53. Hoffmann, Alexander/Klatt, Hartmut/Reuter, Konrad: Die neuen deutschen Bundesländer. Eine kleine politische Landeskunde. München 1991.

54. Humann, Klaus (Hg.): Wir sind das Geld. Wie die Westdeutschen die DDR aufkaufen. Reinbek: Rowohlt TB, 1990 (*rororo aktuell*).

55. Jesse, Eckhard/Mitter, Armin (Hgg.): Die Gestaltung der deutschen Einheit. Geschichte – Politik – Gesellschaft. Bonn: Bundeszentrale für politische Bildung, 1992 (*Schriftenreihe der Bundeszentrale für politische Bildung; Studien zur Geschichte und Politik, Band 308*);
auch: Bonn: Bouvier, 1992.

56. Der Zusammenbruch der DDR. Soziologische Analysen. Hrsg. von Hans Joas und Martin Kohli. Frankfurt a.M.: Suhrkamp, 1993.

57. Jodl, Markus: Amboß oder Hammer? Otto Grotewohl. Eine politische Biographie. Berlin: Aufbau TB, 1997.

58. Jodock: Die Mauer entlang. Auf den Spuren der verschwundenen Grenze. Berlin: Argon, 1996 (*Argon Berlinothek*).

59. Judt, Matthias (Hg.): DDR-Geschichte in Dokumenten. Beschlüsse, Berichte, interne Materialien und Alltagszeugnisse. Berlin: Ch. Links, 1998;
auch: Bonn: Bundeszentrale für politische Bildung, 1998 (*Schriftenreihe der Bundeszentrale für politische Bildung, Band 350*).

60. Kern, Werner: Drei letzte Jahre. Vom Sturm auf die Zionsbibliothek bis zur deutschen Einheit. Korrespondentenberichte aus Ost-Berlin vom [sic] November 1987 bis Oktober 1990. Blieskastel: Gollenstein, 2000.

61. Kießling, Wolfgang: „Leistner ist Mielke". Schatten einer gefälschten Biographie. Berlin: Aufbau TB, 1998.

62. Geheime Verschlußsache. Aus Akten und Dokumenten der SED. Hrsg. von Gregor Klemens. Berlin: *Edition Fischer*insel in der Druck- und Verlagsanstalt „das blatt", 1990.

63. „Sie haben so lange das Sagen, wie wir es dulden". Briefe an das Neue Forum September 1989-März 1990. Eine Dokumentation. Hrsg. von Tina Krone. Berlin: Robert-Havemann-Gesellschaft, 1999 (*Schriftenreihe des Robert-Havemann-Archivs, 4*).

64. Krüger-Potratz, Marianne: Anderssein gab es nicht. Ausländer und Minderheiten in der DDR. Münster/New York: Waxmann, 1991 (*Waxmann aktuell*).

65. Wir treten aus unseren Rollen heraus. Dokumente des Aufbruchs Herbst '89. Zusammengestellt von Angela Kuberski. [o.O.]: Zentrum für Theaterdokumentation und -information, 1990 (*Theaterarbeit in der DDR 19*).

66. Die SED-Herrschaft und ihr Zusammenbruch. Hrsg. von Eberhard Kuhrt in Verbindung mit Hannsjörg F. Buck und Gunter Holzweißig im Auftrag des Bundesministerium [sic] des Innern. Opladen: Leske + Budrich, 1996 (*Am Ende des realen Sozialismus. Beiträge zu einer Bestandsaufnahme der DDR-Wirklichkeit in den 80er Jahren*. Hrsg. von Eberhard Kuhrt in Verbindung mit Hannsjörg F. Buck und Gunter Holzweißig im Auftrag des Bundesministeriums des Innern, *Band 1*).

67. Opposition in der DDR von den 70er Jahren bis zum Zusammenbruch der SED-Herrschaft. Hrsg. von Eberhard Kuhrt in Verbindung mit Hannsjörg F. Buck und Gunter Holzweißig im Auftrag des Bundesministeriums des Innern. Opladen: Leske + Budrich, 1999 (*Am Ende des realen Sozialismus. Beiträge zu einer Bestandsaufnahme der DDR-Wirklichkeit in den 80er Jahren*. Hrsg. von Eberhard Kuhrt in Verbindung mit Hannsjörg F. Buck und Gunter Holzweißig im Auftrag des Bundesministeriums des Innern, *Band 3*).

68. Lang, Jochen von: Erich Mielke. Eine deutsche Karriere. Unter Mitarbeit von Claus Sibyll. Berlin: Rowohlt Berlin, 1991.

69. Langguth, Gerd (Hg.): Berlin: Vom Brennpunkt der Teilung zur Brücke der Einheit. Bonn: Bundeszentrale für politische Bildung, 1990 (*Schriftenreihe der Bundeszentrale für politische Bildung/Studien zur Geschichte und Politik, Band 288*);
auch: Köln: Verlag Wissenschaft und Politik, 1990.

70. Lau, Karin und Karlheinz: Deutschland auf dem Weg zur Einheit. Dokumente einer Revolution. Braunschweig: Westermann, 1990 (*DIERCKE aktuell*).

71. Lehmann, Hans Georg: Deutschland-Chronik 1945 bis 1995. Durchgesehene Auflage. Bonn: Bundeszentrale für politische Bildung, 1996 (*Schriftenreihe der Bundeszentrale für politische Bildung, Band 332*);
auch: Bonn: Bouvier, 1996.

72. Die Treuhand und die zweite Enteignung der Ostdeutschen. Hrsg. von Rüdiger Liedtke. München: edition spangenberg, 1993.

73. Lindner, Bernd: Die demokratische Revolution in der DDR 1989/90. Bonn: Bundeszentrale für politische Bildung, 1998 (*Deutsche ZeitBilder*).

74. Lüderssen, Klaus: Der Staat geht unter – das Unrecht bleibt? Regierungskriminalität in der ehemaligen DDR. Frankfurt a.M.: Suhrkamp, 1992.

75. Luscher, Renate: Deutschland *nach* der Wende. Daten, Texte, Aufgaben für Deutsch als Fremdsprache. Ismaning/München: Verlag für Deutsch, 1994.

76. Mählert, Ulrich: Kleine Geschichte der DDR. München: Beck, 1998 (*Beck'sche Reihe*).

77. Getrennte Vergangenheit – Gemeinsame Geschichte? Eine multimediale Dokumentation des Geschichtsforums 1949-1989-1999. Hrsg. von Ulrich Mählert. Potsdam: Zentrum für Zeithistorische Forschung, 1999; 2 CD-ROMs.

78. Maibaum, Werner: Geschichte der Deutschlandpolitik. Bonn: Bundeszentrale für politische Bildung, 1998 (*Deutsche ZeitBilder*).

79. Maier, Gerhart: Die Wende in der DDR. Zweite, aktualisierte Auflage. Bonn: Bundeszentrale für politische Bildung, 1991 (*Kontrovers*). [zuerst: Bonn: Bundezentrale für politische Bildung, 1990 (*Kontrovers*).]

80. Marienfeld, Wolfgang: Die Geschichte des Deutschlandproblems im Spiegel der politischen Karikatur. Hannover: Niedersächsische Landeszentrale für politische Bildung, 1989.
[Lizenzausgabe: Bonn: Bundeszentrale für politische Bildung, 1989.]

81. Kurt Masur. Gewandhauskapellmeister in Leipzig. Herausgeber: Gewandhausdirektor Dr. Karl Zumpe. Text und Redaktion: Dr. Ulla Schäfer. Neuausgabe. Frankfurt a.M./Berlin: Ullstein, 1990.
[zuerst: Leipzig: Deutscher Verlag für Musik, 1987.]

82. Sibylle. Modefotografie aus drei Jahrzehnten DDR. Hrsg. von Dorothea Melis. Berlin: Schwarzkopf & Schwarzkopf, 1998.

83. Ich liebe euch doch alle! Befehle und Lageberichte des MfS Januar – November 1989. Hrsg. von Armin Mitter und Stefan Wolle. Berlin: BasisDruck, 1990.

84. Mauern sind nicht für ewig gebaut. Zur Geschichte der Berliner Mauer. Hrsg. von Peter Möbius und Helmut Trotnow mit Unterstützung des Deutschen Historischen Museums. Frankfurt a.M./Berlin: Propyläen, 1990.

85. Müller-Enbergs, Helmut/Wielgohs, Jan/Hoffmann, Dieter (Hgg.): Wer war wer in der DDR? Ein biographisches Lexikon. Unter Mitarbeit von Olaf W. Reimann und Bernd-Rainer Barth. Berlin: Ch. Links, 2000; auch: Bonn: Bundeszentrale für politische Bildung, 2000.

86. WENDE-TAGE-BUCH. Ein Tagebuch von der Wende bis zur Einheit. Mit Fotos und Texten von Martin Naumann. Leipzig: Militzke Verlag, 1998.

87. Neckermann, Peter: The Unification of Germany or The Anatomy of a Peaceful Revolution. New York: Columbia University Press, 1991 (*East European Monographs, No. CCCIII*)

88. Abschlußbericht des Stolpe-Untersuchungsausschusses des Landtages Brandenburg. Lesbar gemacht von Ehrhart Neubert. Mit einem Vorwort von Viktor Böll. Köln: Heinrich-Böll-Stiftung e.V., 1994.

89. Neubert, Ehrhart: Geschichte der Opposition in der DDR 1949-1989. 2., durchgesehene und erweiterte Auflage. Bonn: Bundeszentrale für politische Bildung, 1998 (*Schriftenreihe der Bundeszentrale für politische Bildung, Band 346*);
auch: Berlin: Ch. Links, 1998.
[zuerst: Bonn: Bundeszentrale für politische Bildung, 1997.]

90. Wunderwirtschaft. DDR-Konsumkultur in den 60er Jahren. Hrsg. von Neue Gesellschaft für Bildende Kunst [sic]. Köln/Weimar/Wien: Böhlau, 1996.
[Dazu: Ahbe, Thomas: Kapitalistische Hühner und revolutionäre Schränke. In: *Deutschland Archiv* 31 (1998) 5, 844-847.]

91. Abgesang der Stasi. Das Jahr 1989 in Presseartikeln und Stasi-Dokumenten. Hrsg. von Roland Pechmann und Jürgen Vogel. Braunschweig: Steinweg-Verlag, 1991.

92. Pfister, Elisabeth: Unternehmen Romeo. Die Liebeskommandos der Stasi. Berlin: Aufbau, 1999.

93. *Praxis Geschichte* (1990) 2: DDR im Umbruch.

94. Presse- und Informationsamt der Bundesregierung (Hg.): Der Vertrag über die Schaffung einer Währungs-, Wirtschafts- und Sozialunion zwischen der Bundesrepublik Deutschland und der Deutschen Demokratischen Republik. Erklärungen und Dokumente. Bonn: Presse- und Informationsamt der Bundesregierung, 1990.

95. Dass. (Hg.): Dokumente zum Einigungsvertrag. Bonn: Presse- und Informationsamt der Bundesregierung, 1990 (*Reihe Berichte und Dokumentationen*).

96. Dass. (Hg.): Vertrag über die abschließende Regelung in bezug auf Deutschland. Die Verhandlungen über die äußeren Aspekte der Herstellung der deutschen Einheit. Bonn: Presse- und Informationsamt der Bundesregierung, 1990.

97. Dass. (Hg.): Vertrag zwischen der Bundesrepublik Deutschland und der Deutschen Demokratischen Republik über die Herstellung der Einheit Deutschlands. Einigungsvertrag. Bonn: Presse- und Informationsamt der Bundesregierung, 1990 (*Reihe Berichte und Dokumentationen*).

98. Dass. (Hg.): Die Vereinigung Deutschlands im Jahr 1990. Verträge und Erklärungen. Bonn: Presse- und Informationsamt der Bundesregierung, 1991 (*Reihe Berichte und Dokumentationen*).

99. Dass. (Hg.): Ratgeber für die Bürgerinnen und Bürger in den neuen Bundesländern. Bonn: Presse- und Informationsamt der Bundesregierung, 1991 (*Reihe Ratschläge und Hinweise*).

100. Dass. (Hg.): Ratgeber von A bis Z für die Bürgerinnen und Bürger in den neuen Bundesländern. 5. Auflage. Bonn: Presse- und Informationsamt der Bundesregierung, 1994 (*Reihe Ratschläge und Hinweise*).

101. Dass. (Hg.): Deutschland. Von der Teilung zur Einheit. Bonn: Presse- und Informationsamt der Bundesregierung, 1994 (*Reihe Politische Informationen*);
erneut 1998 (*Reihe Politische Informationen*).

102. *PZ* Nr. 66/August 1991: Wir sind ein Volk. Aber was für eins. Thema: Nation.

103. *PZ* Nr. 91/September 1997: Verflucht & verklärt. Leben in der DDR.

104. *PZ* Nr. 97/März 1999: DDR intern. Geschichte und Geschichten.

105. *PZ* Nr. 103/September 2000: Streiflichter aus dem Jahr 10 der Einheit.

106. *PZ-Extra/Wir in Europa* Nr. 15 (1992): Vergessen, Vergeben, Verarbeiten? Thema: Vergangenheit.

107. *PZ-Extra/Wir in Europa* Nr. 16 (1992): Das nicht mehr geteilte Deutschland ... zwei Jahre danach!

108. Rein, Gerhard: Die protestantische Revolution 1987-1990. Ein deutsches Lesebuch. Mit Graphiken von Manfred Butzmann und Martin Hoffmann. Berlin: Wichern-Verlag, 1990.

109. Rohnstock, Katrin (Hg.): Erotik macht die Häßlichen schön. Sexueller Alltag im Osten. Berlin: Elefanten Press, 1995 (*Ost-westlicher Diwan*).

110. Dies. (Hg.): Stiefbrüder. Was Ostmänner und Westmänner voneinander denken. Berlin: Elefanten Press, 1995 (*Ost-westlicher Diwan*).

111. Kurt Masur und der 9. Oktober in Leipzig. Versuch einer dokumentarischen Rekonstruktion von Rudi Rubitzsch und Rainer Burkardt. Deutscher Fernsehfunk 1990. Hamburg: Screen Entertainment/Dokumentation, [o.J.]; 1 Videokassette VHS (*0137*).

112. Rupieper, Hermann-Josef/Schroedter, Ekkehard: Feindobjekt „Spinne“: Die Überwachung von Studienfahrten in die DDR durch das Ministerium für Staatssicherheit 1983-1989. Halle (S.): Mitteldeutscher Verlag, 1997.

113. Salier, Hans-Jürgen/Salier, Bastian: Es ist Frühling und wir sind so frei! Die 89er Revolution im Kreis Hildburghausen – eine Dokumentation. Hildburghausen: Verlag Frankenschwelle, 2000.

114. Schäfers, Bernhard/Zapf, Wolfgang (Hgg.): Handwörterbuch zur Gesellschaft Deutschlands. Redaktion: Sabina Misoch. 2., völlig neu bearbeitete und aktualisierte Auflage. Opladen: Leske + Budrich, 2001.
[zuerst: Opladen: Leske + Budrich, 1998.]
[Lizenzausgabe: Bonn: Bundeszentrale für politische Bildung, 1998.]

115. Schepeler, Bernd: Verkaufen im Osten. In drei Schritten zum Erfolg. Hildburghausen: Verlag Frankenschwelle, 1996.

116. Schmidtchen, Gerhard: Wie weit ist der Weg nach Deutschland? Sozialpsychologie der Jugend in der postsozialistischen Welt. Unter Mitarbeit von Michael Otto und mit einem Beitrag von Harry Schröder. 2., durchgesehene Auflage. Opladen: Leske + Budrich, 1997.
[zuerst: Opladen: Leske + Budrich, 1997.]

117. Leipziger DEMONTAGEBUCH. DEMO. MONTAG. TAGEBUCH. DEMONTAGE. Zusammengestellt und mit einer Chronik von Wolfgang Schneider. Leipzig/Weimar: Gustav Kiepenheuer, 1990.

118. The East German Take-Off. Economy and Design in Transition. Edited by Angela Schönberger. Berlin: Ernst & Sohn, 1994.

119. Schroeder, Klaus unter Mitarbeit von Steffen Alisch: Der SED-Staat. Geschichte und Strukturen der DDR. München: Bayerische Landeszentrale für politische Bildungsarbeit, 1998;
unter dem Titel *Der SED-Staat. Partei, Staat und Gesellschaft 1949-1990* auch: München/Wien: Hanser, 1998.

[Dazu: Wolle, Stefan: Für Legenden von der „kommoden Diktatur“ bleibt kein Raum. Mutige Gesamtschau: Klaus Schroeders Darstellung „Der SED-Staat“. In: *Berliner Morgenpost* v. 25.3.1998 (*Leipziger Buchmesse*).]

120. Was bleibt? Die letzten Tage der DDR. Hrsg. von Thomas Schröder. Gestaltet von Hans-Georg Pospischil. München: Keyser, 1990 (*Edition Frankfurter Allgemeine Magazin*).

121. Seifert, Karl-Dieter: Weg und Absturz der Interflug. Der Luftverkehr der DDR. Berlin: Brandenburgisches Verlagshaus, 1994.

122. Seiffert, Wolfgang/Treutwein, Norbert: Die Schalck-Papiere. DDR-Mafia zwischen Ost und West. Die Beweise. Wien/Rastatt/München: Zsolnay, 1991.

123. Sieber, Malte/Freytag, Ronald: Kinder des Systems. DDR-Studenten vor, im und nach dem Herbst ’89. Berlin: Morgenbuch Verlag Volker Spiess, 1993.

124. Sommer, Stefan: Lexikon des Alltags der DDR. Von „Altstoffsammlung“ bis „Zirkel schreibender Arbeiter“. Mit zahlreichen Fotos aus dem Archiv des Allgemeinen Deutschen Nachrichtendienstes ADN. Erweiterte zweite Auflage. Berlin: Schwarzkopf & Schwarzkopf, 2000.
[zuerst: Berlin: Schwarzkopf & Schwarzkopf, 1999.]

125. So durften wir glauben zu kämpfen ... Erfahrungen mit DDR-Medien. Hrsg. von Edith Spielhagen. Mit Beiträgen von Maryellen Boyle, Manfred Buchwald, Horst Buerschaper, Alfred Eichhorn, Stefan Heym, Jörg Hildebrandt, Manfred Klein, Hans J. Kleinsteuber, Otto Köhler, Herbert Kundler, Hans Mahle, Wolfgang Meyer, Hermann Meyn, Karl-Heinz Mosgraber, Carsten Möbius, Harald Müller, Regina Scheer, Gislinde Schwarz, Rainer Schwochow, Friedrich-Wilhelm von Sell, Wolfgang Thierse. Berlin: Vistas, 1993.

126. Chronik der Ereignisse in der DDR. Hrsg. von Ilse Spittmann und Gisela Helwig. 4. erweiterte Auflage. Köln: Verlag Wissenschaft und Politik, 1990 (*Edition Deutschland Archiv*).
[zuerst: Köln: Verlag Wissenschaft und Politik, 1989 (*Edition Deutschland Archiv*).]

127. Statistisches Bundesamt (Hg.): DDR 1990. Zahlen und Fakten. Stuttgart: Metzler-Poeschel, 1990.

128. „Vorwärts immer, rückwärts nimmer!" Interne Dokumente zum Zerfall von SED und DDR 1988/89. Hrsg. und eingeleitet von Gerd-Rüdiger Stephan unter Mitarbeit von Daniel Küchenmeister. Berlin: Dietz Verlag Berlin, 1994.

129. Süß, Werner/Rytlewski, Ralf (Hgg.): Berlin. Die Hauptstadt. Vergangenheit und Zukunft einer europäischen Metropole. Bonn: Bundeszentrale für politische Bildung, 1999 (*Schriftenreihe der Bundeszentrale für politische Bildung, Band 362*);
auch: Berlin: Nicolaische Verlagsbuchhandlung Beuermann, 1999.

130. Theisinger, Hugo: Deutschland – eine Zäsur. 1945-1990 zerrissen+ vereint. Buchloe: Druck und Verlag Hans Obermayer, 1993.

131. Tippach-Schneider, Simone: Messemännchen und Minol-Pirol. Werbung in der DDR. Berlin: Schwarzkopf & Schwarzkopf, 1999.

132. Tweder, Fabian/Stregel, Tobias/Kurz, Rudolf: Vita-Cola & Timms Saurer. Getränkesaison in der DDR. Berlin: Elefanten Press, 1999.
[Dazu: K.V.: Hopfen und Malz erhalt's [sic]. In: *ND* v. 13.-18.10.1999 (*Beilage zur Frankfurter Buchmesse 1999*)]

133. Und diese verdammte Ohnmacht. Report der unabhängigen Untersuchungskommission zu den Ereignissen vom 7./8. Oktober 1989 in Berlin. Berlin: BasisDruck, 1991.

134. Vademekum DDR-Forschung. Ein Leitfaden zu Archiven, Forschungseinrichtungen, Bibliotheken, Einrichtungen der politischen Bildung, Vereinen, Museen und Gedenkstätten. Hrsg. von Ulrich Mählert. Berlin: Ch. Links, 2002.
[Lizenzausgaben: Bonn: Bundeszentrale für politische Bildung, 1997 und 1999.]
[zuerst: Opladen: Leske + Budrich, 1997.]

135. Die Verträge zur Einheit Deutschlands. Staatsvertrag. Einigungsvertrag mit Anlagen. Wahlvertrag. Zwei-plus-Vier-Vertrag. Gesetz zur Regelung offener Vermögensfragen. D-Markbilanzgesetz. Textausgabe mit Sachverzeichnis und einer Einführung von Professor Dr. Ingo von Münch, Hamburg. Stand: 15. Oktober 1990. [München]: dtv, [1990] (*Beck-Texte im dtv*).

136. Von Leipzig nach Deutschland. Oktober '89/Oktober '90. Zeittafel und Fotografien. Mit einem Vorwort von Stadtpräsident Friedrich

Magirius und einem Nachwort von Heinz Czechowski. Leipzig: Forum Verlag, 1991.

137. Wawrzyn, Lienhard: Der Blaue. Das Spitzelsystem der DDR. Berlin: Wagenbach, 1990.

138. Weber, Hermann: DDR. Grundriß der Geschichte 1945-1990. Vollständig überarbeitete und ergänzte Neuauflage. Hannover: Fackelträger, 1991 (*Edition Zeitgeschehen*).
[zuerst: Hannover: Fackelträger, 1976.]

139. Weidenfeld, Werner/Korte, Karl-Rudolf (Hgg.): Handwörterbuch zur deutschen Einheit. Frankfurt a.M.: Campus, 1992.
[Lizenzausgabe: Bonn: Bundeszentrale für politische Bildung, 1991 [sic].]

140. Dies. (Hgg.): Handbuch zur deutschen Einheit. Durchgesehener Nachdruck. Bonn: Bundeszentrale für politische Bildung, 1994;
auch: Frankfurt a.M.: Campus, 1994.

141. Dies. (Hgg.): Handbuch zur deutschen Einheit 1949–1989–1999. Neuausgabe 1999. Bonn: Bundeszentrale für politische Bildung, 1999 (*Schriftenreihe der Bundeszentrale für politische Bildung, Band 363*);
auch: Frankfurt a.M.: Campus, 1999.

142. Weidinger, Dorothea: Nation – Nationalismus – Nationale Identität. Bonn: Bundeszentrale für politische Bildung, 1998 (*Bundeszentrale für politische Bildung, Kontrovers*).

143. Weller, Konrad: Das Sexuelle in der deutsch-deutschen Vereinigung. Resümee und Ausblick. Leipzig: Forum Verlag, 1991.

144. Wenzel, Siegfried: Was war die DDR wert? Und wo ist dieser Wert geblieben? Versuch einer Abschlußbilanz. 2., korrigierte Auflage. Berlin: Das Neue Berlin, 2000.
[zuerst: Berlin: Das Neue Berlin, 2000.]

145. Ein thüringisch-sächsisch-anhaltinisches Reisebuch in drei Geschwindigkeiten. Hrsg. von Thomas Wieke. Berlin: Rotbuch/U[nabhängige] V[erlagsbuchhandlung] A[ckerstraße], 1990.

146. Wielepp, Christoph: Montags abends in Leipzig. In: Blanke, Thomas/Erd, Rainer (Hgg.): *DDR – Ein Staat vergeht*. Frankfurt a.M.: Fischer TB, 1990, 71-78.

147. *Wir in Europa* Nr. 11 (1990): Es ist erst ein Jahr her ...

148. *Wir in Europa* Sonderausgabe Dezember 1990: Das vereinte Deutschland – Fakten, Meinungen, Hintergründe.

149. Wir sind das Volk. Aufbruch '89. Teil 1: Die Bewegung. September/Oktober 1989. Halle (S.)/Leipzig: Mitteldeutscher Verlag, 1990 (*mdv transparent*).

150. Wir sind das Volk. Hoffnung '89. Teil 2: Die Bewegung. Oktober/November 1989. Halle (S.)/Leipzig: Mitteldeutscher Verlag, 1990 (*mdv transparent*).

151. Wir sind das Volk: Ungeduld '89. Teil 3: Die Bewegung. November/Dezember 1989. Halle (S.)/Leipzig: Mitteldeutscher Verlag, 1990 (*mdv transparent*).

152. Wolle, Stefan: Die heile Welt der Diktatur. Alltag und Herrschaft in der DDR 1971-1989. Berlin: Ch. Links, 1998;
auch: Bonn: Bundeszentrale für politische Bildung, 1998 (*Schriftenreihe der Bundeszentrale für politische Bildung, Band 349*).
[Dazu: Dieckmann, Christoph: Rückzug in die Privatmoral. Stefan Wolle ist es gelungen, die DDR von oben und von unten zugleich anzuschauen. In: *Die Zeit* v. 6.8.1998]

153. X. Schriftstellerkongreß der Deutschen Demokratischen Republik. Plenum. Schriftstellerverband der Deutschen Demokratischen Republik. Berlin (DDR)/Weimar: Aufbau, 1988.

154. X. Schriftstellerkongreß der Deutschen Demokratischen Republik. Arbeitsgruppen. Schriftstellerverband der Deutschen Demokratischen Republik. Berlin (DDR)/Weimar: Aufbau, 1988.

155. Zwahr, Hartmut: Ende einer Selbstzerstörung. Leipzig und die Revolution in der DDR. 2. Auflage. Göttingen: Vandenhoeck & Ruprecht, 1993 (*Sammlung Vandenhoeck*).
[zuerst: Göttingen: Vandenhoeck & Ruprecht, 1993 (*Sammlung Vandenhoeck*).]

156. Zwei Vaterländer? Kontroverse um die deutsche Wiedervereinigung Hrsg. vom SPIEGEL-Verlag Rudolf Augstein. (*Der Spiegel Dokument* 2/März 1994; Beilage der Abonnentenauflage des *Spiegel* 48 (1994) 13 v. 28.3.1994).

3 Tonträger (Auswahl)

1. Auf der Kippe. Originaltöne zur Wende 1989/90. Köln: DeutschlandRadio Berlin/Deutschlandfunk, 1997; 2 CDs (*DeutschlandRadio/DeutschlandRadio 01-998001/02*).

2. Auferstanden aus Ruinen. Der Soundtrack zur Wi(e)dervereinigung. Hannover: NastyVinyl, 1999; 1 CD (*NastyVinyl/SPV 084-87972*).

3. Bau auf – Bau auf. Leben, singen, kämpfen. Kleinmachnow: Barbarossa, 1999; 1 CD (*Barbarossa/BMG 74321663962*).

4. Berlin Alexanderplatz 4.11.'89. Die Kundgebung am Vorabend des Mauerfalls. Mit den Reden von Stefan Heym, Gregor Gysi, Friedrich Schorlemmer, Christa Wolf, Heiner Müller, Christoph Hein, Steffi [sic] Spira, Markus Wolf, Jens Reich, Lothar Bisky u.a. Berlin: Amiga/BMG Berlin, 1999; 2 CDs (*Amiga/BMG 74321699832*).

5. Biermann, Wolf: Gut Kirschenessen. DDR – ça ira! [1990] Altona: Wolf Biermann LiederProduktion Altona, 1998; 1 CD (*Wolf Biermann Edition Vol. 16/Zweitausendeins* [ohne Bestellnummer]).

6. Ders.: Nur wer sich ändert. Alter Biermann – neue Lieder [1991]. Altona: Wolf Biermann LiederProduktion Altona, 1998; 1 CD (*Wolf Biermann Edition Vol. 17/Zweitausendeins* [ohne Bestellnummer]).

7. Ders.: Süßes Leben – saures Leben. 17 neue Lieder. Altona: Wolf Biermann LiederProduktion Altona, 1996; 1 CD (*Wolf Biermann LiederProduktion Altona/Zweitausendeins* [ohne Bestellnummer]).

8. Ders.: Brecht, Deine Nachgeborenen. Live-Mitschnitt eines Abends mit Liedern und Gedichten in der Akademie der Künste in Berlin 1998. Altona: Wolf Biermann LiederProduktion Altona, 1999; 2 CDs (*Wolf Biermann Edition Vol. 19/Zweitausendeins* [ohne Bestellnummer]).

9. Ders.: Paradies uff Erden. Ein Berliner Bilderbogen. Altona: Wolf Biermann LiederProduktion Altona, 1999 (*Wolf Biermann Edition Vol. 20/Zweitausendeins* [ohne Bestellnummer]).

10. Blaue Wimpel im Sommerwind. Lieder der Jungen Pioniere. Kleinmachnow: Barbarossa, 1997; 1 CD (*Barbarossa/BMG 74321467902*).

11. Das Beste aus der DDR. Teil 3/Kult. [o.O.]: Hansa, 1995; 1 CD (*Hansa/Amiga/BMG 74321270592*).

12. Die Partei hat immer Recht. Eine Dokumentation in Liedern. [o.O.]: Hansa, [o.J.]; 1 CD (*Hansa/Amiga/BMG 74321394862*).

13. Distel. Das Berliner Kabarett-Theater am Bahnhof Friedrichstraße: Berlin, Berliner, am Berlinsten oder: Tickt die Geschichte richtig? Regie: Gisela Oechelhaeuser/Peter Ensikat. Premiere: 18. Oktober 1991. Berlin: Deutsche Schallplatten, [1991]; 1 MC (*Deutsche Schallplatten 021091/170032*).

14. Fröhlich sein und singen. Die schönsten Pionierlieder. Berlin: BMG, 1998; 1 CD (*Amiga/BMG 74321630262*).

15. Götterdämmerung im Zentralkomitee. Tonprotokolle aus den letzten Sitzungen des ZK der SED Oktober bis Dezember 1989. Eine Dokumentation von Michael Groth. [Köln]: DeutschlandRadio, [o.J.]; 1 CD (erweiterte Fassung der gleichnamigen Sendung, die in der Reihe ‚Hintergrund Politik – Geschichte aktuell' am 8. November 1997 im Deutschlandfunk ausgestrahlt wurde) (*DeutschlandRadio/DeutschlandRadio 3-86153-170-4*).

16. Die Herkuleskeule. Dresdens Kabarett-Theater GmbH: Abgegessen. Ein aktuell-politisches Kabarettprogramm von Wolfgang Schaller mit Brigitte Heinrich, Michael Frowin, Michael Rümmler und den Musikern Jens Wagner und Volker Fiebig. Regie: Elke Schneider und Michael Frowin. Live aus der Dresdner Herkuleskeule am 25.4.2002. Dresden: AMI Productions, [2002]; 1 CD (*AMI Productions* [ohne Bestellnummer]).

17. Hilbig, Wolfgang: Der Geruch der Bücher. Prosa und Gedichte mit Wolfgang Hilbig. Berlin: DAV/MDR Kultur, 2002; 1 CD.

18. Das Konzert. November 1989. Berliner Philharmoniker; Daniel Barenboim, Solist und Dirigent. Ludwig van Beethoven: Konzert für Klavier und Orchester Nr. 1 C-Dur, op. 15. Ders.: Symphonie Nr. 7, A-Dur, op. 92. Konzertmitschnitt in der Philharmonie, Berlin; 12. November 1989; 1 LP/1 MC/1 CD (*Sony/Sony SK 45830*).

19. Die Mauerspechte. The Mauerpeckers. Autor & Regie: Michael Glaser. Berlin: Deutsche Schallplatten, 1990; 1 MC (*Deutsche Schallplatten 2419002*).

20. Ode an die Freiheit. Ode to Freedom. Bernstein in Berlin. Beethoven: Symphony No. 9. Hamburg: Deutsche Grammophon Gesellschaft, 1990; 1 LP/1 MC/1 CD (*DGG/PolyGram/Universal 429 861-1/429 861-4/429 861-2*).

21. Ostalgie. Tom Pauls = Ilse Bähnert; Uwe Steimle = Günter Zischong [sic]. Kabarett. Dresden: asp records, 1993; 1 CD (*asp records/A&S Production* [ohne Bestellnummer]).

22. Die Prinzen: Das Leben ist grausam. [o.O.]: Hansa, 1991; 1 CD (*Hansa/BMG Ariola München 262085-222*).

23. Dies.: Küssen verboten. [o.O.]: Hansa, 1992; 1 CD (*Hansa/BMG Ariola Media 74321111632*).

24. Dies.: Alles nur geklaut. [o.O.]: Hansa, 1993; 1 CD (*Hansa/BMG Ariola Media 74321166662*).

25. Dies.: Schweine. [o.O.]: Hansa, 1995; 1 CD (*Hansa/BMG Ariola Media 74321254532*).

26. Dies.: So viel Spaß für wenig Geld. [o.O.]: Hansa, 1999; 1 CD (*Hansa/BMG Berlin Musik 74321661172*).

27. Dies.: „D“. [o.O.]: Hansa, 2001; 1 CD (*Hansa/BMG Berlin Musik 7432188500-2*).

28. Dies.: Monarchie in Germany. [o.O.]: Hansa, 2003; 1 CD (*Hansa/BMG Berlin Musik 82876502802*).

29. Silly: Hurensöhne. [o.O.]: BMG, 1993; 1 CD (*Amiga/BMG 74321193002*).

30. Steimle, Uwe: E.H. „DIE GROSSEN ERFOLGE“. Ich erscheine Euch: auf MC, WC, CD. [o.O.]: Brückenhaus/MDR, [o.J.]; 1 CD (*Brückenhaus/Buschfunk* [ohne Bestellnummer]).

31. Ders.: Weihnachten mit Erich. Erschienen auf MC, WC, CD. [o.O.]: Brückenhaus, 1996; 1 MaxiCD (*Brückenhaus* [ohne Bestellnummer]).

32. Thalheim, Barbara: Neue Reiche. Berlin: Deutsche Schallplatten Berlin, 1990; 1 CD (*DS/Magna* 2170021).

33. Dies.: Von der Westlichkeit der Welt. Berlin: Nebelhorn, 1991; 1 CD (*Nebelhorn/Buschfunk 000003*).

34. Dies./Pankow: Ende der Märchen. Berlin: Deutsche Schallplatten, 1992; 1 LP/1 CD (*DSB/Ideal/Buschfunk 3092-1/3092-2*).

35. Dies./Pacalet, Jean: Fremdegehen. Lieder & Geschichten vom Weggehen und Wiederkommen. Berlin: Nebelhorn/ORB, 1994; 1 CD (*Nebelhorn/Buschfunk 021*).

36. Dies./Bottlang, René/Querlier, Jean: So laßt uns scheinen bis wir werden. Lieder der Romantik. Berlin: Nebelhorn, [o.J.]; 1 CD (*Nebelhorn/Buschfunk 027*).

37. Dies.: Abgesang. 25 Jahre Lieder. [o.O.]: Hansa, 1995; 1 CD (*Amiga/BMG 74321304562*).

38. Dies.: In eigener Sache. Neue Lieder. Berlin: BMG Berlin, 1998; 1 CD (*Amiga/BMG 74321631882*).

39. Dies./Pacalet, Jean: Deutsch zu sein... Barbara Thalheim live. Mitschnitt eines Konzertes vom 28.9.2002 im Kleist Forum, Frankfurt/Oder. Berlin: duo-phon records, 2002; 1 CD (*duo-phon records 06083; Edition Berliner Musenkinder Spezial*).

40. Über den Tag hinaus. Lieder und Collagen aus der Zeit des Aufbruchs 1989/90. Schwerin: NDR-Landesfunkhaus Mecklenburg Vorpommern/Ganser & Hanke Musikmarketing GmbH, 1999; 2 CDs (*Ganser & Hanke/Ganser & Hanke 770 084-2*).

41. Und wir gingen auf uns zu ... Liedervereinigung. Berlin: BMG Berlin, 1997; 1 CD (*Amiga/BMG 74321516902*).

42. Unser Zeichen ist die Sonne. Die schönsten Lieder der FDJ. Berlin: BMG Berlin, 1999; 1 CD (*Amiga/BMG 74321699772*).

43. Wegner, Bettina: Wege. Berlin: Buschfunk, 1998; 1 CD (*Buschfunk/Buschfunk 01112*).

44. Wenn Mutti früh zur Arbeit geht. Kinderlieder aus der DDR. Kleinmachnow: Barbarossa, 1999; 1 CD (*Barbarossa/BMG 74321654912*).

45. Wir haben uns überlebt! Kabarettprogramm von und mit Hans-Günther Pölitz und Lothar Bölck. Kompositionen/Klavier: Oliver Vogt. Ausschnitte einer Live-Veranstaltung am 23. Februar 1999 aufgezeichnet von musicART in der Magdeburger Zwickmühle. Politisch-Satirisches Kabarett. [o.O.]: musicART, [o.J.]; 1 CD (*musicART*; ohne Bestellnummer).

46. Wir sind das Volk. Historisches Konzert am 9. Oktober 1989. Tondokumente vom Herbst '89. Altenburg: querstand/Verlag Klaus-Jürgen Kamprad, 1999; 2 CDs (*querstand/querstand VKJK 9918*).

47. Wir sind überall. Lieder aus unserem Leben. Kleinmachnow: Barbarossa, 2000; 1 CD (*Barbarossa/da-music EdBa 01361-2*).

48. Zieger, Petra & Band: Das Eis taut. Berlin (DDR): Deutsche Schallplatten, 1989; 1 LP/1 MC (*Deutsche Schallplatten 856429/056429*); auch: München: BMG Ariola, 1990; 1 CD (*Ariola/BMG 260536*).

4 Sekundärliteratur

4.1 Bibliografien

1. Fröhling, Jörg/Meinel, Reinhild/Riha, Karl (Hgg.): Wende-Literatur. Bibliographie und Materialien zur Literatur der Deutschen Einheit. Frankfurt a.M./Berlin/Bern/Bruxelles/New York/Wien: Lang, 1996 (*Bibliographien zur Literatur-und Mediengeschichte, Band 6*);
[2., erweiterte und aktualisierte Auflage unter besonderer Mitarbeit von Maik J. Pluschke. 1997;
3., überarbeitete und erweiterte Auflage 1999.]

2. Goethe-Institut Bordeaux: Deutschland nach dem Fall der Mauer. Eine Bibliographie / L'Allemagne après la chute du mur. Une bibliographie. http://www.goethe.de/fr/bor/frimur.htm.

   Darin:

   Goethe-Institut Bordeaux: Wenderomane. Literatur zur deutschen Einheit. Eine annotierte Bibliographie mit Texten und Sekundärliteratur / Le roman de la chute du Mur. La littérature de l'unification allemande. Une bibliographie annotée avec textes et études. http://www.goethe.de/fr/bor/wende/deindex.htm.

3. Gutzen, Dieter: Literatur zum Thema „Von einem Land und vom anderen". Die ‚Wende' und die deutsche Vereinigung im Spiegel von Literatur und Literaturkritik. Literaturliste (Auswahl) zur Vorlesung am Germanistischen Seminar der Universität Bonn im Wintersemester 1997/98.

4.2 Monografien/Sammelbände

1. Andress, Reinhard: Protokolliteratur in der DDR. Der dokumentierte Alltag. New York/Washington, D.C./Baltimore/Boston/Bern/Frankfurt a.M./Berlin/Brussels/Vienna/Oxford: Lang, 2000 (*DDR-Studien/East German Studies, Vol. 14*).

2. Arnold, Heinz Ludwig (Hg.): DDR-Literatur der neunziger Jahre (*text+kritik Sonderband IX/00*).

3. Die Abwicklung der DDR. Hrsg. von Heinz Ludwig Arnold und Frauke Meyer-Gosau. Göttingen: Wallstein, 1992 (*Göttinger Sudelblätter*).

4. Schreiben im heutigen Deutschland. Fragen an die Vergangenheit. Hrsg. von Ursula E. Beitter. New York/Washington, D.C./Baltimore/Boston/Bern/Frankfurt a.M./Berlin/Vienna/Paris: Lang, 1998 (*Loyola College in Maryland Berlin Seminar, Contemporary German Literature and Society, Vol. 2*).

5. Bergsdorf, Wolfgang: Literatur und Politik in Deutschland. Zur Traditionalität und Aktualität eines Dauerkonflikts. Bonn: Bouvier, 1992. [Dazu: Ossendorf, Ingo: [o.T.]. In: *EichholzBrief* 30 (1993) 2, 115f.]

6. *Berliner LeseZeichen*. Literaturzeitung 3 (1995) 6/7: Literatur während der Wendezeit. Ein Beitrag zur geistig-kulturellen Einheit in Deutschland. Symposium in Katlenburg bei Göttingen 14.-17. November 1994. Referate und Lesungen. Hrsg. vom Bundesministerium für Bildung, Wissenschaft, Forschung und Technologie und dem Ministerium für Bildung, Wissenschaft und Weiterbildung des Landes Rheinland-Pfalz (*Edition Luisenstadt*).

7. *Berliner LeseZeichen*. Literaturzeitung 4 (1996) 3/4: Literatur als Wegbereiterin zur geistig-kulturellen Einheit Deutschlands. Wechselseitige Wahrnehmungen ost- und westdeutscher Autoren. Symposium in Halle 18.-20. Dezember 1995. Referate und Lesungen. Hrsg. vom Bundesministerium für Bildung, Wissenschaft, Forschung und Technologie (*Edition Luisenstadt*).

8. Bohn, Rainer/Hickethier, Knut/Müller, Eggo (Hgg.): Mauer-Show. Das Ende der DDR, die deutsche Einheit und die Medien. Berlin: Ed. Sigma Bohn, 1992 (*sigma medienwissenschaft, Band 11*).

9. Women and the *Wende*. Social Effects and Cultural Reflections of the German Unification Process. Proceedings of a Conference held by *Women in German Studies* 9-11 September 1993 at the University of Nottingham. Edited by Elizabeth Boa and Janet Wharton. Amsterdam/Atlanta: Rodopi, 1994 (*German Monitor 31*).

10. Böttiger, Helmut: Ostzeit/Westzeit. Aufbrüche einer neuen Kultur. München: Luchterhand, 1996.

11. Zwischen gestern und morgen. Schriftstellerinnen der DDR aus amerikanischer Sicht. Hrsg. von Ute Brandes. Berlin/Bern/Frankfurt a.M./New York/Paris/Wien: Lang, 1992.

[Dazu: Dopatka, Dietlinde: [o.T.]. In: *Deutschunterricht* 47 (1994) 5, 273-275.]

12. Bredel, Ursula: Erzählen im Umbruch. Studie zur narrativen Verarbeitung der „Wende" 1989. Tübingen: Stauffenburg, 1999 (*Stauffenburg-Linguistik*).

13. Bremer, Ulrike: Versionen der Wende. Eine textanalytische Untersuchung erzählerischer Prosa junger deutscher Autoren zur Wiedervereinigung. Osnabrück: Universitätsverlag Rasch, 2002.

14. „Da bin ich noch: mein Land geht in den Westen." Über Motive von AutorInnen, in der DDR zu bleiben, und heutige Bedingungen des Schreibens. Eine Dokumentation mit Originalbeiträgen von: Brigitte Burmeister, Uwe Saeger, Jens Sparschuh. Hgg.: Heinrich Böll Stiftung, Wolfgang Gabler, Helmut Lethen. Berlin: Heinrich Böll Stiftung, 1999.

15. Germany Reunified. A Five- and Fifty-Year Retrospective. Edited by Peter M. Daly, Hans Walter Frischkopf, Trudis Goldsmith-Reber, Horst Richter. New York / Washington, D.C. / Baltimore / Boston / Bern / Frankfurt a.M. / Berlin / Vienna / Paris: Lang, 1997, 1999 (*McGill European Studies, Vol. 1*).

16. Verrat an der Kunst? Rückblicke auf die DDR-Literatur. Hrsg. von Karl Deiritz und Hannes Krauss. Berlin: Aufbau TB, 1993 (*AtV Dokument und Essay*).

17. The New Germany. Literature and Society after Unification. Edited by Osman Durrani, Colin Good, Kevin Hilliard. Sheffield: University of Sheffield Press, 1995.

18. Eifler, Christine (Hg.): *Kreuz & Quer. Ost-West-Erfahrungen.* Mit Beiträgen von Angelika Blickhäuser, Alena Wagnerovà [sic], Ulrike Weiland, Regine Othmer-Vetter, Sabine Spangenberg, Marion Lerner, Bärbel Pukall, Barbara Siemers, Bianca Nellen-Brandt. Köln: Heinrich-Böll-Stiftung e.V., 1994.

19. Emmerich, Wolfgang: Kleine Literaturgeschichte der DDR. Erweiterte Neuausgabe. Leipzig: Gustav Kiepenheuer, 1996.
[Taschenbuchausgabe: Berlin: Aufbau TB, 2000.]
[Dazu: Michael, Klaus: Medium der Zivilisationskritik. Aktualisierung eines Standardwerkes zur DDR-Literatur. In: *Das Parlament* v. 22./29.3.1996 (*Sonderausgabe zur Leipziger Buchmesse 1996*).

20. Erbe, Günter: Die verfemte Moderne. Die Auseinandersetzung mit dem „Modernismus“ in Kulturpolitik, Literaturwissenschaft und Literatur der DDR. Opladen: Westdeutscher Verlag, 1993 (*Schriften des Zentralinstituts für sozialwissenschaftliche Forschung der Freien Universität Berlin, ehemals Schriften des Instituts für politische Wissenschaft, Band 68*).

21. Erhart, Walter/Niefanger, Dirk (Hgg.): Zwei Wendezeiten. Blicke auf die deutsche Literatur 1945 und 1989. Tübingen: Niemeyer, 1997.

22. Deutsche Literatur 1989. Jahresüberblick. Hrsg. von Franz Josef Görtz, Volker Hage und Uwe Wittstock. Stuttgart: Reclam, 1990.

23. Deutsche Literatur 1990. Jahresüberblick. Hrsg. von Franz Josef Görtz, Volker Hage und Uwe Wittstock unter Mitarbeit von Katharina Frühe. Stuttgart: Reclam, 1991.

24. Deutsche Literatur 1991. Jahresüberblick. Hrsg. von Franz Josef Görtz, Volker Hage und Uwe Wittstock unter Mitarbeit von Katharina Frühe. Stuttgart: Reclam, 1992.

25. Deutsche Literatur 1992. Jahresüberblick. Hrsg. von Franz Josef Görtz, Volker Hage und Uwe Wittstock unter Mitarbeit von Katharina Frühe. Stuttgart: Reclam, 1993.

26. Deutsche Literatur 1993. Jahresüberblick. Hrsg. von Franz Josef Görtz, Volker Hage und Uwe Wittstock unter Mitarbeit von Katharina Frühe. Stuttgart: Reclam, 1994.

27. Deutsche Literatur 1994. Jahresüberblick. Hrsg. von Franz Josef Görtz, Volker Hage und Uwe Wittstock unter Mitarbeit von Katharina Frühe. Einleitung von Hubert Winkels. Stuttgart: Reclam, 1995.

28. Deutsche Literatur 1995. Jahresüberblick. Hrsg. von Franz Josef Görtz, Volker Hage und Hubert Winkels in Zusammenarbeit mit Katharina Frühe. Stuttgart: Reclam, 1996.

29. Deutsche Literatur 1996. Jahresüberblick. Hrsg. von Franz Josef Görtz, Volker Hage und Hubert Winkels in Zusammenarbeit mit Katharina Frühe. Stuttgart: Reclam, 1997.

30. Deutsche Literatur 1997. Jahresüberblick. Hrsg. von Volker Hage, Rainer Moritz und Hubert Winkels. Stuttgart: Reclam, 1998.

31. Deutsche Literatur 1998. Jahresüberblick. Hrsg. von Volker Hage, Rainer Moritz und Hubert Winkels. Stuttgart: Reclam, 1999.

32. Hage, Volker: Propheten im eigenen Land. Auf der Suche nach der deutschen Literatur. München: dtv, 1999.

33. Literatur und politische Aktualität. Hrsg. von Elrud Ibsch und Ferdinand van Ingen unter Mitarbeit von Anthonya Visser. Amsterdam/Atlanta: Rodopi, 1993 (*Amsterdamer Beiträge zur neueren Germanistik, Band 36*).

34. Jabłkowska, Joanna/Półrola, Małgorzata (Hgg.): Nationale Identität. Aspekte, Probleme und Kontroversen in der deutschsprachigen Literatur. Łódź: Wydawnictwo Uniwersytetu Łódzkiego, 1998.

35. Maulhelden und Königskinder. Zur Debatte über die deutschsprachige Gegenwartsliteratur. Hrsg. von Andrea Köhler und Rainer Moritz. Leipzig: Reclam, 1998.

36. Kormann, Julia: Literatur und Wende. Ostdeutsche Autorinnen und Autoren nach 1989. Wiesbaden: Deutscher Universitäts-Verlag, 1999 (*Literaturwissenschaft/Kulturwissenschaft*).

37. Korte, Karl-Rudolf: Über Deutschland schreiben. Schriftsteller sehen ihren Staat. München: Beck, 1992 (*Perspektiven und Orientierungen, Schriftenreihe des Bundeskanzleramtes, Band 12*).

38. aufgerissen. Zur Literatur der 90er. Hrsg. von Thomas Kraft. München/Zürich: Piper, 2000.

39. Kreißig, Gisela: Berlin-Romane zur Wende. Magisterarbeit im Fach Neuere Deutsche Literaturwissenschaft. Saarbrücken 2002 [unveröffentlichtes Typoskript].

40. Lee, Hyunseon: Geständniszwang und „Wahrheit des Charakters" in der Literatur der DDR. Diskursanalytische Fallstudien. Stuttgart/Weimar: Metzler, 2000 (*M&P Schriftenreihe für Wissenschaft und Forschung*).

41. Akten. Eingaben. Schaufenster. Die DDR und ihre Texte. Erkundungen zu Herrschaft und Alltag. Hrsg. von Alf Lüdtke und Peter Becker. Berlin: Akademie Verlag, 1997.

42. Spätmoderne und Postmoderne. Beiträge zur deutschsprachigen Gegenwartsliteratur. Hrsg. von Paul Michael Lützeler. Frankfurt a.M.: Fischer TB, 1991.
[Dazu: Oschmann, Dirk: [o.T.]. In: *Zeitschrift für Germanistik* N.F. III (1993) 1, 221-223.]

43. Mayer-Iswandy, Claudia (Hg.): Zwischen Traum und Trauma – Die Nation. Transatlantische Perspektiven zur Geschichte eines Problems. Tübingen: Stauffenburg, 1994 (*Stauffenburg Colloquium, Band 32*).

44. Mittenzwei, Werner: Die Intellektuellen. Literatur und Politik in Ostdeutschland von 1945 bis 2000. Leipzig: Faber & Faber, 2001.
[Dazu: Schacht, Ulrich: Auf dem Kampfplatz. Die Deutsche Demokratische (Gelehrten-)Republik des Werner Mittenzwei. In: *Merkur* 56 (2002) 5, 428-432.]

45. Reich-Ranicki, Marcel/Löffler, Sigrid/Karasek, Hellmuth: ... und alle Fragen offen. Das Beste aus dem Literarischen Quartett. Hrsg. von Stephan Reichenberger unter Mitarbeit von Alex Rühle. Mit einem Vorwort von Johannes Willms. München: Heyne, 2000.

46. Rüther, Günther: „Greif zur Feder, Kumpel". Schriftsteller, Literatur und Politik in der DDR 1949-1990. 2., überarbeitete Auflage. Düsseldorf: Droste, 1992 (*Droste-Taschenbücher Geschichte*).
[zuerst: Düsseldorf: Droste, 1991.]

47. Ders. (Hg.): Literatur in der Diktatur. Schreiben im Nationalsozialismus und DDR-Sozialismus. Paderborn: Schöningh, 1997.
[Dazu: Links, Christoph: Ewig Menschliches. Erfreulicher Verpackungsschwindel. Der Sammelband „Literatur in der Diktatur" bietet mehr als er vermuten läßt. In: *Freitag* v. 13.11.1998.]

48. La mise en œuvre de l'unification allemande (1989-1990). Sous la direction de Anne Saint Sauveur-Henn et Gérard Schneilin. Asnières: Pia – Publications de l'Institut d'Allemand, 1998 (*Collection Publications de l'Institut d'Allemand d'Asnières, No. 25*).

49. Schemme, Wolfgang: Chancen für eine menschliche Gesellschaft. Schriftsteller der DDR nach der Vereinigung. Bilanz einer Tagung. Hrsg. von GFP Gesellschaft für Projektentwicklung und Liegenschaftsverwaltung. [o.O.]: [o.V.], 1994.

50. Dichter und ihre Nation. Hrsg. von Helmut Scheuer. Frankfurt a.M.: Suhrkamp, 1993.

51. Schiffbruch der Hoffnungen? Die Kultur nach dem Zusammenbruch des Ostblocks. Ein Sonderdruck aus dem Feuilleton des Rheinischer [sic] Merkur. [o.O.] [o.J.].

52. Serke, Jürgen: Zu Hause im Exil. Dichter, die eigenmächtig blieben in der DDR. Mit Fotos von Christian G. Irrgang. München/Zürich: Piper, 1998.

53. Thierse, Wolfgang/Spittmann-Rühle, Ilse/Kuppe, Johannes L. (Hgg.): Zehn Jahre Deutsche Einheit. Eine Bilanz. Opladen: Leske + Budrich, 2000.
[Lizenzausgabe: Bonn: Bundeszentrale für politische Bildung, 2000.]

54. Das literarische Berlin im 20. Jahrhundert. Mit aktuellen Adressen und Informationen. Hrsg. von Silvio Vietta in Zusammenarbeit mit Studierenden des Studiengangs Kulturwissenschaften und Ästhetische Praxis der Universität Hildesheim. Mit 61 Abbildungen. Stuttgart: Reclam, 2001.

55. Wehdeking, Volker: Die deutsche Einheit und die Schriftsteller. Literarische Verarbeitung der Wende seit 1989. Stuttgart/Berlin/Köln: Kohlhammer, 1995.

56. Mentalitätswandel in der deutschen Literatur zur Einheit (1990-2000). Hrsg. von Volker Wehdeking. Berlin: Erich Schmidt Verlag, 2000 (*Philologische Studien und Quellen, Heft 165*).

57. Welzel, Klaus: Utopieverlust. Die deutsche Einheit im Spiegel ostdeutscher Autoren. Würzburg: Königshausen & Neumann, 1998.
[Dazu: Rietzschel, Thomas: Geplappert, nicht gemalt. Trauergesang zur Einheit: Klaus Welzels „Utopieverlust". In: *FAZ* v. 28.4.1999.]

58. Zensur in der DDR. Ausstellungsbuch. Geschichte, Praxis und ‚Ästhetik' der Behinderung von Literatur. Erarbeitet und hrsg. von Ernst [korrekt: Ernest; F.Th.G.] Wichner und Herbert Wiesner. Berlin: Literaturhaus Berlin, 1991 (*Texte aus dem Literaturhaus Berlin, Band 8*).
[Dazu: Stephan, Alexander: [o.T.]. In: *The Germanic Review* LXVII (1992) 3, 140f.;
Süß, Walter: Ein Geschäft von trostloser Borniertheit. Ausstellung „Zensur in der DDR". In: *Das Parlament* v. 10.5.-17.5.1991.]

59. German Literature at a Time of Change 1989-1990. German Unity and German Identity in Literary Perspective. Edited by Arthur Williams, Stuart Parkes and Roland Smith. Bern/Berlin/Frankfurt a.M./New York/Paris/Wien: Lang, 1991.

60. Zipser, Richard (Hg.): Fragebogen: Zensur. Zur Literatur vor und nach dem Ende der DDR. Leipzig: Reclam, 1995.

4.3 Aufsätze/Artikel

1. [Anon.]: „Rückfall in die Barbarei". Ost- und Westintellektuelle verstehen einander weniger denn je. Besonders in der Hauptstadt ist die Demarkationslinie zwischen Dichtern und Denkern scharf. Mit der Skepsis gegen den westlichen Kulturbetrieb wächst das Selbstbewußtsein ehemaliger DDR-Bürger: „West-Berlin, wo war das noch mal?" In: *Der Spiegel* 50 (1996) 26 v. 24.6.1996, 168-171.

2. [Anon.]: Verband der Theaterschaffenden. Beschluß des Präsidiums. Originalartikel „Ausbau von Demokratie". Aus: *Der Morgen* (LDPD), Ost-Berlin, v. 18.10.1989; abgedruckt in: *Pressespiegel* Nr. 17 v. 1.11.1989, 13.

3. Ahrend, Thorsten: was ging uns die DDR-Kulturpolitik an? Biographische Notizen eines „Hineingeborenen". In: *Aus Politik und Zeitgeschichte* B 10/94 v. 11.3.1994, 23-29.

4. Ahrends, Martin: Vitaminmangel. In: *Ein Volk am Pranger? Die Deutschen auf der Suche nach einer neuen politischen Kultur.* Hrsg. von Albrecht Schönherr. Berlin: Aufbau TB, [o.J.] (*Texte zur Zeit*), 89-99.

5. Andress, Reinhard: DDR-Schriftsteller und die Herbst-Ereignisse 1989 in der DDR. In: *Schatzkammer der deutschen Sprachlehre, Dichtung und Geschichte* 17 (1991) 1, 26-45.

6. Ders.: „das Gefühl, mitten in einem riesigen Ozean auf einem kleinen Schiff zu sein". Zur DDR-Protokolliteratur während und nach der Wende-Zeit. In: *Colloquia Germanica* 27 (1994) 1, 49-62.

4. Badur, Manuela: Junge Frauen aus Ostdeutschland. Individualisierungsprozesse im Zuge der deutschen Einigung. In: *Aus Politik und Zeitgeschichte* B 12/99 v. 19.3.1999, 27-33.

5. Baron, Ulrich: Literatur im Schatten der Vergangenheit. In: *Rheinischer Merkur* v. 24.1.1992;
auch in: *Schiffbruch der Hoffnungen? Die Kultur nach dem Zusammenbruch des Ostblocks. Ein Sonderdruck aus dem Feuilleton des Rheinischer* [sic] *Merkur.* [o.O.] [o.J.], 29-31.

6. Becker, Jurek: Die Wiedervereinigung der deutschen Literatur. In: *Spätmoderne und Postmoderne. Beiträge zur deutschsprachigen Gegenwartsliteratur*. Hrsg. von Paul Michael Lützeler. Frankfurt a.M.: Fischer TB, 1991, 23-35.

7. Beetz, Manfred: West-östliche Gespräche zur deutschen Literatur nach 1989. In: *Scientia Halensis* 4 (1996) 1, 13f.

8. Bekasiński, Jan: Kommt eine neue DDR-Literatur? (Neue Bücher der ehemaligen DDR-Schriftsteller). In: *Colloquia Germanica Stetinensia* 148 (1995) 4, 65-80.

9. Beller, Manfred: Der „Fall" der Mauer in Berlin. Storia e finzione di un simbolo negativo. In: Grüning, Hans-Georg/Ricci, Graciela/Lévy, Danielle (Hgg.): *Discorso fizionale e realtà storica*. Ancona: Ed. Nuove Richerche, 1992 (*Atti del 1° colloquio Internazionale „Testo e contesto", Macerata, 15-17 ottobre 1990*), 391-409.

10. Berbig, Roland: Preisgekrönte DDR-Literatur nach 1989/90. In: Arnold, Heinz Ludwig (Hg.): *DDR-Literatur der neunziger Jahre (text+kritik Sonderband IX/00)*, 198-207.

11. Berendse, Gerrit-Jan: „Ändern sich die Umstände, zeigen sich die Konstanten!" Deutsche Lyrik in der „Wende" zum Regionalen. In: *The Germanic Review* LXVII (1992) 4, 146-151.

12. Bergsdorf, Wolfgang: Deutsch wieder attraktiv. In: *Die politische Meinung* 36 (1991) 260, 29-38.

13. Biechele, Werner: Das alles ist unsere Geschichte. Der deutsch-deutsche Literaturstreit und die Autoren. In: *Retrospect and Review. Aspects of the Literature of the GDR 1976-1990*. Edited by Robert Atkins and Martin Kane. Amsterdam/Atlanta: Rodopi, 1997 (*German Monitor 40*), 32-45.

14. Bittermann, Klaus: Die Walserisierung der Intellektuellen. In: *Gemeinsam sind wir unausstehlich. Die Wiedervereinigung und ihre Folgen*. Mit Beiträgen von: Wolfgang Pohrt, Roger Willemsen, Wolfgang Schneider, Klaus Bittermann, Charlotte Wiedemann, Werner Kopp, Stefan Gandler, Robert Kurz. Hrsg. von Klaus Bittermann. Berlin: Verlag Klaus Bittermann, 1990 (*Edition TIAMAT, Critica Diabolis 27*), 61-79.

15. Böttiger, Helmut: Untergrund Kneipengrund. Der Mythos vom Prenzlauer Berg und seine Verwandlungen. In: B., H.: *Ostzeit/Westzeit. Aufbrüche einer neuen Kultur*. München: Luchterhand, 1996, 85-104.

16. Ders.: Der Grünbein-Effekt. Junge Autoren im deutschen Niemandsland. In: B., H.: *Ostzeit/Westzeit. Aufbrüche einer neuen Kultur*. München: Luchterhand, 1996, 131-157.

17. Bormann, Alexander von: Lodern oder lottern? Vom möglichen Ende des pathetischen Tons in der Nach-DDR-Literatur. In: *Aus Politik und Zeitgeschichte* B 44/90 v. 16.10.1990, 27-39.

18. Ders.: Gebremstes Leben, Groteske und Elegie. Zur Literatur in den neuen Bundesländern seit der Wende. In: *Aus Politik und Zeitgeschichte* B 13/98 v. 20.3.1998, 31-39.

19. Brady, Philip: „Wir hausen im Prenzlauer Berg": On the Very Last Generation of GDR Poets. In: *1870/71 – 1989/90. German Unifications and the Change of Literary Discourse*. Edited by Walter Pape. Berlin/New York: de Gruyter, 1993 (*European Cultures. Studies in Literature and the Arts, Volume 1*), 278-301.

20. Braun, Michael: Jenseits der „Gesinnungsästhetik". Was bleibt von der Literatur aus der DDR? In: *Aus Politik und Zeitgeschichte* B 41-42/91 v. 4.10.1991, 25-32.

21. Ders.: „Kein Deutschland gekannt zeit meines Lebens". Grass, Walser, Enzensberger und die nationale Frage. In: *Universitas. Zeitschrift für interdisziplinäre Wissenschaft* 50 (1995) 11, 1090-1101.

22. Ders.: Vom Abrauschen in die Popmoderne – Die deutsche Gegenwartsliteratur zwischen „Soloalben" und „Simple Stories" [sic]. Ein Feature von Michael Braun (Heidelberg). [Sendemanuskript *SR 2 Kulturradio*, 1.1.2000; 15 S.].

23. Lese-Gründe und Eigen-Sinn. Die Bewohner des einstigen Leselandes DDR mieden im vereinten Deutschland erst einmal die bunten Bücherläden und die neu sortierten Bibliotheken. Sechs Jahre später verweist wiedererwachtes Interesse weniger auf die Wirkung der Bestsellerlisten, sondern häufiger auf alte Vorlieben, manchmal auf die magische Jahreszahl 1989. ULRIKE BRESCH sprach in Rostock, Berlin und Halle mit Lesern über anregende Lektüre nach der Wende. In: *Das Magazin* 1996 (10), 56-60.

24. „Wir lieben die Heimat". SPIEGEL-Autor Henryk M. Broder über den langen Abschied von der DDR. In: *Der Spiegel* 49 (1995) 27 v. 3.7.1995, 54-64.

25. Die Unfähigkeit zu feiern. SPIEGEL-Autor Henryk M. Broder über die Schwierigkeiten Intellektueller mit der Wiedervereinigung. In: *Der Spiegel* 49 (1995) 40 v. 2.10.1995, 236-246.

26. Buck, Theo: Die ‚Oktoberrevolution' in der DDR und die Schriftsteller. In: *Juni. Magazin für Kultur & Politik* 4 (1990) 2-3, 121-135.

27. Ders.: The German ‚October Revolution' in the GDR and the Writers. In: *German Literature at a Time of Change 1989-1990. German Unity and German Identity in Literary Perspective.* Edited by Arthur Williams, Stuart Parkes and Roland Smith. Bern/Berlin/Frankfurt a.M./New York/Paris/Wien: Lang, 1991, 21-46.

28. Bullivant, Keith: The End of the Dream of the „Other Germany": The „German Question" in West German Letters. In: *1870/71 – 1989/90. German Unifications and the Change of Literary Discourse.* Edited by Walter Pape. Berlin/New York: de Gruyter, 1993 (*European Cultures. Studies in Literature and the Arts, Volume 1*), 302-319.

29. Burmeister, Brigitte: Schriftsteller in gewendeten Verhältnissen. In: *Sinn und Form* 46 (1994) 4, 648-654.

30. Corbin-Schuffels, Anne-Marie: Auf den verwickelten Pfaden der Erinnerung: autobiographische Schriften nach der Wende. In: *Mentalitätswandel in der deutschen Literatur zur Einheit (1990-2000).* Hrsg. von Volker Wehdeking. Berlin: Erich Schmidt Verlag, 2000 (*Philologische Studien und Quellen, Heft 165*), 69-80.

31. Cosentino, Christine: Ostdeutsche Autoren Mitte der neunziger Jahre: Volker Braun, Brigitte Burmeister und Reinhard Jirgl. In: *The Germanic Review* 71 (1996) 3, 177-194.

32. Coulson, Anthony S.: New land and forgotten spaces: the portrayal of another Germany in post-unification film. In: *The New Germany. Literature and Society after Unification.* Edited by Osman Durrani, Colin Good, Kevin Hilliard. Sheffield: University of Sheffield Press, 1995, 213-230.

33. Czechowski, Heinz: Innerlichkeit und Endzeitprophetie. Auf der ersten und zweiten Bitterfelder Konferenz wurde die Verbrüderung von Arbeitern und Bauern befohlen – die dritte demonstrierte die Ohnmacht der vereinigten deutschen Intellektuellen. In: *Rheinischer Merkur* v. 8.5.1992;

auch in: *Schiffbruch der Hoffnungen? Die Kultur nach dem Zusammenbruch des Ostblocks. Ein Sonderdruck aus dem Feuilleton des Rheinischer* [sic] *Merkur*. [o.O.] [o.J.], 38-40.

34. Ders.: Im schalltoten Raum. Dichter im Zeitenwechsel. In: TERTIA-Gruppe (Hg.): *Transformationen*. Bonn: TERTIA Bildung und Beruf GmbH & Co./TERTIA Training und Consulting GmbH & Co., 1998, 39-54.

35. Dahlke, Birgit: „Die Chancen haben sich verschanzt". Die inoffizielle Literatur-Szene der DDR. In: Bohn, Rainer/Hickethier, Knut/Müller, Eggo (Hgg.): *Mauer-Show. Das Ende der DDR, die deutsche Einheit und die Medien*. Berlin: Ed. Sigma Bohn, 1992 (*sigma medienwissenschaft, Band 11*), 227-242.

36. Dies.: „Temporäre autonome Zone". Mythos und Alltag der inoffiziell publizierenden Literaturszene im letzten Jahrzehnt der DDR. In: Rüther, Günther (Hg.): *Literatur in der Diktatur. Schreiben im Nationalsozialismus und DDR-Sozialismus*. Paderborn: Schöningh, 1997, 463-478.

37. Deutscher Akademischer Austauschdienst/Institut für neuere deutsche und europäische Literatur der Fernuniversität Hagen (Hgg.): Zeitungsausschnitte zur Landeskunde. Sondernummer: Zehn Jahre Deutsche Einheit. Bonn/Hagen: DAAD/FernUniversität, 2000.

38. Ecker, Hans-Peter: Wer will schone eine dürre Gouvernante sein? Zum Umgang mit DDR-Literatur nach der Wiedervereinigung. Modellfall ‚Subjektive Authentizität'. In: *Retrospect and Review. Aspects of the Literature of the GDR 1976-1990*. Edited by Robert Atkins and Martin Kane. Amsterdam/Atlanta: Rodopi, 1997 (*German Monitor 40*), 46-61.

39. Eggert, Hartmut: Deutsche Dichter spiegeln die deutsche Vereinigung mit deutschen Dichtern. In: *Zeitschrift der Germanisten Rumäniens* 1-2 (7-8)/1995, 90-94.

40. Ders.: Mehr als Zitate. Werke literarischer Tradition in der Prosa zur deutschen Vereinigung (1990-1995). In: *Triangulum* (1996) 3, 203-216.

41. Emmerich, Wolfgang: Im Zeichen der Wiedervereinigung: die zweite Spaltung der deutschen Literatur. In: *Kultur und Macht – Deutsche Literatur 1949-1989*. Hrsg. vom Sekretariat für kulturelle Zusammenarbeit

nichttheatertragender Städte und Gemeinden in Nordrhein-Westfalen, Gütersloh. Bielefeld: Aisthesis, 1992, 26-40.

42. Ders.: Rückblicke auf die Literatur der DDR. In: *Aus Politik und Zeitgeschichte* B 13-14/96 v. 22.3.1996, 13-23.

43. Ders./Probst, Lothar: Und der Zukunft zugewandt? Kulturwissenschaften: DDR- und Deutschlandforschung untersucht Störungen im Vereinigungsprozeß. In: *Impulse aus der Forschung* 22 (1997), 17-21.

44. Erhart, Walter: Gedichte, 1989. Die deutsche Einheit und die Poesie. In: Erhart, Walter/Niefanger, Dirk (Hgg.): *Zwei Wendezeiten. Blicke auf die deutsche Literatur 1945 und 1989*. Tübingen: Niemeyer, 1997, 141-165.

45. *europäische ideen* (1990) 72 (*Droht der deutsche Einheitsstaat?*), *europäische ideen* (1990) 73 (*Einheitsstaat 2*).

46. *europäische ideen* (1995) 94 (*Deutschland 1945/PEN-Stimmen*).

47. Faktor, Jan: Intellektuelle Opposition und alternative Kultur in der DDR. In: *Aus Politik und Zeitgeschichte* B 10/94 v. 11.3.1994, 30-37.

48. Ders.: Warum aus uns nichts geworden ist. Betrachtungen zur Prenzlauer-Berg-Szene zehn Jahre nach der deutschen Einheit. In: *FR* v. 30.9.2000.

49. Ders.: Warum aus uns nichts geworden ist. Betrachtungen zur Prenzlauer-Berg-Szene zehn Jahre nach dem Mauerfall. In: Arnold, Heinz Ludwig (Hg.): *DDR-Literatur der neunziger Jahre* (*text+kritik Sonderband IX/00*), 92-106.

50. Fest, Joachim: Schweigende Wortführer. Überlegungen zu einer Revolution ohne Vorbild. In: *FAZ* v. 30.12.1989.

51. Finger, Evelyn: Rückblende. Der diskrete Charme der DDR. In: *Die Zeit* v. 18.4.2002.

52. François, Jean-Claude: Le théâtre en RDA, un an après. In: *Allemagne d'aujourd'hui. Politique Économie Société Culture*. Nouvelle Série No. 114 Oct.-Déc. 1990, 199-209.

53. Franke, Konrad: Fuchteln gilt nicht! Anmerkungen zur absurden These, die DDR-Literaturgeschichte müsse umgeschrieben werden. In: *SZ* v. 2.12.1991;

auch in: *Deutsche Literatur 1991. Jahresüberblick*. Hrsg. von Franz Josef Görtz, Volker Hage und Uwe Wittstock unter Mitarbeit von Katharina Frühe. Stuttgart: Reclam, 1992, 286-289.
[Dazu: Corino, Karl: Vom Leichengift der Stasi. Die DDR-Literatur hat an Glaubwürdigkeit verloren. Eine Entgegnung. In: *SZ* v. 6.12.1991; auch in: *Deutsche Literatur 1991. Jahresüberblick*. Hrsg. von Franz Josef Görtz, Volker Hage und Uwe Wittstock unter Mitarbeit von Katharina Frühe. Stuttgart: Reclam, 1992, 289-294.]

54. Friedrich, Wolfgang-Uwe: „Wir sind ein Volk". Die Deutschen und die deutsche Einheit 1945-1990. In: *German Studies Review. Special Issue German Identity*. Winter 1992, 131-162.

55. Fulda, Daniel: Telling German History: Forms and Functions of the Historical Narrative Against the Background of the National Unifications. In: *1870/71 – 1989/90. German Unifications and the Change of Literary Discourse.* Edited by Walter Pape. Berlin/New York: de Gruyter, 1993 (*European Cultures. Studies in Literature and the Arts, Volume 1*), 195-230.

56. Ders.: Nur „frischerwachtes Grauen vor der Geschichte"? Literarische Kommentare zur deutschen Einheit 1870 und 1990. In: *WW* 44 (1994) 2, 258-270.

57. Gansel, Carsten: Zwischen Wirklichkeitserkundung und Stereotypenbildung. Vom Dilemma einer Jugendliteratur zur „Wende". In: *Der Deutschunterricht* 48 (1996) 4, 32-43.

58. Geisel, Sieglinde: Die Lust am Vorurteil. Ost-West-Ressentiments – ein Mediendiskurs. In: *NZZ* v. 6.10.2000.

59. Geisenhanslüke, Achim: Abschied von der DDR. In: Arnold, Heinz Ludwig (Hg.): *DDR-Literatur der neunziger Jahre* (*text+kritik Sonderband IX/00*), 80-91.

60. Geulen, Dieter: Politische Sozialisation der staatsnahen Intelligenz in der DDR. In: *Aus Politik und Zeitgeschichte* B 12/99 v. 19.3.1999, 3-14.

61. Glaab, Manuela: Doppelte Identitäten? Zum Orientierungsdilemma im vereinten Deutschland. In: *Revue d'Allemagne et des Pays de langue allemande* 28 (1996) 4, 417-422.

62. Glaser, Hermann: Deutsche Identitäten. Gesellschaft und Kultur im vereinten Deutschland. In: *Aus Politik und Zeitgeschichte* B 13-14/96 v. 22.3.1996, 32-41.

63. Greiner, Ulrich: Keiner weiß mehr. Was passiert, wenn was passiert. In: *Die Zeit* v. 10.11.1989.

64. Grub, Frank Thomas: Jazz, Blues, Pop und Klassik. Wendetexte junger Autoren aus Ostdeutschland. In: *titel* 1 (2000) 1 http://titel-magazin.de/job/pop/htm [6 S.].

65. Grunenberg, Antonia: Das Ende der Macht ist der Anfang der Literatur. Zum Streit um die SchriftstellerInnen in der DDR. In: *Aus Politik und Zeitgeschichte* B 44/90 v. 26.10.1990, 17-26.

66. Hage, Volker: Kein schöner Thema weit und breit. Christoph Hein, Stefan Heym und Christa Wolf, Günter Grass und Martin Walser: Schriftsteller in Ost und West bündeln ihre Aufsätze, Reden und Gespräche zur deutschen Frage. In: *Sonntag/Die Zeit* v. 9.3.1990 (*Literatur, Leipziger Buchmesse 1990*);
unter dem Titel *Kein schöner' Thema weit und breit. Schriftsteller in Ost und West zur deutschen Frage* auch in: H., V.: *Propheten im eigenen Land. Auf der Suche nach der deutschen Literatur.* München: dtv, 1999, 96-107.

67. Ders.: Da war was, da bleibt was. Abschied von der DDR und ihrer Literatur – ohne Wehmut, nicht ohne Erwartung. In: *Die Zeit* v. 5.10.1990 (*Die Zeit Literatur*);
unter dem Titel *Da war was, da bleibt was. Abschied von der Literatur, die aus der DDR* kam auch in: H., V.: *Propheten im eigenen Land. Auf der Suche nach der deutschen Literatur*. München: dtv, 1999, 114123.

68. Ders.: Nacht mit Folgen. Immer wieder wird er heraufbeschworen: der große deutsche Roman über Wende und Mauerfall. In diesem Frühjahr wagt sich erstmals eine ganze Reihe deutscher, zumeist junger Autoren an das epochemachende Thema – mit in der Regel kläglichem Erfolg. Nur ein Routinier aus Prag meistert den 89-er Roman: der Tscheche Ivan Klíma. In: *Der Spiegel* 49 (1995) 15 v. 10.4.1995, 200-205;
unter dem Titel *Nacht mit Folgen. Wo bleibt der deutsche Roman zur Wende?* auch in: H., V.: *Propheten im eigenen Land. Auf der Suche nach der deutschen Literatur.* München: dtv, 1999, 144-149.

69. Ders.: Deutsche Literatur: Liebe im Gästehaus der DDR. In: *Der Spiegel* 54 (2000) 42 v. 16.10.2000, 162-168.

70. Hanke, Irma: Über das Schweigen reden. Diktaturerfahrung und Literatur. In: *Aus Politik und Zeitgeschichte* B 13/98 v. 20.3.1998, 3-12.

71. Harpprecht, Klaus: Bruder Heinrich. Lange Zeit galt er als der politisch wachere Kopf der Gebrüder Mann – nicht allein die Essaysammlung „Mut" belegt, daß das ein Irrtum ist: Er überließ sich der Sprache der Agitation. In: *Die Zeit* v. 21.2.1992.

72. Haus, Heinz-Uwe: Um-Schreibungen – Notate zur Sache. In: *Schreiben im heutigen Deutschland. Fragen an die Vergangenheit*. Hrsg. von Ursula E. Beitter. New York/Washington, D.C./Baltimore/Boston/Bern/Frankfurt a.M./Berlin/Vienna/Paris: Lang, 1998 (*Loyola College in Maryland Berlin Seminar, Contemporary German Literature and Society, Vol.* 2), 85-105.

73. Heidenreich, Gert: Volk ohne Traum. Die deutsche Intellektuellen-Debatte. In: *ndl* 40 (1992) 8, 56-67.

74. Heinritz, Reinhard: „Prenzlauer Berg". Über experimentelle Literatur und Politik. In: *Literatur für Leser* (1992) 3, 181-193.

75. Herhoffer, Astrid/Liebold, Birgit: Schwanengesang auf ein geteiltes Land. Der Herbst 1989 und seine Folgen in der Literatur. In: *Buch und Bibliothek* 45 (1993) 6/7, 587-604.

76. Herzinger, Richard: Vom Nutzen und Nachteil der DDR-Literatur. Anmerkungen zu einer Abwicklung. In: *Die Abwicklung der DDR*. Hrsg. von Heinz Ludwig Arnold und Frauke Meyer-Gosau. Göttingen: Wallstein, 1992 (*Göttinger Sudelblätter*), 76-81.

77. Ders.: Die obskuren Inseln der kultivierten Gemeinschaft. Heiner Müller, Christa Wolf, Volker Braun – deutsche Zivilisationskritik und das neue Antiwestlertum. In: *Die Zeit* v. 4.6.1993 (*Literatur*).

78. Ders.: Raubzug im Bürgertum. Fünfzig Jahre nach der Gründung der DDR wird hitzig über die Stellung ihrer Kunst in der Moderne diskutiert. Wie aber sieht es mit der Modernität der DDR-Literatur aus? In: *Die Zeit* v. 22.7.1999.

79. Heukenkamp, Ursula: Soll das Vergessen verabredet werden? Eigenständigkeit und Eigenart der DDR-Literatur. In: *Aus Politik und Zeitgeschichte* B 41-42/91 v. 4.10.1991, 3-12.

80. Dies.: Haben wir uns richtig verstanden? Die Literatur der Bundesrepublik – Erinnerungen aus der DDR. In: *Aus Politik und Zeitgeschichte* B 13-14/96 v. 22.3.1996, 3-12.

81. Hilsberg, Stephan: Literarische Wegmarken in der deutsch-deutschen Landschaft. Die gesellschaftliche Wirklichkeit im geteilten und im vereinten Deutschland. In: *Das Parlament* v. 29.9.-6.10.1995.

82. Hilton, Ian: ‚Erlangte Einheit, verfehlte Identität'. Reflections on lyric poetry of the 1990s. In: *The New Germany. Literature and Society after Unification*. Edited by Osman Durrani, Colin Good, Kevin Hilliard. Sheffield: University of Sheffield Press, 1995, 252-273.

83. Hirdina, Karin: Aus der Traum. Ein wehmütiger Rückblick auf die Literatur der DDR. In: *Die Zeit* v. 9.3.1990.

84. Dies.: Umgang mit den alten Erfahrungen. In: *ndl* 38 (1990) 10, 154-163 (*ndl-Tagebuch*).

85. Hirte, Chris: Gedankenkontrolle. Zensur und Selbstzensur in der DDR. In: *Kultur und Macht – Deutsche Literatur 1949-1989*. Hrsg. vom Sekretariat für kulturelle Zusammenarbeit nichttheatertragender Städte und Gemeinden in Nordrhein-Westfalen, Gütersloh. Bielefeld: Aisthesis, 1992, 52-70.

86. Höfler, Günther A.: Die deutsche Vereinigung in Scherz, Satire und Ironie. In: Jabłkowska, Joanna/Półrola, Małgorzata (Hgg.): *Nationale Identität. Aspekte, Probleme und Kontroversen in der deutschsprachigen Literatur*. Łódź: Wydawnictwo Uniwersytetu Łódzkiego, 1998, 487-498.

87. Hörnigk, Frank: Die künstlerische Intelligenz und der Umbruch in der DDR. In: *Die DDR auf dem Weg zur Deutschen Einheit. Probleme, Perspektiven, Offene Fragen*. Dreiundzwanzigste Tagung zum Stand der DDR-Forschung in der Bundesrepublik Deutschland 5.-8. Juni 1990. Köln: Verlag Wissenschaft und Politik, 1990 (*Edition Deutschland Archiv*), 139-145.

88. Ders.: Die Literatur bleibt zuständig: Ein Versuch über das Verhältnis von Literatur, Utopie und Politik in der DDR – am Ende der DDR. In: *The Germanic Review* LXVII (1992) 3, 99-105.

89. Ders.: Les rapports entre littérature et politique en RDA. In: *La mise en œuvre de l'unification allemande (1989-1990)*. Sous la direction de Anne Saint Sauveur-Henn et Gérard Schneilin. Asnières: Pia – Publications de l'Institut d'Allemand, 1998 (*Collection Publications de l'Institut d'Allemand d'Asnières, No. 25*), 413-425.

90. Hohendahl, Peter Uwe: Wandel der Öffentlichkeit. Kulturelle und politische Identität im heutigen Deutschland. In: Claudia Mayer-Iswandy (Hg.): *Zwischen Traum und Trauma – Die Nation. Transatlantsiche Perspektiven zur Geschichte eines Problems*. Tübingen: Stauffenburg, 1994 (*Stauffenburg Colloquium, Band 32*), 129-146.

91. Holschuh, Albrecht: Protokollsammlungen der DDR. In: *German Studies Review* XV (1992) 2, 267-287.

92. Homann, Ursula: So bitte nicht! Ab- und Aufrechnungen in Ost und West. In: *Der Literat* 32 (1990) 9, 245-248.

93. Huyssen, Andreas: After the Wall: The Failure of German Intellectuals. In: *New German Critique* (1991) 52 (*Special Issue on German Unification*), 109-143.

94. Isenschmidt, Andreas: Literatur nach der „Wende" – die Situation im Westen. In: *ndl* 41 (1993) 8, 172-178.

95. Ivanović, Christine: Wende im Film? Vorläufiger Rückblick auf ein Jahrzehnt deutscher Einheit im Film. In: *Mentalitätswandel in der deutschen Literatur zur Einheit (1990-2000)*. Hrsg. von Volker Wehdeking. Berlin: Erich Schmidt Verlag, 2000 (*Philologische Studien und Quellen, Heft 165*), 225-235.

96. Jacobsen, Dietmar: ‚Da bin ich noch: Mein Land geht in den Westen'. Nation und Identität in Texten zur deutschen Wende. In: Jabłkowska, Joanna/Półrola, Małgorzata (Hgg.): *Nationale Identität. Aspekte, Probleme und Kontroversen in der deutschsprachigen Literatur*. Łódź: Wydawnictwo Uniwersytetu Łódzkiego, 1998, 499-509.

97. Jäger, Andrea: Schriftsteller-Identität und Zensur. Über die Bedingungen des Schreibens im „realen Sozialismus". In: *Kultur und Macht – Deutsche Literatur 1949-1989*. Hrsg. vom Sekretariat für kulturelle Zusammenarbeit nichttheatertragender Städte und Gemeinden in Nordrhein-Westfalen, Gütersloh. Bielefeld: Aisthesis, 1992, 71-83.

98. Jäger, Manfred: Das Wechselspiel von Selbstzensur und Literaturlenkung in der DDR. In: *Aus Politik und Zeitgeschichte* B 41-42/91 v. 4.10.1991, 13-24.

99. Ders.: Die Autobiographie als Erfindung von Wahrheit. Beispiele literarischer Selbstdarstellung nach dem Ende der DDR. In: *Aus Politik und Zeitgeschichte* B 41/92 v. 2.10.1992, 25-36.

100. Ders.: Provisorien, Normalitäten und Gefährdungen. Betrachtungen über Literaturverhältnisse aus Anlass eines Romans. In: Thierse, Wolfgang/Spittmann-Rühle, Ilse/Kuppe, Johannes L. (Hgg.): *Zehn Jahre Deutsche Einheit. Eine Bilanz.* Opladen: Leske + Budrich, 2000, 273-281.

101. Jessen, Jens: Eine Kaste wird entmachtet. Die deutschen Intellektuellen als Hüter der Zweistaatlichkeit. In: *FAZ* v. 29.9.1990.

102. Jonas, Anna: Zur Rolle der Literatur in den beiden deutschen Staaten: Scheidewasser oder nationaler Kitt? In: Friedrich-Ebert-Stiftung/Kurt-Schumacher-Akademie (Hgg.): *Stichwort Literatur. Beiträge zu den Münstereifeler Literaturgesprächen.* Bad Münstereifel: Friedrich-Ebert-Stiftung, 1993, 11-16.

103. Jucker, Rolf: SchriftstellerInnen der DDR als Verräter und Aufklärer zugleich. Zu Christa Wolf, Sascha Anderson, Rainer Schedlinski und Heiner Müller. In: *The New Germany. Literature and Society after Unification.* Edited by Osman Durrani, Colin Good, Kevin Hilliard. Sheffield: University of Sheffield Press, 1995, 1-13.

104. Kämper-van den Boogaart, Michael: Die inoffizielle Literaturszene der DDR und der literarische Kanon der Bundesrepublik – Systematische und empirische Anmerkungen. In: *Zersammelt. Die inoffizielle Literaturszene der DDR nach 1990. Eine Bestandsaufnahme.* Hrsg. von Roland Berbig, Birgit Dahlke, Michael Kämper-van den Boogaart und Uwe Schoor (*Theater der Zeit/Recherchen 6*), 172-195.

105. Keller, Ernst: Fallen idols – German intellectuals and writers facing the demise of the GDR. In: *Kulturstreit – Streitkultur. German Literature since the wall.* Edited by Peter Monteath and Reinhard Alter. Amsterdam/Atlanta: Rodopi, 1996 (*German Monitor 38*), 35-50.

106. Kiesel, Helmuth: Die Intellektuellen und die Einheit. In: *Die politische Meinung* 36 (1991) 264, 49-62.

107. Kleinschmidt, Sebastian: Ideenherrschaft als geistige Konstellation. Zwang und Selbstzwang literarischer Loyalität in sozialistischen Diktaturen. In: Rüther, Günther (Hg.): *Literatur in der Diktatur. Schreiben im Nationalsozialismus und DDR-Sozialismus*. Paderborn: Schöningh, 1997, 39-52.

108. Klötzer, Sylvia: Öffentlichkeit in der DDR? Die soziale Wirklichkeit im „Eulenspiegel“. In: *Aus Politik und Zeitgeschichte* B 46/96 v. 8.11.1996, 28-37.

109. Klunker, Heinz: Ankunft und ankommen: Eine DDR-Metapher geht fremd. In: Thierse, Wolfgang/Spittmann-Rühle, Ilse/Kuppe, Johannes L. (Hgg.): *Zehn Jahre Deutsche Einheit. Eine Bilanz*. Opladen: Leske + Budrich, 2000, 283-293.

110. Klussmann, Paul Gerhard: Deutsche Lebensläufe. Schriftsteller-Biographien im Licht der Vereinigung. In: Friedrich-Ebert-Stiftung/Kurt-Schumacher-Akademie (Hgg.): *Stichwort Literatur. Beiträge zu den Münstereifeler Literaturgesprächen*. Bad Münstereifel: Friedrich-Ebert-Stiftung, 1993, 188-205.

111. Ders.: DDR-Literatur im Horizont der deutschen Literaturgeschichte: Positionen einer vorläufigen Bilanz. In: *Mentalitätswandel in der deutschen Literatur zur Einheit* (1990-2000). Hrsg. von Volker Wehdeking. Berlin: Erich Schmidt Verlag, 2000 (*Philologische Studien und Quellen, Heft 165*), 201-210.

112. Knabe, Hubertus: Nachrichten aus einer anderen DDR. Inoffizielle politische Publizistik in Ostdeutschland in den achtziger Jahren. In: *Aus Politik und Zeitgeschichte* B 36/98 v. 28.8.1998, 26-38.

113. Koopmann, Helmut: Die Wiedervereinigung in der deutschen Literatur. In: *Die Bundesrepublik Deutschland nach der Wiedervereinigung. Eine interdisziplinäre Bilanz*. Hrsg. von Andreas Wirsching. München: Verlag Ernst Vögel, 2000 (*Schriften der Philosophischen Fakultäten der Universität Augsburg Nr. 60, Historisch-sozialwissenschaftliche Reihe*), 133-159.

114. Korngiebel, Wilfried/Link, Jürgen: Von einstürzenden Mauern, europäischen Zügen und deutschen Autos. Die Wiedervereinigung in Bildern und Sprachbildern der Medien. In: Bohn, Rainer/Hickethier, Knut/Müller, Eggo (Hgg.): *Mauer-Show. Das Ende der DDR, die deutsche Einheit und die Medien*. Berlin: Ed. Sigma Bohn, 1992 (*sigma medienwissenschaft, Band 11*), 31-53.

115. Korte, Hermann: „Wenn ein staat ins gras beißt, singen die dichter". DDR-Lyrik der neunziger Jahre. In: Arnold, Heinz Ludwig (Hg.): *DDR-Literatur der neunziger Jahre* (*text+kritik Sonderband IX/00*), 122-144.

116. Korte, Karl-Rudolf: Die Folgen der Einheit. Zur politisch-kulturellen Lage der Nation. In: *Aus Politik und Zeitgeschichte* B 27/90 v. 29.6.1990, 29-38.

117. Ders.: Berichte zur Lage der Nation. Vom Umgang mit der erzählenden Literatur im vereinten Deutschland. In: *Revue d'Allemagne et des Pays de langue allemande* 28 (1996) 4, 551-564.

118. Ders.: Demokratie braucht Literatur. Vom deutschen Umgang mit erzählender Literatur. In: *Aus Politik und Zeitgeschichte* B 13-14/96 v. 22.3.1996, 24-31.

119. Kothes, Michael: Jammer, Jammer über alles. Lyrik nach dem Zusammenbruch des real sprechenden Sozialismus. In: *Die Zeit* v. 8.2.1991
[v.a. zu Jan Faktor und Bert Papenfuß-Gorek].

120. Krättli, Anton: Schwierigkeiten mit der „Wende". Die Schriftsteller in der DDR. In: *Schweizer Monatshefte* 70 (1990), 26-29.

121. Ders.: Seismische Erschütterung auf dem Parnass. Verwirrungen nach der Vereinigung. In: *Schweizer Monatshefte* 71 (1991), 195-199.

122. Krätzer, Jürgen: Hineingewachsen. Von Lust und Frust im Dreibuchstabenland. In: Arnold, Heinz Ludwig (Hg.): *DDR-Literatur der neunziger Jahre* (*text+kritik Sonderband IX/00*), 27-47.

123. Kraft, Thomas: The show must go on. Zur literarischen Situation der neunziger Jahre [Einleitung]. In: *aufgerissen. Zur Literatur der 90er.* Hrsg. von Thomas Kraft. München/Zürich: Piper, 2000, 9-22.

124. Krauss, Hannes: Literatur – Wende – Literatur. In: *Der Deutschunterricht* LI (1999) 4, 37-45.

125. Kreuzer, Helmut: Zur literarischen Kultur im vereinigten Deutschland: Ein Überblick. In: *Kulturstreit – Streitkultur. German Literature since the wall.* Edited by Peter Monteath and Reinhard Alter Amsterdam/Atlanta: Rodopi, 1996 (*German Monitor 38*), 75-92.

126. Krusche, Dietrich: Besichtigung einer Grenze oder: Die deutsche Teilung in der Literatur. Ein Rückblick. In: *Jahrbuch Deutsch als Fremdsprache* 19 (1993), 354-371.

127. Kügelgen, Dirk von: Aus und weiter. Die Situation des Schriftsteller-Verbandes der ehemaligen DDR. In: *Der Literat* 32 (1990) 11, 309-311.

128. Kügler, Hans: Positionen – Schriftsteller zur deutschen Einheit (1989-1990). Über die Verarbeitung negativer politischer Erfahrungen. In: *Kultureller Wandel und die Germanistik in der Bundesrepublik*. Hrsg. von Georg Behütuns und Jürgen Wolff. Stuttgart: Deutscher Germanistentag, 1992, 194-216.

129. Kühnhardt, Ludger: Umbruch – Wende – Revolution. Deutungsmuster des deutschen Herbstes 1989. In: *Aus Politik und Zeitgeschichte* B 40-41/97 v. 26.9.1997, 12-18.

130. Kumpfmüller, Michael: Der ganz große Stoff. Wo bleibt der Roman zur Einheit? In: *SZ* v. 30.9./1.10.2000.

131. Kunert, Günter: Schreiben in Deutschland. Das Gespenst auf der Schulter. Ein Rückblick auf die Zensur der DDR: Sie war nicht (wie manche Opfer sich selber einreden wollen) ein belebendes Element, das die Phantasie und die Widerstandskraft gestärkt hätte. Im Gegenteil: Die Zensur war ein tückisches Gift, von dem keiner verschont blieb und dessen unsichtbare Wirkungen uns noch lange beschäftigen werden. In: *Die Zeit* v. 17.5.1991;
unter dem Titel *Schreiben in einem Deutschland* auch in: K., G.: *Der Sturz vom Sockel. Feststellungen und Widersprüche*. München/Wien: Hanser, 1992, 39-52.

132. Kurz, Paul Konrad: Was war, erinnern die Dichter. Literarische Befunde der DDR-Gesellschaft. In: Kurz, Paul Konrad: *Komm ins Offene. Essays zur zeitgenössischen Literatur*. Frankfurt a.M.: Verlag Josef Knecht, 1993, 211-289.

133. „Hol dich der Teufel, du Schwachkopf!" Der nachgeholte Bürgerkrieg zwischen Ost- und West-Intellektuellen. In: Lahann, Birgit: *Geliebte Zone. Geschichten aus dem neuen Deutschland*. Fotos von Ute Mahler. Vorwort von Thomas Brussig. Stuttgart: Deutsche Verlags-Anstalt, 1997, 224-242.

134. Lämmert, Eberhard: Beherrschte Literatur. Vom Elend des Schreibens unter Diktaturen. In: Rüther, Günther (Hg.): *Literatur in der Diktatur. Schreiben im Nationalsozialismus und DDR-Sozialismus*. Paderborn: Schöningh, 1997, 15-37.

135. Lange, Sigrid: Perspektiven des Komischen im Drama. Beobachtungen zu einem unübersichtlichen Thema. In: *Mentalitätswandel in der deutschen Literatur zur Einheit (1990-2000)*. Hrsg. von Volker Wehdeking. Berlin: Erich Schmidt Verlag, 2000 (*Philologische Studien und Quellen, Heft 165*), 81-95.

136. Lau, Mariam: Filme. Eine Kolumne. Viele bleiche Mütter und eine Sonnenallee. In: *Merkur* 54 (2000) 1, 58-62.

137. Ledanff, Susanne: Die Suche nach dem „Wenderoman" – zu einigen Aspekten der literarischen Reaktionen auf Mauerfall und deutsche Einheit in den Jahren 1995 und 1996. http://www.dickinson.edu/departments/germn/glosssen/heft2/wende.html [15 S.].

138. Lermen, Birgit: „Die Geschichte ist so wahr, das sie erfunden klingt" (Günter Kunert). Die Deutsche Einheit im Spiegel der Gegenwartsliteratur. In: Langguth, Gerd (Hg.): *Die Intellektuellen und die nationale Frage*. Frankfurt a.M./New York: Campus, 1997, 173-194.

139. Liersch, Werner: Wir wußten, es würde kommen. Literatur in der DDR: Sie sollte den Bewohnern des kleinen Landes zeigen, was sie nicht erlebten. In: *Die Zeit* v. 9.3.1990.

140. Links, Roland: Literatur als Lebenswelt. Frühe Erfahrungen eines späteren Verlegers in der DDR. In: *Aus Politik und Zeitgeschichte* B 10/94 v. 11.3.1994, 3-11.

141. Löffler, Dietrich: Lektüren im „Leseland" vor und nach der Wende. In: *Aus Politik und Zeitgeschichte* B 13/98 v. 20.3.1998, 20-30.

142. Lohmeier, Anke-Marie: Schriftstellers „Verantwortung" und Autors „Tod". Autorkonzepte und offene Gesellschaft am Beispiel des deutsch-deutschen Literaturstreits. In: *Autorschaft. Positionen und Revisionen*. Hrsg. von Heinrich Detering. Stuttgart/Weimar: Metzler, 2002, 557-569.

143. Lokatis, Siegfried: Im Reiche Baron Hagers. Oder: Wie modern war die Buchzensur in der DDR? In: *FR* v. 22.7.2000.

144. Lüdtke, Alf: Die DDR als Geschichte. Zur Geschichtsschreibung über die DDR. In: *Aus Politik und Zeitgeschichte* B 36/98 v. 28.8.1998, 3-16.

145. Lukens, Nancy: Der nüchterne Blick: Jüngere DDR-Autorinnen vor und nach der Wende. In: *Zwischen gestern und morgen. Schriftstellerinnen der DDR aus amerikanischer Sicht*. Hrsg. von Ute Brandes. Berlin/Bern/Frankfurt a.M./New York/Paris/Wien: Lang, 1992, 55-68.

146. Magenau, Jörg: Geduldete Gäste. Buchmesse. Öffentlichkeit Ost, Öffentlichkeit West und die Fortdauer der deutschen Teilung. In: *Wochenpost* v. 26.9.1996.

147. Mannack, Eberhard: Christliches Erbe in der DDR-Literatur. In: *Literatur und politische Aktualität*. Hrsg. von Elrud Ibsch und Ferdinand van Ingen unter Mitarbeit von Anthonya Visser. Amsterdam/Atlanta: Rodopi, 1993 (*Amsterdamer Beiträge zur neueren Germanistik, Band 36*), 53-69.

148. Ders.: Wahrnehmungen zur deutschen Vergangenheit und Gegenwart in essayistischen und fiktionalen Texten ostdeutscher Schriftsteller. In: *Berliner LeseZeichen* (1996) 3/4, 60-67.

149. Manthey, Jürgen: Staatsdichter im Kinderland. Über den Infantilismus in Bertolt Brechts Brot- und Suppen-Theater. Aus Lebensangst verschrieb sich Brecht einem System, in dem alles ein für alle Mal festgelegt war. In: *Die Zeit* v. 6.3.1992.

150. Mehlig, Holger: Warten auf den großen Wenderoman. Streit um Definition – In der Sparte „Locker und lustig“ führt Thomas Brussigs „Helden wie wir“. In: *Rhein-Zeitung* v. 28.9.2000.

151. Meyer, Hans Joachim: Refugium Literatur. In: *Die politische Meinung* 36 (1991) 260, 39-45.

152. Meyer-Gosau, Frauke: Modernisierung, Generationswechsel, Erleichterung. Zehn Jahre Literatur und literarische Debatten seit der Wende. In: Heinrich-Böll-Stiftung/Probst, Lothar (Hgg.): *Differenz in der Einheit. Über die kulturellen Unterschiede der Deutschen in Ost und West. 20 Essays, Reden und Gespräche*. Berlin: Ch. Links, 1999, 197-207.

153. Dies.: Ost-West-Schmerz. Beobachtungen zu einer sich wandelnden Gemütslage. In: Arnold, Heinz Ludwig (Hg.): *DDR-Literatur der neunziger Jahre* (*text+kritik Sonderband IX/00*), 5-12.

154. Michaelis, Rolf: Wir bauen die neue Mauer. Ein Bericht aus Weimar. In: *Die Zeit* v. 24.5.1991.

155. Möbius, Hanno: Zur ästhetischen Dimension der „Wendeliteratur". In: *Berliner LeseZeichen* (1996) 3/4, 46-53.

156. Mohr, Heinrich: Mein Blick auf die Literatur in der DDR. In: *Aus Politik und Zeitgeschichte* B 10/94 v. 11.3.1994, 12-22.

157. Nagelschmidt, Ilse: Differenzen im Einheitsstaat. Frauen in der DDR aus der Sicht von Schriftstellerinnen – Nach zehn Jahren der Vereinigung ein Blick zurück. In: *SZ* v. 20.9./1.10.2000.

158. Neubauer, Michael: Romanwirrwar in der Großstadt. Literatur im Sog einer unerhörten Begebenheit: zum Boom der Berlin-Romane der neunziger Jahre. In: *GrauZone* (1997) 9/10, 6-11.

159. Noll, Hans: Das lächerliche Pathos alter Schwärmer. In den Köpfen der prominenten DDR-Literaten ist die Mauer noch immer nicht gefallen. In: *Die Welt* v. 12.5.1990.

160. Øhrgaard, Per: Zwei deutsche Literaturen – gerade jetzt? In: *Deutsch – Eine Sprache? Wie viele Kulturen?* Vorträge des Symposions abgehalten am 12. und 13. November 1990 an der Universität Kopenhagen. Hrsg. von Bjørn Ekmann, Hubert Hauser, Peter Porsch und Wolf Wucherpfennig. Kopenhagen/München: Fink, 1991 (*Text & Kontext Sonderreihe, Band 30*), 35-55.

161. Opitz-Wiemers, Carola/Opitz, Michael: „Die DDR ist die Summe dessen, was vermeidbar gewesen wäre". In: *Der Ginkgobaum* 11 (1992), 252-263.

162. Ott, Friedrich P.: GDR Literature and the German „Wende". In: *World Literature Today* 65 (1991) 2, 232-236.

163. Parker, Stephen: Re-establishing an all German identity. Sinn und Form and German unification. In: *The New Germany. Literature and Society after Unification*. Edited by Osman Durrani, Colin Good, Kevin Hilliard. Sheffield: University of Sheffield Press, 1995, 14-27.

164. Parkes, Stuart: ‚Leiden an Deutschland': Some Writers' Views of Germany and the Germans since 1945. In: *German Literature at a Time of Change 1989-1990. German Unity and German Identity in Literary Perspective.* Edited by Arthur Williams, Stuart Parkes and Roland Smith. Bern/Berlin/Frankfurt a.M./New York/Paris/Wien: Lang, 1991, 187-206.

165. Peitsch, Helmut: West German Reflections on the Role of the Writer in the Light of Reactions to 9 November 1989. In: *German Literature at a Time of Change 1989-1990. German Unity and German Identity in Literary Perspective.* Edited by Arthur Williams, Stuart Parkes and Roland Smith. Bern/Berlin/Frankfurt a.M./New York/Paris/Wien: Lang, 1991, 155-186.

166. Ders.: Wider den Topos vom „Schweigen". Westdeutsche Schriftsteller zur ‚Einheit'. In: *Das Argument* 33 (1991) 6, 893-901.

167. Ders.: Der 9. November und die publizistische Reaktion westdeutscher Schriftsteller. In: Bohn, Rainer/Hickethier, Knut/Müller, Eggo (Hgg.): *Mauer-Show. Das Ende der DDR, die deutsche Einheit und die Medien.* Berlin: Ed. Sigma Bohn, 1992 (*sigma medienwissenschaft, Band 11*), 201-226.

168. Ders.: ‚Antipoden' im ‚Gewissen der Nation'? Günter Grass' und Martin Walsers ‚deutsche Fragen'. In: *Dichter und ihre Nation.* Hrsg. von Helmut Scheuer. Frankfurt a.M.: Suhrkamp, 1993, 459-489.

169. Pfeifer, Harald: Kabarettreflexe – Ost-Kabarett in den 90er Jahren. In: *BuschFunk Direktversand* 18. Ausgabe Winter 2002, 17-19.

170. Pinkert, Ernst-Ullrich: Zeitenwende, Zeichenwende. Zur Symbolik der Wende in Deutschland – 1989/91. In: *Der Ginkgobaum* 11 (1992), 272-284.

171. Podak, Klaus: Zur Umfrage auf dieser Seite. Geeint miteinander streiten. Schriftsteller in der DDR: Waren Sie nur Mitläufer und Opportunisten? In: *SZ* v. 25.6.1990.

172. Pollack, Detlef/Pickel, Gert: Die ostdeutsche Identität – Erbe des DDR-Sozialismus oder Produkt der Wiedervereinigung? Die Einstellung der Ostdeutschen zu sozialer Ungleichheit und Demokratie. In: *Aus Politik und Zeitgeschichte* B 41-42/98 v. 2.10.1998, 9-23.

173. Poumet, Jacques: Publications autonomes et culture autonome en RDA dans les années quatre-vingt. In: *La mise en œuvre de l'unification allemande (1989-1990)*. Sous la direction de Anne Saint Sauveur-Henn et Gérard Schneilin. Asnières: Pia – Publications de l'Institut d'Allemand, 1998 (*Collection Publications de l'Institut d'Allemand d'Asnières, No. 25*), 399-411.

174. Preece, Julian: Damaged lives? (East) German memoirs and autobiographies, 1989-1994. In: *The New Germany. Literature and Society after Unification*. Edited by Osman Durrani, Colin Good, Kevin Hilliard. Sheffield: University of Sheffield Press, 1995, 349-364.

175. Preuß, Ulrich K.: Auf der Suche nach der Zivilgesellschaft. Der Verfassungsentwurf des Runden Tisches. In: *FAZ* v. 28.4.1990;
auch in: Blanke, Thomas/Erd, Rainer (Hgg.): *DDR – Ein Staat vergeht*. Frankfurt a.M.: Fischer TB, 1990, 84-91.

176. Radisch, Iris: Dichter in Halbtrauer. Junge Autoren nach dem Ende der DDR. In: *Die Zeit* v. 4.6.1993 (*Literatur*).

177. Dies.: Die zweite Stunde Null. Generationsbruch in der deutschen Gegenwartsliteratur: Die jungen Autoren klappen das Große Buch der Geschichte zu. In: *Die Zeit* v. 7.10.1994 (*Die Zeit Literatur*).

178. Dies.: Einheit, Zweiheit. Sehnsucht nach der DDR? In: *Die Zeit* v. 28.9.2000.

179. Dies.: Zwei getrennte Literaturgebiete. Deutsche Literatur der neunziger Jahre in Ost und West. In: Arnold, Heinz Ludwig (Hg.): *DDR-Literatur der neunziger Jahre* (*text+kritik Sonderband IX/00*), 13-26.

180. Raible, Wolfgang: Impressionen beim Evaluieren. Zur Abwicklungder [sic] kulturwissenschaftlichen Einrichtungen der ehemaligen DDR-Akademie der Wissenschaften. In: *Die Abwicklung der DDR*. Hrsg. von Heinz Ludwig Arnold und Frauke Meyer-Gosau. Göttingen: Wallstein, 1992 (*Göttinger Sudelblätter*), 54-63.

181. Rarick, Damon: „Nichts bleibt ohne Folgen:" [sic] New Voices, New Myths by East German Writers after Reunification. In: *Schreiben im heutigen Deutschland. Fragen an die Vergangenheit*. Hrsg. von Ursula E. Beitter. New York/Washington, D.C./Baltimore/Boston/Bern/Frankfurt a.M./Berlin/Vienna/Paris: Lang, 1998 (*Loyola College in Maryland Berlin Seminar, Contemporary German Literature and Society, Vol. 2*), 183-207.

182. Reinhold, Ursula: Die Stadt Berlin in Romanen der 90er Jahre. In: *Mentalitätswandel in der deutschen Literatur zur Einheit (1990-2000)*. Hrsg. von Volker Wehdeking. Berlin: Erich Schmidt Verlag, 2000 (*Philologische Studien und Quellen, Heft 165*), 57-68.

183. Rinke, Andrea: From Motzki to Trotzki: Representations of East and West German cultural identities on German television after unification. In: *The New Germany. Literature and Society after Unification*. Edited by Osman Durrani, Colin Good, Kevin Hilliard. Sheffield: University of Sheffield Press, 1995, 231-251.

184. Roper, Katherine: Imagining the German Capital: Berlin Writers on the Two Unification Eras. In: *1870/71 – 1989/90. German Unifications and the Change of Literary Discourse.* Edited by Walter Pape. Berlin/New York: de Gruyter, 1993 (*European Cultures. Studies in Literature and the Arts, Volume 1*), 171-194.

185. Rüther, Günther: Nur „ein Tanz in Ketten"? DDR-Literatur zwischen Vereinnahmung und Selbstbehauptung. In: Rüther, Günther (Hg.): *Literatur in der Diktatur. Schreiben im Nationalsozialismus und DDR-Sozialismus*. Paderborn: Schöningh, 1997, 249-282.

186. Rundell, Richard: Liedermacher im Zeichen der Wende. In: *Literatur für Leser* (1996) 3, 151-168.

187. Rutschky, Michael: Das übergroße Ereignis, die geteilten Erzähler. Mutmaßungen über den Roman der „Wende". In: *ndl* 43 (1995) 4, 228-234.

188. Ders.: Wie erst jetzt die DDR entsteht. Vermischte Erzählungen. In: *Merkur* 49 (1995) 9/10, 851-864.

189. Sauder, Gerhard: Suchbilder. Literarische Autobiographien der neunziger Jahre. In: Winterhoff-Spurk, Peter/Hilpert, Konrad (Hgg.): *Die Lust am öffentlichen Bekenntnis. Persönliche Probleme in den Medien.* Interdisziplinäre Vortragsreihe der Arbeitseinheit Organisations- und Medienpsychologie und des Lehrstuhls für Praktische Theologie und Sozialethik an der Universität des Saarlandes in Kooperation mit dem Medienpsychologischen Forschungsinstitut Saarland (MEFIS e.V.), dem Saarländischen Rundfunk und der Stadtgalerie Saarbrücken. St. Ingbert: Röhrig, 1999 (*Annales Universitatis Saraviensis, Philosophische Fakultät*, hrsg. von Gerhard Sauder und Reinhard Schneider, *Band 11*), 103-128.

190. Ders.: Erzählte ‚Wende': Formen und Tendenzen der ‚Wendeliteratur'. In: *Studia Niemcoznawcze* XIX (2000), 291-305.

191. Schädlich, Hans Joachim: Tanz in Ketten. Zum Mythos der DDR-Literatur. In: *FAZ* v. 28.6.1990

192. Schalk, Axel: Coitus germaniae interruptus. Die deutsche Wiedervereinigung im Spiegel von Prosa und Dramatik. In: *WB* 39 (1993) 4, 552-566.

193. Ders.: Wendestücke: German Plays for Today – Theatre after the Blitzkrieg. In: Williams, Arthur/Parkes, Stuart (Hgg.): *The Individual, Identity and Innovation. Signals from Contemporary Literature and the New Germany*. Bern/Berlin/Frankfurt a.M./New York/Paris/Wien: Lang, 1994, 273-296.

194. Schirrmacher, Frank: Abschied von der Literatur der Bundesrepublik. Neue Pässe, neue Identitäten, neue Lebensläufe: Über die Kündigung einiger Mythen des westdeutschen Bewußtseins. In: *FAZ* v. 2.10.1990.

195. Ders.: Wir und die Einheit. In: *Die politische Meinung* 40 (1995) 311, 55-63.

196. Schmidt, Karl Wilhelm: Geschichtsbewältigung. Über Leben und Literatur ehemaliger DDR-Autoren in der wiedervereinten Bundesrepublik. Eine Bestandsaufnahme kulturpolitischer Debatten und fiktionaler, essayistischer sowie autobiographischer Publikationen seit der Vereinigung. In: Kreuzer, Helmut (Hg.): *Pluralismus und Postmodernismus. Zur Literatur- und Kulturgeschichte in Deutschland 1980-1995*. Vierte, gegenüber der dritten erweiterte und aktualisierte Auflage. Frankfurt a.M./Berlin/Bern/New York/Paris/Wien: Lang, 1996 (*Forschungen zur Literatur- und Kulturgeschichte, Band 25*), 353-395.

197. Schmidt, Ricarda: The Concept of Identity in Recent East and West German Women's Writing. In: *German Literature at a Time of Change 1989-1990. German Unity and German Identity in Literary Perspective*. Edited by Arthur Williams, Stuart Parkes and Roland Smith. Bern/Berlin/Frankfurt a.M./New York/Paris/Wien: Lang, 1991, 429-447.

198. Schmidt, Thomas E.: Als das Boot gekentert war. Die jungen Autoren Ostdeutschlands erzählen kühl vom Leben in der Zone. In: *Die Zeit* v. 5.9.2002.

199. Schneider, Oscar: Die Schriftsteller und die Einheit Deutschlands. In: Ross, Werner (Hg.): *Deutsche Schriftsteller: was wollen, können, sollen sie?* Bonn: Bouvier, 1996, 104-123.

200. Schneider, Rolf: Vor dem großen Sujet versagt. Warum die Mauer in der deutschen Literatur nicht über den Rang eines Nischenthemas hinausgekommen ist. In: *Die Welt* v. 7.8.2001.

201. Scholz, Hannelore: Literature of the Wende: Changes in Aesthetic Perception among German Male and Female Writers. In: *Germany Reunified. A Five- and Fifty-Year Retrospective.* Edited by Peter M. Daly, Hans Walter Frischkopf, Trudis Goldsmith-Reber, Horst Richter. New York/Washington, D.C./Baltimore/Boston/Bern/Frankfurt a.M./Berlin/Vienna/Paris: Lang, 1997, 1999 (*McGill European Studies, Vol. 1*), 93-103.

202. Schütte, Wolfram: Auf dem Schrotthaufen der Geschichte. Zu einer denkwürdig-voreiligen Verabschiedung der „bundesdeutschen Literatur". In: *FR* v. 20.10.1990.

203. Schwilk, Heimo: Die Literatur als Schrittmacher der deutschen Einheit. In: S., H.: *Wendezeit – Zeitenwende. Beiträge zur Literatur der achtziger Jahre*. Bonn/Berlin: Bouvier, 1991, 121-129.

204. Ders.: Ende der Bescheidenheit? Junge DDR-Schriftsteller spitzen ihre Federn. In: Ebd., 156-161.

205. Ders.: Gegen den Strich. Die andere Literatur der DDR. In: Ebd., 162-168.

206. Seeba, Hinrich C.: Fabelhafte Einheit. Von deutschen Mythen und nationaler Identität. In: Mayer-Iswandy, Claudia (Hg.): *Zwischen Traum und Trauma – Die Nation. Transatlantische Perspektiven zur Geschichte eines Problems.* Tübingen: Stauffenburg, 1994 (*Stauffenburg Colloquium 32*), 59-74.

207. Seeßlen, Georg: Die Banane. Ein mythopolitischer Bericht. In: Bohn, Rainer/Hickethier, Knut/Müller, Eggo (Hgg.): *Mauer-Show. Das Ende der DDR, die deutsche Einheit und die Medien.* Berlin: Ed. Sigma Bohn, 1992 (*sigma medienwissenschaft, Band 11*), 55-69.

208. Ders.: Gesprungene Herzen. Die ostdeutsche Literatur nach der Vereinigung: Ein Streifzug durch die Peinlichkeiten der Vergangenheitsbewältigung und ein unverhoffter Höhepunkt. In: *Wochenpost* v. 30.11.1995.

209. Segelcke, Elke: Mythos als Konstruktionsmodell nationaler Identität in der Post-Wendeliteratur. In: Cosentino, Christine/Ertl, Wolfgang/Müller, Wolfgang (Hgg.): *An der Jahrtausendwende. Schlaglichter auf die deutsche Literatur.* Frankfurt a.M./Berlin/Bern/Bruxelles/New York/Oxford/Wien: Lang, 2003, 9-18.

210. Selchow, Stephanie von: Ist die deutsche Literatur zu deutsch? In: *Büchergilde Magazin* (1999) 1, 20f.

211. Dies.: Zehn Jahre Maueröffnung. Geschichten gegen das Vergessen. In: *Büchergilde Magazin* (1999) 4, 28f.

212. Soldat, Hans-Georg: Die Wende in Deutschland im Spiegel der zeitgenössischen deutschen Literatur. In: *German Life and Letters* 50 (1997) 2, 133-154.

213. Ders.: Der Motor läuft noch. Wann gelingt er endlich, der große literarische Wurf? Bis es so weit ist, lohnt sich ein Streifzug durchs Bücherregal. In: *Rheinischer Merkur* v. 29.9.2000.

214. Spicker, Friedemann: Wie gehört zusammen, was zusammenwächst? Deutsche Schriftsteller zur deutschen Einheit. Oktober 1989 - Oktober 1990. In: *Dokilmunhak. Koreanische Zeitschrift für Germanistik* 31 (1990) 45, 377-406.

215. [Staeck, Klaus/Laabs, Joochen]: Wie bei den Kaninchenzüchtern? Zwei Stellungnahmen zu den Vereinigungsquerelen in den deutschen PEN-Clubs. In: *SZ* v. 24.2.1995.

216. Steinecke, Hartmut: From two german literatures to one literature? Reflections on German Unity and certain literary developments from 1976 to 1990. In: *London German Studies* 14 (1993) 5, 187-203.

217. Ders.: Deutsch-jüdische Literatur der „zweiten" Generation und die Wende: „Geht jetzt wieder alles von vorne los"? In: *Mentalitätswandel in der deutschen Literatur zur Einheit (1990-2000)*. Hrsg. von Volker Wehdeking. Berlin: Erich Schmidt Verlag, 2000 (*Philologische Studien und Quellen, Heft 165*), 189-200.

218. Steinert, Hajo: Alles zu spät. Chronik der laufenden Versäumnisse. In: *Die Zeit* v. 9.3.1990.

219. Ders.: Die neuen Nix-Künstler. Die DDR-Literatur ist tot, es lebe die DDR-Literatur! In: *Die Zeit* v. 7.12.1990.

220. Stekelenburg, Dick van: „Trotz alledem!“ – Die Revolution zersungen. Von der Epigonalität politischer Aktualität. In: *Literatur und politische Aktualität*. Hrsg. von Elrud Ibsch und Ferdinand van Ingen unter Mitarbeit von Anthonya Visser. Amsterdam/Atlanta: Rodopi, 1993 (*Amsterdamer Beiträge zur neueren Germanistik, Band 36*), 377-407.

221. Stephan, Alexander: Die FBI-Akte von Anna Seghers. In: *Sinn und Form* 42 (1990) 3, 502-509.

222. Ders.: Ein deutscher Forschungsbericht 1990/91: Zur Debatte um das Ende der DDR-Literatur und den Anfang einer gesamtdeutschen Kultur. In: *The Germanic Review* LXVII (1992) 3, 126-134.

223. Stockinger, Ludwig: Der Bedeutungsverlust des Weimarer Kulturmodells nach 1989. Voraussetzungen und Konsequenzen für die Hochschullehre in den neuen Bundesländern. In: *Konzepte und Perspektiven Germanistischer Literaturwissenschaft*. Hrsg. von Christa Grimm, Ilse Nagelschmidt und Ludwig Stockinger. Leipzig: Leipziger Universitätsverlag, 1999 (*Literatur und Kultur. Leipziger Texte, Reihe A: Konferenzen, Band 1*), 79-97.

224. Stone, Margaret: *EMMA* and the *Wende*. In: *Women and the* Wende. *Social Effects and Cultural Reflections of the German Unification Process*. Proceedings of a Conference held by *Women in German Studies* 9-11 September 1993 at the University of Nottingham. Edited by Elizabeth Boa and Janet Wharton. Amsterdam/Atlanta: Rodopi, 1994 (*German Monitor 31*), 155-163.

225. Strittmatter, Thomas: Der Wandel der Kulturstrukturen in den neuen Bundesländern. In: *Aus Politik und Zeitgeschichte* B 22-23/93 v. 28.5.1993, 11-22.

226. Thomas, Rüdiger: „Sich ein Bild machen“. Auf der Suche nach einer gemeinsamen Kultur. In: Thierse, Wolfgang/Spittmann-Rühle, Ilse/Kuppe, Johannes L. (Hgg.): *Zehn Jahre Deutsche Einheit. Eine Bilanz*. Opladen: Leske + Budrich, 2000, 247-272.

227. Tuk, Cornelis: Gedichte ‚zur Wende‘ in der Klasse. In: *Literatur und politische Aktualität*. Hrsg. von Elrud Ibsch und Ferdinand van Ingen unter Mitarbeit von Anthonya Visser. Amsterdam/Atlanta: Rodopi, 1993 (*Amsterdamer Beiträge zur neueren Germanistik, Band 36*), 117-130.

228. Tunner, Erika: Les écrivains allemands face à l'unification. In: *Allemagne d'aujourd'hui* Nouvelle Série No. 114 Oct.-Déc. 1990, 190-198.

229. Ueding, Gert: Revolution ohne Intellektuelle. Bei den Ereignissen im Herbst 1989 spielten die Schriftsteller in der DDR die Rolle von überraschten Zaungästen. In: *Die politische Meinung* 37 (1992) 71, 79-88.

230. Wallace, Ian: Ein Leben in der Fremde? DDR-Schriftsteller im Westen, 1976-1989. In: *Literatur und politische Aktualität.* Hrsg. von Elrud Ibsch und Ferdinand van Ingen unter Mitarbeit von Anthonya Visser. Amsterdam/Atlanta: Rodopi, 1993 (*Amsterdamer Beiträge zur neueren Germanistik, Band 36*), 179-192.

231. Ders.: German Intellectuals and Unification. In: Glaeßner, Gert-Joachim (Hg.): *Germany after unification. Coming to terms with the recent past.* Amsterdam/Atlanta: Rodopi, 1996 (*German Monitor 37*), 87-100.

232. Walter, Birgit: Künstler-Rehabilitierung. Auftritte in Ost-Berlin. Originalartikel „Tränen der Rührung und auch kalte Wut". Aus: *BZ* (SED-offiziös), Ost-Berlin, v. 5.12.1989; abgedruckt in: *Pressespiegel* Nr. 20 v. 22.12.1989, 24.

233. Warnhold, Birgit: Die (Fusions-)Kuh muß vom Eis. Ost-Pen stimmte bei Jahrestagung in Berlin mit klarer Mehrheit für Verschmelzung mit West-Verband. In: *LVZ* v. 6.4.1998.

234. Wehdeking, Volker: Ungleichzeitigkeiten. Mentalitätswandel in der deutschen Literatur zur Einheit (1989-1999). In: *WW* 49 (1999) 3, 418-430.

235. Ders.: Einleitung: Wende und Einheit im Gedicht (1990-2000). In: *Mentalitätswandel in der deutschen Literatur zur Einheit (1990-2000).* Hrsg. von Volker Wehdeking. Berlin: Erich Schmidt Verlag, 2000 (*Philologische Studien und Quellen, Heft 165*), 13-28.

236. Ders.: Mentalitätswandel im deutschen Roman zur Einheit (1990-2000). In: Ebd., 29-41.

237. Ders.: Die literarische Auseinandersetzung mit dem Themenkomplex Staatssicherheit, Zensur und Schriftstellerrolle. In: Ebd., 43-55.

238. Welke, Dunja: Deutsche Einheit: „Aus“ für die DDR-Literatur? Zur Situation der Schriftsteller nach der Wende. In: *Der Ginkgobaum* 11 (1992), 240-251.

239. Werner, Hans-Georg: Über literarische Kommunikationsbedingungen in der DDR. In: *Germanistentreffen Belgien – Niederlande – Luxemburg – Deutschland: 29.9.-3.10.1992*. Dokumentation der Tagungsbeiträge. Bonn: DAAD, [o.J.] (*DAAD Dokumentationen & Materialien, 21*), 37-46.

240. Widmann, Arno: Unter Linden. Unfreundliche Bemerkungen zum Aufruf „Für unser Land“, den DDR-Autoren im November 1989 lancierten. In: *taz* v. 7.4.1990.

241. Wienroeder-Skinner, Dagmar: Literarische Bilanz der achtziger Jahre: Westdeutsche Autoren thematisieren die ‚Deutsche Frage‘. In: *Germanic Notes 21* (1990) 1-2, 13-16.

242. Dies.: Texte von Frauen über die Macht der Väter: Monika Maron – und einige andere Autoren und Autorinnen aus der DDR. In: *Schreiben im heutigen Deutschland. Fragen an die Vergangenheit*. Hrsg. von Ursula E. Beitter. New York/Washington, D.C./Baltimore/Boston/Bern/Frankfurt a.M./Berlin/Vienna/Paris: Lang, 1998 (*Loyola College in Maryland Berlin Seminar, Contemporary German Literature and Society, Vol. 2*), 229-246.

243. Wilke, Sabine: Was kommt? Eine erste exemplarische Annäherung an die Literatur der Wende. In: *German Studies Review* 16 (1993) 3, 483-514.

244. Wittstock, Uwe: Die Dichter und ihre Richter. Literaturstreit im Namen der Moral: Warum die Schriftsteller aus der DDR als Sündenböcke herhalten müssen. In: *SZ* v. 13./14.10.1990 (*Feuilleton-Beilage*).

245. Ders.: Abschied von der DDR-Literatur. Eine Bestandaufnahme nach vier Jahrzehnten und einer Wende in drei Kapiteln mit einem Motto. In: *Kultur und Macht – Deutsche Literatur 1949-1989*. Hrsg. vom Sekretariat für kulturelle Zusammenarbeit nichttheatertragender Städte und Gemeinden in Nordrhein-Westfalen, Gütersloh. Bielefeld: Aisthesis, 1992, 41-51.

246. Ders.: Vom Schreiben in einer neuen Welt. Probleme, Chancen und Gefahren für ehemalige DDR-Schriftsteller. In: *Börsenblatt* v. 3.7.1992, 22-24.

247. Worgitzky, Charlotte: Wer die Wahl hat. Wie erleben Schriftsteller das Zusammenwachsen von Ost und West? Charlotte Worgitzky [...] über zwei ungleiche Schwestern. In: *vorwärts* (1998) 11, 48.

248. Zglinicki, Claudia von: Wer macht mir die Zeitung, die ich verdiene. Subjektiver Nachruf auf die „*Wochenpost*". In: Freitag v. 3.1.1997.

4.4 Monografien, Aufsätze und Materialien zu einzelnen Themen bzw. Autorinnen und Autoren

4.4.1 Buchhandel/Bibliotheken/Verlagswesen/Literarisches Leben

1. [Anon.]: Ab Donnerstag „Super Ossi". Aus: *Märkische Allgemeine* (Zeitung für das Land Brandenburg), Potsdam, v. 14.2.1991; abgedruckt in: *Pressespiegel* Nr. 3 v. 27.2.1991, 16.

2. [Anon.]: Akademie der Künste. Erklärung des Präsidiums. Aus dem Artikel „Das offene Gespräch". Aus: *Der Morgen* (LDPD), Ost-Berlin, v. 16.10.1989; abgedruckt in: *Pressespiegel* Nr. 17 v. 1.11.1989, 13.

3. [Anon.]: An die Leser der „LDPD-Informationen". Aus: *Der Morgen* (LDPD), Ost-Berlin, v. 8.12.1989; abgedruckt in: *Pressespiegel* Nr. 20 v. 22.12.1989, 28.

4. [Anon.]: Das Aufbau-Wunder. In: *Der Spiegel* 52 (1998) 15 v. 6.4.1998, 214-216.

5. [Anon.]: Augen- und Ohrenschmaus im KulturKaufhaus. Vom 31. Oktober an Kultur neu erleben in der Mitte Berlins. In: *Mittenmang. Das Erlebnismagazin* (Berlin) 2 (1997) 15, 3.

6. [Anon.]: Leipziger Buchmesse. Trivialliteratur unvermeidlich. Originalartikel „Wir sind darauf vorbereitet". Aus: *Norddeutsche Neueste Nachrichten* (Landeszeitung für Mecklenburg und Vorpommern), Rostock, v. 22.3.1990; abgedruckt in: *Pressespiegel* Nr. 7 v. 18.4.1990, 17f.

7. [Anon.]: Rowohlt ... informiert. Verlagsgeschichte. Reinbek [o.J.].

8. [Anon.]: Verband der Theaterschaffenden. Beschluß des Präsidiums. Originalartikel „Ausbau von Demokratie". Aus: *Der Morgen* (LDPD), Ost-Berlin, v. 18.10.1989; abgedruckt in: *Pressespiegel* Nr. 17 v. 1.11.1989, 13.

9. [Anon.]: Vorzimmer der Macht. Der Ost-Berliner Galrev-Verlag, Flaggschiff der Lyriker-Avantgarde vom Prenzlauer Berg, ist wieder in der Hand von ehemaligen Stasi-Spitzeln. In: *Der Spiegel* 46 (1992) 31 v. 27.7.1992, 147-151.

10. [Anon.]: Zwischen Niedergang und Hoffnung. Zur Leipziger Buchmesse – fünf Verlage in Ostberlin. In: *SZ* v. 8.5.1992.

11. [(ADN)]: P.E.N.-Präsident stellt seine Tätigkeit ein. Auseinandersetzung um Erklärung von Präsidiumsmitgliedern des P.E.N.-Zentrums DDR an Egon Krenz. In *ND* v. 28./29.10.1989.

12. [(dpa)]: Wenn Leipzig liest. Buchmesse erstmals in den schwarzen Zahlen. In: *Saarbrücker Zeitung* v. 19.3.2003.

13. [(oke)]: Geschlossene Bibliotheken. Was ist los im Leseland? Originalartikel „Hunger und Durst". Aus: *Thüringische Landeszeitung* (Weltoffen – heimatverbunden), Weimar, v. 30.1.1991; abgedruckt in: *Pressespiegel* Nr. 3 v. 27.2.1991, 14f.

14. [r.]: Wie gefällt Ihnen Leipzigs Buchmesse in neuer Umgebung? Von „Super!" bis zu „Bequemer, aber ungemütlicher": Nachgefragt beim zahlreich erschienenen Publikum, bei Verlegern, Literaten und Buchhändlern. In: *LVZ* v. 28./29.3.1998.

15. Ackermann, Manfred: Der kulturelle Einigungsprozeß. Schwerpunkt: Substanzerhaltung. Hrsg. von der Friedrich-Ebert-Stiftung, Forschungsinstitut. Bonn-Bad Godesberg: Friedrich-Ebert-Stiftung, 1991 (*Forum Deutsche Einheit, Perspektiven und Argumente Nr. 7*).

16. Altenhein, Hans: Buchproduktion und Leserinteressen in Westdeutschland seit 1945. In: *Aus Politik und Zeitgeschichte* B 13/98 v. 20.3.1998, 13-19.

17. Ambrosius, Claus: Der totale Kahlschlag blieb aus. 4. Teil unserer Einheits-Bilanz – Bühnenverein: Ost-Kultur konsolidiert sich auf sinkendem West-Niveau. In: *Rhein-Zeitung* v. 28.9.2000.

18. Arend, Ingo: Ramschkisten. Bücherfrühling mit kleinen Fehlern. Das Schlaraffenland der Literatur auf der Leipziger Buchmesse kann die Branchenkrise nur überdecken. In: *Freitag* v. 24.3.2000.

19. Auffermann, Verena: Schwestern in Waffeln. Hintertöne, gehört auf der Leipziger Buchmesse. In: *SZ* v. 22./23.3.1997.

20. Baron, Ulrich: Es klafft ein Loch in Text und Kasse. Schlechte Perspektiven für die Übersetzer aus der DDR. Nach dem Fall der Mauer müssen jetzt auch die ehemaligen DDR-Verlage marktgerecht wirtschaften. Eine beispielhafte Übersetzungskultur läuft plötzlich Gefahr, im freien Wettbewerb unterzugehen. In: *Rheinischer Merkur* v. 9.8.1991;
auch in: *Schiffbruch der Hoffnungen? Die Kultur nach dem Zusammenbruch des Ostblocks. Ein Sonderdruck aus dem Feuilleton des Rheinischer* [sic] *Merkur*. [o.O.] [o.J.], 3-6.

21. Bechtel, M.: „Frei statt [sic] für freies Wort". Die Deutsche Bücherei in Leipzig. In: *PZ/Wir in Europa* (1993) 73, 22.

22. Beckmann, Gerhard: Ein Schiff ist 'kommen. Der Insel-Verlag, Institution für schöne Bücher, wird 100 Jahre alt. In: *Die Welt* v. 13.10.1999.

23. Berbig, Roland: Zwischen Klagenfurt und Rheinsberg. Literarischer Sängerstreit und Stadtschreiberei. Thesen zum Stichwort „Literaturpreis". In: *Zersammelt. Die inoffizielle Literaturszene der DDR nach 1990. Eine Bestandsaufnahme*. Hrsg. von Roland Berbig, Birgit Dahlke, Michael Kämper-van den Boogaart und Uwe Schoor (*Theater der Zeit/Recherchen* 6), 196-210.

24. *Zersammelt. Die inoffizielle Literaturszene der DDR nach 1990. Eine Bestandsaufnahme*. Hrsg. von Roland Berbig, Birgit Dahlke, Michael Kämper-van den Boogaart und Uwe Schoor (*Theater der Zeit/Recherchen* 6).

25. LeseZeichen. Stadtbibliothek Bernburg (Saale). Hrsg. von der Stadt Bernburg (Saale) und der Bernburger Wohnstättengesellschaft mbH. Bernburg [2000].

26. Bischoff, Cordula: Magdeburger Bibliothek. Rückgang der Ausleihe. Originalartikel „Marx liegt wie Blei". Aus: *Volksstimme* (Magdeburgische Zeitung – unabhängig – überparteilich), Magdeburg, v. 14.6.1990; abgedruckt in: *Pressespiegel* Nr. 12 v. 5.7.1990, 14.

27. Bissinger, Manfred: Wie geht es weiter? Vom Jahreskongreß des P.E.N.-Zentrums Bundesrepublik. In: *Sinn und Form* 44 (1992) 4, 679-681.

28. 150 Jahre Reclam. Daten, Bilder und Dokumente zur Verlagsgeschichte. 1828-1978. Zusammengestellt von Dietrich Bode. Stuttgart: Reclam, 1978.

29. Bode, Volkhard: Literatur für Freunde der schönen Künste. In: *Börsenblatt* v. 1.12.1995 [Porträt Henschel Verlag].

30. Boedecker, Sven: Versunkene Landschaften. Was blieb vom Leseland DDR? Die meisten Ostverlage wirtschaften auf Sparflamme. In: *Die Woche* v. 29.3.1996.

31. 7 Jahre Janus press. Gerhard Wolf im Gespräch mit Peter Böthig. In: *Die Poesie hat immer recht. Gerhard Wolf. Autor, Herausgeber, Verleger. Ein Almanach zum 70. Geburtstag*. Hrsg. von Peter Böthig. Berlin: Gerhard Wolf Janus press, 1998, 215-226.

32. Böttiger, Helmut: Viermal DDR und zurück. Begegnungen mit alten Kulturmachern. In: B., H.: *Ostzeit/Westzeit. Aufbrüche einer neuen Kultur*. München: Luchterhand, 1996, 70-84.

33. Brohm, Holger: Der Aufbau-Verlag, das „Erbe" der DDR und die neue Mitte. In: Arnold, Heinz Ludwig (Hg.): *DDR-Literatur der neunziger Jahre* (*text+kritik Sonderband IX/00*), 177-187.

34. [über das Buchdorf Mühlbeck-Friedersdorf]:
[Anon.]: Bücher in der Scheune. In: *presse & buch news* (2002) 1, 18;
[Anon.]: Ein ganzes Dorf im Buch-Fieber. Lese-Paradies Mühlbeck. In: *Super TV* v. 2.11.2000;
Mauer, Andrea: Bücher am Wegesrand. Bei Bitterfeld gibt es eine Literatur-Oase – ein Dorf voller Antiquariate. In: *Das Magazin* (2002) 3, 16f.;
Mischke, Roland: Aus dem Leseland. Das erste deutsche Buchdorf Mühlbeck-Friedersdorf. In: *SZ* v. 27./28.5.2000;
Prenz, Andreas: Buchdorf wurde vier Jahre. Bald Besuch per Mausklick. In: *Bild Halle* v. 27.9.2001;
Ture von zur Mühlen, Bernt: Das 2. Internationale Buchdorf-Festival in Mühlbeck-Friedersdorf. In: *Börsenblatt* v. 29.9.2000;
Wiedener, Karsten: Lesen im „KaffeeSatz". Erstes deutsches „Buchdorf" will zur Touristenattraktion werden. In: *Die Kirche* v. 25.2.2001.

35. Buchmann, Ilka/Pfetzing, Boris: qwert zui opü und anderes. Das Druckhaus Galrev in Berlin, Prenzlauer Berg. In: *GrauZone* (1997) 9/10, 52-55.

36. [Interview mit Frank Castorf]: „Dann gibt es Krieg". Der Regisseur und Intendant Frank Castorf über die Berliner Theater-Krise. In: *Der Spiegel* 47 (1993) 26 v. 28.6.1993, 208-210.

37. Corino, Karl: Kampf mit roten Zahlen. Leipziger Buchmesse: Zur Lage der DDR-Literatur. In: *Stuttgarter Zeitung* v. 15.3.1989;
auch in: *Deutsche Literatur 1989. Jahresüberblick*. Hrsg. von Franz Josef Görtz, Volker Hage und Uwe Wittstock. Stuttgart: Reclam, 1990, 67-69.

38. Dahlke, Birgit: „milchmädchens langer weg in die konterprovokation". Berliner Zeitschriften- und Verlagsprojekte der „Szene" nach 1989. In: Arnold, Heinz Ludwig (Hg.): *DDR-Literatur der neunziger Jahre* (*text+kritik Sonderband IX/00*), 188-197.

39. 1945-1995. Volk und Wissen. Ein Verlag für Bildung, Erziehung, Schule. Texte: Heidemarie Dammenhayn, Walter Funken, Gerhild Schenk, Petra Stephan. Berlin: Volk und Wissen, 1995.

40. Pressemitteilung 50 Jahre Verlag DAS NEUE BERLIN. Berlin 1996.

41. Dieckmann, Christoph: Niemandsland und seine Geister. „Erfahrung veränderter Welt – wo leben wir?" Jahrestagung des ostdeutschen PEN-Zentrums in Berlin. In: *Die Zeit* v. 15.1.1993;
unter dem Titel *Niemandsland und seine Geister. Dichter in undichter Zeit* auch in: D., C.: *Die Zeit stand still, die Lebensuhren liefen. Geschichten aus der deutschen Murkelei*. Berlin: Ch. Links, 1993, 110-114.

42. Dieckmann, Friedrich: Divan mit Sprungfedern – Aspekte der Berliner Akademie-Vereinigung. In: Dönhoff, Marion/Bender, Peter/Dieckmann, Friedrich/Michnik, Adam/Schorlemmer, Friedrich/Schröder, Richard/Wesel, Uwe: *Ein Manifest II. Weil das Land Versöhnung braucht*. Reinbek: Rowohlt, 1993, 103-120.

43. Ders.: Deutsche PEN-Geschichten. Eine Akten-Lese. In: *Aus Politik und Zeitgeschichte* B 13-14/96 v. 22.3.1996, 42-54.

44. [dpa]: DDR-Autoren-Verband: Kant zurückgetreten. In: *Saarbrücker Zeitung* v. 22.12.1989.

45. [dpa]: Kulturzentrum der DDR in Paris geschlossen. In: *SZ* v. 24.9. 1990.

46. Erb, Roland: Auch der Geist hungert, Herr Unseld! Leipziger Buchmesse und Literaturbetrieb im Osten. Die Geschäfte gingen schleppend, doch die Begleitveranstaltungen mit prominenten Schriftstellern waren durchweg gut besucht. Nach der Wiedervereinigung schwanken viele Autoren

der ehemaligen DDR noch zwischen Resignation und der Hoffnung auf einen kulturellen Aufschwung. In: *Rheinischer Merkur* v. 15.5.1992; auch in: *Schiffbruch der Hoffnungen? Die Kultur nach dem Zusammenbruch des Ostblocks. Ein Sonderdruck aus dem Feuilleton des Rheinischer* [sic] *Merkur*. [o.O.] [o.J.], 40-43.

47. Faber, Elmar: Fort ins gelobte Land. Bottighofen: Libelle, 1993 (*libelle : essai*).

48. [Grimm, Thomas: Interview mit Elmar Faber]. In: G., T.: *Was von den Träumen blieb. Eine Bilanz der sozialistischen Utopie*. Vorwort von Heiner Müller. Berlin: Siedler, 1993, 171-189.

49. [Haffner, Ingrid/Haffner, Herbert: Interview mit Elmar Faber]: Es war ein Fehler, eine sozialistische deutsche Nationalliteratur zu versuchen. Gespräch mit Elmar Faber, dem Leiter des Ost-Berliner Aufbau-Verlages. In: *Saarbrücker Zeitung* v. 22.12.1989.

50. François, Jean-Claude: Le théâtre en RDA, un an après. In: *Allemagne d'aujourd'hui. Politique Économie Société Culture*. Nouvelle Série No. 114 Oct.-Déc. 1990, 199-209.

51. Geissler, Cornelia: Was vom Osten übrig blieb. Momentaufnahmen zehn Jahre nach 1989 auf der Frankfurter Buchmesse. In: *BZ* v. 18.10. 1999.

52. Gröschner, Annett: Szenenwechsel. Erinnerungen an die neunziger Jahre. In: *Zersammelt. Die inoffizielle Literaturszene der DDR nach 1990. Eine Bestandsaufnahme*. Hrsg. von Roland Berbig, Birgit Dahlke, Michael Kämper-van den Boogaart und Uwe Schoor (*Theater der Zeit/Recherchen* 6), 12-19.

53. Großmann, Karin: Verlag der Kunst in Dresden. Gerangel um Marktanteile. Aus dem Artikel „Verlage auf Talfahrt oder: Wird Volker Braun Ladenhüter?". Aus: *Sächsische Zeitung* (Tageszeitung für Politik, Wirtschaft und Kultur), Dresden, v. 18.4.1990; abgedruckt in: *Pressespiegel* Nr. 9 v. 15.5.1990, 15.

54. Grundmann, Ute: Populär ja, aber immer mit Niveau. In: *Börsenblatt* v. 11.11.1994 [Porträt Henschel Verlag].

55. Dies.: Derrick soll Kasse machen. Verlage in den neuen Bundesländern. Nach den Anpassungsschwierigkeiten breiten sich gedämpfter Optimismus und neues Selbstbewußtsein aus: Bei Aufbau, Henschel, Volk & Welt setzt man auf verbreiterte Themenangebote, denn auch Qualität muß sich am Markt behaupten. In: *Rheinischer Merkur* v. 2.2.1996.

56. Dies.: Leipziger Lesewunder. Buchmesse. Mit einem Besucherrekord auf dem neuen Gelände schloß die ostdeutsche Literatur-Schau. In: *Rheinischer Merkur* v. 3.4.1998.

57. Gutschke, Irmtraud: „Aufbau" nun doch Kulturbundeigentum. Bernd F. Lunkewitz bekam Recht im Streit mit der Treuhand. In: *ND* v. 8.7.1998.

58. Hage, Volker: Drei Tage im März. Was wird, weiß niemand: Außerordentlicher Schriftsteller-Kongreß in Ost-Berlin. In: *Die Zeit* v. 9.3.1990.

59. Ders.: Aber die Pferde! Frankfurt und Leipzig – wie viele Buchmessen braucht das Land? In: *Die Zeit* v. 17.5.1991.

60. Heimberger, Bernd: Zwischen Streben und Scheitern. Berliner Verlage nach der Wende. In: *Berliner LeseZeichen* (1997) 9, 14-16.

61. D1980D1989R. Künstlerbücher und originalgrafische Zeitschriften im Eigenverlag. Eine Bibliografie von Jens Henkel und Sabine Russ. Gifkendorf: Merlin Verlag Andreas Meyer, 1991.

62. Hensel, Kerstin: Lesen und Lesenlassen. In: *Zersammelt. Die inoffizielle Literaturszene der DDR nach 1990. Eine Bestandsaufnahme*. Hrsg. von Roland Berbig, Birgit Dahlke, Michael Kämper-van den Boogaart und Uwe Schoor (*Theater der Zeit/Recherchen 6*), 211-213.

63. Hinze, Michael: Frankfurter Buchmesse. Verführung zum Lesen. Originalartikel „DDR-Bestseller am Main: Scherzers ‚Der Erste'". Aus: *Tribüne* (Organ des Bundesvorstandes des FDGB), Ost-Berlin, v. 17.10.1989; abgedruckt in: *Pressespiegel* Nr. 17 v. 1.11.1989, 13f.

64. H.-Stars, Marianne: Edition Leipzig. 30jähriges Jubiläum. Originalartikel „Kostbare Bildbände demnächst im Papierwarenladen?". Aus: *Sächsisches Tageblatt* (Die liberale Zeitung für das Land Sachsen), Dresden, v. 27.3.1990; abgedruckt in: *Pressespiegel* Nr. 7 v. 18.4.1990, 16f.

65. Irmer, Thomas: Der einst scharfe Cocktail ist fast verdunstet. Spurensuche nach einem DDR-Theater der neunziger Jahre. In: Arnold, Heinz Ludwig (Hg.): *DDR-Literatur der neunziger Jahre* (*text+kritik Sonderband IX/00*), 145-156.

66. Jäger, Manfred: Chancen und Krisen im Buchgewerbe sind inzwischen gesamtdeutsch. Eine bunte Verlagslandschaft hat sich auch in den neuen Ländern etabliert. In: *Das Parlament* v. 8.-15.9.2000.

67. Ders.: Unsere kleine Stabilisierung. Über Messen, Buchhandlungen, Verlage, Zeitschriften – und über Leser und Autoren. In: Arnold, Heinz Ludwig (Hg.): *DDR-Literatur der neunziger Jahre* (*text+kritik Sonderband IX/00*), 163-176.

68. Jakob, Benjamin: „Weniger Wachstum als erhofft, aber Wachstum". In: *ND* v. 29.9.1992.

69. Jenny, Urs: Notstand ist jetzt. Glorreiche Berliner Nachkriegs-Theatergeschichte ist in Schiller Theater und Schloßpark Theater gemacht worden, die Staatlichen Schauspielbühnen schienen unverzichtbar. Doch nun, unter äußerstem Sparzwang, hat der Senat Knall auf Fall die Schließung der traditionsreichen Häuser verfügt: ein kulturpolitisches Signal ohne Beispiel, das tief in die Provinz wirken wird. In: *Der Spiegel* 47 (1993) 26 v. 28.6.1993, 206-208.

70. Jochum, Kateri/Schnell, Nicola: Literarisch-künstlerische Zeitschriften: Sammlerstück oder Periodikum? In: *Zersammelt. Die inoffizielle Literaturszene der DDR nach 1990. Eine Bestandsaufnahme*. Hrsg. von Roland Berbig, Birgit Dahlke, Michael Kämper-van den Boogaart und Uwe Schoor (*Theater der Zeit*/Recherchen 6), 214-228.

71. Kahlefendt, Nils: Abschied vom „Leseland"? Die ostdeutsche Buchhandels- und Verlagslandschaft zwischen Ab- und Aufbruch. In: *Aus Politik und Zeitgeschichte* B 13/2000 v. 24.3.2000, 29-38.

72. Keith-Smith, Brian: Little magazines in the former GDR since 1989. In: *The New Germany. Literary and Society after Unification*. Edited by Osman Durrani, Colin Good, Kevin Hilliard. Sheffield: University of Sheffield Press, 1995, 14-27.

73. Kern, Ingolf: Der Bücherherbst und die Hoffnungen der Verlage. Nach der Frankfurter Buchmesse: die Hauptstadt ist wieder zu einer festen Adresse in der Literatur geworden. In: *Die Welt* v. 11.10.1996 (*Literatur-Beilage*).

74. Stimme und Spiegel. Fünf Jahrzehnte Sinn und Form. Eine Auswahl. Hrsg. von Sebastian Kleinschmidt. Berlin: Aufbau, 1998.
[Dazu: Kühlmann, Wilhelm: Ohne Arbeit geht es nicht. Macht Sinn, hat Form: Fünf Jahrzehnte einer Literaturzeitschrift. In: *FAZ* v. 5.3.1999.]

75. „Flexibler als die Großen". Maria Koettnitz, die neue Programmleiterin von Reclam Leipzig, setzt auf die Vorzüge eines kleinen Verlags. In: *yellow-press. Zeitschrift für Freunde des Reclam Verlags* (2001) 1.

76. Koziol, Andreas: „Ankunft ist nur eine Randerscheinung?" In: *Zersammelt. Die inoffizielle Literaturszene der DDR nach 1990. Eine Bestandsaufnahme*. Hrsg. von Roland Berbig, Birgit Dahlke, Michael Kämper-van den Boogaart und Uwe Schoor (*Theater der Zeit/Recherchen 6*), 81-93.

77. Kraske, Michael: Deutsch für Profis. Kann man an einer Universität lernen, einen guten Roman zu schreiben? Am Literaturinstitut in Leipzig bringen namhafte Schriftsteller jungen Autoren zumindest das Handwerk bei. In: *jetzt* Nr. 46 v. 12.11.2001, 6-13.

78. Krause, Andreas: Zwerg Lüttepitt sollte das Weltall erobern. Ost-Verleger erinnerten sich an die Zeiten der Zensur. In: *BZ* v. 14.11.1997.

79. Wir treten aus unseren Rollen heraus. Dokumente des Aufbruchs Herbst '89. Zusammengestellt von Angela Kuberski. [o.O.]: Zentrum für Theaterdokumentation und -information, 1990 (*Theaterarbeit in der DDR 19*).

80. Laages, Michael: Frau Jedermann will paradiesische Zustände. Das Beispiel Jena: Kleine flexible Häuser jenseits des Stadttheaterbetriebs glänzen mit Originalität und Zuspruch. In: *Die Welt* v. 8.8.2001.

81. Lamberechts, Luc: Zwei Kulturmodelle im Widerspruch. Über den kultursoziologischen Kontext der Literatur in BRD und DDR. In: *Literatur und politische Aktualität*. Hrsg. von Elrud Ibsch und Ferdinand van Ingen unter Mitarbeit von Anthonya Visser. Amsterdam/Atlanta: Rodopi, 1993 (*Amsterdamer Beiträge zur neueren Germanistik, Band 36*), 39-52.

82. Lange, Bernd-Lutz: Leb' wohl, liebe Freundin! Die Leipziger Buchmesse gibt ihren Einstand auf dem Neuen Messegelände. Bernd-Lutz Lange schaut noch einmal zurück: Eine Trauerrede auf das Bücherfest mit der schlechtesten Luft der Welt. In: *LVZ* v. 21./22.3.1998 (*Journal zur Leipziger Buchmesse*).

83. VERLAGSgeflüster. Ratgeber-Bände finden reißenden Absatz, der Stapel Lyrikbändchen liegt wie Blei. Die Gesetze am Buchmarkt sind hart, allein im Osten des Landes kämpfen 250 Verlage. DANIEL LANIER erkundete, wie sich zwei zu DDR-Zeiten große behaupten. In: *Das Magazin* (1995) 3, 66-68 [zu *Aufbau* und *Volk & Welt*].

84. Lerchenmüller, Franz: schatzsuche im regal. Im Herzen von Mecklenburg-Vorpommern steht Deutschlands einziges Bücherhotel. In: *FR* v. 29.12.2001 (*Magazin Reisen*).

85. Leipziger Buchmesse 1993 – Klaus Schlesinger, Monika Maron, Friedrich Dieckmann, Hermann Kant, Erich Loest, Adolf Endler, Günter Kunert, Jens Sparschuh und Heinz Czechowski antworten auf die Frage: Sehnsucht nach der DDR? In: *Die Zeit* v. 4.6.1993 (*Literatur*).

86. Lilienthal, Volker: Links liegen gelassen. Die Buchverlage der ehemaligen DDR. In: Bohn, Rainer/Hickethier, Knut/Müller, Eggo (Hgg.): *Mauer-Show. Das Ende der DDR, die deutsche Einheit und die Medien*. Berlin: Ed. Sigma Bohn, 1992 (*sigma medienwissenschaft, Band 11*), 243-256.

87. „Der Mauerfall war für mich das Startsignal". Rückblende: 10 Jahre nach dem Mauerfall. Ein Erfahrungsbericht des (Ex-Ost-)Berliner Verlegers Christoph Links. In: *BuchJournal* (1999) 3, 10-13.

88. Links, Christoph/Härtel, Christian (Hgg.): Über unsere Bücher läßt sich streiten. Zehn Jahre Ch. Links Verlag. Berlin: Ch. Links, 1999.

89. Litters, Jennifer: Auf dem Weg zum ersten Bestseller. Schriftsteller mit Diplom: Das Deutsche Literaturinstitut in Leipzig macht's möglich. In: *Unicum Abi. Das bundesweite Schülermagazin* 13 (2002) 8-9, 18-20.

90. Dies.: Jugendstilvilla statt Elfenbeinturm. Am Deutschen Literaturinstitut in Leipzig erlernen Nachwuchs-Autoren ihr Handwerk. In: *Unicum* 20 (2002) 10, 42f.

91. „Denen brennt die Hütte". Aufbau-Verleger Bernd F. Lunkewitz über „kriminelle Machenschaften" der Treuhand und die Notwendigkeit einer neuen deutschen Literatur in der Berliner Republik. In: *Der Spiegel* 52 (1998) 15 v. 6.4.1998, 217-219.

92. Magenau, Jörg: Geduldete Gäste. Buchmesse. Öffentlichkeit Ost, Öffentlichkeit West und die Fortdauer der deutschen Teilung. In: *Wochenpost* v. 26.9.1996.

93. Ders.: Ein Narrenhaus, bedingte Nutzung weiter möglich. Auch das Unverständliche in Ehren halten: Wie Pfarrer Martin Weskott und der Schauspieler Peter Sodann die Bücher der DDR bewahren wollen. In: *FAZ* v. 26.2.2002.

94. Maron, Monika: Wir sind ein bisschen gleicher. Zehn Jahre Leipziger Buchmesse nach der Wende: Die Einheit profitiert von der Krise der CDU. In: *Die literarische Welt* v. 25.3.2000 (*Beilage der Welt*).

95. Meyer-Gosau, Frauke: Zu Markte getragen. Texte vom Prenzlauer Berg in der BRD. In: *Zersammelt. Die inoffizielle Literaturszene der DDR nach 1990. Eine Bestandsaufnahme*. Hrsg. von Roland Berbig, Birgit Dahlke, Michael Kämper-van den Boogaart und Uwe Schoor (*Theater der Zeit/Recherchen* 6), 20-36.

96. Michael, Klaus: Neue Verlage und Zeitschriften in Ostdeutschland. In: *Aus Politik und Zeitgeschichte* B 41-42/1991 v. 4.10.1991, 33-45.

97. Michaelis, Rolf: Großer Klarfahrer aus Rostock. Der Büchermacher der DDR, von der SED aus dem Beruf gedrängt, gründet seinen eigenen Verlag. In: *Die Zeit* v. 7.9.1990.

98. Mittler, Elmar: Zur Rolle und Situation der Bibliotheken in den neuen Bundesländern. In: Überlebenschancen? Die berufliche und soziale Situation der Schriftsteller und die Existenzbedingungen der Literatur in den neuen Bundesländern – Bestandsaufnahme eines gesellschaftlichen Problems –. Symposium der Deutschen Literaturkonferenz. Leipzig, 24. und 25. April 1991. Protokoll. In: *ndl* 39 (1991) 8; S. 141-241 (*ndl-extra*), 219-224.

99. [Nagel, Ivan/Dieckmann, Friedrich/Merschmeier, Michael/Rischbieter, Henning]: Überlegungen zur Situation der Berliner Theater. In: *Theater heute* 32 (1991) 5, 37-43.

100. [Interview mit Michael Naumann]: „Erschüttert hat mich nichts". In: *Die Woche* v. 29.9.2000.

101. Schloß Wiepersdorf. Künstlerhaus in der Mark Brandenburg. Hrsg. von Verena Nolte und Doris Sossenheimer. Göttingen: Wallstein, 1997 (*Veröffentlichung des Künstlerhauses Schloß Wiepersdorf der Stiftung Kulturfonds*).

102. PEN-Stimmen. In: *europäische ideen* (1995) 94 (*Deutschland 1945/PEN-Stimmen*), 37-73.

103. Pforte, Dietger: Literatur und Politik. Zur literarischen Topographie Berlins im vierten Jahr nach der politischen Wiedervereinigung der Stadt. In: *The New Germany. Literature and Society after Unification*. Edited by Osman Durrani, Colin Good, Kevin Hilliard. Sheffield: University of Sheffield Press, 1995, 72-91.

104. Ders.: Unvereint – vereint. Literarisches Leben in Deutschland. In: *ndl* 44 (1996) 1 (*ndl-extra*), 182-209.

105. Preuß, Renate: Aus dem Tagebuch einer Krankenhausbibliothekarin II (6. bis 14. Februar 1990). In: *WendeBlätter – werkstatt* 1. Sebnitz 1991, 32f.

106. Raible, Wolfgang: Impressionen beim Evaluieren. Zur Abwicklungder [sic] kulturwissenschaftlichen Einrichtungen der ehemaligen DDR-Akademie der Wissenschaften. In: *Die Abwicklung der DDR*. Hrsg. von Heinz Ludwig Arnold und Frauke Meyer-Gosau. Göttingen: Wallstein, 1992 (*Göttinger Sudelblätter*), 54-63.

107. [Reclam Leipzig]: Auskünfte über uns. Zwischen zwei Zäsuren. Reclam Leipzig 1950-1992. In: *Kopfbahnhof. Almanach 5. Fünf Jahrhunderte Einsamkeit. Die europäische Kultur in der Erfahrung der anderen.* Leipzig: Reclam, 1992, 115-181.

108. Sarkowski, Heinz/Jeske, Wolfgang: Der Insel Verlag 1899-1999. Frankfurt a.M.: Insel, 1999.

109. Scheller, Wolf: Noch immer Leichen im Keller. PEN/Der Dresdner Kongreß. In: *Rheinischer Merkur* v. 30.10.1998.

110. Schilling, Wolfgang: Neue Strukturen für das deutsche Theater. Hrsg. von der Friedrich-Ebert-Stiftung, Forschungsinstitut. Bonn: Friedrich-Ebert-Stiftung, 1993 (*Forum Deutsche Einheit, Perspektiven und Argumente Nr. 12*).

111. Schinkel, Jörn Friedrich: Mehr Besucher, doch immer weniger Geld. In Leipzig findet die Buchmesse statt, die Bibliotheken aber haben zu klagen. In: *ND* v. 24.3.2000.

112. Schirrmacher, Frank: Freiheit und Strafe. Zum Abschluß der Leipziger Buchmesse. In: *FAZ* v. 17.3.1990.

113. Schläpfer, Franziska/Lanfranchi, Corina: Zwischen Kalkül und Sentiment, Zorn und Zufriedenheit. Schweizer Einzelaussteller mehrheitlich enttäuscht. In: *Der Schweizer Buchhandel* (1991) 9, 7-9.

114. Schlenstedt, Dieter: Der aus dem Ruder laufende Schriftstellerkongreß von 1987. In: *Retrospect and Review. Aspects of the Literature of the GDR 1976-1990*. Edited by Robert Atkins and Martin Kane. Amsterdam/Atlanta: Rodopi, 1997 (*German Monitor 40*), 16-31.

115. Schlewitt, Carena: Veränderte Topographie des deutschen Theaters nach 1989. In: *Zersammelt. Die inoffizielle Literaturszene der DDR nach 1990. Eine Bestandsaufnahme*. Hrsg. von Roland Berbig, Birgit Dahlke, Michael Kämper-van den Boogaart und Uwe Schoor (*Theater der Zeit/Recherchen* 6), 148-159.

116. Schlösser, Josef: Rostocker Hinstorff Verlag. Existenzsorgen. Originalartikel „Trotz Schwierigkeiten Optimist geblieben". Aus: *Der Demokrat* (Unabhängige christliche Landeszeitung), Rostock, v. 19.3.1990; abgedruckt in: *Pressespiegel* Nr. 7 v. 18.4.1990, 17.

117. Schmaus, Cornelia: Wie spiele ich weiter? Überlegungen einer Schauspielerin in der DDR, Sommer 1990. In: *Theater heute. Jahrbuch* (1990), 32f.

118. Schmitt, W. Christian: Bilanz der Frankfurter Buchmesse. Was bleibt vom „Leseland DDR"? Originalartikel „Was bleibt vom ‚Leseland DDR'?". Aus: *Märkische Oderzeitung* (Unabhängig/Überparteilich/Regional), Frankfurt/Oder, v. 13.10.1990; abgedruckt in: *Pressespiegel* Nr. 17 v. 6.11.1990, 12f.

119. Schröger, Angelika: Mit Ost-Vermächtnis und West-Kapital kamen DDR-Verlage auf die Erfolgsspur. In: *Berliner Morgenpost* v. 5.1. 1997.

120. Schubert, Helga: Die Gute-Menschen-Falle. Helga Schubert warnt vor einer En-Bloc-Übernahme des Ost-PEN. In: *Der Tagesspiegel* v. 28.1.1995;
auch in: S., H.: *Das gesprungene Herz. Leben im Gegensatz*. München: dtv, 1995, 79-85.

121. Schütte, Wolfram: (An)Schluss? Sollen die beiden deutschen PEN-Zentren sich vereinen? In: *FR* v. 20.1.1995.

122. Seuss, Siggi: Es brennt. Die Misere des Theaters Meiningen: eine Tragödie in fünf Akten. In: *SZ* v. 22.10.2002.

123. Simon, Dietrich: Über Günter Grass bei „Volk und Welt". In: *Thalia Magazin. Leselust und Lebensart* (2002) 2, 14.

124. [Staeck, Klaus/Laabs, Joochen]: Wie bei den Kaninchenzüchtern? Zwei Stellungnahmen zu den Vereinigungsquerelen in den deutschen PEN-Clubs. In: *SZ* v. 24.2.1995.

125. Stapf, Detlef: Buchhandel im Umbruch. Existenzprobleme. Originalartikel „Bücher, die keiner mehr kaufen will“. Aus: *Nordkurier* (Unabhängige Tageszeitung für Mecklenburg, Vorpommern und die Uckermark), Neubrandenburg, v. 16.6.1990; abgedruckt in: *Pressespiegel* Nr. 12 v. 5.7.1990, 14f.

126. Strittmatter, Thomas: Der Wandel der Kulturstrukturen in den neuen Bundesländern. In: *Aus Politik und Zeitgeschichte* B 22-23/93 v. 28.5.1993, 11-22.

127. Törne, Dorothea von: Vereinigung nach langer ideologischer Trennung. Schmerzhafter Prozess der Zusammenführung der deutschen PEN-Clubs. In: *Das Parlament* v. 8.-15.9.2000.

128. Tomerus, Lorenz: Wenn Sparkommissare so nebenbei Existenzfragen stellen. Berlins Sparversuche an den kulturellen Institutionen haben das Ende der Fahnenstange erreicht. In: *Saarbrücker Zeitung* v. 9.3.2000.

129. *Treuhand Informationen* 1, Mai 1991, 8.

130. *Treuhand Informationen* 8/9, Dezember 1991, 11.

131. Überlebenschancen? Die berufliche und soziale Situation der Schriftsteller und die Existenzbedingungen der Literatur in den neuen Bundesländern – Bestandsaufnahme eines gesellschaftlichen Problems. Symposion der Deutschen Literaturkonferenz. Leipzig, 24. und 25. April 1991. Protokoll. In: *ndl* 39 (1991) 8, 141-241 (*ndl-extra*).

132. [Verlagsprogramm]: edition ost. Neuerscheinungen Herbst 1999.

133. [Verlagsprogramm]: Hinstorff. Gesamtverzeichnis 2002/2003. Belletristik. Niederdeutsches. Sachbücher. Bildbände. Kochbücher. [Rostock 2002].

134. [Verlagsprogramm]: 10 Jahre Wende. 10 Jahre Mauerfall. 10 Jahre Ch. Links Verlag. Vorschau Herbst 1999.

135. [Verlagsprogramm Micado Verlag, Köthen]: Neufünfländer Garten Zeitung. Nachrichten mit Buschzulage Nr. 1, Okt. 1999.

136. [Verlagsprogramm]: Vorschau 1990. Mitteldeutscher Verlag. [Halle (S.)/Leipzig 1990].

137. [Verlagsprogramm]: mdv. Mitteldeutscher Verlag. Anhaltische Verlagsgesellschaft im Mitteldeutschen Verlag. Novitäten und lieferbare Titel. Herbst 2001. [Halle (S.) 2001].

138. [Verlagsprogramm]: Verlag Neues Leben: Programm Herbst 2000. [Berlin 2000].

139. [über *Volk & Welt*]:
[Anon.]: Dicke Luft bei Volk und Welt. Belegschaft geht auf Distanz. In: *Börsenblatt* v. 13.9.1991 [zu Xing-Hu Kuo];
[Anon.]: Die Zukunft beherrscht die Gegenwart. 50 Jahre Verlag Volk & Welt in Berlin. Früher hochrangiges Institut für Weltliteratur, konzentriert sich Volk & Welt heute auf Literatur aus dem Osten. Ein Interview mit Dietrich Simon. In: *Börsenblatt* v. 9.1.1998;
[Anon.]: Verlagsporträt. Ein bißchen abgehoben – aber längst nicht im siebten Himmel ... Redaktioneller Beitrag für *BuchMarkt* (1994) 10 [Typoskript, 7 S.];
[Anon.]: Warum ist Berlin die Nahtstelle für deutsche Literatur, Herr Simon? In: *Die Welt* v. 3.2.1996;
[ADN/dpa]: Haltung kommt rüber. Weizsäcker im Verlag Volk & Welt. In: *FAZ* v. 2.12.1993;
[(dpa)]: Luchterhand, Limes und Volk und Welt in einer Hand. In: *Die Rheinpfalz* v. 24.9.1996;
[D.G.]: Verlage vorgestellt: Verlag Volk & Welt Berlin. In: *Top – Berlin International* [Details nicht zu ermitteln];
[I.G.]: Um eine Schuld zu tilgen ... In: *ND* v. 9.9.1991 [zu Xing-Hu Kuo];
[M.G.]: Volk & Welt bleibt stur. In: *Hamburger Abendblatt* v. 6.9.1991 [zu Xing-Hu Kuo];
[ror]: Fünf Jahre Bewährung für Bulgakow, Brink & Co. Ostberliner Verlag schaut noch konsequenter gen Osten. In: *LVZ* v. 22./23.4.1995;
Altenhein, Hans: Spur der Bücher. Am 17. Dezember wird Jürgen Gruner, Altvorsteher des Leipziger Börsenvereins, 65 Jahre alt. Er leitete über mehr als zwei Jahrzehnte den DDR-Verlag Volk & Welt, der auf internationale Literatur spezialisiert war. In: *Börsenblatt* v. 15.12.1995;
Bode, Volkhard: Mit jedem einzelnen Buch überzeugen. In: *Börsenblatt* v. 6.8.1993;
Christ, Richard: Lebenszeichen aus der Glinkastraße. In: *Die Weltbühne* v. 4.2.1992;
Escherig, Ursula: Fritzleben liegt mitten in Deutschland. Dietrich Simon, Geschäftsführer des Verlags Volk und Welt. In: *Der Tagesspiegel* v. 15.1.1994;

Grohmer, Ulrike: Zukunft von Volk & Welt weiter ungewiß. Grass: „Eine Schande!" In: *ND* v. 2.10.1992;
Grundmann, Ute: Die Deutschen müssen sich erzählen, wo sie herkommen. In: *Börsenblatt* v. 10.12.1993;
Grundmann, Ute: Erfolg mit „Kassengift". Zum „50jährigen" von Volk & Welt: Interview mit GF Dietrich Simon. In: *BuchMarkt* (1997) 12;
Gutschke, Irmtraud: Verlage im Profil: Volk & Welt. Brücken auf bebendem Boden. In: *ND* v. 11.9.1992;
Dies.: Neuer Verleger, neues Glück? Interview mit DIETRICH SIMON, Geschäftsführer von Volk & Welt. In: *ND* v. 19.4.1995;
Jacobs, Peter: Die Welt ist sein Feld. Der Verlag Volk und Welt wird 50 Jahre alt – ein Gespräch mit seinem Chef Dietrich Simon. In: *BZ* v. 30.5.1997;
Kopka, Fritz-Jochen: Linke Treuhandträume. Volk & Welt privatisiert. In: *Wochenpost* v. 9.12.1993;
Kossuth, Leonhard: Pratzen über die Tischkante. Der Verlag Volk und Welt wird 50 Jahre alt – Blick nach vorn und zurück. In: *ND* v. 23.6.1997;
Ders.: Volk & Welt. Autobiographisches Zeugnis von einem legendären Verlag. 1. (korrigierte) Auflage. Berlin: NORA Verlagsgemeinschaft Dyck & Westerheide, 2002;
Lutz, Stefan: literaturOrt. Der Verlag Volk und Welt. In: *Berliner Morgenpost* v. 26.1.1997;
Nickelsen, Irmgard: Ein neues Experiment. Gespräch mit dem Geschäftsführer des Berliner Verlages Volk & Welt. In: *Lesezirkel*, 15-18 [Details nicht zu ermitteln];
Petri, Frank: „Aus dem Bassin in den Ozean". Der Berlin Verlag Volk und Welt – gestern und morgen. In: *LVZ* v. 25.8.1993;
Raddatz, Fritz J.: Abgewickelt. Der Verlag Volk und Welt ist tot. In: *Die Zeit* v. 22.3.2001.
Schmeiser, Rudolf A.: 50 Jahre Volk & Welt. Einst der wichtigste ostdeutsche Verlag für internationale Literatur. In: *Buchhändler heute* (1997) 12;
Seebacher-Brandt, Brigitte: Wenn die Treuhand Gutes tut. Die Aktivitäten um den Verlag Volk & Welt: Nein zu den Franzosen, ja zur Nostalgie. In: *FAZ* v. 2.12.1993;
Walter, Sybille: Volk & Welt will sich mit jungen deutschen Autoren profilieren. Thomas Brussigs Wendesatire „Helden wie wir" ist der bisher größte Erfolg des traditionsreichen Ostberliner Verlages. In: *Welt am Sonntag* v. 31.12.1995;

Zalkawski, Gregor: Marktwirtschaft im Leseland. „Aufbau" und „Volk & Welt": Zwei Ostberliner Verlage in Nöten. In: *Basler Zeitung* v. 29.9.1992.

140. Wachsende Verstörung – florierender Betrieb? Zur Situation der deutschen Literatur im dritten Einigungsjahr. Symposion der Deutschen Literaturkonferenz Leipzig, 4. Juni 1993. In: *ndl* 41 (1993) 8 (*ndl-extra*), 161-216.

141. Walther, Peter: Von Klassik bis leptosome Kritzeleien. Bewegung im alten Leseland: Die ehemaligen DDR-Verlage in Berlin fünf Jahre nach dem Neubeginn. In: *taz* v. 12./13.8.1995.

142. Ders.: Es gibt nur gute und schlechte Kritiken. Vom vermeintlichen Fortleben ostdeutscher Literaturkritik. In: Arnold, Heinz Ludwig (Hg.): *DDR-Literatur der neunziger Jahre* (*text+kritik Sonderband IX/00*), 208-215.

143. Wendrich, Fritz: Kultur und Kulturpolitik in den neuen Bundesländern: das Beispiel des Deutschen Nationaltheaters Weimar. In: *Aus Politik und Zeitgeschichte* B 22-23/93 v. 28.5.1993, 3-10.

144. Martin Weskott. Katlenburger Bücherpastor – Begegnungen mit deutscher „Müll-Literatur". In: Quilitzsch, Frank: *Wie im Westen so auf Erden. Gespräche mit Schriftstellern und Liedermachern, Dichtern und Theaterleuten, Rocksängern und Pastoren*. München: P. Kirchheim Verlag, 1998, 70-74.

145. Wieke, Thomas: Kulturelles Mosaik/Rückschritt des Monats. In: *Der Literat* 32 (1990) 9, 248.

146. Willms, Johannes: Zur Mitte, bitte! Plädoyer für eine Deutsche Nationalbibliothek in Berlin. In: *SZ* v. 3.5.2001.

147. [Wurm, Carsten]: Das Haus in der Französischen Straße. Eine Verlagsgeschichte in Bildern. Aufbau-Verlag Berlin und Weimar. Berlin (DDR)/Weimar: Aufbau, 1990.

148. Wurm, Carsten: 150 Jahre Rütten & Loening. ... mehr als eine Verlagsgeschichte. 1844-1994. Mit einem Geleitwort von Alfred Grosser. Berlin: Rütten & Loening, 1994.

149. Ders.: Jeden Tag ein Buch. 50 Jahre Aufbau-Verlag. 1945-1995. Berlin: Aufbau, 1995.

150. Ders./Henkel, Jens/Ballon, Gabriele: Der Greifenverlag zu Rudolstadt. 1919-1993. Verlagsgeschichte und Bibliographie. Wiesbaden: Harrassowitz, 2001 (*Veröffentlichungen des Leipziger Arbeitskreises zur Geschichte des Buchwesens, Schriften und Zeugnisse zur Buchgeschichte, Band 15*).

151. Zalkawski, Gregor: Marktwirtschaft im Leseland. „Aufbau" und „Volk & Welt": Zwei Ostberliner Verlage in Nöten. In: *Basler Zeitung* v. 29.9.1992.

4.4.2 Staatssicherheit und Literatur

1. Arnold, Heinz Ludwig: Feinderklärung. Literatur und Staatssicherheit. In: Arnold, Heinz-Ludwig (Hg.): *Feinderklärung. Literatur und Staatssicherheit* (*text+kritik 120*, Oktober 1993), 3-14.

2. Ders. (Hg.): Feinderklärung. Literatur und Staatssicherheit (*text+kritik 120*, Oktober 1993).

3. Baron, Ulrich: Und die Moral von der Geschicht? Dichter, Denunzianten und die Wahrhaftigkeit der Literatur. Nach der Enttarnung Sascha Andersons und Rainer Schedlinskis als Inoffizielle Stasi-Mitarbeiter werden persönliche Integrität und literarische Bedeutung eines Schriftstellers oft verwechselt. In: *Rheinischer Merkur* v. 28.2.1992;
auch in: *Schiffbruch der Hoffnungen? Die Kultur nach dem Zusammenbruch des Ostblocks. Ein Sonderdruck aus dem Feuilleton des Rheinischer* [sic] *Merkur*. [o.O.] [o.J.], 35-38.

4. Becker, Jurek: Zum Bespitzeln gehören zwei. Über den Umgang mit der DDR-Vergangenheit. In: *Die Zeit* v. 3.8.1990;
auch in: B., J.: *Ende des Größenwahns. Aufsätze, Vorträge*. Frankfurt a.M.: Suhrkamp, 1996, 136-145.

5. Bergsdorf, Wolfgang: Literaten und Denunzianten. Die einst von der SED hoch gelobten Autoren werden auf eine Selbsterforschung nicht verzichten können. In: *Die politische Meinung* 37 (1992) 271, 89-95.

6. Biermann, Wolf: Der Lichtblick im gräßlichen Fatalismus der Geschichte. Rede zur Verleihung des Georg-Büchner-Preises. In: *Die Zeit* v. 25.10.1991;
unter dem Titel *Der Lichtblick im gräßlichen Fatalismus der Geschichte. Büchner-Preis-Rede* auch in: B., W.: *Der Sturz des Dädalus oder Eizes für die Eingeborenen der Fidschi-Inseln über den IM Judas Ischariot*

und den Kuddelmuddel in Deutschland seit dem Golfkrieg. Köln: Kiepenheuer & Witsch, 1992, 48-63
sowie in: *MachtSpiele. Literatur und Staatssicherheit im Fokus Prenzlauer Berg*. Hrsg. von Peter Böthig und Klaus Michael. Leipzig: Reclam, 1993, 298-304.

7. Heinrich-Böll-Stiftung (Hg.): Stasi, KGB und Literatur. Beiträge und Erfahrungen aus Rußland und Deutschland. Mit Beiträgen von Matthias Braun, György Dalos, Alexander Daniel u.a. Köln: Heinrich-Böll-Stiftung e.V., 1993.

8. MachtSpiele. Literatur und Staatssicherheit im Fokus Prenzlauer Berg. Hrsg. von Peter Böthig und Klaus Michael. Leipzig: Reclam, 1993.
[Dazu: Drawert, Kurt: Die Stasi. Eine dauernde Realität. Anmerkungen zu einer Debatte aus Anlaß der Anthologie *MachtSpiele*, hg. von Peter Böthig und Klaus Michael, Reclam Verlag Leipzig, 1993. In: D., K.: *Fraktur. Lyrik, Prosa, Essay*. Leipzig: Reclam 1994, 49-53 [zuerst: *Radio Bremen*, 4.7.1993];
Geist, Peter: Nachspiele oder „halten sie mich bitte nicht für schizophren". In: *ndl* 41 (1993) 8, 145-149.]

9. Braun, Matthias: Führungsoffiziere, Operative Vorgänge, Inoffizielle Mitarbeiter – der Einfluß des MfS auf die Literatur- und Kunstentwicklung in der DDR. In: Heinrich-Böll-Stiftung (Hg.): *Stasi, KGB und Literatur. Beiträge und Erfahrungen aus Rußland und Deutschland*. Mit Beiträgen von Matthias Braun, György Dalos, Alexander Daniel u.a. Köln: Heinrich-Böll-Stiftung e.V., 1993, 60-96.

10. Stasi intern. Macht und Banalität. Hrsg. vom Bürgerkomitee Leipzig. Leipzig: Forum Verlag, 1991.

11. Czechowski, Heinz: Innerlichkeit und Endzeitprophetie. Auf der ersten und zweiten Bitterfelder Konferenz wurde die Verbrüderung von Arbeitern und Bauern befohlen – die dritte demonstrierte die Ohnmacht der vereinigten deutschen Intellektuellen. In: *Rheinischer Merkur* v. 8.5.1992;
auch in: *Schiffbruch der Hoffnungen? Die Kultur nach dem Zusammenbruch des Ostblocks. Ein Sonderdruck aus dem Feuilleton des Rheinischer* [sic] *Merkur*. [o.O.] [o.J.], 38-40.

12. Erb, Elke: Dichter und Denunziant. In: Heinrich-Böll-Stiftung (Hg.): *Stasi, KGB und Literatur. Beiträge und Erfahrungen aus Rußland und Deutschland*. Mit Beiträgen von Matthias Braun, György Dalos, Ale-

xander Daniel u.a. Köln: Heinrich-Böll-Stiftung e.V., 1993, 185-195; auch in: E., E.: *Der wilde Forst, der tiefe Wald. Auskünfte in Prosa.* Göttingen: Steidl, 1995, 174-186.

13. *europäische ideen* (1991) 76 (*StasiSachen*), *europäische ideen* (*StasiSachen 2*), *europäische ideen* (1993) 81 (*StasiSachen 3*), *europäische ideen* (1993) 84 (*StasiSachen 4*), *europäische ideen* (1994) 91 (*StasiSachen 5*), *europäische ideen* (1996) 96 (*StasiSachen 6*).

14. *europäische ideen* (1992) 79 (*Denunziation und Verrat*), *europäische ideen* (1994) 86 (*Denunziation und Verrat 2*).

15. *europäische ideen* (1995) (*Sonderheft*) (*Das Schutzkomitee Freiheit und Sozialismus in Selbstzeugnissen, Dokumenten, Briefen und im Zerrspiegel der MfS-Akten*).

16. Fuchs, Jürgen: Vier Vorschläge zum Umgang mit der Stasi. In: Knabe, Hubertus (Hg.): *Aufbruch in eine andere DDR. Reformer und Oppositionelle zur Zukunft ihres Landes.* Reinbek: Rowohlt TB, 1989 (*rororo aktuell*), 59-68.

17. Ders.: „... und wann kommt der Hammer?" Psychologie, Opposition und Staatssicherheit. Berlin: BasisDruck, 1990.

18. Ders.: Pegasus an der Stasi-Leine. Große Teile der Kunst und Literatur in der ehemaligen DDR entpuppen sich als „Operative Vorgänge" der Staatssicherheit. Überall im Land wurde geschnüffelt, manipuliert, drangsaliert, konspiriert oder gar „zersetzt". In seiner Dokumentation dazu schafft Jürgen Fuchs auch Klarheit über den Fall Sascha Anderson. In: *Der Spiegel* 45 (1991) 47 v. 18.11.1991, 276-280.

19. Ders.: [*Spiegel*-Serie] Landschaften der Lüge.
Jürgen Fuchs über Schriftsteller im Stasi-Netz (I): Der „Operative Vorgang" Fuchs. In: *Der Spiegel* 45 (1991) 47 v. 18.11.1991, 280-291;
Jürgen Fuchs über Schriftsteller im Stasi-Netz (II): Pegasus, Spinne, Qualle, Apostel. In: *Der Spiegel* 45 (1991) 48 v. 25.11.1991, 72-91;
Jürgen Fuchs über Schriftsteller im Stasi-Netz (III): „Zersetzung" bis in den Tod. In: *Der Spiegel* 45 (1991) 49 v. 2.12.1991, 94-108;
Jürgen Fuchs über Schriftsteller im Stasi-Netz (IV): „Aktion Gegenschlag" im Namen des Friedens. In: *Der Spiegel* 45 (1991) 50 v. 9.12.1991, 103-121;
Jürgen Fuchs über Schriftsteller im Stasi-Netz (V): Gegen die „Konterrevolution" in Polen. In: *Der Spiegel* 45 (1991) 51 v. 16.12.1991, 118-130.

20. Ders.: Poesie und Zersetzung. Zersetzung war keine Randerscheinung, meine Damen und Herren. In: Kratschmer, Edwin (Hg.): *Dem Erinnern eine Chance. Jenaer Poetik-Vorlesungen „Zu Beförderung der Humanität" 1993/94*. Köln: Heinrich-Böll-Stiftung e.V., 1995, 15-43.

21. Gauck, Joachim: Die Stasi-Akten. Das unheimliche Erbe der DDR. Bearbeitet von Margarethe Steinhausen und Hubertus Knabe. Reinbek: Rowohlt TB, 1991 (*rororo aktuell*).

22. Geißler, Cornelia: Nachrichten aus der Gerüchteküche. Stasi-Vorwürfe nun auch gegen Heiner Müller. In: *BZ* v. 12.1.1993.

23. Gieseke, Jens, unter Mitarbeit von Doris Hubert: Die DDR-Staatssicherheit. Schild und Schwert der Partei. Bonn: Bundeszentrale für politische Bildung, 2000 (*Deutsche ZeitBilder*).

24. Ders.: Mielke-Konzern. Die Geschichte der Stasi 1945-1990. Stuttgart: Deutsche Verlags-Anstalt, 2001.
[Dazu: Wilke, Manfred: Die Firma. Die Stasi, ein Tochterunternehmen des sowjetischen Geheimdienstes, machte trotz größter Anstrengung aus der DDR-Bevölkerung kein Volk von Spitzeln. In: *SZ* v. 5.11.2001.]

25. Gill, David/Sailer, Dieter: Jeder Nachbar ein Spitzel? Das Ministerium für Staatssicherheit der DDR. In: *Informationen für die Truppe* 38 (1994) 6, 30-37.

26. Graves, Peter: The treachery of St. Joan. Christa Wolf and the Stasi. In: Christa Wolf in Perspective. Edited by Ian Wallace. Amsterdam/Atlanta: Rodopi, 1994 (*German Monitor 30*), 1-12.

27. Greiner, Ulrich: Plädoyer für Schluß der Stasi-Debatte. In: *Die Zeit* v. 5.2.1993.

28. Grimmer, Reinhard/Irmler, Werner/Opitz, Willi/Schwanitz, Wolfgang (Hgg.): Die Sicherheit. Zur Abwehrarbeit des MfS. 2 Bände. Berlin: edition ost im Verlag Das Neue Berlin, 2002.
[Dazu: Augstein, Franziska: Unter Kennern. „Ausufernde Aufgabenübertragung" – Heute stellen zwanzig ehemalige Stasi-Offiziere ihren Bericht über das MfS vor. In: *SZ* v. 22.4.2002;
Fricke, Karl Wilhelm: Selbstverklärung und Realität der DDR-Staatssicherheit. In: *Deutschland Archiv* 35 (2002) 5, 856-860;
Walther, Joachim: Nicht wir sind's, Erich ist's gewesen. Über die Opfer kein einziges Wort: Zwanzig hochrangige ehemalige Stasi-Offiziere versuchen sich zu entlasten. In: *Die Zeit* v. 2.5.2002.]

29. Günther, Thomas: Landen die Druckbögen jezt [sic] im Keller? In: *Rheinischer Merkur* v. 24.1.1992;
auch in: *Schiffbruch der Hoffnungen? Die Kultur nach dem Zusammenbruch des Ostblocks. Ein Sonderdruck aus dem Feuilleton des Rheinischer* [sic] *Merkur.* [o.O.] [o.J.], 32-34.

30. Heinritz, Reinhard: „Prenzlauer Berg". Über experimentelle Literatur und Politik. In: *Literatur für Leser* (1992) 3, 181-193.

31. Wann bricht schon mal ein Staat zusammen! Die Debatte über die Stasi-Akten und die DDR-Geschichte auf dem 39. Historikertag 1992. Hrsg. von Klaus-Dietmar Henke. München: dtv, 1993 (*dtv dokumente*).

32. Heym, Stefan: Der Winter unseres Mißvergnügens. Aus den Aufzeichnungen des OV Diversant. München: btb, 1998 (*Werkausgabe*).

33. Horn, Christine: IRRGARTEN. Über Zensur und Staatssicherheit. Ein Gespräch mit Frauke Meyer-Gosau. In: Arnold, Heinz-Ludwig (Hg.): *Feinderklärung. Literatur und Staatssicherheit* (*text+kritik 120*, Oktober 1993), 36-47.

34. Kant, Hermann: „Rede" in Marburg. Äußerungen Hermann Kants über seine Stasi-Mitarbeit während einer Diskussion in Marburg mit Günter Gaus und Dieter Lattmann, Oktober 1992. In: *europäische ideen* (1993) 81 (*StasiSachen 3*), 11f.

35. Klussmann, Paul Gerhard (1992): Der Stasi-Komplex in der deutschen Literatur. Wie Seismogramme zeigen Texte in Zeitungen, Zeitschriften und Büchern innere und äußere Schwierigkeiten des Einigungsprozesses an. In: *Die politische Meinung* 37 (1992) 275, 56-67.

36. Kolbe, Uwe: Offener Brief an Sascha Anderson. In: *Die Zeit* v. 22.11. 1991;
auch in: *Deutsche Literatur 1991. Jahresüberblick*. Hrsg. von Franz Josef Görtz, Volker Hage und Uwe Wittstock unter Mitarbeit von Katharina Frühe. Stuttgart: Reclam, 1992, 280-282,
sowie in: *MachtSpiele. Literatur und Staatssicherheit im Fokus Prenzlauer Berg*. Hrsg. von Peter Böthig und Klaus Michael. Leipzig: Reclam, 1993, 318-321,
sowie in: K., U.: *Renegatentermine. 30 Versuche, die eigene Erfahrung zu behaupten*. Frankfurt a.M.: Suhrkamp, 1998, 58-60.

37. Ders.: Die Situation. Göttingen: Wallstein, 1994 (*Göttinger Sudelblätter*).
[Dazu: Dieckmann, Christoph: Auferstanden aus Urinen. Dschungel unter der Mauer: Adolf Endler und Uwe Kolbe schreiben Erinnerungsbücher über den Prenzlauer Berg. In: *Die Zeit* v. 7.10.1994 (*Die Zeit Literatur*).]

38. Wenn wir unsere Akten lesen. Handbuch zum Umgang mit den Stasi-Akten. Tina Krone/Irena Kukutz/Henry Leide. In Zusammenarbeit mit der Robert-Havemann-Gesellschaft. Mit einem Beitrag von Wolfgang Kaleck. Zweite, veränderte und erweiterte Auflage. Berlin: BasisDruck, 1997 (*BasisDruck Dokument d 10*).
[zuerst: Berlin: BasisDruck, 1992.]

39. Kunert, Günter: Zur Staatssicherheit. Poesie und Verbrechen. In: *FAZ* v. 6.11.1991;
auch in: *Deutsche Literatur 1991. Jahresüberblick*. Hrsg. von Franz Josef Görtz, Volker Hage und Uwe Wittstock unter Mitarbeit von Katharina Frühe. Stuttgart: Reclam, 1992, 272-276
sowie in: *Ein Volk am Pranger? Die Deutschen auf der Suche nach einer neuen politischen Kultur*. Hrsg. von Albrecht Schönherr. Berlin: Aufbau TB, [o.J.] (*Texte zur Zeit*), 84-88
sowie unter dem Titel *Der Fall Sascha Anderson* auch in: K., G.: *Der Sturz vom Sockel. Feststellungen und Widersprüche*. München/Wien: Hanser, 1992, 14-18
sowie in: *MachtSpiele. Literatur und Staatssicherheit im Fokus Prenzlauer Berg*. Hrsg. von Peter Böthig und Klaus Michael. Leipzig: Reclam, 1993, 308-312.

40. Deckname „Lyrik“. Eine Dokumentation von Reiner Kunze. Frankfurt a.M.: Fischer TB, 1990.
[Dazu: [Anon.]: Neue Facette. Hermann Kant, ehemaliger DDR-Bonze, verklagt ein DDR-Opfer: den Lyriker Reiner Kunze. In: *Der Spiegel* 45 (1991) 48 v. 25.11.1991, 93;
Glenn, Jerry: [o.T.]. In: *German Studies Review* XV (1992) 1, 186f.;
u.a. dazu: Hannsmann, Margarete: Ein Brief. In: *ndl* 39 (1991) 11, 154-159 (*ndl-Tagebuch*).]

41. „Ich hätte auch gern mit Hitler und Stalin geredet“. Christa Wolf, Heiner Müller und die Stasi. In: Lahann, Birgit: *Geliebte Zone. Geschichten aus dem neuen Deutschland*. Fotos von Ute Mahler. Vorwort von Thomas Brussig. Stuttgart: Deutsche Verlags-Anstalt, 1997, 112-117.

42. Loest, Erich: Der Zorn des Schafes. Aus meinem Tagewerk. Künzelsau/Leipzig: Linden, 1990.
[Taschenbuchausgabe: München: dtv, 1993.]
[Dazu: Cosentino, Christine: [o.T.]. In: *The Germanic Review* LXVII (1992) 4, 181f.]

43. Ders.: Die Stasi war mein Eckermann oder: mein Leben mit der Wanze. Göttingen/Leipzig: Steidl/Linden, 1991.
[Dazu: Noll, Chaim: Strichmännlein macht sich verdächtig. In: *Die Welt* v. 24.4.1991.]

44. Ders.: Wider die Dunkelmänner unserer Zeit. Verächter der Freiheit: Schriftsteller-Mitarbeiter der Stasi, SED-Funktionäre und Westpolitiker entsorgen die Vergangenheit. In: *Die Zeit* v. 13.6.2002.

45. Maiwald, Peter: Jeder hat eine – bloß ich nicht! Peter Maiwald kann ohne eine Personalakte über ihn nicht groß rauskommen. In: *Nie wieder Ismus! Neue deutsche Satire*. Hrsg. von Manfred und Christine Wolter. Berlin 1992, 196f.

46. Martin, Marko: „Geschaffene Machwerke". Die Sprache der Stasi. In: Arnold, Heinz-Ludwig (Hg.): *Feinderklärung. Literatur und Staatssicherheit* (*text+kritik 120*, Oktober 1993), 48-56.

47. Meyer-Gosau, Frauke: Hinhaltender Gehorsam. DDR-Schriftsteller über ihre Kooperation mit der Staatssicherheit. In: Arnold, Heinz-Ludwig (Hg.): *Feinderklärung. Literatur und Staatssicherheit* (*text+kritik 120*, Oktober 1993), 103-115.

48. Michael, Klaus: Feindbild Literatur. Die Biermann-Affäre, Staatssicherheit und die Herausbildung einer literarischen Alternativkultur in der DDR. In: *Aus Politik und Zeitgeschichte* B 22-23/93 v. 28.5.1993, 23-31.

49. Ich liebe euch doch alle! Befehle und Lageberichte des MfS Januar – November 1989. Hrsg. von Armin Mitter und Stefan Wolle. Berlin: BasisDruck, 1990.

50. Abgesang der Stasi. Das Jahr 1989 in Presseartikeln und Stasi-Dokumenten. Hrsg. von Roland Pechmann und Jürgen Vogel. Braunschweig: Steinweg-Verlag, 1991.

51. Pfister, Elisabeth: Unternehmen Romeo. Die Liebeskommandos der Stasi. Berlin: Aufbau, 1999.

52. „Immer auf der richtigen Seite stehen". Psychologin Ursula Plog über die Verhaltensmuster von Stasi-Zuträgern. In: *Der Spiegel* 49 (1995) 33 v. 14.8.1995 (*SPIEGEL-Gespräch*), 62-64.

53. Raddatz, Fritz J.: Von der Beschädigung der Literatur durch ihre Urheber. Bemerkungen zu Heiner Müller und Christa Wolf. In: *Die Zeit* v. 29.1.1993.

54. Radisch, Iris: Die Krankheit Lüge. Die Stasi als sicherer Ort: Sascha Anderson und die Staatssicherheit. In: *Die Zeit* v. 24.1.1992;
auch in: *MachtSpiele. Literatur und Staatssicherheit im Fokus Prenzlauer Berg*. Hrsg. von Peter Böthig und Klaus Michael. Leipzig: Reclam, 1993, 357-367.

55. Dies.: Krieg der Köpfe. Heiner Müller und die Stasi: Die Westdeutschen zählen Quittungen, die Ostdeutschen verteidigen ihre Geschichte. Der Dichter liest Kafka, und die Akten schweigen. In: *Die Zeit* v. 22.1.1993.

56. Rathenow, Lutz: „Akten-Einsicht": Was einem zehn Jahre später zu den eigenen Stasi-Protokollen einfällt. In: *Mentalitätswandel in der deutschen Literatur zur Einheit (1990-2000)*. Hrsg. von Volker Wehdeking. Berlin: Erich Schmidt Verlag, 2000 (*Philologische Studien und Quellen, Heft 165*), 237-242.

57. Rupieper, Hermann-Josef/Schroedter, Ekkehard: Feindobjekt „Spinne": Die Überwachung von Studienfahrten in die DDR durch das Ministerium für Staatssicherheit 1983-1989. Halle (S.): Mitteldeutscher Verlag, 1997.

58. Schädlich, Hans Joachim (Hg.): Aktenkundig. Mit Beiträgen von Wolf Biermann, Jürgen Fuchs, Joachim Gauck, Lutz Rathenow, Vera Wollenberger u.a. Berlin: Rowohlt Berlin, 1992.
[Taschenbuchausgabe: Reinbek: Rowohlt TB, 1993.]

59. Schirrmacher, Frank: Verdacht und Verrat. Die Stasi-Vergangenheit verändert die literarische Szene. In: *FAZ* v. 5.11.1991;
auch in: *MachtSpiele. Literatur und Staatssicherheit im Fokus Prenzlauer Berg*. Hrsg. von Peter Böthig und Klaus Michael. Leipzig: Reclam, 1993, 304-308.

60. Schlesinger, Klaus: Macht, Literatur, Staatssicherheit. In: Arnold, Heinz-Ludwig (Hg.): *Feinderklärung. Literatur und Staatssicherheit* (*text+kritik 120*, Oktober 1993), 29-35;
auch in: S., K.: *Von der Schwierigkeit, Westler zu werden*. Berlin: Aufbau TB, 1998, 104-113.

61. Ders.: Die Akte. In: *ndl* 41 (1993) 8, 103-123;
auch in: S., K.: *Von der Schwierigkeit, Westler zu werden*. Berlin: Aufbau TB, 1998, 61-87.

62. Steinert, Hajo: Die Szene und die Stasi. Muß man die literarischen Texte der Dichter vom Prenzlauer Berg jetzt anders lesen? In: *Die Zeit* v. 29.11.1991;
auch in: *MachtSpiele. Literatur und Staatssicherheit im Fokus Prenzlauer Berg*. Hrsg. von Peter Böthig und Klaus Michael. Leipzig: Reclam, 1993, 329-333.

63. Das Wörterbuch der Staatssicherheit. Definitionen zur „politisch-operativen Arbeit". Hrsg. von Siegfried Suckut. 3. Auflage. Berlin: Ch. Links, 2001 (*Analysen und Dokumente, Wissenschaftliche Reihe des Bundesbeauftragten für die Unterlagen des Staatssicherheitsdienstes der ehemaligen Deutschen Demokratischen Republik; 5*).
[zuerst Berlin: Ch. Links, 1996.]
[Dazu: Marek, Michael: Das geheime Vokabular. Konspiratives Kauderwelsch. Das Wörterbuch der Stasi, seine Begriffsdefinitionen und Decknamen für die inoffiziellen Mitarbeiter. In: *Freitag* v. 24.3.2000.]

64. Ullmann, Wolfgang: Der Ort der Staatssicherheit im System der SED-Diktatur. In: Heinrich-Böll-Stiftung (Hg.): *Stasi, KGB und Literatur. Beiträge und Erfahrungen aus Rußland und Deutschland*. Mit Beiträgen von Matthias Braun, György Dalos, Alexander Daniel u.a. Köln: Heinrich-Böll-Stiftung e.V., 1993, 12-20.

65. Wagner, Matthias: Das Stasi-Syndrom. Über den Umgang mit den Akten des MfS in den 90er Jahren. Berlin: edition ost im Verlag Das Neue Berlin, 2001 (*Rote Reihe*).

66. Walther, Joachim: Flötende Raben, krächzende Nachtigallen. In: Heinrich-Böll-Stiftung (Hg.): *Stasi, KGB und Literatur. Beiträge und Erfahrungen aus Rußland und Deutschland*. Mit Beiträgen von Matthias Braun, György Dalos, Alexander Daniel u.a. Köln: Heinrich-Böll-Stiftung e.V., 1993, 178-184.

67. Ders.: „Kosmonauten der stillen Erkundung". Schriftsteller und Staatssicherheit. In: Rüther, Günther (Hg.): *Literatur in der Diktatur. Schreiben im Nationalsozialismus und DDR-Sozialismus*. Paderborn: Schöningh, 1997, 283-302.

68. Ders.: Sicherungsbereich Literatur. Schriftsteller und Staatssicherheit in der Deutschen Demokratischen Republik. Durchgesehene Ausgabe. Berlin: Ullstein TB, 1999.
[zuerst: Berlin: Ch. Links, 1996.]
[Dazu: Drawert, Kurt: Erkenntnis statt Leichenpflege. Literatur und Staatssicherheit in der DDR. In: *NZZ* v. 12./13.10.1996.]

69. Ders.: Mörder und Bürokrat. Zum Tode von Erich Mielke. In: *europäische ideen* (2000) 119 (*Briefe zwischen London, Greiz und Palästina*), 33f.

70. Ders./Biermann, Wolf/Bruyn, Günter de/Fuchs, Jürgen/Hein, Christoph/Kunert, Günter/Loest, Erich/Schädlich, Hans-Joachim/Wolf, Christa (Hgg.): Protokoll eines Tribunals. Die Ausschlüsse aus dem DDR-Schriftstellerverband 1979. Reinbek: Rowohlt TB, 1991 (*rororo aktuell*).

71. Ders./Prittwitz, Gesine von: Mielke und die Musen. Die Organisation der Überwachung. In: Arnold, Heinz-Ludwig (Hg.): *Feinderklärung. Literatur und Staatssicherheit* (*text+kritik 120*, Oktober 1993), 74-88.

72. Wehdeking, Volker: Die literarische Auseinandersetzung mit dem Themenkomplex Staatssicherheit, Zensur und Schriftstellerrolle. In: *Mentalitätswandel in der deutschen Literatur zur Einheit (1990-2000)*. Hrsg. von Volker Wehdeking. Berlin: Erich Schmidt Verlag, 2000 (*Philologische Studien und Quellen, Heft 165*), 43-55.

73. Wittstock, Uwe: Wenn Dichter Wechsel fälschen. Versuch, einen verwirrenden Literatur-Skandal zu ordnen. In: *SZ* v. 11.12.1991;
auch in: *MachtSpiele. Literatur und Staatssicherheit im Fokus Prenzlauer Berg*. Hrsg. von Peter Böthig und Klaus Michael. Leipzig: Reclam, 1993, 335-341.

74. Wolf, Christa: Eine Auskunft. In: *BZ* v. 21.1.1993.

75. Gauck-Lesebuch. Eine Behörde abseits der Verfassung? Hrsg. von Jochen Zimmer und redaktionell bearbeitet von Frank Wilhelmy. Frankfurt a.M.: Eichborn, 1998.

4.4.3 Sprache

1. DDR-deutsch. Ein fröhliches Wörterbuch für Urlauber, Spekulanten und Übersiedler aus dem Westen sowie für nostalgiehungrige Bürger der 40 Jahre lang als DDR bezeichneten deutschen Provinzen. Von Nikolaus Bavarius mit Zeichnungen von Reiner Schwalme. München: Tomus, 1990.

2. Biskupek, Matthias: Wie ein DDRler jetzt sprechen lernen sollen müßte. In: *Nie wieder Ismus! Neue deutsche Satire*. Hrsg. von Manfred und Christine Wolter. Berlin: Eulenspiegel, 1992, 81-83.

3. Ders.: Was heißt eigentlich „DDR"? Böhmische Dörfer in Deutsch & Geschichte. Berlin: Eulenspiegel, 2003.

4. Blei, Dagmar: Ist die ‚Sprache der Wende' eine ‚gewendete Sprache'? Bemerkungen zum Sprachgebrauch in der (ehemaligen) DDR. In: *Info DaF* 17 (1990) 4, 391-401.

5. Bredel, Ursula: Erzählen im Umbruch. Studie zur narrativen Verarbeitung der „Wende" 1989. Tübingen: Stauffenburg, 1999 (*Stauffenburg-Linguistik*).

6. Burkhardt, Armin: Ein Parlament sucht(e) seine Sprache. Zur Sprache der Volkskammer. In: *Sprache im Umbruch. Politischer Sprachwandel im Zeichen von „Wende" und „Vereinigung"*. Hrsg. von Armin Burkhardt, K. Peter Fritzsche. Berlin/New York: de Gruyter, 1992 (*Sprache, Politik, Öffentlichkeit, Band 1*), 155-197.

7. Sprache im Umbruch. Politischer Sprachwandel im Zeichen von „Wende" und „Vereinigung". Hrsg. von Armin Burkhardt, K. Peter Fritzsche. Berlin/New York: de Gruyter, 1992 (*Sprache, Politik, Öffentlichkeit, Band 1*).

8. Plaste und Elaste. Ein deutsch-deutsches Wörterbuch. Zusammengestellt von Theodor Constantin. Mit 10 Cartoons von Erich Rauschenbach. 6. Auflage. Berlin 1994 (*Edition Jule Hammer*).
[zuerst: Berlin: Haude & Spener, 1990 (*Edition Jule Hammer*).]

9. Dittmar, Norbert/Bredel, Ursula: Die Sprachmauer. Die Verarbeitung der Wende und ihrer Folgen in Gesprächen mit Ost- und WestberlinerInnen. Berlin: Weidler Buchverlag, 1999.
[Dazu: Eckert, Daniel D.: Wenn sich beim Wort „Karriere" ostwärts die Nackenhaare sträuben. Wie die gemeinsame Sprache Ossis und Wessis

trennt statt vereint – Soziolekt Ost ist am Aussterben, die Dialekte im Kommen. In: *Saarbrücker Zeitung* v. 7.3.2000.]

10. Drescher, Horst: Literaturfrage '91. In: *Nie wieder Ismus! Neue deutsche Satire*. Hrsg. von Manfred und Christine Wolter. Berlin: Eulenspiegel, 1992, 99.

11. Drosdowski, Günther: Geteilte Sprache im geeinten Land? Beobachtungen zum Gebrauch des Deutschen in Ost und West zwischen 1945 und 1990. In: *Allgemeine Zeitung* (Mainz) v. 27.10.1990 (*Wochenend-Journal*).

12. Fetzer, Arthur (Hg.): Sächsisch – Deutsch. Schmutzige Wörter. Illustrationen von Nerling. Frankfurt a.M.: Eichborn, 1992.

13. Fritzsche, K. Peter: Auf der Suche nach einer neuen Sprache. Schulbücher in der DDR. In: *Sprache im Umbruch. Politischer Sprachwandel im Zeichen von „Wende" und „Vereinigung"*. Hrsg. von Armin Burkhardt, K. Peter Fritzsche. Berlin/New York: de Gruyter, 1992 (*Sprache, Politik, Öffentlichkeit, Band 1*), 199-208.

14. Herberg, Dieter/Steffens, Doris/Tellenbach, Elke: Schlüsselwörter der Wendezeit. Wörter-Buch zum öffentlichen Sprachgebrauch 1989/90. Berlin/New York: de Gruyter, 1997 (*Schriften des Instituts für deutsche Sprache, Band 6*).

15. Hopfer, Reinhard: Christa Wolfs Streit mit dem „großen Bruder". Politische Diskurse der DDR im Herbst 1989. In: *Sprache im Umbruch. Politischer Sprachwandel im Zeichen von „Wende" und „Vereinigung"*. Hrsg. von Armin Burkhardt, K. Peter Fritzsche. Berlin/New York: de Gruyter, 1992 (*Sprache, Politik, Öffentlichkeit, Band 1*), 111-133.

16. Hoppert, Leo: Egon reiß [sic] die Mauer ein ... Leipziger DEMO-Sprüche. Münster: Coppenrath Verlag, 1990.

17. Klein, Olaf Georg: Ihr könnt uns einfach nicht verstehen. Warum Ost- und Westdeutsche aneinander vorbeireden. Frankfurt a.M.: Eichborn, 2001.
[Dazu: Bullion, Constanze von: Wer will wem was? Die Sprachgrenze liegt weiter mitten in Deutschland. In: *SZ* v. 12.2.2002.]

18. Broiler. Diese Woche findet Hans-H. Kotte Wörter, die überlebt haben. In: *SZ* v. 9.11.2001 (*Mein Tagebuch*).

19. Läzer, Rüdiger: „Schön, daß es das noch gibt" – Werbetexte für Ostprodukte. Untersuchungen zur Sprache einer ost-west-deutschen Textsorte. In: *Von „Buschzulage" und „Ossinachweis". Ost-West-Deutsch in der Diskussion*. Hrsg. von Ruth Reiher und Rüdiger Läzer. Berlin: Aufbau TB, 1996, 206-228.

20. Lang, Ewald: Wendehals & Stasi-Laus. Demo-Sprüche vor der Wende. München: Heyne, 1999 (*Heyne Mini Nr. 33/1451*).

21. Lange, Bernd-Lutz: Deutsch – Sächsisch. Machense geene Fissemaddenzchn! Illustrationen von Lothar Otto. Frankfurt a.M.: Eichborn, 1991.

22. Lerchner, Gotthard (Hg.): Broiler, Plast(e) und Datsche machen noch nicht den Unterschied. Fremdheit und Toleranz in einer plurizentrischen deutschen Kommunikationskultur. In: Lerchner, Gotthard (Hg.): *Sprachgebrauch im Wandel. Anmerkungen zur Kommunikationskultur in der DDR vor und nach der Wende*. Frankfurt a.M./Berlin/Bern/New York/Paris/Wien: Lang, 1992 (*Leipziger Arbeiten zur Sprach- und Kommunikationsgeschichte, Band 1*), 297-332.

23. Ders.: Sprachgebrauch im Wandel. Anmerkungen zur Kommunikationskultur in der DDR vor und nach der Wende. Frankfurt a.M./Berlin/Bern/New York/Paris/Wien: Lang, 1992 (*Leipziger Arbeiten zur Sprach- und Kommunikationsgeschichte, Band 1*).

24. Martin, Marko: „Geschaffene Machwerke". Die Sprache der Stasi. In: Arnold, Heinz-Ludwig (Hg.): *Feinderklärung. Literatur und Staatssicherheit* (*text+kritik 120*, Oktober 1993), 48-56.

25. Niess, Frank (Red.): Zweierlei Deutsch? Über Sprachentwicklungen im geteilten Land berichtet Horst Taubmann. [Sendemanuskript]. *SDR*, Studio Heidelberg, Wissenschaftsredaktion, Wissenschaft im Gespräch) *SDR 2*, 19.5.1990, 17.00 – 17.45 Uhr.

26. [Oschlies, Wolf: Würgende und wirkende Wörter – Deutschsprechen in der DDR. Berlin: Verlag Gebr. Holzapfel, 1989.]

27. Oschlies, Wolf: „Vierzig zu Null im Klassenkampf?" Sprachliche Bilanz von vier Jahrzehnten DDR. Melle: Verlag Ernst Knoth, 1990 (*Deutschland-Report 9*).

28. Ders.: „Wir sind das Volk". Zur Rolle der Sprache bei den Revolutionen in der DDR, Tschechoslowakei, Rumänien und Bulgarien. Köln/Wien: Böhlau, 1990.

29. Pergande, Frank: Wörter und Wendungen vor der Wende. Ein Glossar wider das Vergessen: DDR-Wortschöpfungen von A wie Abkindern bis W wie Winkelement. In: *FAZ* v. 2.10.2000.

30. Polenz, Peter von: Die Sprachrevolte der DDR im Herbst 1989. Ein Forschungsbericht nach drei Jahren vereinter germanistischer Linguistik. In: *ZGL* 21 (1993) 2, 127-149.

31. Porsch, Peter: DDR: Alltag und Sprache. Was bleibt nach der „Wende"? In: *Deutsch – Eine Sprache? Wie viele Kulturen?* Vorträge des Symposions abgehalten am 12. und 13. November 1990 an der Universität Kopenhagen. Hrsg. von Bjørn Ekmann, Hubert Hauser, Peter Porsch und Wolf Wucherpfennig. Kopenhagen/München: Fink, 1991 (*Text & Kontext Sonderreihe, Band 30*), 127-140.

32. Reiher, Ruth: „Wir sind das Volk". Sprachwissenschaftliche Überlegungen zu den Losungen des Herbstes 1989. In: *Sprache im Umbruch. Politischer Sprachwandel im Zeichen von „Wende" und „Vereinigung"*. Hrsg. von Armin Burkhardt, K. Peter Fritzsche. Berlin/New York: de Gruyter, 1992 (*Sprache, Politik, Öffentlichkeit, Band 1*), 45-57.

33. Von „Buschzulage" und „Ossinachweis". Ost-West-Deutsch in der Diskussion. Hrsg. von Ruth Reiher und Rüdiger Läzer. Berlin: Aufbau TB, 1996 (*AtV Dokument und Essay*).

34. Mit gespaltener Zunge? Die deutsche Sprache nach dem Fall der Mauer. Hrsg. von Ruth Reiher und Antje Baumann. Berlin: Aufbau TB, 2000.

35. Schlosser, Horst Dieter: Deutsche Teilung, deutsche Einheit und die Sprache der Deutschen. In: *Aus Politik und Zeitgeschichte* B 17/91 v. 19.4.1991, 13-21.

36. Ders.: Die ins Leere befreite Sprache. Wende-Texte zwischen Euphorie und bundesdeutscher Wirklichkeit. In: *Muttersprache* 103 (1993) 3, 219-230.

37. Schröder, Marianne: Lexikographische Nach-Wende – Ein Überarbeitungsbericht. In: Lerchner, Gotthard (Hg.): *Sprachgebrauch im Wandel. Anmerkungen zur Kommunikationskultur in der DDR vor und nach der Wende*. Frankfurt a.M./Berlin/Bern/New York/Paris/Wien: Lang, 1992 (*Leipziger Arbeiten zur Sprach- und Kommunikationsgeschichte, Band 1*), 263-296.

38. Schroeter, Sabina: Die Sprache der DDR im Spiegel ihrer Literatur. Studien zum DDR-typischen Wortschatz. Berlin/New York: de Gruyter, 1994 (*Sprache, Politik, Öffentlichkeit, Band 2*).

39. Stahl, Peter: Ostgeld. In: *Sonntag* v. 22.7.1990 (*Rücksichten*).

40. Das Wörterbuch der Staatssicherheit. Definitionen zur „politisch-operativen Arbeit". Hrsg. von Siegfried Suckut. 3. Auflage. Berlin: Ch. Links, 2001 (*Analysen und Dokumente, Wissenschaftliche Reihe des Bundesbeauftragten für die Unterlagen des Staatssicherheitsdienstes der ehemaligen Deutschen Demokratischen Republik; 5*).
[zuerst Berlin: Ch. Links, 1996.]
[Dazu: Marek, Michael: Das geheime Vokabular. Konspiratives Kauderwelsch. Das Wörterbuch der Stasi, seine Begriffsdefinitionen und Decknamen für die inoffiziellen Mitarbeiter. In: *Freitag* v. 24.3.2000.]

41. Tschurenev, Eva-Maria: Ostdeutscher Sprachgebrauch. Was jeder kennt, muß noch einmal betont werden: Über Eigenheit und Eigenständigkeit. In: *FAZ* v. 2.2.2001.

42. Volmert, Johannes: Auf der Suche nach einer neuen Rhetorik. Ansprachen auf den Massendemonstrationen Anfang November '89. In: *Sprache im Umbruch. Politischer Sprachwandel im Zeichen von „Wende" und „Vereinigung"*. Hrsg. von Armin Burkhardt, K. Peter Fritzsche. Berlin/New York: de Gruyter, 1992 (*Sprache, Politik, Öffentlichkeit, Band 1*), 59-110.

43. Wolf, Birgit: Sprache in der DDR. Ein Wörterbuch. Berlin/New York: de Gruyter, 2000.

44. Wolf, Christa: Sprache der Wende. Rede auf dem Alexanderplatz. In: W., C.: *Reden im Herbst*. Berlin/Weimar: Aufbau, 1990 (*Texte zur Zeit*), 119-121;
auch in: Dies.: *Im Dialog. Aktuelle Texte*. Frankfurt a.M.: Luchterhand, 1990, 119-121
sowie [o.T.] in Schüddekopf, Charles (Hg.): *„Wir sind das Volk!" Flugschriften, Aufrufe und Texte einer deutschen Revolution*. Mit einem Nachwort von Lutz Niethammer. Reinbek: Rowohlt TB, 1990, 213-215
sowie in: W., C.: *Auf dem Weg nach Tabou. Texte 1990-1994*. Köln: Kiepenheuer & Witsch, 1994, 11-13.

4.4.4 Einzelne Autorinnen und Autoren

Sascha Anderson

1. [Anon.]: Maßnahme Totenhaus. Zwei neu aufgetauchte Karteikarten liefern weitere Beweise: Der Lyriker Alexander („Sascha") Anderson war ein wichtiger Stasi-Mitarbeiter. In: *Der Spiegel* 45 (1991) 52 v. 23.12.1991, 28f.
2. Bohley, Bärbel: Vergewaltigung des Themas. Das Beispiel Biermann und das Beispiel Anderson. In: *die andere* (1991) 45 v. 6.11.1991
auch in: *Ein Volk am Pranger? Die Deutschen auf der Suche nach einer neuen politischen Kultur*. Hrsg. von Albrecht Schönherr. Berlin: Aufbau TB, [o.J.] (*Texte zur Zeit*), 78-83
sowie in: *MachtSpiele. Literatur und Staatssicherheit im Fokus Prenzlauer Berg*. Hrsg. von Peter Böthig und Klaus Michael. Leipzig: Reclam, 1993, 313-318.
3. Cosentino, Christine: Noch einmal Sascha Anderson. In: In: *Literatur und politische Aktualität*. Hrsg. von Elrud Ibsch und Ferdinand van Ingen unter Mitarbeit von Anthonya Visser. Amsterdam/Atlanta: Rodopi, 1993 (*Amsterdamer Beiträge zur neueren Germanistik, Band 36*), 3-20.
4. Erb, Elke: Dichter und Denunziant. In: Heinrich-Böll-Stiftung (Hg.): *Stasi, KGB und Literatur. Beiträge und Erfahrungen aus Rußland und Deutschland*. Mit Beiträgen von Matthias Braun, György Dalos, Alexander Daniel u.a. Köln: Heinrich-Böll-Stiftung e.V., 1993, 185-195;
auch in: E., E.: *Der wilde Forst, der tiefe Wald. Auskünfte in Prosa*. Göttingen: Steidl, 1995, 174-186.
5. Jucker, Rolf: SchriftstellerInnen der DDR als Verräter und Aufklärer zugleich. Zu Christa Wolf, Sascha Anderson, Rainer Schedlinski und Heiner Müller. In: *The New Germany. Literature and Society after Unification*. Edited by Osman Durrani, Colin Good, Kevin Hilliard. Sheffield: University of Sheffield Press, 1995, 1-13.
6. Kunert, Günter: Zur Staatssicherheit. Poesie und Verbrechen. In: *FAZ* v. 6.11.1991;
auch in: *Deutsche Literatur 1991. Jahresüberblick*. Hrsg. von Franz Josef Görtz, Volker Hage und Uwe Wittstock unter Mitarbeit von Katharina Frühe. Stuttgart: Reclam, 1992, 272-276
sowie in: *Ein Volk am Pranger? Die Deutschen auf der Suche nach einer neuen politischen Kultur*. Hrsg. von Albrecht Schönherr. Berlin: Aufbau TB, [o.J.] (*Texte zur Zeit*), 84-88
sowie unter dem Titel *Der Fall Sascha Anderson* auch in: K., G.: *Der Sturz vom Sockel. Feststellungen und Widersprüche*. München/Wien: Hanser, 1992, 14-18.

7. Radisch, Iris: Die Krankheit Lüge. Die Stasi als sicherer Ort: Sascha Anderson und die Staatssicherheit. In: *Die Zeit* v. 24.1.1992.

Reinhold Andert

1. Reinhold Andert. Gewendet hat sich niemand und nichts – Unsere Besten. In: Quilitzsch, Frank: *Wie im Westen so auf Erden. Gespräche mit Schriftstellern und Liedermachern, Dichtern und Theaterleuten, Rocksängern und Pastoren.* München: P. Kirchheim Verlag, 1998, 12-16.

Jurek Becker

1. [Anon.]: Deckname „Lügner". Aus den Stasi-Akten über Jurek Becker. In: Arnold, Heinz-Ludwig (Hg.): *Feinderklärung. Literatur und Staatssicherheit* (*text+kritik 120*, Oktober 1993), 15-25.
2. Arnold, Heinz-Ludwig (Hg.): *Jurek Becker* (*text+kritik 116*, Oktober 1992).
3. [Interview mit Martin Doerry und Volker Hage]: „Zurück auf den Teppich!" Der Schriftsteller Jurek Becker über seine neue Fernsehserie, über deutsche Dichter und die Nation. In: *Der Spiegel* 48 (1994) 50 v. 12.12.1994, 195-200.
4. Gilman, Sander L.: Jurek Becker. Die Biographie. Aus dem Amerikanischen von Michael Schmidt. Berlin/München: Ullstein, 2002.
   [Dazu: Steinfeld, Thomas: Um Mitternacht ging ich, nicht eben gerne. Tausendmal schon hat er versucht, diese verfluchte Geschichte loszuwerden: Drei Lehren, die aus Sander L. Gilmans Biographie über Jurek Becker zu ziehen sind. In: *SZ* v. 9.10.2002 (*Beilage*).
5. Literarische Porträts: *Jurek Becker*. Begleitheft zum Videofilm. München: Goethe Institut, 1992.
6. [Interview mit Herlinde Koelbl]: Jurek Becker. In: K., H.: *Im Schreiben zu Haus. Wie Schriftsteller zu Werke gehen. Fotografien und Gespräche.* München: Knesebeck, 1998, 16-21.
7. Ortheil, Hanns-Josef: Die Furcht des Geschichten-Erzählers. Zum Tod von Jurek Becker. In: *NZZ* v. 17.3.1997;
   auch in: *Deutsche Literatur 1997. Jahresüberblick*. Hrsg. von Volker Hage, Rainer Moritz und Hubert Winkels. Stuttgart: Reclam, 1998, 53-57.
8. Rock, David: Christoph Hein und Jurek Becker: Zwei kritische Autoren aus der DDR über die Wende und zum vereinten Deutschland. In: *German Life and Letters* 50 (1997) 2, 182-200.

Wolf Biermann

1. [Anon.]: Rührend deutsch. Nun haben sie ihn wieder: Zu zwei umjubelten Konzerten reiste der vor 13 Jahren ausgebürgerte Liedermacher Wolf Biermann am Wochenende in die DDR. In: *Der Spiegel* 43 (1989) 49 v. 4.12.1989, 265f.
2. In Sachen Biermann. Protokolle, Berichte und Briefe zu den Folgen einer Ausbürgerung. Hrsg. von Roland Berbig, Arne Born, Jörg Judersleben, Holger Jens Karlson, Dorit Krusche, Christoph Martinkat, Peter Wruck. Berlin: Ch. Links, 1994 (*Forschungen zur DDR-Geschichte, Band 2*).
3. Bohley, Bärbel: Vergewaltigung des Themas. Das Beispiel Biermann und das Beispiel Anderson. In: *die andere* (1991) 45;
   auch in: *Ein Volk am Pranger? Die Deutschen auf der Suche nach einer neuen politischen Kultur*. Hrsg. von Albrecht Schönherr. Berlin: Aufbau TB, [o.J.] (*Texte zur Zeit*), 78-83.
4. Brand, Jobst-Ulrich: „Versöhnungssüchtig wie wir sind ...". Fragen an den Liedermacher Wolf Biermann. In: *PZ* (1999) 100, 9.
5. Chotjewitz, Peter O.: Bierfuchs. In: *Freitag* v. 15.11.1996 (*Mein Alter*).
6. Dehm, Diether: Zaghaft will die Form zurück zum Vorwärts. Wolf Biermanns neue Platte „Süßes Leben – saures Leben". In: *Freitag* v. 1.11.1996.
7. Dieckmann, Christoph: Vom Himmel auf die Erde. Wolf Biermann in der DDR. In: *Sonntag* v. 17.12.1989;
   auch in: D., C.: *My Generation. Cocker, Dylan, Lindenberg und die verlorene Zeit.* Mit Fotos von Harald Hauswald und anderen. Berlin: LinksDruck Verlag Ch. Links, 1991, 226-229.
8. Ders.: So oder so, die Erde wird alt. Wolf Biermann feierte den 25. Jahrestag seiner Ausbürgerung – im Berliner Ensemble am Schiffbauerdamm. In: *Die Zeit* v. 22.11.2001.
9. [Interview mit *GrauZone*]: Gut gebrüllt, Wolf ... Biermann, wie er singt und lacht: Versuch eines Interviews. In: *GrauZone* (1997) 9/10, 21-23.
10. Günther, Thomas: Zwischen Bekenntniswut und Selbstfindung. Erinnerungen an die Unterzeichnung der Biermann-Petition – 20 Jahre danach. In: *Freitag* v. 15.11.1996.
11. Hammer, Jean-Pierre: Wolf Biermann, poète divisé dans une Allemagne réunie. In: *Allemagne d'aujourd'hui* No. 114 Oct.-Déc. 1990, 210-221.
12. „Er hätte doch auch am Schnuller der Macht hängen können". Zwanzig Jahre nach Biermanns Ausbürgerung. In: Lahann, Birgit: *Geliebte Zone. Geschichten aus dem neuen Deutschland.* Fotos von Ute Mahler. Vor-

wort von Thomas Brussig. Stuttgart: Deutsche Verlags-Anstalt, 1997, 322-332.
13. Lücke, Detlev: Kein magisches Datum. Ein Gespräch mit dem Schriftsteller Klaus Schlesinger über die Ausbürgerung Wolf Biermanns am 16. November 1976 und die nachfolgenden Proteste von Schriftstellern und Künstlern in der DDR. In: *Freitag* v. 15.11.1996.
14. Rosellini, Jay [Julian]: Wolf Biermann. München: Beck, 1992 (*Beck'sche Reihe, Autorenbücher*).
15. Peter und der Wolf. Der Liedermacher und Autor Wolf Biermann ist der ausgebuffteste Selbstdarsteller auf allen denkbaren Bühnen. Eine Abrechnung von Peter Rühmkorf. In: *Die Woche* v. 1.4.1993; auch in: *Kopfnuss 1. Essays über Kultur und Politik*. Hrsg. von Heinrich v. Berenberg und Klaus Wagenbach. Berlin: Wagenbach, 1993, 29-36.
16. Rühmkorf, Peter: Einst Villon, nun Voltaire? Der prä- und postwendale Prosaist und Redner Wolf Biermann. In: *Literatur für Leser* (1996) 3, 186-205.
17. Winkler, Willi: Staatlich anerkannter Staatsfeind. Allein mit seinem Volk: Vor 25 Jahren wurde Wolf Biermann aus der DDR ausgebürgert. In: *SZ* v. 13.11.2001.
18. Wittkowski, Joachim: Die DDR und Biermann. Über den Umgang mit kritischer Intelligenz: Ein gesamtdeutsches Resümee. In: *Aus Politik und Zeitgeschichte* B 20/96 v. 10.5.1996, 37-45.

Matthias Biskupek

1. Matthias Biskupek. Wir reden und schreiben unsere Geschichte schön – Der typische „Wendehals" ist ein Sachse. In: Quilitzsch, Frank: *Wie im Westen so auf Erden. Gespräche mit Schriftstellern und Liedermachern, Dichtern und Theaterleuten, Rocksängern und Pastoren*. München: P. Kirchheim Verlag, 1998, 189-195.
2. Twark, Jill: Satireschrieben [sic] vor und nach der Wende: Interview mit Matthias Biskupek. In: *GDR Bulletin* 26 (1999), 45-53.

Volker Braun

1. [Anon.]: „Arbeitslos wie alle Veränderer". Georg-Büchner-Preis für Lyriker, Erzähler und Dramaturg [sic] Volker Braun – Wichtiger Vertreter der kritischen DDR-Literatur. In: *Rhein-Zeitung* v. 1./2.4.2000.
2. Arend, Ingo: Verschwiegener Laudator. Einer fehlt beim Büchner-Preis. In: *Freitag* v. 3.11.2000.
3. Auffermann, Verena: Graben in der Geschichte. Wechselbad des Lebens: Volker Braun hat in Darmstadt den Georg-Büchner-Preis erhalten. In: *SZ* v. 30.10.2000.

4. [Interview mit Lothar Baier]: Jeder hat seine Würde und seine Möglichkeit. Im Gespräch. Der Schriftsteller und Lyriker Volker Braun über das Erfassen blinder Flecken und ein Denken, das dem Geist der Globalisierung zuwiderläuft. In: *Freitag* v. 27.10.2000.
5. Berendse, Gerrit-Jan: Von einem heftigen Experimentator, der immer neue Wege sucht. Fünfundzwanzig Jahre politische Poesie von Volker Braun. In: Friedrich-Ebert-Stiftung/Kurt-Schumacher-Akademie (Hgg.): *Stichwort Literatur. Beiträge zu den Münstereifeler Literaturgesprächen*. Bad Münstereifel: Friedrich-Ebert-Stiftung, 1993, 109-123.
6. Unselds gedenkend. Von Volker Braun. In: *SZ* v. 29.10.2002.
7. Cosentino, Christine: Ostdeutsche Autoren Mitte der neunziger Jahre: Volker Braun, Brigitte Burmeister und Reinhard Jirgl. In: *The Germanic Review* 71 (1996) 3, 177-194.
8. Kiesel, Helmuth: Drei Ansichten des Wiedervereinigungsprozesses: Heiner Müller, Günter Grass, Volker Braun. In: Langguth, Gerd (Hg.): *Die Intellektuellen und die nationale Frage*. Frankfurt a.M./New York: Campus, 1997, 210-229.
9. Kormann, Julia: Selbstvergewisserung der Verunsicherung in Volker Brauns Gedicht „Das Eigentum". In: K., J.: *Literatur und Wende. Ostdeutsche Autorinnen und Autoren nach 1989*. Wiesbaden: Deutscher Universitäts-Verlag, 1999 (*Literaturwissenschaft/Kulturwissenschaft*), 253-270.
10. Kulick, Holger: Eine real exisitierende Faust-Mephisto-Geschichte. Neue Erkenntnisse zeigen, wie zielstrebig die Staatssicherheit Erfolg und Misserfolg des Schriftstellers Volker Braun manipulierte. In: *SZ* v. 26.10.2000.
11. Langner, Beatrix: Salto postmortale. Sechzehn Thesen über die verspäteten Klassiker der DDR-Literatur: Christa Wolf und Volker Braun. In: Arnold, Heinz Ludwig (Hg.): *DDR-Literatur der neunziger Jahre* (*text+kritik Sonderband IX/00*), 48-61.
12. Leistner, Bernd: Laudatio auf Volker Braun. Schiller-Gedächtnispreis 1992. In: *ndl* 41 (1993) 1, 154-159.
13. Marquardt, Hans-Jochen: Mit dem Kopf durch die Wende. Zu Volker Brauns Gedicht *Das Eigentum*. In: *Acta Germanica* 22 (1994), 115-130.
14. Volker Braun. Nach wie vor dem Umbruch – Das Nichtgelebte ist das, wovon man nicht loskommt. In: Quilitzsch, Frank: *Wie im Westen so auf Erden. Gespräche mit Schriftstellern und Liedermachern, Dichtern und Theaterleuten, Rocksängern und Pastoren*. München: P. Kirchheim Verlag, 1998, 41-45.

15. Raddatz, Fritz J.: Entzweites Leben. Ein Porträt des Dichters Volker Braun, der in diesen Tagen den Büchner-Preis erhält. In: *Die Zeit* v. 26.10.2000.
16. Reid, J. H.: Elektra, Iphigenie, Antigone: Volker Brauns's Women and the *Wende*. In: *Women and the* Wende. *Social Effects and Cultural Reflections of the German Unification Process*. Proceedings of a Conference held by *Women in German Studies* 9-11 September 1993 at the University of Nottingham. Edited by Elizabeth Boa and Janet Wharton. Amsterdam/Atlanta: Rodopi, 1994 (*German Monitor 31*), 189-199.
17. Schlenstedt, Dieter: Ein Gedicht als Provokation. In: *ndl* 40 (1992) 12, 124-132.
18. Ders.: Durchgearbeitete Landschaften Volker Brauns. In: *Literatur und politische Aktualität*. Hrsg. von Elrud Ibsch und Ferdinand van Ingen unter Mitarbeit von Anthonya Visser. Amsterdam/Atlanta: Rodopi, 1993 (*Amsterdamer Beiträge zur neueren Germanistik, Band 36*), 81-100.
19. Schuhmann, Klaus: Landeskunde im Gedicht. Zeitwandel und Zeitwende in der Lyrik Volker Brauns. In: *Zeitschrift für Germanistik* N.F. III (1993) 1, 134-145.
20. Seibt, Gustav: Das Wirklichgelungene. Laudatio auf Volker Braun zum Büchner-Preis 2000 [Typoskript, 6 S.].
21. Visser, Anthonya: „Und so wie es bleibt ist es". Volker Brauns *Iphigenie in Freiheit*: eine Dekonstruktion des deutschen Einigungsprozesses? In: *Literatur und politische Aktualität*. Hrsg. von Elrud Ibsch und Ferdinand van Ingen unter Mitarbeit von Anthonya Visser. Amsterdam/Atlanta: Rodopi, 1993 (*Amsterdamer Beiträge zur neueren Germanistik, Band 36*), 131-154.
22. Dies.: „Die Hoffnung lag im Weg wie eine Falle". Die Auseinandersetzung mit der sozialistischen Diktatur in Gedichten Volker Brauns. In: Rüther, Günther (Hg.): *Literatur in der Diktatur. Schreiben im Nationalsozialismus und DDR-Sozialismus*. Paderborn: Schöningh, 1997, 421-443.
23. Weinreich, Irma: Ein aufrechter Schreiber. Ehemaliger DDR-Staatsfeind Volker Braun erhält morgen in Darmstadt den Büchner-Preis. In: *Rhein-Zeitung* v. 27.10.2000.

Elfriede Brüning

1. „Ich wollte immer nur schreiben." Elfriede Brüning, Schriftstellerin, Berlin. In: *Wendezeiten. Deutsche Lebensläufe in fünf politischen Systemen*. Hrsg. von Franziska Schlotterer und Isabella Knoesel. Fotografien von Markus Schädel. Berlin: Henschel, 1997, 128-151.

Thomas Brussig

1. Decker, Gunnar: Zweimal Brussig im Kino. In: Decker, Kerstin und G.: *Gefühlsausbrüche oder Ewig pubertiert der Ostdeutsche. Reportagen, Polemiken, Porträts*. Berlin: Das Neue Berlin, 2001; 275-281, 275-279 bzw. 279-281.
   [zuerst unter dem Titel *Freiheit zu lachen. „Sonnenallee" von Haußmann und Brussig* in: *ND* v. 6.10.1999 bzw. unter dem Titel *Der Fehler im System. Sebastian Peterson verfilmte Thomas Brussigs „Helden wie wir"* in: *ND* v. 9.11.1999].
2. [Interview mit *GrauZone*]: Zurück aus dem Schlamm: die Geschichtenerzähler. Thomas Brussig, Radek Knapp und Burkhard Spinnen im Gespräch: „Was mache ich hier". In: *GrauZone* (1996) 6, 8-11.
3. [Interview mit Herlinde Koelbl]: Thomas Brussig. In: K., H.: *Im Schreiben zu Haus. Wie Schriftsteller zu Werke gehen. Fotografien und Gespräche*. München: Knesebeck, 1998, 96-101.
4. Kormann, Julia: Satire und Ironie in der Literatur nach 1989. Texte nach der Wende von Thomas Brussig, Thomas Rosenlöcher und Jens Sparschuh. In: *Mentalitätswandel in der deutschen Literatur zur Einheit (1990-2000)*. Hrsg. von Volker Wehdeking. Berlin: Erich Schmidt Verlag, 2000 (*Philologische Studien und Quellen, Heft 165*), 165-176.
5. „Ich will die kleine Dicke mit der Sülze in der Bluse". Thomas Brussig schreibt eine Satire auf die DDR. In: Lahann, Birgit: *Geliebte Zone. Geschichten aus dem neuen Deutschland*. Fotos von Ute Mahler. Vorwort von Thomas Brussig. Stuttgart: Deutsche Verlags-Anstalt, 1997, 255-259.
6. [Interview mit Silke Lambeck]: Herr Brussig, was halten Sie von Nostalgie? Der Schriftsteller über Heimat, trügerische Erinnerungen und den glücklichsten Moment im Leben. In: *BZ* v. 6./7.11.1999.
7. Magenau, Jörg: Kindheitsmuster. Thomas Brussig oder Die ewige Jugend der DDR. In: *aufgerissen. Zur Literatur der 90er*. Hrsg. von Thomas Kraft. München/Zürich: Piper, 2000, 39-52.
8. Programmblatt zu „Helden wie wir" (*Deutsches Theater, Kammerspiele*, Berlin; 113. Spielzeit 1995/96).

Günter de Bruyn

1. [Anon.]: Gewinn in moralischer Hinsicht. Der Schriftsteller Günter de Bruyn über das Oderbruch, die Verbundenheit der Bewohner mit dem ständig gefährdeten Landstrich und die vielen Heimsuchungen. In: *Der Spiegel* 51 (1997) 33 v. 11.8.1997, 40-43.

2. [Interview mit Petra Bornhöft und Dietmar Pieper]: „Die Sehnsucht nach der schöneren DDR". Günter de Bruyn über ostdeutsche Gefühle und die Rolle der PDS. In: *Der Spiegel* 48 (1994) 30 v. 25.7.1994 (*Spiegel-Gespräch*), 38-43;
unter dem Titel *Gespräch mit Günter de Bruyn* auch in: B., G.d.: *Ostdeutsche Irritationen. Ein Vortrag* (*europäische ideen* (1995) (*Sonderheft*)), 8-11.
3. Braun, Michael: Schwierigkeiten beim Schreiben der Wahrheit. Günter de Bruyns literarische Auseinandersetzung mit der Diktatur. In: Rüther, Günther (Hg.): *Literatur in der Diktatur. Schreiben im Nationalsozialismus und DDR-Sozialismus*. Paderborn: Schöningh, 1997, 391-403.
4. Ders.: Günter Grass' Rückkehr zu Herders „Kulturnation" im Kontrast zu Martin Walser und Günter de Bruyn. Essays und Reden zur Einheit. In: *Mentalitätswandel in der deutschen Literatur zur Einheit (1990-2000)*. Hrsg. von Volker Wehdeking. Berlin: Erich Schmidt Verlag, 2000 (*Philologische Studien und Quellen, Heft 165*), 97-110.
5. Bruyn, Günter de: Selbstvorstellung. An der Deutschen Akademie für Sprache und Dichtung in Darmstadt am 12. Oktober 1990. In: *Günter de Bruyn. Materialien zu Leben und Werk*. Hrsg. von Uwe Wittstock. Frankfurt a.M.: Fischer TB, 1991 (*Informationen und Materialien zur Literatur*), 11-13.
6. [Interview mit Regina General]: Stimme einer Stimmung. Ein Gespräch mit Günter de Bruyn über die Frage, ob die Revolution ohne die Schriftsteller stattgefunden hat. In: *Die Zeit* v. 9.3.1990;
unter dem Titel *Stimme einer Stimmung. Günter de Bruyn im Gespräch mit Regina General* auch in: *Günter de Bruyn. Materialien zu Leben und Werk*. Hrsg. von Uwe Wittstock. Frankfurt a.M.: Fischer TB, 1991 (*Informationen und Materialien zur Literatur*), 96-101.
7. [Interview mit Herlinde Koelbl]: Günter de Bruyn. In: K., H.: *Im Schreiben zu Haus. Wie Schriftsteller zu Werke gehen. Fotografien und Gespräche*. München: Knesebeck, 1998, 162-167.
8. [Interview mit Helmtrud Mauser]: Blick zurück. Günter de Bruyn im Gespräch mit Helmtrud Mauser im Januar 1991. In: *Günter de Bruyn. Materialien zu Leben und Werk*. Hrsg. von Uwe Wittstock. Frankfurt a.M.: Fischer TB, 1991 (*Informationen und Materialien zur Literatur*), 102-120.
9. [Interview mit Helmut L. Müller]: Eine Zwischenbilanz. Günter de Bruyn äußert sich im Gespräch mit dem außenpolitischen Redakteur der *Salzburger Nachrichten*, Helmut L. Müller, zur Seelenlage der DDR-Autoren. In: *Die politische Meinung* 37 (1992) 276, 70-72.

10. Tate, Dennis: Günter de Bruyn: the ‚gesamtdeutsche Konsensfigur' of post-unification literature? In: *German Life and Letters* 50 (1997) 2, 201-213.
11. Günter de Bruyn. Materialien zu Leben und Werk. Hrsg. von Uwe Wittstock. Frankfurt a.M.: Fischer TB, 1991 (*Informationen und Materialien zur Literatur*).

Brigitte Burmeister

1. Alldred, Beth: Two contrasting perspectives on german unification: Helga Schubert and Brigitte Burmeister. In: *German Life and Letters* 50 (1997) 2, 165-181.
2. Cosentino, Christine: Ostdeutsche Autoren Mitte der neunziger Jahre: Volker Braun, Brigitte Burmeister und Reinhard Jirgl. In: *The Germanic Review* 71 (1996) 3, 177-194.
3. Gaddy, Kerstin: Interview mit Brigitte Burmeister (Washington, D.C., 15. April 2000). In: *Monatshefte* XCIII (2001) 3, 265-272.
4. Grant, Colin: Brigitte Burmeister's *Anders oder Vom Aufenthalt in der Fremde*. Tracing the texts in a ‚new novel'. In: *Retrospect and Review. Aspects of the Literature of the GDR 1976-1990*. Edited by Robert Atkins and Martin Kane. Amsterdam/Atlanta: Rodopi, 1997 (*German Monitor 40*), 75-91.
5. Kaiser, Hella: Die Tugend der Rücksichtslosigkeit. Die Schriftstellerin Brigitte Burmeister. In: *Stuttgarter Zeitung* v. 22.10.1994.
6. Kaufmann, Eva: Adieu Kassandra? Schriftstellerinnen aus der DDR vor, in und nach der Wende: Brigitte Burmeister, Helga Königsdorf, Helga Schütz, Brigitte Struzyk, Rosemarie Zeplin. In: *Women and the* Wende. *Social Effects and Cultural Reflections of the German Unification Process*. Proceedings of a Conference held by *Women in German Studies* 9-11 September 1993 at the University of Nottingham. Edited by Elizabeth Boa and Janet Wharton. Amsterdam/Atlanta: Rodopi, 1994 (*German Monitor 31*), 216-225.
7. [Interview mit Dorothea von Törne]: Haben Sie noch die Mauer im Kopf, Frau Burmeister? In: *Der Tagespiegel* v. 9.11.1995.

Heinz Czechowski

1. Hilton, Ian: Heinz Czechowski: The Darkened Face of Nature. In: *German Literature at a Time of Change 1989-1990. German Unity and German Identity in Literary Perspective*. Edited by Arthur Williams, Stuart Parkes and Roland Smith. Bern/Berlin/Frankfurt a.M./New York/Paris/Wien: Lang, 1991, 401-412.

2. Ders.: Heinz Czechowski: Die überstandene Wende? In: *German Life and Letters* 50 (1997) 2, 214-226.
3. Serke, Jürgen: Heinz Czechowski: Gefangen in den Ruinen des Anfangs. In: S., J.: *Zu Hause im Exil. Dichter, die eigenmächtig blieben in der DDR*. Mit Fotos von Christian G. Irrgang. München/Zürich: Piper, 1998, 186-215.

Daniela Dahn

1. Decker, Kerstin: Jeanne d'Arc im Rechtsstaat. Als Daniela Dahn Verfassungsrichterin werden wollte. In: D., K. und Gunnar: *Gefühlsausbrüche oder Ewig pubertiert der Ostdeutsche. Reportagen, Polemiken, Porträts*. Berlin: Das Neue Berlin, 2001, 138-143 [zuerst unter dem Titel *Eine List der Geschichte. Wäre Jeanne d'Arc Verfassungsrichterin geworden? Daniela Dahn sollte es in Brandenburg werden. Die SPD sagte Nein zur PDS-Kandidatin* in: *Der Tagesspiegel* v. 16.11.1998].
2. Leicht, Robert: Diese Dichterin ist keine Richterin. In: *Die Zeit* v. 10.12.1998.
3. Mara, Michael: Nach Dahn-Konflikt: SPD und PDS streben Versöhnung an. Heute Gespräch über Vorgehen bei Wahl der Verfassungsrichter. In: *Der Tagesspiegel* v. 12.1.1999.
4. Menge, Marlies: Angepaßt war sie noch nie. Schon zu DDR-Zeiten schwamm die Schriftstellerin gegen den Strom. In: M., M.: *Spaziergänge. Die Serie aus der Wochenzeitung DIE ZEIT*. Mit Fotografien von Roger Melis. Berlin: Schwarzkopf & Schwarzkopf, 2000, 124-130.
5. Wagner, Richard: „Die Zurückgewiesene des Tages". Zu den Büchern von Daniela Dahn. In: Arnold, Heinz Ludwig (Hg.): *DDR-Literatur der neunziger Jahre* (*text+kritik Sonderband IX/00*), 74-79.

Friedrich Christian Delius

1. Bullivant, Keith: „Bewundernswert, was Sie alles schon damals ..." Gespräch mit Friedrich Christian Delius. In: *Literatur für Leser* (1995) 1, 1-10.

Stefan Döring

1. Wolf, Gerhard: V Stefan Döring: Heutmorgestern (1989). In: W., G.: *Sprachblätter Wortwechsel. Im Dialog mit Dichtern*. Leipzig: Reclam, 1992, 159-163.

Kurt Drawert

1. [Interview mit Andreas Herzog]: „... Und ich begehre, meinem Körper eine Geschichte zu geben ...“ Andreas Herzog im Gespräch mit Kurt Drawert. Leipzig, am 8.1.1994. In: Drawert, Kurt: *Fraktur. Lyrik, Prosa, Essay*. Leipzig: Reclam, 1994, 242-248.
2. Murath, Clemens: Beschädigtes Sprechen und eloquentes Schweigen – Anmerkungen zu Kurt Drawerts deutschem Monolog *Spiegelland*. In: *The New Germany. Literature and Society after Unification*. Edited by Osman Durrani, Colin Good, Kevin Hilliard. Sheffield: University of Sheffield Press, 1995, 381-394.
3. Serke, Jürgen: Kurt Drawert: Wohnen in westlichen Worten. In: S., J.: *Zu Hause im Exil. Dichter, die eigenmächtig blieben in der DDR*. Mit Fotos von Christian G. Irrgang. München/Zürich: Piper, 1998, 378-403.

Horst Drescher

1. Serke, Jürgen: Horst Drescher: In der Sprache des täglichen Brots. In: S., J.: *Zu Hause im Exil. Dichter, die eigenmächtig blieben in der DDR*. Mit Fotos von Christian G. Irrgang. München/Zürich: Piper, 1998, 404-451.

Adolf Endler

1. Berendse, Gerrit Jan: Groteske Tänze mit der Mauer. Adolf Endler bekannte sich zur Teilung Berlins. In: *Germanistentreffen Belgien – Niederlande – Luxemburg – Deutschland: 29.9.-3.10.1992.* Dokumentation der Tagungsbeiträge. Bonn: DAAD, [o.J.] (*DAAD Dokumentationen & Materialien, 21*), 177-189.
2. Krawarnewall. Über Adolf Endler. Hrsg. von Gerrit-Jan Berendse. Leipzig: Reclam, 1997.
3. Endler, Adolf: Den Tiger reiten. Aufsätze, Polemiken und Notizen zur Lyrik der DDR. Hrsg. von Manfred Behn. Frankfurt a.M.: Luchterhand, 1990.
4. Wolf, Gerhard: Die selbsterlittene Geschichte mit dem Lob. Laudatio für Elke Erb und Adolf Endler (1990). In: W., G.: *Sprachblätter Wortwechsel. Im Dialog mit Dichtern*. Leipzig: Reclam, 1992, 110-125.

Elke Erb

1. Wolf, Gerhard: Die selbsterlittene Geschichte mit dem Lob. Laudatio für Elke Erb und Adolf Endler (1990). In: W., G.: *Sprachblätter Wortwechsel. Im Dialog mit Dichtern*. Leipzig: Reclam, 1992, 110-125.

Fritz Rudolf Fries

1. Liersch, Werner: In der Schwebe. Die Vorwürfe gegen Fritz Rudolf Fries. In: *Freitag* v. 26.4.1996.

Jürgen Fuchs

1. Jürgen Fuchs: Gesprächsfragmente. Protokolliert von Doris Liebermann. In: *europäische ideen* (1999) 114 (*Jürgen Fuchs. Gesprächsfragmente*), 2-34.
2. *europäische ideen* (1999) 115 (*In memoriam Jürgen Fuchs*).
3. Gespräch Lilo Fuchs/Doris Liebermann. Zum 50. Geburtstag von Jürgen Fuchs am 18. Dezember. In: *europäische ideen* (2000) 121 (*Psychoterror und Überleben*), 1-14.

Günter Gaus

1. „Soll ich mir einen Bart umhängen?" Günter Gaus – der letzte Bürger der DDR. In: Lahann, Birgit: *Geliebte Zone. Geschichten aus dem neuen Deutschland*. Fotos von Ute Mahler. Vorwort von Thomas Brussig. Stuttgart: Deutsche Verlags-Anstalt, 1997, 211-223.
2. [Interview mit Gunnar Leue]: „Die Manipulation in der DDR war altmodisch und so weniger wirksam". Warum ist Günter Gaus neugierig auf Ostdeutsche? Der Publizist und seine deutsch-deutschen Erfahrungen. In: *LVZ* v. 15.4.1998]

Harald Gerlach

1. Serke, Jürgen: Harald Gerlach: Die Toten haben den längsten Atem. In: S., J.: *Zu Hause im Exil. Dichter, die eigenmächtig blieben in der DDR*. Mit Fotos von Christian G. Irrgang. München/Zürich: Piper, 1998, 268-307.

Günter Grass

1. [Anon.]: Preisverdächtig: Grass für Kooperation mit der PDS. Nobelpreisträger schmäht Lafontaine, ohne ihm zu widersprechen. In: *junge Welt* v. 16./17.10.1999.
2. Wo bleibt das „Angaschemang"? Günter Grass und die Folgen: Der Schriftsteller Matthias Altenburg über die Debattier-Müdigkeit seiner Autorengeneration. In: *Die Woche* v. 15.10.1999.
3. [Interview mit Ingo Arend und Detlev Lücke]: Der Osten gehört dem Westen. Ein Gespräch mit Günter Grass über deutsche Einheit und

deutsche Zwietracht, über das Schreiben und Lesen von Büchern. In: *Freitag* v. 4.10.1996.

4. Au, Michael: Trommeln für die Vernunft. Zum 70. Geburtstag von Günter Grass. In: *Rhein-Zeitung* v. 16.10.1997.
5. Braun, Michael: Günter Grass' Rückkehr zu Herders „Kulturnation" im Kontrast zu Martin Walser und Günter de Bruyn. Essays und Reden zur Einheit. In: *Mentalitätswandel in der deutschen Literatur zur Einheit (1990-2000)*. Hrsg. von Volker Wehdeking. Berlin: Erich Schmidt Verlag, 2000 (*Philologische Studien und Quellen, Heft 165*), 97-110.
6. Feyl, Renate: Die Normalität des Nationalen. Ein Plädoyer wider die Politik des Dichters Günter Grass. In: *FAZ* v. 19.5.1990;
auch in: *Deutsche Literatur 1990. Jahresüberblick*. Hrsg. von Franz Josef Görtz, Volker Hage und Uwe Wittstock unter Mitarbeit von Katharina Frühe. Stuttgart: Reclam, 1991, 136-142.
7. Göttler, Fritz: Jetzt hört was auf, jetzt fängt was an. Günter Grass hat endlich den Literaturnobelpreis bekommen. In: *SZ* v. 1.10.1999.
8. Grass, Günter: Der Autor als fragwürdiger Zeuge. Hrsg. von Daniela Hermes. München: dtv, 1997.
9. Hage, Volker: Kein schöner Thema weit und breit. Christoph Hein, Stefan Heym und Christa Wolf, Günter Grass und Martin Walser: Schriftsteller in Ost und West bündeln ihre Aufsätze, Reden und Gespräche zur deutschen Frage. In: *Sonntag/Die Zeit* v. 9.3.1990 (*Literatur, Leipziger Buchmesse 1990*);
unter dem Titel *Kein schöner' Thema weit und breit. Schriftsteller in Ost und West zur deutschen Frage* auch in: H., V.: *Propheten im eigenen Land. Auf der Suche nach der deutschen Literatur*. München: dtv, 1999, 96-107.
10. [Interview mit Hannes Hansen]: Wie sich Geschichte aus dem Blickwinkel der kleinen Leute darstellt. Interview mit Günter Grass über sein Selbstverständnis als Autor, seine Beziehung zu den Feuilletons und die deutsche Vereinigung. In: *Rhein-Zeitung* v. 16.10.1997.
11. Jürgs, Michael: Bürger GRASS. Biographie eines deutschen Dichters. München: C. Bertelsmann, 2002.
[Dazu: Auffermann, Verena: Überall Heimat begraben. Der ihn kundig machte: Michael Jürgs schreibt emphatisch über den „Bürger Grass". In: *SZ* v. 9.10.2002 (*Beilage*).
12. Ders.: Weil die Geschichte weitergeht. Günter Grass zum 75. Geburtstag. In: *Thalia Magazin. Leselust und Lebensart* (2002) 2, 12-14.
13. [Interview mit Hellmuth Karasek und Rolf Becker]: Nötige Kritik oder Hinrichtung? SPIEGEL-Gespräch mit Günter Graß [sic] über die Debatte um Christa Wolf und die DDR-Literatur. In: *Der Spiegel* 44 (1990) 29 v. 16.7.1990, 138-143.

14. Kiesel, Helmuth: Drei Ansichten des Wiedervereinigungsprozesses: Heiner Müller, Günter Grass, Volker Braun. In: Langguth, Gerd (Hg.): *Die Intellektuellen und die nationale Frage*. Frankfurt a.M./New York: Campus, 1997, 210-229.
15. [Interview mit Bernd Kühnl und Willi Winkler]: Viel Gefühl, wenig Bewußtsein. Der Schriftsteller Günter Graß [sic] über eine mögliche Wiedervereinigung Deutschlands. In: *Der Spiegel* 43 (1989) 47 v. 20.11.1989, 75-80;
auch in: G., G.: *Deutscher Lastenausgleich. Wider das dumpfe Einheitsgebot. Reden und Gespräche*. Berlin (DDR)/Weimar: Aufbau, 1990 (*Texte zur Zeit*), 13-25,
sowie in: G., G.: *Gegen die verstreichende Zeit. Reden, Aufsätze und Gespräche 1989-1991*. Hamburg/Zürich: Luchterhand 1991, 13-27.
16. Kniffler, Thomas: Über und mit Günter Grass. Die Stimme der deutschen Literatur lässt aufhorchen. In: *Thalia Magazin. Leselust und Lebensart* (2002) 2, 15.
17. Lottmann, Joachim: Bashing Günter Grass. Verehrung frei Schnauze: Joachim Lottmann, Schriftsteller aus Berlin, zur aktuellen Literaturnobelpreis-Verleihung. In: *Unicum* 17 (1999) 11, 8.
18. Maroufi, Abbas: Ich werde dieses Land verlassen. Über das absurde Leben eines iranischen Schriftstellers im Exil – ein Brief an Günter Grass. In: *Die Zeit* v. 1.10.1998.
19. Mews, Siegfried: Günter Grass und das Problem der deutschen Nation. In: Mayer-Iswandy, Claudia (Hg.): *Zwischen Traum und Trauma – Die Nation. Transatlantische Perspektiven zur Geschichte eines Problems*. Tübingen: Stauffenburg, 1994 (*Stauffenburg Colloquium 32*), 111-127.
20. Moser, Sabine: „Dieses Volk, unter dem es zu leiden galt". Die deutsche Frage bei Günter Grass. Frankfurt a.M./Berlin/Bern/Bruxelles/New York/Oxford/Wien: Lang, 2002 (*Kölner Studien zur Literaturwissenschaft, Band 13*).
21. [Interview mit Roderich Reifenrath, Wolfram Schütte und Axel Vornbäumen]: Ich habe nie an Siege gelaubt. Günter Grass über Glücksmomente, Einsamkeit und den ersten Satz. In: *FR* v. 16.10.1997;
auch in: *FR* v. 7.10.1998 (*Das Gespräch. Ein Sonderdruck der Frankfurter Rundschau*).
22. Schulte, Hansgerd: Günter Grass et l'unification allemande: *Ein weites Feld*. In: *La mise en œuvre de l'unification allemande (1989-1990)*. Sous la direction de Anne Saint Sauveur-Henn et Gérard Schneilin. Asnières: Pia – Publications de l'Institut d'Allemand, 1998 (*Collection Publications de l'Institut d'Allemand d'Asnières, No. 25*), 427-435.
23. Simon, Dietrich: Über Günter Grass bei „Volk und Welt". In: *Thalia Magazin. Leselust und Lebensart* (2002) 2, 14.

24. Stolz, Dieter: *‚Deutschland – ein literarischer Begriff'*: Günter Grass and the German Question. In: *German Literature at a Time of Change 1989-1990. German Unity and German Identity in Literary Perspective.* Edited by Arthur Williams, Stuart Parkes and Roland Smith. Bern/Berlin/Frankfurt a.M./New York/Paris/Wien: Lang, 1991, 207-224.
25. Nicht von der Bank der Sieger aus. Günter Grass wird siebzig Jahre alt. Ein Gespräch mit dem Schriftsteller von Hubert Winkels im Deutschlandfunk. Nachwort von Hajo Steinert. [Köln]: DeutschlandRadio, 1997.
26. Wittmann, Jochen: The GDR and Günter Grass: East German Reception of the Literary Works and Public Persona. In: *German Literature at a Time of Change 1989-1990. German Unity and German Identity in Literary Perspective*. Edited by Arthur Williams, Stuart Parkes and Roland Smith. Bern/Berlin/Frankfurt a.M./New York/Paris/Wien: Lang, 1991, 273-284.
27. [„]Lieber Günter Grass, [...].[“] Christa Wolf an Günter Grass zum 70. Geburtstag. In: *dtv magazin* 1997 (Winter), 6f.
28. Zimmermann, Harro: Lichte Melancholie. Günter Grass und die Aufklärung oder: Ein deutsches Mißverständnis. In: *SZ* v. 23./24.1.1999 (*SZ am Wochenende. Feuilleton-Beilage der Süddeutschen Zeitung*).

Annett Gröschner

1. Dahlke, Birgit: Zwischen Authentizität und Alltagsgeschichte. Gabriele Stötzer und Annett Gröschner. In: *Zersammelt. Die inoffizielle Literaturszene der DDR nach 1990. Eine Bestandsaufnahme*. Hrsg. von Roland Berbig, Birgit Dahlke, Michael Kämper-van den Boogaart und Uwe Schoor (*Theater der Zeit/Recherchen* 6), 46-55.

Durs Grünbein

1. Böttiger, Helmut: Durs Grünbein. Die sibirischen Abenteuerspielplätze [Teil 2 von *DDR-Identität. Zwei Schattenrisse*]. In: B., H.: *Rausch im Niemandsland. Es gibt ein Leben nach der DDR*. Berlin: Fannei & Walz, 1994, 86-95.
2. [Interview mit Herlinde Koelbl]: Durs Grünbein. In: K., H.: *Im Schreiben zu Haus. Wie Schriftsteller zu Werke gehen. Fotografien und Gespräche.* München: Knesebeck, 1998, 212-217.
3. Ders.: „manches Wort war ein Altersfleck“. Durs Grünbein oder Die Verarbeitung dessen, allzu früh auf dem Olymp angelangt zu sein. In: *aufgerissen. Zur Literatur der 90er*. Hrsg. von Thomas Kraft. München/Zürich: Piper, 2000, 53-66.

4. Pickerodt, Gerhard: Durs Grünbein und der Aschermittwoch der DDR. In: *Verrat an der Kunst? Rückblicke auf die DDR-Literatur.* Hrsg. von Karl Deiritz und Hannes Krauss. Berlin: Aufbau TB, 1993, 99-103.

Peter Härtling

1. [Interview mit Jürgen Krätzer u.a.]: „Dante war nicht in der Hölle" *oder* Der Stoff, aus dem Literatur ist. Ein Gespräch mit Peter Härtling. In: *die horen* 46 (2001) 201 (*Erfahrung Deutschland/SchreibArten & LebensGeschichten*), 279-296.
2. [Interview mit Herlinde Koelbl]: Peter Härtling. In: K., H.: *Im Schreiben zu Haus. Wie Schriftsteller zu Werke gehen. Fotografien und Gespräche.* München: Knesebeck, 1998, 144-149.

Wolfgang Hegewald

1. [Interview mit Jürgen Krätzer u.a.]: „Ansonsten kann ich mit einem Selbstetikett nicht dienen..." Ein Gespräch mit Wolfgang Hegewald. In: *die horen* 46 (2001) 201 (*Erfahrung Deutschland/SchreibArten & LebensGeschichten*), 115-146.

Christoph Hein

1. Albrecht, Terrance: Deutungskanon. Christoph Hein in der westdeutschen Rezeption der 80er und 90er Jahre. In: Dahlke, Birgit/Langermann, Martina/Taterka, Thomas (Hgg.): *LiteraturGesellschaft DDR. Kanonkämpfe und ihre Geschichte(n).* Stuttgart/Weimar: Metzler, 2000, 393-412.
2. Andress, Reinhard: Christoph Heins Weg durch den Herbst 1989. In: *Chronist ohne Botschaft. Christoph Hein. Ein Arbeitsbuch. Materialien, Auskünfte, Bibliographie.* Hrsg. von Klaus Hammer. Berlin/Weimar: Aufbau, 1992, 158-172.
3. Arend, Ingo: Kunststückchen. PEN Deutschland. Die Wahl Christoph Heins ist ein gutes Signal für den Neuanfang. In: *Freitag* v. 6.11.1998.
4. [Interview mit Ingo Arend und Detlev Lücke]: Erschöpfung ist eine Produktivkraft. Im Gespräch. Christoph Hein über die unendliche Geschichte der Pen-Vereinigung [sic]. In: *Freitag* v. 13.11.1998.
5. *Christoph Hein. Texte, Daten, Bilder.* Hrsg. von Lothar Baier. Frankfurt a.M.: Luchterhand, 1990.
6. Dieckmann, Christoph: Der Chronist wird König. Christoph Hein – der neue PEN-Präsident. In: *Die Zeit* v. 5.11.1998.

7. Fischer, Bernd: Christoph Hein. Drama und Prosa im letzten Jahrzehnt der DDR. Heidelberg: Carl Winter Universitätsverlag, 1990 (*Reihe Siegen, Beiträge zur Literatur-, Sprach- und Medienwissenschaft, Band 98*).
8. Hage, Volker: Kein schöner Thema weit und breit. Christoph Hein, Stefan Heym und Christa Wolf, Günter Grass und Martin Walser: Schriftsteller in Ost und West bündeln ihre Aufsätze, Reden und Gespräche zur deutschen Frage. In: *Sonntag/Die Zeit* v. 9.3.1990 (*Literatur, Leipziger Buchmesse 1990*);
   unter dem Titel *Kein schöner' Thema weit und breit. Schriftsteller in Ost und West zur deutschen Frage* auch in: H., V.: *Propheten im eigenen Land. Auf der Suche nach der deutschen Literatur*. München: dtv, 1999, 96-107.
9. Chronist ohne Botschaft. Christoph Hein. Ein Arbeitsbuch. Materialien, Auskünfte, Bibliographie. Hrsg. von Klaus Hammer. Berlin/Weimar: Aufbau, 1992.
10. [Interview mit Klaus Hammer]: „Dialog ist das Gegenteil von Belehren". Gespräch mit Christoph Hein. In: *Chronist ohne Botschaft. Christoph Hein. Ein Arbeitsbuch. Materialien, Auskünfte, Bibliographie*. Hrsg. von Klaus Hammer. Berlin/Weimar: Aufbau, 1992, 11-50.
11. Hensing, Dieter: Christoph Hein – Dialog und Diskurs. In: *Konzepte und Perspektiven Germanistischer Literaturwissenschaft*. Hrsg. von Christa Grimm, Ilse Nagelschmidt und Ludwig Stockinger. Leipzig: Leipziger Universitätsverlag, 1999 (*Literatur und Kultur. Leipziger Texte, Reihe A: Konferenzen, Band 1*), 199-217.
12. [Interview mit Fritz-Jochen Kopka]: „Mitleid und Hass trüben den Blick". Der Schriftsteller und neue PEN-Präsident Christoph Hein über das Zusammenwachsen von Ost und West. In: *Die Woche* v. 6.11.1998.
13. [Interview mit Dieter Krebs]: Weder das Verbot noch die Genehmigung als Geschenk. *BZ* sprach mit dem Schriftsteller Christoph Hein nicht vorrangig über Literatur. In: *BZ* v. 4./5.11.1989;
   auch in: *ndl* 38 (1990) 3, 177-180
   sowie in: H., C.: *Die fünfte Grundrechenart. Aufsätze und Reden 1987-1990*. Frankfurt a.M.: Luchterhand, 1990/1992, 189-193
   sowie in: Ders.: *Als Kind habe ich Stalin gesehen. Essais und Reden*. Berlin/Weimar: Aufbau, 1990/1992, 178-183.
14. [Interview mit Sigrid Löffler]: Die Idee des europäischen Hauses ist gestorben. In: *profil* (Wien) v. 11./12.3.1990;
   unter dem Titel *„Die alten Themen habe ich noch, jetzt kommen neue dazu". Gespräch mit Sigrid Löffler (März 1990)* auch in: *Christoph Hein. Texte, Daten, Bilder. Hrsg. von Lothar Baier*. Frankfurt a.M.: Luchterhand, 1990, 37-44
   sowie gekürzt in: *taz* v. 17.3.1990.

15. Menge, Marlies: Nur die Masken erlauben Freiheit. An Christoph Hein wurde stets seine DDR-Ferne hervorgehoben. Seine Romanfiguren sind kühl und distanziert. Der Schriftsteller selbst gibt sich liebenswürdig, ein wenig scheu und redet nicht gern über sich. In: M., M.: *Spaziergänge. Die Serie aus der Wochenzeitung DIE ZEIT*. Mit Fotografien von Roger Melis. Berlin: Schwarzkopf & Schwarzkopf, 2000, 46-51.
16. Meyer-Gosau, Frauke: Christoph Hein, Politiker. In: *Chronist ohne Botschaft. Christoph Hein. Ein Arbeitsbuch. Materialien, Auskünfte, Bibliographie*. Hrsg. von Klaus Hammer. Berlin/Weimar: Aufbau, 1992, 173-183.
17. Niven, William: ‚Das Geld ist nicht der Gral': Christoph Hein and the *Wende*. In: *The Modern Language Review* 90 (1995) 3, 688-706.
18. Rock, David: Christoph Hein und Jurek Becker: Zwei kritische Autoren aus der DDR über die Wende und zum vereinten Deutschland. In: *German Life and Letters* 50 (1997) 2, 182-200.
19. Schmidt, Ricarda: Erlaubte und unerlaubte Schreibweisen in Honeckers DDR. Christoph Hein und Monika Maron. In: *Retrospect and Review. Aspects of the Literature of the GDR 1976-1990*. Edited by Robert Atkins and Martin Kane. Amsterdam/Atlanta: Rodopi, 1997 (*German Monitor 40*), 176-196.
20. [Interview mit Ulrich Schwarz und Hartmut Palmer]: „Die DDR ist nicht China". SPIEGEL-Gespräch mit dem DDR-Schriftsteller Christoph Hein. In: *Der Spiegel* 43 (1989) 43 v. 23.10.1989, 29-31;
unter dem Titel *Die DDR ist nicht China. SPIEGEL-Gespräch zur ‚Wende' in der DDR* auch in: H., C.: *Die fünfte Grundrechenart. Aufsätze und Reden 1987-1990*. Frankfurt a.M.: Luchterhand, 1990, 175-181 sowie unter dem Titel *Die DDR ist nicht China. SPIEGEL-Gespräch* in Ders.: *Als Kind habe ich Stalin gesehen. Essais und Reden*. Berlin/Weimar: Aufbau, 1990/1992, 159-166.
21. Sevin, Dieter: Geschichte und Zeitgeschichte in Christoph Heins *Horns Ende*. In: *Literatur und politische Aktualität*. Hrsg. von Elrud Ibsch und Ferdinand van Ingen unter Mitarbeit von Anthonya Visser. Amsterdam/Atlanta: Rodopi, 1993 (*Amsterdamer Beiträge zur neueren Germanistik, Band 36*), 101-116.
22. Spies, Bernhard: Der Anteil der sozialistischen Utopie an der Beendigung der DDR-Literatur. Am Beispiel Christoph Heins. In: *The Germanic Review* LXVII (1992) 3, 112-118.

Jakob Hein

1. Ostalgie. Interview mit dem Arzt und Autor Jakob Hein, der in seinem Debütroman *mein erstes t-shirt* einen ironischen Blick auf die untergegangene DDR wirft. In: *HörBuch* (2002), 13.

Stephan Hermlin

1. [Anon.]: Verleger: Vorwürfe sind „Schwachsinn". Meinungen zur „Zeit"-Veröffentlichung über Hermlin. In: *ND* v. 4.10.1996.
2. Braun, Volker: Für Stephan Hermlin (1993). In: Stephan Hermlin: *In einer dunklen Welt. Erzählungen*. Mit zwei Nachsätzen von Volker Braun. Leipzig: Reclam, 1993, 82-85.
3. Ders./Lance, Alain/Pietraß, Richard/Schlenstedt, Silvia: Für Stephan Hermlin [Nachrufe]. In: *Freitag* v. 11.4.1997.
4. Corino, Karl: „Aussen [sic] Marmor, innen Gips". Die Legenden des Stephan Hermlin. Düsseldorf: Econ, 1996.
   [Dazu: Corino, Karl: Selbstheroisierung, pathetische Lügen. Eine Antwort an Lothar Baier zum Fall Hermlin. In: *Freitag* v. 15.11.1996; Etkind, Efim: Dichtung und Lüge. Karl Corinos Buch über Stephan Hermlin ist das Protokoll eines Untersuchungsrichters. In: *Freitag* v. 14.2.1997.]
5. Gutschke, Irmtraud: Nun also Hermlin. Wie ein Stück Literatur zur „Lebenslüge" umgedeutet wird. In: *ND* v. 4.10.1996.
6. Krause, Tilman: Klagen, nicht kämpfen. Der Schriftsteller Stephan Hermlin ist tot. In: *Der Tagesspiegel* v. 8.4.1997;
   auch in: *Deutsche Literatur 1997. Jahresüberblick*. Hrsg. von Volker Hage, Rainer Moritz und Hubert Winkels. Stuttgart: Reclam, 1998, 61-64.
7. Nachruf. Dichter zweier Herren. Günter Kunert zum Tod von Stephan Hermlin. In: *Der Spiegel* 51 (1997) 16 v. 14.7.1997, 223.
8. [Interview mit Walter Nowojski]: Für Ideen und Konzepte. Gespräch mit Stephan Hermlin. In: *ndl* 38 (1990) 3, 5-12.
9. Lücke, Detlev: Eisblumen im Frühling. Nach der Medienschlacht. Stephan Hermlins Tod sollte nachdenklich stimmen. In: *Freitag* v. 11.4.1997.

Judith Hermann

1. Köhler, Andrea: „Is that all there is?" Judith Hermann oder Die Geschichte eines Erfolgs. *In: aufgerissen. Zur Literatur der 90er.* Hrsg. von Thomas Kraft. München/Zürich: Piper, 2000, 81-89.

Stefan Heym

1. Bisky, Jens: Kein richtig feiner Dichter. Stefan Heym zum Gedächtnis: Ein Abend an der Berliner Akademie der Künste. In: *SZ* v. 5.2.2002.
2. Dieckmann, Christoph: Der Erwählte. Ein Besuch bei Stefan Heym. In: D., C.: *Volk bleibt Volk. Deutsche Geschichten*. Berlin: Ch. Links, 2001, 187-195 [zuerst unter dem Titel *Der Erwählte. Das ungebrochene Leben: Ein Besuch bei Stefan Heym* in: *Die Zeit* v. 29.12.1999 (erweitert)].

3. Ebel, Martin: Die Heym-Suchung des deutschen Parlaments. Ein PDS-Abgeordneter, der Schriftsteller Stefan Heym, eröffnet am Donnerstag als Alterspräsident die erste Sitzung des neuen Bundestages. In: *Badische Zeitung* v. 8.11.1994;
auch in: *Deutsche Literatur 1994. Jahresüberblick*. Hrsg. von Franz Josef Görtz, Volker Hage und Uwe Wittstock unter Mitarbeit von Katharina Frühe. Einleitung von Hubert Winkels. Stuttgart: Reclam, 1995, 92-96.
4. Foell, Kristie A.: Shaping History: Stefan Heym's Responses to German Unification. In: *Colloquia Germanica* 27 (1994) 1, 37-48.
5. Freitag, Karin: Denken ist gefragt und nicht zuletzt Zivilcourage. DEUTSCH in einem anderen LAND – Abend mit Stefan Heym in der Freien Volksbühne. In: *ND* v. 12./13.1.1991.
6. [Interview mit Thomas Grimm]. In: G., T.: *Was von den Träumen blieb. Eine Bilanz der sozialistischen Utopie*. Vorwort von Heiner Müller. Berlin: Siedler, 1993, 9-24.
7. Hage, Volker: Kein schöner Thema weit und breit. Christoph Hein, Stefan Heym und Christa Wolf, Günter Grass und Martin Walser: Schriftsteller in Ost und West bündeln ihre Aufsätze, Reden und Gespräche zur deutschen Frage. In: *Sonntag/Die Zeit* v. 9.3.1990 (*Literatur, Leipziger Buchmesse 1990*);
unter dem Titel *Kein schöner' Thema weit und breit. Schriftsteller in Ost und West zur deutschen Frage* auch in: H., V.: *Propheten im eigenen Land. Auf der Suche nach der deutschen Literatur*. München: dtv, 1999, 96-107.
8. Hoyer, Lutz: Ein ewiger Querulant hüben wie drüben. In: *LVZ* v. 9.4.1998.
9. Hutchinson, Peter: Stefan Heym and the *Wende*. In: *Retrospect and Review. Aspects of the Literature of the GDR 1976-1990*. Edited by Robert Atkins and Martin Kane. Amsterdam/Atlanta: Rodopi, 1997 (*German Monitor 40*), 292-307.
10. „Meine Ziele habe ich zu Hause gelassen". Stefan Heym und Wolfgang Thierse streiten um den Prenzlauer Berg. In: Lahann, Birgit: *Geliebte Zone. Geschichten aus dem neuen Deutschland*. Fotos von Ute Mahler. Vorwort von Thomas Brussig. Stuttgart: Deutsche Verlags-Anstalt, 1997, 184-193.
11. Marlies Menge unterwegs mit Stefan Heym. Nur Ellbogen zählen noch. Der Schriftsteller kennt seine Deutschen und fürchtet: Die braune Sauce gibt es immer noch. In: *Die Zeit* v. 24.9.1998;
auch in: In: M., M.: *Spaziergänge. Die Serie aus der Wochenzeitung DIE ZEIT*. Mit Fotografien von Roger Melis. Berlin: Schwarzkopf & Schwarzkopf, 2000, 117-123.

12. Smith, Roland: Stefan Heym: A Question of Identity. In: *German Literature at a Time of Change 1989-1990. German Unity and German Identity in Literary Perspective.* Edited by Arthur Williams, Stuart Parkes and Roland Smith. Bern/Berlin/Frankfurt a.M./New York/Paris/Wien: Lang, 1991, 47-64.

Wolfgang Hilbig

1. [Anon.]: Literatur gerät in Bedrängnis. Büchnerpreisträger Hilbig warnt vor medialer Vereinnahmung. In: *Rhein-Zeitung* v. 28.10.2002.
2. Beckermann, Thomas: *‚Die Diktatur repräsentiert das Abwesende nicht'*: Essay on Monika Maron, Wolfgang Hilbig and Gert Neumann. In: *German Literature at a Time of Change 1989-1990. German Unity and German Identity in Literary Perspective.* Edited by Arthur Williams, Stuart Parkes and Roland Smith. Bern/Berlin/Frankfurt a.M./New York/Paris/Wien: Lang, 1991, 97-116.
3. Endler, Adolf: Hölle/Maelstrom/Abwesenheit. Fragmente über Wolfgang Hilbig. In: Hilbig, Wolfgang: *zwischen den paradiesen. Prosa, Lyrik.* Mit einem Essay von Adolf Endler. Hrsg. von Thorsten Ahrend. Mit einem Foto von Norbert Vogel. Leipzig: Reclam, 1992, 313-344.
4. Hilbig, Wolfgang: Abriß der Kritik. Frankfurter Poetikvorlesungen. Frankfurt a.M.: Fischer TB, 1995 (*Collection S. Fischer*).
5. [Interview mit Herlinde Koelbl]: Wolfgang Hilbig. In: K., H.: *Im Schreiben zu Haus. Wie Schriftsteller zu Werke gehen. Fotografien und Gespräche.* München: Knesebeck, 1998, 200-205.
6. Kunckel, Susanne: „Schreiben kann ich – leben nicht". Vom Heizer zum Dichter. Wolfgang Hilbig, Grenzgänger unter den deutschen Literaten, erhält jetzt den Büchner-Preis. In: *Welt am Sonntag* v. 6.10.2002 (*Beilage*).
7. [Interview mit Olaf Kunzmann und Hans Peter Herrmann]: Interview mit Wolfgang Hilbig: zwischen den paradiesen – marx und deutsche bank. In: *GrauZone* (1996) 6, 14f.
8. [Interview mit Lothar Müller]: Tippen und Kleben. Ein Gespräch mit Wolfgang Hilbig in unruhigen Zeiten. In: *SZ* v. 4./5.5.2002.
9. Reid, J. H.: Territories of the Soul. ‚Sujet' and ‚Geschichte' in Wolfgang Hilbig's *Eine Übertragung*. In: *Retrospect and Review. Aspects of the Literature of the GDR 1976-1990.* Edited by Robert Atkins and Martin Kane. Amsterdam/Atlanta: Rodopi, 1997 (*German Monitor 40*), 92-107.
10. Schmitz, Walter: Gottes Abwesenheit? Ost-West-Passagen in der Erzählprosa Wolfgang Hilbigs in den 90er Jahren. In: *Mentalitätswandel in der deutschen Literatur zur Einheit (1990-2000).* Hrsg. von Volker

Wehdeking. Berlin: Erich Schmidt Verlag, 2000 (*Philologische Studien und Quellen, Heft 165*), 111-132.

11. Schoor, Uwe: Heraustreten aus selbstverschuldeter Müdigkeit. Zwei unaufgefordert schreibende Arbeiter. Wolfgang Hilbig und Gert Neumann. In: *Zersammelt. Die inoffizielle Literaturszene der DDR nach 1990. Eine Bestandsaufnahme*. Hrsg. von Roland Berbig, Birgit Dahlke, Michael Kämper-van den Boogaart und Uwe Schoor (*Theater der Zeit/Recherchen 6*), 56-70.
12. Schulze, Ingo: Was Herr Voland in Meuselwitz machte. Für Wolfgang Hilbig, eine ernste Zuschrift aus Anlass des Büchner-Preises. In: *SZ* v. 4./5.5.2002.
13. Steinfeld, Thomas: Diese Nase gehört dem Ernstfall. Der Verlierer steht fest, aber es ist nicht die Literatur: Wolfgang Hilbig erhält den Büchner-Preis. In: *SZ* v. 3.5.2002.

Rolf Hochhuth

1. [R.S.]: Hochhuths Haus. Peymann fürchtet um das BE. In: *SZ* v. 1.10.1998.
2. Rolf Hochhuth. Wessi in Meiningen – Treuhandchefin Breuel war sehr entsetzt. In: Quilitzsch, Frank: *Wie im Westen so auf Erden. Gespräche mit Schriftstellern und Liedermachern, Dichtern und Theaterleuten, Rocksängern und Pastoren*. München: P. Kirchheim Verlag, 1998, 109-113.
3. Rennison, Lucinda: ‚Was von Bismarck übrigblieb …' Rolf Hochhuth and the German question. In: *The New Germany. Literature and Society after Unification*. Edited by Osman Durrani, Colin Good, Kevin Hilliard. Sheffield: University of Sheffield Press, 1995, 128-142.

Walter Janka

1. [Anon.]: Streitbarer Kulturpolitiker. Zum Tode des Verlegers Walter Janka. In: *BZ* v. 18.3.1993;
   auch in: *Presse und Sprache* (1994) Juni.
2. [Interview mit Horst Lange]: Nach Tiananmen mußten wir unser Schweigen brechen. *BZ* mit Walter Janka im Gespräch. In: *BZ* v. 14./15.4.1990.
3. „Ich habe es nicht gern, wenn man mich anspuckt!" Erich Mielke will die Memoiren von Walter Janka verbieten lassen. In: Lahann, Birgit: *Geliebte Zone. Geschichten aus dem neuen Deutschland*. Fotos von Ute Mahler. Vorwort von Thomas Brussig. Stuttgart: Deutsche Verlags-Anstalt, 1997, 97-104.

4. Beitrag Christa Wolf zu: „*Wider den Schlaf der Vernunft*" – Gemeinschaftsaktion Berliner Künstler in der Erlöserkirche (28.10.1989). In: *ndl* 38 (1990) 2, 176-178.
5. Zum Tode von Walter Janka. In: *europäische ideen* (1994) 88 (*Die Neue Weltordnung*), 11-18 [darin u.a. Nekrologe von Günter Kunert, Stefan Heym, Gerhard Zwerenz, Karl Corino].

Johannes Jansen

1. Böttcher, Jan: Zersplittern und Vereinzeln. Johannes Jansens Ausschreiten des (auto-) biographischen Raumes. In: *Zersammelt. Die inoffizielle Literaturszene der DDR nach 1990. Eine Bestandsaufnahme*. Hrsg. von Roland Berbig, Birgit Dahlke, Michael Kämper-van den Boogaart und Uwe Schoor (*Theater der Zeit/Recherchen* 6), 94-105.
2. Buchmann, Ilka: Willkommen im Fremdgehege der Gegenwart. Johannes Jansens ungeheures Zettelwirtschafts-Mosaik. Ein Porträt. In: *GrauZone* (1996) 6, 16-18.
3. Passow, Anne: Vielleicht eine Wahrheit. Zwischen Erlösungsvision und Zusammenbruch. Der Berliner Schriftsteller Johannes Jansen benutzt Scherben als Beschreibstoff. Ein literarisches Porträt. In: *Freitag* v. 28.9.2001.

Kerstin Jentzsch

1. Behrens, Lutz: Verurteilt zum Festhalten des Beobachteten. DDR-Lehrerin, Journalistin, Schriftstellerin: Kerstin Jentzsch und ihre 320. Lesung in Plauen. In: *Vogtland-Anzeiger* v. 28.2./1.3.1998.
2. [Interview mit Lutz Behrens]: Lisa ist ein Teil von mir. Gespräch mit der Autorin Kerstin Jentzsch. In: *Vogtlandpost/Vogtland-Anzeiger* v. 27.8.1998.

Reinhard Jirgl

1. Cosentino, Christine: Ostdeutsche Autoren Mitte der neunziger Jahre: Volker Braun, Brigitte Burmeister und Reinhard Jirgl. In: *The Germanic Review* 71 (1996) 3, 177-194.

Heinz Kamnitzer

1. Schütt, Hans-Dieter: Leise! Was da tickt ist doch Zukunft! Nach-Denken über Heinz K. In: Kamnitzer, Heinz: *Abgesang mit Herzschmerzen*. Berlin: Spotless, 1993, 95f.

Hermann Kant

1. [Interview mit Artur Arndt]: Arndt, Artur: Gespräch mit Hermann Kant. In: *Sinn und Form* 43 (1991) 5, 853-878.
2. Corino, Karl: Hermann Kant als Mitarbeiter der Stasi. In: *europäische ideen* (1993) 81 (*StasiSachen 3*), 2-10.
3. Ders. (Hg.): Die Akte Kant. IM „Martin", die Stasi und die Literatur in Ost und West. Reinbek: Rowohlt TB, 1995 (*rororo aktuell*).
4. [Interview mit Detlef Friedrich]: Der Vorgang meiner Vereinzelung. Hermann Kant will nicht mit unerfüllbaren Vorstellungen durch die Gegend humpeln. Er ist kein radikaler Mann. In: *BZ* v. 23.9.2000 (*Magazin*).
5. „Ich komme aus dem Kalten Krieg". Gespräch mit Hermann Kant. In: Lahann, Birgit: *Geliebte Zone. Geschichten aus dem neuen Deutschland*. Fotos von Ute Mahler. Vorwort von Thomas Brussig. Stuttgart: Deutsche Verlags-Anstalt, 1997, 18-29.
6. Raddatz, Fritz J.: Hermann Kants Mimikry. Groteske und Grausen beim Lesen meiner Stasi-Akte. In: *Die Zeit* v. 2.4.1993.

Walter Kempowski

1. [Interview mit Herlinde Koelbl]: Walter Kempowski. In: K., H.: *Im Schreiben zu Haus. Wie Schriftsteller zu Werke gehen. Fotografien und Gespräche*. München: Knesebeck, 1998, 156-161.
2. Rutschky, Michael: Unbelebte Erinnerung. Der Schriftsteller Walter Kempowski. In: *Merkur* 57 (2003) 2, 127-140.

Rainer Kirsch

1. Gosse, Peter: Kunst des Fügens. Lobrede auf den Dichter Rainer Kirsch. In: *ndl* 50 (2002) 1, 144-150.

Sarah Kirsch

1. Kirsten, Wulf: „Die Welt ist ein Gehöft im Winter". Rede auf Sarah Kirsch [zur Verleihung der Ehrengabe der Heine-Gesellschaft 1992]. In: *Heine-Jahrbuch* 32 (1993), 172-180;
   auch in: K., W.: *Textur. Reden und Aufsätze*. Zürich: Ammann, 1998, 107-116.
2. [Interview mit Herlinde Koelbl]: Sarah Kirsch. In: K., H.: *Im Schreiben zu Haus. Wie Schriftsteller zu Werke gehen. Fotografien und Gespräche*. München: Knesebeck, 1998, 22-27.

Wulf Kirsten

1. [Interview mit Katharina Festner und York-Gothart Mix]: Katharina Festner/York-Gothart Mix: Gespräch mit Wulf Kirsten. In: *Sinn und Form* 46 (1994) 1, 92-106.
2. König, Fritz H.: „der wolf geht durchs korn". Zur Lyrik von Wulf Kirsten. In: *Colloquia Germanica* 23 (1990) 1, 33-44.
3. Wulf Kirsten. Unentdecktes Thüringen – Wanderungen durchs letzte Paradies. In: Quilitzsch, Frank: *Wie im Westen so auf Erden. Gespräche mit Schriftstellern und Liedermachern, Dichtern und Theaterleuten, Rocksängern und Pastoren*. München: P. Kirchheim Verlag, 1998, 46-52.

Barbara Köhler

1. Brown, Cordula Drossel: „Die Mauer war auch nur eine vertikale Ebene". Barbara Köhlers Gedichte. In: *Colloquia Germanica* 27 (1994) 1, 25-35.
2. Visser, Anthonya: Beim Wort genommen. Zur Bild-Kraft von Barbara Köhlers Texten. In: *Zersammelt. Die inoffizielle Literaturszene der DDR nach 1990. Eine Bestandsaufnahme*. Hrsg. von Roland Berbig, Birgit Dahlke, Michael Kämper-van den Boogaart und Uwe Schoor (*Theater der Zeit/Recherchen 6*), 106-116.

Helga Königsdorf

1. Conacher, Jean E.: Pressing for Change: The Case of Helga Königsdorf. In: *Women and the* Wende. *Social Effects and Cultural Reflections of the German Unification Process*. Proceedings of a Conference held by *Women in German Studies* 9-11 September 1993 at the University of Nottingham. Edited by Elizabeth Boa and Janet Wharton. Amsterdam/Atlanta: Rodopi, 1994 (*German Monitor 31*), 164-176.
2. Kaufmann, Eva: Adieu Kassandra? Schriftstellerinnen aus der DDR vor, in und nach der Wende: Brigitte Burmeister, Helga Königsdorf, Helga Schütz, Brigitte Struzyk, Rosemarie Zeplin. In: *Women and the* Wende. *Social Effects and Cultural Reflections of the German Unification Process*. Proceedings of a Conference held by *Women in German Studies* 9-11 September 1993 at the University of Nottingham. Edited by Elizabeth Boa and Janet Wharton. Amsterdam/Atlanta: Rodopi, 1994 (*German Monitor 31*), 216-225.

Uwe Kolbe

1. Chon, Young-Ae: Die deutsche Heimatlosigkeit. Zur jüngsten Lyrik Uwe Kolbes. In: Koreanische Gesellschaft für Germanistik in Zusammenarbeit mit dem Goethe-Insitut Seoul (Hg.): *Realismus, Expressionismus, Gegenwart. Stiltendenzen in der deutschen Literatur.* Das germanistische Kolloquium 1992. 28.10. bis 31.10.1992. Dokumentation der Tagungsbeiträge. Seoul 1993 (*KGG Dokumentationen, Band 1*), 254-273.
2. John, Johannes: „... die eigene Erfahrung behaupten." Zur Lyrik und Poetik Uwe Kolbes. In: *Zersammelt. Die inoffizielle Literaturszene der DDR nach 1990. Eine Bestandsaufnahme.* Hrsg. von Roland Berbig, Birgit Dahlke, Michael Kämper-van den Boogaart und Uwe Schoor (*Theater der Zeit/Recherchen 6*), 130-147.
3. [Interview mit Jürgen Krätzer u.a.]: „Vielleicht ist das Gedicht ein Moment der Aufmerksamkeit..." Ein Gespräch mit Uwe Kolbe. In: *die horen* 46 (2001) 201 (*Erfahrung Deutschland/SchreibArten & LebensGeschichten*), 73-104.

Andreas Koziol

1. Schulz, Kristin: Andreas Koziol oder Die Gabe der zugespitzten Zunge. In: *Zersammelt. Die inoffizielle Literaturszene der DDR nach 1990. Eine Bestandsaufnahme.* Hrsg. von Roland Berbig, Birgit Dahlke, Michael Kämper-van den Boogaart und Uwe Schoor (*Theater der Zeit/Recherchen 6*), 71-80.

Angela Krauß

1. [Interview mit Michael Neubauer]: Stockende Tinte. Sechs Jahre durchsetzt von Raserei, Versagensgefühlen, Utopie: ein Gespräch mit Angela Krauß und Thomas Rosenlöcher. In: *GrauZone* (1997) 9/10, 24-27.

Manfred Krug

1. [Anon.]: Mann ist Manne. Zonen-Marlon-Brando, DDR-Dissident, Tatort-Kommissar, Kiez-Anwalt und Telekom-Werber – der Schauspieler Manfred Krug ist vielleicht der einzige Star, der Osten und Westen gleichermaßen repräsentiert. Erst recht nach seinem Schlaganfall, der die Öffentlichkeit schockte. In: *Der Spiegel* 51 (1997) 34 v. 18.8.1997, 184-187.
2. Kirchner, Karl Heinz: Der nicht zerbrochene Krug. Staatsschauspiel in mehreren Akten. In: *PZ* (1999) 97, 36-39.
3. [Interview mit Rolf Rietzler]: „Ein Schuß vor den Bug". Gerade aus

der Reha-Klinik entlassen, erzählt TV-Star Manfred Krug von seiner Begegnung mit dem Tod, seiner Freundschaft mit dem im März verstorbenen Schriftsteller Jurek Becker, seiner DDR-Vergangenheit und seinen Zukunftsplänen. In: *Der Spiegel* 51 (1997) 34 v. 18.8.1997, 188-194 (*SPIEGEL-Gespräch*).

Jürgen Kuczynski

1. [Interview mit Thomas Grimm]. In: G., T.: *Was von den Träumen blieb. Eine Bilanz der sozialistischen Utopie.* Vorwort von Heiner Müller. Berlin: Siedler, 1993, 91-110.
2. Hartung, Klaus: Abschied einer Epoche. Jürgen Kuczynski wurde auf dem Dorotheenstädtischen Friedhof beerdigt. Ein DDR-Begräbnis ohne Staatsakt. In: *Die Zeit* v. 22.8.1997.
3. ZeitGenosse Jürgen Kuczynski. Hrsg. von Thomas Heubner. Berlin: Elefanten Press, 1994.

Günter Kunert

1. Hartung, Harald: Gummizelle Utopie. Dem Schriftsteller Günter Kunert zum Siebzigsten. In: *FAZ* v. 6.3.1999.
2. [Interview mit Heinz Klunker]: Kunert, Günter: Seelenschulung in Deutschland. Ein Gespräch mit Heinz Klunker. In: *Politik und Kultur* 17 (1990) 3, 3-9.
3. [Interview mit Karin Köbernick]: Zeit für einen langsameren Untergang. Gespräch mit Günter Kunert. In: *ndl* 40 (1992) 1, 99-108.
4. Menge, Marlies: Der heitere Melancholiker. Die DDR war für ihn ganz einfach schlimm – Schleswig-Holstein ist nicht zur Heimat geworden, aber hier fühlt er sich zu Hause. In: M., M.: *Spaziergänge. Die Serie aus der Wochenzeitung DIE ZEIT.* Mit Fotografien von Roger Melis. Berlin: Schwarzkopf & Schwarzkopf, 2000, 131-138.

Reiner Kunze

1. [Interview mit Angelika Diekmann]: „Die Akademie war das Netz …“ Gespräch mit Reiner Kunze zum Austritt aus der Akademie der Künste – Stellungnahme von Walter Jens. In: *Passauer Neue Presse* v. 12.2.1992;
   auch in: *Begehrte, unbequeme Freiheit.* Interviews zu Fragen von Torsten Büker, Angelika Diekmann, Karl Wilhelm Fricke, Heinrich Gartz, Wolfgang Kraus, Arturo Larcati, Volker Probst, Günter Ullmann und Renate Voigt 1989-1992. Hauzenberg: Pongratz, 1993 (*Edition Toni Pongratz, Nr. 48*), ohne Seitenangabe.

2. Graves, Peter: White poems and black days: The case of Reiner Kunze. In: *The New Germany. Literature and Society after Unification.* Edited by Osman Durrani, Colin Good, Kevin Hilliard. Sheffield: University of Sheffield Press, 1995, 274-285.
3. [Interview mit Herlinde Koelbl]: Reiner Kunze. In: K., H.: *Im Schreiben zu Haus. Wie Schriftsteller zu Werke gehen. Fotografien und Gespräche.* München: Knesebeck, 1998, 42-47.
4. [Interview mit Wolfgang Kraus]: Gegenseitig überfordert? Reiner Kunze antwortet. In: *Die politische Meinung* 36 (1991) 265, 37-44.
5. „Ich will keine Vergebung". Der Lyriker Reiner Kunze und sein Spitzel Ibrahim Böhme. In: Lahann, Birgit: *Geliebte Zone. Geschichten aus dem neuen Deutschland.* Fotos von Ute Mahler. Vorwort von Thomas Brussig. Stuttgart: Deutsche Verlags-Anstalt, 1997, 34-45.

Katja Lange-Müller

1. [Interview mit Herlinde Koelbl]: Katja Lange-Müller. In: K., H.: *Im Schreiben zu Haus. Wie Schriftsteller zu Werke gehen. Fotografien und Gespräche.* München: Knesebeck, 1998, 58-63.
2. [Interview mit Jürgen Krätzer u.a.]: Von Physis und Muse oder „Jeder Text ist irgendwie Fragment..." Ein Gespräch mit Katja Lange-Müller. In: *die horen* 46 (2001) 201 (*Erfahrung Deutschland/SchreibArten & LebensGeschichten*), 157-188.

Richard Leising

1. Serke, Jürgen: Richard Leising: Von allen Worten die letzten. In: S., J.: *Zu Hause im Exil. Dichter, die eigenmächtig blieben in der DDR.* Mit Fotos von Christian G. Irrgang. München/Zürich: Piper, 1998, 162-185.

Erich Loest

1. [Anon.]: Autor Erich Loest wird 75. In: *Rhein-Zeitung* v. 24./25.2. 2001.
2. [(ADN)]: Erich Loest droht mit Austritt aus PEN-Club. Aus Zorn über Stasi-Spitzel. In: *LVZ* v. 8.4.1998.
3. Czechowski, Heinz: Erich Loest wieder in Leipzig. In: *Die sanfte Revolution. Prosa, Lyrik, Protokolle, Erlebnisberichte, Reden.* Hrsg. von Stefan Heym und Werner Heiduczek. Mitarbeit: Ingrid Czechowski. Leipzig/Weimar: Gustav Kiepenheuer, 1990, 172-175]
4. [Interview mit Stefan Geiger und Wolfgang Ignée]: „Die Mauer im Kopf ist eine Floskel". Ein Gespräch mit Erich Loest über die deutsche Bilanz

nach fünf Jahren. In: *Stuttgarter Zeitung* v. 30.9.1995;
unter dem Titel *„Die Mauer im Kopf ist eine Floskel". Fragen zur Einheit in Deutschland* auch in: L., E.: *Als wir in den Westen kamen. Gedanken eines literarischen Grenzgängers*. Stuttgart/Leipzig: Deutsche Verlags-Anstalt/Linden, 1997, 208-212.

5. Goldsmith-Reber, Trudis E.: *Nikolaikirche*: The North American Premiere of the Film by Frank Beyer, Based on the Novel by Erich Loest. In: *Germany Reunified. A Five- and Fifty-Year Retrospective*. Edited by Peter M. Daly, Hans Walter Frischkopf, Trudis Goldsmith-Reber, Horst Richter. New York/Washington, D.C./Baltimore/Boston/Bern/Frankfurt a.M./Berlin/Vienna/Paris: Lang, 1997, 1999 (*McGill European Studies, Vol. 1*), 69-89.
6. Kopka, Fritz-Jochen: Der Ehrenbürger. Leipzig würdigt Erich Loest. In: *Wochenpost* v. 22.2.1996.
7. Lange, Bernd-Lutz: Es ging nicht immer seinen Gang. In: L., B.-L.: *Dämmerschoppen. Geschichten von drinnen und draußen*. Leipzig: Gustav Kiepenheuer, 1997/Berlin: Aufbau TB, 2001, 148-150.
8. Rotta, Linde: Die Stasi hatte mitgeschrieben. Doch der Schriftsteller „funktionierte" nicht „plangemäß". In: *Der Literat* 32 (1990) 8, 222.

Monika Maron

1. [Anon.]: Stasi-Deckname „Mitsu". Auch die streitbare Autorin Monika Maron aus Ost-Berlin, die seit der Wende unermüdlich die feige Duckmäuserei ihrer Landsleute zu DDR-Zeiten anprangert, hatte in den siebziger Jahren eine Affäre mit der Stasi. Fast zwei Jahre lang war sie auf Dipolmaten und Journalisten aus dem Westen angesetzt. In: *Der Spiegel* 49 (1995) 32 v. 7.8.1995, 146-149.
2. Beckermann, Thomas: *‚Die Diktatur repräsentiert das Abwesende nicht'*: Essay on Monika Maron, Wolfgang Hilbig and Gert Neumann. In: *German Literature at a Time of Change 1989-1990. German Unity and German Identity in Literary Perspective*. Edited by Arthur Williams, Stuart Parkes and Roland Smith. Bern/Berlin/Frankfurt a.M./New York/Paris/Wien: Lang, 1991, 97-116.
3. Bluhm, Lothar: „Irgendwann, denken wir, muß ich das genau wissen". Der Erinnerungsdiskurs bei Monika Maron. In: *Mentalitätswandel in der deutschen Literatur zur Einheit (1990-2000)*. Hrsg. von Volker Wehdeking. Berlin: Erich Schmidt Verlag, 2000 (*Philologische Studien und Quellen, Heft 165*), 141-151.
4. Das Herz der Stasi. Bärbel Bohley über den Fall Monika Maron. In: *Der Spiegel* 49 (1995) 35 v. 28.8.1995, 68-72.

5. Karau, Gisela: Wer ist hier stur und von peinlicher Beflissenheit? Offener Brief an Monika Maron. In: K., G.: *Ach, wissen Se ... Berliner Dialoge*. Frankfurt a.M.: dipa-Verlag, 1993, 98-102.
6. Kloetzer, Sylvia: Perspektivenwechsel: Ich-Verlust bei Monika Maron. In: *Zwischen gestern und morgen. Schriftstellerinnen der DDR aus amerikanischer Sicht*. Hrsg. von Ute Brandes. Berlin/Bern/Frankfurt a.M./New York/Paris/Wien: Lang, 1992, 249-262.
7. [Selbstaussage]: Monika Maron. In: Koelbl, Herlinde: *Im Schreiben zu Haus. Wie Schriftsteller zu Werke gehen. Fotografien und Gespräche*. München: Knesebeck, 1998, 196-199.
8. Menge, Marlies: Gelernt, anders zu sein als andere. Wie Rumpelstilzchen fühlte sich die Schriftstellerin: Im Westen erfolgreich, in der DDR unbekannt. Ihr jüngstes Buch „Animal triste" erschien 1996 bei S. Fischer in Frankfurt am Main. Sich anzupassen ist nicht ihre Art – die Schriftstellerin blickt kritisch auf ihre ostdeutschen Landsleute. In: M., M.: *Spaziergänge. Die Serie aus der Wochenzeitung DIE ZEIT*. Mit Fotografien von Roger Melis. Berlin: Schwarzkopf & Schwarzkopf, 2000, 77-81.
9. Reiter, Andrea: ‚*Ein schwieriges Gespräch*': The Correspondence between Monika Maron and Joseph von Westphalen. In: *German Literature at a Time of Change 1989-1990. German Unity and German Identity in Literary Perspective*. Edited by Arthur Williams, Stuart Parkes and Roland Smith. Bern/Berlin/Frankfurt a.M./New York/Paris/Wien: Lang, 1991, 321-338.
10. Reich-Ranicki, Marcel: Keine Frucht ohne Schale. Rede zur Verleihung des Kleist-Preises an Monika Maron, die Autorin des Romans „Stille Zeile sechs". In: *FAZ* v. 29.8.1992.
11. [Interview mit Gerhard Richter]: Verschüttete Kultur – Ein Gespräch mit Monika Maron. In: *GDR Bulletin* 18 (1992) 1, 2-7.
12. Schmidt, Ricarda: From Surrealism to Realism: Monika Maron's Die Überläuferin and Stille Zeile sechs. In: *Women and the* Wende. *Social Effects and Cultural Reflections of the German Unification Process*. Proceedings of a Conference held by *Women in German Studies* 9-11 September 1993 at the University of Nottingham. Edited by Elizabeth Boa and Janet Wharton. Amsterdam/Atlanta: Rodopi, 1994 (*German Monitor 31*), 247-255.
13. Dies.: Erlaubte und unerlaubte Schreibweisen in Honeckers DDR. Christoph Hein und Monika Maron. In: *Retrospect and Review. Aspects of the Literature of the GDR 1976-1990*. Edited by Robert Atkins and Martin Kane. Amsterdam/Atlanta: Rodopi, 1997 (*German Monitor 40*), 176-196.

14. Wienroeder-Skinner, Dagmar: Texte von Frauen über die Macht der Väter: Monika Maron – und einige andere Autoren und Autorinnen aus der DDR. In: *Schreiben im heutigen Deutschland. Fragen an die Vergangenheit*. Hrsg. von Ursula E. Beitter. New York/Washington, D.C./Baltimore/Boston/Bern/Frankfurt a.M./Berlin/Vienna/Paris: Lang, 1998 (*Loyola College in Maryland Berlin Seminar, Contemporary German Literature and Society, Vol. 2*), 229-246.

Hans Mayer

1. Broder, Henryk M.: Mythos im Ruhestand. Der Germanist Hans Mayer bejubelt noch heute die DDR der fünfziger Jahre. Nun zeigt seine Stasi-Akte, wie das Regime den prominenten Gelehrten kujonierte. In: *Der Spiegel* 51 (1997) 24 v. 9.6.1997, 58-60.
2. Dresen, Adolf: Hans Mayer und der Hörsaal 40. In: *LVZ* v. 15./16.3.1997 (*BücherJournal zur Leipziger Buchmesse*) [zum 90. Geburtstag von H.M.].
3. Oesterle, Kurt: Auf ein Wiedersehen mit Brecht. Zum Tod des großen Essayisten und Literaturhistorikers Hans Mayer. In: *SZ* v. 21.5.2001.
4. Seibt, Gustav: Der Außenseiter im Mittelpunkt. Hans Mayer und sein Jahrhundert. In: *Die Zeit* v. 23.5.2001.
5. Christa Wolf. Über Hans Mayer. In: M., H.: *Wendezeiten. Über Deutsche und Deutschland*. Frankfurt a.M.: Suhrkamp, 1993, 337-347.

Steffen Mensching

1. Steffen Mensching. Warum kämmst du dich nicht, mein Sohn? – Vom neuen Struwwelpeter zum Ballhaus. In: Quilitzsch, Frank: *Wie im Westen so auf Erden. Gespräche mit Schriftstellern und Liedermachern, Dichtern und Theaterleuten, Rocksängern und Pastoren*. München: P. Kirchheim Verlag, 1998, 83-87.

Heiner Müller

1. [Anon.]: Vieles ist möglich. Der Dramatiker Heiner Müller wurde als Inoffizieller Mitarbeiter geführt. Seine Rechtfertigungen sind noch dünner als die gegen ihn sprechenden Indizien. In: *Der Spiegel* 47 (1993) 3 v. 18.1.1993, 175.
2. Allen, Pam: „Was hier gebraucht wird, ist Hackfleisch". Heiner Müller zum „neuen" Deutschland und das „neue" Deutschland zu Heiner Müller. In: Mayer-Iswandy, Claudia (Hg.): *Zwischen Traum und Trauma – Die Nation. Transatlantische Perspektiven zur Geschichte eines Problems*. Tübingen: Stauffenburg, 1994 (*Stauffenburg Colloquium 32*), 99-109.

3. Bier, Jean Paul: „Müller und kein Ende" oder „Wie die Revolution von den eigenen Kindern gefressen wird". In: *Germanistentreffen Belgien – Niederlande – Luxemburg – Deutschland: 29.9.-3.10.1992.* Dokumentation der Tagungsbeiträge. Bonn: DAAD, [o.J.] (*DAAD Dokumentationen & Materialien, 21*), 191-201.
4. Böttiger, Helmut: Die Maske wächst in das Gesicht. Heiner Müller und die schwarze Brille. In: B., H.: *Rausch im Niemandsland. Es gibt ein Leben nach der DDR.* Berlin: Fannei & Walz, 1994, 7-17.
5. Braun, Volker: Müllers Abgang. In: Hörnigk, Frank/Linzer, Martin/Raddatz, Frank/Storch, Wolfgang/Teschke, Holger (Hgg.): *Ich Wer ist das Im Regen aus Vogelkot Im KALKFELL. Für HEINER MÜLLER. Arbeitsbuch.* Berlin 1996 (*Theater der Zeit, Sonderheft HEINER MÜLLER*), 19;
auch in: B., V.: *Wir befinden uns soweit wohl. Wir sind erst einmal am Ende. Äußerungen.* Frankfurt a.M.: Suhrkamp, 1998, 125f.
6. Delius, Friedrich Christian: ‚Müller, Heiner'. In: D., F.C.: *Warum ich schon immer Recht hatte – und andere Irrtümer. Ein Leitfaden für deutsches Denken.* Berlin: Rowohlt Berlin, 2003, 87-90.
7. Eke, Norbert Otto: „Deutschland ortlos". Dekonstruktionen des Nationalen bei Heiner Müller. In: *Dichter und ihre Nation.* Hrsg. von Helmut Scheuer. Frankfurt a.M.: Suhrkamp, 1993, 490-506.
8. Es, Jot: Den Damen & Herren der Müller/Shakespeareschen „Hamlet-Maschine" im Deutschen Theater zu Groß-Berlin am 10.3.1991. In: E., J.: *Kleiner Idiotenführer durch ganz Deutschland nebst einem Essay von László F. Földényi.* München: Matthes & Seitz, 1991, 115-119.
9. Geißler, Cornelia: Nachrichten aus der Gerüchteküche. Stasi-Vorwürfe nun auch gegen Heiner Müller. In: *BZ* v. 12.1.1993.
10. Groß, Thomas: Heiner Müller und die Staatssicherheit. War der Dramatiker aus der DDR Inoffizieller Mitarbeiter der Stasi? Müller bestätigt Kontakte. „Ich wußte, ich rede nicht mit der Heilsarmee". Kratzen an einer Kultfigur. In: *taz* v. 12.1.1993.
11. Günther, Thomas: Die Barrikade Müller. Oder: Der Einbruch der Zeit in das Spiel. In: *Der Alltag. Die Sensationen des Gewöhnlichen* Nr. 72 (Juni 1996). Thema: Wie erst jetzt die DDR entsteht, 67-83.
12. Hannemann, Ernst: Geschichtsschreibung nach Aktenlage? Bemerkungen anläßlich der Debatte um die Stasikontakte von Christa Wolf und Heiner Müller. In: Monteath, Peter/Alter, Reinhard (Hgg.): *Kulturstreit – Streitkultur. German Literature since the wall.* Amsterdam/Atlanta: Rodopi, 1996 (*German Monitor 38*), 19-34.
13. Hauschild, Jan-Christoph: Heiner Müller oder Das Prinzip Zweifel. Eine Biographie. Berlin: Aufbau, 2001.
[Dazu: Grub, Frank Thomas: Zweifel! – Zweifel? Jan-Christoph

Hauschilds gewichtige Heiner-Müller-Biografie. In: Livres/Bücher. Un supplément du *Tageblatt* 6 (2001) 8 v. 21.9.2001;
Ders.: Fundgrube für Müller-Fans. Heiner-Müller-Biograf Jan-Christoph Hauschild liest. In: *Saarbrücker Zeitung* v. 8.4.2002;
Teschke, Holger: Heiner Müller oder Das Prinzip Zweifel. Er war ein Grenzgänger, der das Scheitern einer Utopie beschrieb und damit die Erinnerung an sie bewahrte: Heiner Müller in einer Biographie von Jan-Christoph Hauschild. In: *Neue Promenade* (2001) 10, 13.]

14. Herzinger, Richard: Masken der Lebensrevolution. Vitalistische Zivilisations- und Humanismuskritik in Texten Heiner Müllers. München: Fink, 1992.
[Dazu: Assheuer, Thomas: Im Partisanen-Nest der „Neuen Rechten"? Richard Herzingers Attacken gegen die Schriftsteller Heiner Müller, Christa Wolf und Volker Braun. In: *FR* v. 9./10.6.1993.]
15. Hörnigk, Frank: Heiner Müllers ‚Endspiele'. In: *Retrospect and Review. Aspects of the Literature of the GDR 1976-1990*. Edited by Robert Atkins and Martin Kane. Amsterdam/Atlanta: Rodopi, 1997 (*German Monitor 40*), 315-327.
16. Ders.: „Kein Verlaß auf die Literatur?" – „Kein Verlaß auf die Literatur!" Fünf Sätze zum Werk Heiner Müllers. In: Rüther, Günther (Hg.): *Literatur in der Diktatur. Schreiben im Nationalsozialismus und DDR-Sozialismus*. Paderborn: Schöningh, 1997, 445-462.
17. Ders./Linzer, Martin/Raddatz, Frank/Storch, Wolfgang/Teschke, Holger (Hgg.): *Ich Wer ist das Im Regen aus Vogelkot Im KALKFELL. Für HEINER MÜLLER. Arbeitsbuch*. Berlin 1996 (*Theater der Zeit, Sonderheft HEINER MÜLLER*).
18. Jucker, Rolf: SchriftstellerInnen der DDR als Verräter und Aufklärer zugleich. Zu Christa Wolf, Sascha Anderson, Rainer Schedlinski und Heiner Müller. In: *The New Germany. Literature and Society after Unification*. Edited by Osman Durrani, Colin Good, Kevin Hilliard. Sheffield: University of Sheffield Press, 1995, 1-13.
19. [Interview mit Hellmuth Karasek, Matthias Matussek und Ulrich Schwarz]: „Jetzt ist da eine Einheitssoße". Der Dramatiker Heiner Müller über die Intellektuellen und den Untergang der DDR. In: *Der Spiegel* 44 (1990) 31 v. 30.7.1990, 136-141.
20. Kiesel, Helmuth: Drei Ansichten des Wiedervereinigungsprozesses: Heiner Müller, Günter Grass, Volker Braun. In: Langguth, Gerd (Hg.): *Die Intellektuellen und die nationale Frage*. Frankfurt a.M./New York: Campus, 1997, 210-229.
21. Kim, Hyung-Ki: Die Ästhetik des Schreckens bei Heiner Müller. In: Koreanische Gesellschaft für Germanistik in Zusammenarbeit mit dem Goethe-Insitut Seoul (Hg.): *Realismus, Expressionismus, Gegenwart.*

Stiltendenzen in der deutschen Literatur. Das germanistische Kolloquium 1992. 28.10. bis 31.10.1992. Dokumentation der Tagungsbeiträge. Seoul 1993 (*KGG Dokumentationen, Band 1*), 191-206.

22. „Die Zeit ist aus den Fugen". Heiner Müller probt Hamlet. In: Lahann, Birgit: *Geliebte Zone. Geschichten aus dem neuen Deutschland.* Fotos von Ute Mahler. Vorwort von Thomas Brussig. Stuttgart: Deutsche Verlags-Anstalt, 1997, 30-33.
23. „Schreiben ist mir wichtiger als Moral". Zu Hause bei Heiner Müller. In: Lahann, Birgit: *Geliebte Zone. Geschichten aus dem neuen Deutschland.* Fotos von Ute Mahler. Vorwort von Thomas Brussig. Stuttgart: Deutsche Verlags-Anstalt, 1997, 73-85.
24. „Nun weiß ich, wo mein Tod wohnt". Als Heiner Müller gestorben ist. In: Lahann, Birgit: *Geliebte Zone. Geschichten aus dem neuen Deutschland.* Fotos von Ute Mahler. Vorwort von Thomas Brussig. Stuttgart: Deutsche Verlags-Anstalt, 1997, 265-271.
25. März, Ursula: Müllers Werkstatt. Nicht viel, aber aufschlußreich: Heiner Müllers Prosa. In: *Die Zeit* v. 25.3.1999 [zu: M., H.: Werke II. Die Prosa. Hrsg. von Frank Hörnigk. Frankfurt a.M.: Suhrkamp, 1999.].
26. Mieth, Matias: Zur Rezeption von Heiner Müller in DDR und BRD. Eine Erinnerung an das Verhältnis von politischer und ästhetischer Wertung. In: *WB* 37 (1991) 4, 604-614.
27. Müller, Heiner: „Zur Lage der Nation". Heiner Müller im Interview mit Frank M. Raddatz. Berlin: Rotbuch, 1990.
28. Ders.: Das Böse ist die Zukunft. Heiner Müller im Gespräch mit Frank Raddatz. Siebte Folge. In: *TransAtlantik* (1991) 3, 34-37;
auch in: M., H.: *„Jenseits der Nation".* Heiner Müller im Interview mit Frank M. Raddatz. Berlin: Rotbuch, 1991, 69-81.
29. Ders.: „Jenseits der Nation". Heiner Müller im Interview mit Frank M. Raddatz. Berlin: Rotbuch, 1991.
[Dazu: Braddock, Katherine: [o.T.]. In: *The Germanic Review* LXVII (1992) 4, 182f.]
30. Raddatz, Fritz J.: Von der Beschädigung der Literatur durch ihre Urheber. Bemerkungen zu Heiner Müller und Christa Wolf. In: *Die Zeit* v. 29.1.1993.
31. Radisch, Iris: Krieg der Köpfe. Heiner Müller und die Stasi: Die Westdeutschen zählen Quittungen, die Ostdeutschen verteidigen ihre Geschichte. Der Dichter liest Kafka, und die Akten schweigen. In: *Die Zeit* v. 22.1.1993.
32. Schalk, Axel: *‚Deutschland – Dia/Lektisch‘*: Heiner Müller and the German Question. In: *German Literature at a Time of Change 1989-1990. German Unity and German Identity in Literary Perspective.* Edited by

Arthur Williams, Stuart Parkes and Roland Smith. Bern/Berlin/Frankfurt a.M./New York/Paris/Wien: Lang, 1991, 65-84.

33. [Interview mit Ute Scharfenberg]: Heiner Müller: THEATER IST KRISE. Arbeitsgespräch vom 16. Oktober 1995. In: Hörnigk, Frank/Linzer, Martin/Raddatz, Frank/Storch, Wolfgang/Teschke, Holger (Hgg.): *Ich Wer ist das Im Regen aus Vogelkot Im KALKFELL. Für HEINER MÜLLER. Arbeitsbuch*. Berlin 1996 (*Theater der Zeit, Sonderheft HEINER MÜLLER*), 136-143.
34. Scheit, Gerhard: Opferkult und revolutionäres Subjekt. Arbeiterdichtung bei Peter Weiss und Heiner Müller. In: *literatur konkret* (1997/98) 22, 12-16.
35. Schlich, Jutta: A propos Weltuntergang. Zu Heiner Müller u.a. Heidelberg: Manutius, 1996.
36. Schmidt, Karl-Wilhelm: Literaturdebatten des westlichen Feuilletons um Heiner Müller. Vom ‚IM' zum ‚neuen Rechten'. In: Monteath, Peter/Alter, Reinhard (Hgg.): *Kulturstreit – Streitkultur. German Literature since the wall*. Amsterdam/Atlanta: Rodopi, 1996 (*German Monitor 38*), 51-73.
37. Schmitter, Elke: Ein Mann für gewisse Stunden. Heiner Müllers Stasi-Gespräche: Ein Anarchist paktiert. In: *taz* v. 12.1.1993.
38. Schödel, Helmut: Wir sind ein blödes Volk. Ein Heiner-Müller-Tagebuch zur Frankfurter „Experimenta 6". In: *Die Zeit* v. 8.6.1990.
39. Heiner Müller 1929-1995. Bilder eines Lebens. Mit Fotografien von Angelus Novus u.v.a. Hrsg. von Oliver Schwarzkopf und Hans-Dieter Schütt. Berlin: Schwarzkopf & Schwarzkopf, 1996.
40. „Ohne Hoffnung, ohne Verzweiflung". SPIEGEL-Interview mit dem DDR-Dramatiker Heiner Müller in Ost-Berlin. In: *Der Spiegel* 43 (1989) 49 v. 4.12.1989, 264f.
41. Sucher, C. Bernd: Zur Weltliteratur gezwungen. Zum Tod von Heiner Müller. In: *SZ* v. 2.1.1996;
    auch in: *Deutsche Literatur 1995. Jahresüberblick*. Hrsg. von Franz Josef Görtz, Volker Hage und Hubert Winkels in Zusammenarbeit mit Katharina Frühe. Stuttgart: Reclam, 1996, 120-125.
42. Teschke, Holger: Ein Spielplan für das unsichtbare Theater. Letzte Arbeiten mit Heiner Müller. In: Arnold, Heinz Ludwig (Hg.): *DDR-Literatur der neunziger Jahre* (*text+kritik Sonderband IX/00*), 157-162.
43. Widmann, Arno: Witz, Pathos, Zynismus. Tod in Berlin: Der Dramatiker Heiner Müller starb vergangenen Samstag im Alter von fast 67 Jahren. In: *Die Zeit* v. 5.1.1996.
44. Ders.: Totenrede auf den Mauerspringer. Eine bunte Trauergemeinde nahm Abschied von Heiner Müller, dem ersten gesamtdeutschen Dichter. In: *Die Zeit* v. 19.1.1996.

45. Zenetti, Thomas: „Des deux côtés du front, entre les fronts, au-dessus". Heiner Müller et la réunification allemande. In: *Revue d'Allemagne et des Pays de langue allemande* 28 (1996) 4, 565-575.

Gert Neumann

1. Beckermann, Thomas: *‚Die Diktatur repräsentiert das Abwesende nicht'*: Essay on Monika Maron, Wolfgang Hilbig and Gert Neumann. In: *German Literature at a Time of Change 1989-1990. German Unity and German Identity in Literary Perspective*. Edited by Arthur Williams, Stuart Parkes and Roland Smith. Bern/Berlin/Frankfurt a.M./New York/Paris/Wien: Lang, 1991, 97-116.
2. Schoor, Uwe: Heraustreten aus selbstverschuldeter Müdigkeit. Zwei unaufgefordert schreibende Arbeiter. Wolfgang Hilbig und Gert Neumann. In: *Zersammelt. Die inoffizielle Literaturszene der DDR nach 1990. Eine Bestandsaufnahme*. Hrsg. von Roland Berbig, Birgit Dahlke, Michael Kämper-van den Boogaart und Uwe Schoor (*Theater der Zeit/Recherchen* 6), 56-70.

Bert Papenfuß-Gorek

1. Braun, Volker: Auf Papenfuß [Rede zur Verleihung des Erich-Fried-Preises 1998 an Bert Papenfuß]. In: *Der Standard* v. 27.3.1998; auch in: B., V.: *Wir befinden uns soweit wohl. Wir sind erst einmal am Ende. Äußerungen*. Frankfurt a.M.: Suhrkamp, 1998, 134-138.
2. Whitmore, Lisa: Zwei Dichter und der Markt. Bert Papenfuß und Lutz Rathenow. In: *Zersammelt. Die inoffizielle Literaturszene der DDR nach 1990. Eine Bestandsaufnahme*. Hrsg. von Roland Berbig, Birgit Dahlke, Michael Kämper-van den Boogaart und Uwe Schoor (*Theater der Zeit/Recherchen* 6), 37-45.

Ulrich Plenzdorf

1. [Interview mit Thomas Grimm]. In: G., T.: *Was von den Träumen blieb. Eine Bilanz der sozialistischen Utopie*. Vorwort von Heiner Müller. Berlin: Siedler, 1993, 111-128.

Lutz Rathenow

1. Whitmore, Lisa: Zwei Dichter und der Markt. Bert Papenfuß und Lutz Rathenow. In: *Zersammelt. Die inoffizielle Literaturszene der DDR nach 1990. Eine Bestandsaufnahme*. Hrsg. von Roland Berbig, Birgit Dahlke, Michael Kämper-van den Boogaart und Uwe Schoor (*Theater der Zeit/Recherchen* 6), 37-45.

Ernst Röhl

1. Hartmut Berlin, Ernst Röhl („Eulenspiegel"). Humor aus der Nische – Das Satiremagazin „Eulenspiegel" wird 50. In: Quilitzsch, Frank: *Wie im Westen so auf Erden. Gespräche mit Schriftstellern und Liedermachern, Dichtern und Theaterleuten, Rocksängern und Pastoren.* München: P. Kirchheim Verlag, 1998, 152-156.

Klaus Rohleder

1. Serke, Jürgen: Klaus Rohleder: Die Verteidigung des Dorfes. In: S., J.: *Zu Hause im Exil. Dichter, die eigenmächtig blieben in der DDR.* Mit Fotos von Christian G. Irrgang. München/Zürich: Piper, 1998, 216-241.

Thomas Rosenlöcher

1. Biskupek, Matthias: Familiendichter Rosenlöcher. Warum ein Dichter Tagebücher schreibt. In: *Wochenpost* v. 26.3.1992.
2. Bormann, Alexander von: Art. ‚Thomas Rosenlöcher'. In: *Kritisches Lexikon zur deutschsprachigen Gegenwartsliteratur – KLG.* Hrsg. von Heinz Ludwig Arnold. 66. Nlg. 10/00 (Stand: 1.8.2000, 10 + 6 S.).
3. Ertl, Wolfgang: „Denn die Mühen der Ebene lagen hinter uns und vor uns die Mühen der Berge": Thomas Rosenlöchers diaristische Prosa zum Ende der DDR. In: *Literatur und politische Aktualität.* Hrsg. von Elrud Ibsch und Ferdinand van Ingen unter Mitarbeit von Anthonya Visser. Amsterdam/Atlanta: Rodopi, 1993 (*Amsterdamer Beiträge zur neueren Germanistik, Band 36*), 21-37.
4. Ders.: „Sinnsuche zwischen Veränderungshoffen und Zerstörungsangst": Zu Thomas Rosenlöchers Lyrik vor und nach der Wende. In: Cosentino, Christine/Ertl, Wolfgang/Müller, Wolfgang (Hgg.): *An der Jahrtausendwende. Schlaglichter auf die deutsche Literatur.* Frankfurt a.M./Berlin/Bern/Bruxelles/New York/Oxford/Wien: Lang, 2003, 39-52.
5. Kirsten, Wulf: Staat und Rose. Laudatio auf Thomas Rosenlöcher [zur Verleihung des Erwin-Strittmatter-Preises (Ministerium für Umweltschutz des Landes Brandenburg) 1996]. In: *ndl* 45 (1997) 2, 176-185 (*WortFolgen*);
   auch in: K., W.: *Textur. Reden und Aufsätze.* Zürich: Ammann, 1998, 117-129.
6. Kormann, Julia: Satire und Ironie in der Literatur nach 1989. Texte nach der Wende von Thomas Brussig, Thomas Rosenlöcher und Jens Sparschuh. In: *Mentalitätswandel in der deutschen Literatur zur Einheit*

(1990-2000). Hrsg. von Volker Wehdeking. Berlin: Erich Schmidt Verlag, 2000 (*Philologische Studien und Quellen, Heft 165*), 165-176.
7. [Interview mit Michael Neubauer]: Stockende Tinte. Sechs Jahre durchsetzt von Raserei, Versagensgefühlen, Utopie: ein Gespräch mit Angela Krauß und Thomas Rosenlöcher. In: *GrauZone* (1997) 9/10, 24-27.
8. Serke, Jürgen: Thomas Rosenlöcher: Im Schutzbereich der Engel. In: S., J.: *Zu Hause im Exil. Dichter, die eigenmächtig blieben in der DDR*. Mit Fotos von Christian G. Irrgang. München/Zürich: Piper, 1998, 352-377.

Hans Joachim Schädlich

1. [Interview mit Herlinde Koelbl]: Hans Joachim Schädlich. In: K., H.: *Im Schreiben zu Haus. Wie Schriftsteller zu Werke gehen. Fotografien und Gespräche*. München: Knesebeck, 1998, 184-189.

Rainer Schedlinski

1. Jucker, Rolf: SchriftstellerInnen der DDR als Verräter und Aufklärer zugleich. Zu Christa Wolf, Sascha Anderson, Rainer Schedlinski und Heiner Müller. In: *The New Germany. Literature and Society after Unification*. Edited by Osman Durrani, Colin Good, Kevin Hilliard. Sheffield: University of Sheffield Press, 1995, 1-13.

Landolf Scherzer

1. Landolf Scherzer. Der Reporter und der Landrat – Schwierige Annäherung über „Feindbilder“. In: Quilitzsch, Frank: *Wie im Westen so auf Erden. Gespräche mit Schriftstellern und Liedermachern, Dichtern und Theaterleuten, Rocksängern und Pastoren*. München: P. Kirchheim Verlag, 1998, 181-188.
2. [Anon.]: „Ich bin jetzt hier zu Hause“. Landolf Scherzer machte vor der Wende mit dem Buch über einen SED-Kreissekretär Furore. Nun hat er den Landrat im thüringischen Bad Salzungen porträtiert – eine Nahaufnahme aus dem deutschen Vereinigungsprozeß. In: *Der Spiegel* 51 (1997) 29 v. 14.7.1997, 54f.

Bernd Schirmer

1. Jill Twark: So larmoyant sind sie im Osten gar nicht: Gespräch mit Bernd Schirmer. In: *GDR Bulletin* 26 (1999), 39-44.

Klaus Schlesinger

1. [Anon.]: Fragen an Klaus Schlesinger. In: *BuschFunk Direktversand.* 16. Ausgabe. (2001) Herbst/Winter, 11.
2. Endler, Adolf: Für Klaus Schlesinger. Worte zum Abschied (2001). In: E., A.: *Schweigen Schreiben Reden Schweigen. Reden 1995-2001*. Frankfurt a.M.: Suhrkamp, 2003, 37-44.
3. Franke, Konrad: Berliner Chronist. Ein Reporter, der Erzähler wurde: Zum Tod Klaus Schlesingers. In: *SZ* v. 12./13.5.2001.
4. Grub, Frank Thomas: Von der Schwierigkeit, Westler zu werden. Grenzgänger zwischen Ost und West – Zum Tod des Schriftstellers Klaus Schlesinger. In: *Saarbrücker Zeitung* v. 14.5.2001.
5. [Interview mit Jürgen Krätzer u.a.]: „Deshalb ist Literatur immer eine Form der Freiheit…" Ein Gespräch mit Klaus Schlesinger. In: *die horen* 46 (2001) 201 (*Erfahrung Deutschland/SchreibArten & LebensGeschichten*), 199-224;
   auch in: S., K.: *Die Seele der Männer. Die Erzählungen*. Mit einem Gespräch mit Klaus Schlesinger. Berlin: Aufbau, 2003, 331-366.
6. Lücke, Detlev: Kein magisches Datum. Ein Gespräch mit dem Schriftsteller Klaus Schlesinger über die Ausbürgerung Wolf Biermanns am 16. November 1976 und die nachfolgenden Proteste von Schriftstellern und Künstlern in der DDR. In: *Freitag* v. 15.11.1996.
7. Soldat, Hans-Georg: Intellektuelle Lässigkeit. Neugierig, rastlos und Chronist Berlins – Klaus Schlesinger wird heute 60 Jahre alt. In: *BZ* v. 9.1.1997.
8. Toegel, Edith: Terrible Alternatives. Dilemma and Character in Klaus Schlesinger's Works. In: *Colloquia Germanica* 23 (1990) 1, 17-32.
9. Weinreich, Irma: Wanderer zwischen Welten. Zum Tode von Autor Klaus Schlesinger – Kind des Prenzlauer Bergs. In: *Rhein-Zeitung* v. 12./13.5.2001.

Peter Schneider

1. Anderson, Susan C.: Walls and Other Obstacles: Peter Schneider's Critique of Unity in *Der Mauerspringer*. In: *The German Quarterly* 66 (1993) 3, 362-371.
2. Lüdke, Martin: Die Liebe, das Erbe und die Weltgeschichte. Peter Schneider. In: *Rowohlt Revue* (1999) 61, 10f.

Karl-Eduard von Schnitzler

1. Decker, Kerstin: Karl Eduard [sic] von Schnitzler kämpft immer noch gegen den Klassenfeind. In: D., K. und Gunnar: *Gefühlsausbrüche oder Ewig pubertiert der Ostdeutsche. Reportagen, Polemiken, Porträts*. Berlin: Das Neue Berlin, 2001, 256-262 [zuerst unter dem Titel *Vergessen im Schützengraben des Kalten Krieges. 1519 mal kommentierte Karl-Eduard von Schnitzler die DDR als „das Beste, was der Welt begegnet ist" – er hat sich nicht geändert* in: *Der Tagesspiegel* v. 30.11.1998].
2. Dieckmann, Christoph: Achtzig verweht. Karl-Eduard von Schnitzler ist so unverbesserlich wie der Kapitalismus. In: *Die Zeit* v. 23.4.1998; auch in: D., C.: *Das wahre Leben im falschen. Geschichten von ostdeutscher Identität*. Berlin: Ch. Links, 1998, 181-186.

Friedrich Schorlemmer

1. „Ich mag nichts Süßes und keine Operette". Eine Reise mit Friedrich Schorlemmer. In: Lahann, Birgit: *Geliebte Zone. Geschichten aus dem neuen Deutschland*. Fotos von Ute Mahler. Vorwort von Thomas Brussig. Stuttgart: Deutsche Verlags-Anstalt, 1997, 65-72.
2. Menge, Marlies: Demokratie macht Mühe, bevor sie Spaß macht. Der Pfarrer aus Wittenberg war schon zu Zeiten der DDR ein Bürgerrechtler, und er ist es immer noch. Friedrich Schorlemmer predigt in Luthers Kirche. Ist er eigentlich fromm? In: M., M.: *Spaziergänge. Die Serie aus der Wochenzeitung DIE ZEIT*. Mit Fotografien von Roger Melis. Berlin: Schwarzkopf & Schwarzkopf, 2000, 71-76.
3. Friedrich Schorlemmer. Jeden mit Glück erfüllen – Nach der Bibel das „Buch der Werte". In: Quilitzsch, Frank: *Wie im Westen so auf Erden. Gespräche mit Schriftstellern und Liedermachern, Dichtern und Theaterleuten, Rocksängern und Pastoren*. München: P. Kirchheim Verlag, 1998, 176-180.
4. Friedrich Schorlemmer im Gespräch mit Meinhard Schmidt-Degenhard: Selig sind die Verlierer. Europa, hast du Ohren zu hören. Musikalische Meditation zur Berliner Messe von Arvo Pärt. Zürich: pendo, 1996 (*pendo-profile*).

Helga Schubert

1. Alldred, Beth: Two contrasting perspectives on german unification: Helga Schubert and Brigitte Burmeister. In: *German Life and Letters* 50 (1997) 2, 165-181.

Helga Schütz

1. Menge, Marlies: Die eigene Wahrheit finden. Sie schrieb Drehbücher für viele DEFA-Filme, verfaßte Texte für Dokumentarspiele und hatte Erfolg als Schriftstellerin in Ost und West. Für Helga Schütz ist wichtig, was zwischen den Zeilen steht. In: M., M.: *Spaziergänge. Die Serie aus der Wochenzeitung DIE ZEIT.* Mit Fotografien von Roger Melis. Berlin: Schwarzkopf & Schwarzkopf, 2000, 65-70.

Ingo Schulze

1. [Interview mit Herlinde Koelbl]: Ingo Schulze. In: K., H.: *Im Schreiben zu Haus. Wie Schriftsteller zu Werke gehen. Fotografien und Gespräche.* München: Knesebeck, 1998, 150-155.
2. Michalzik, Peter: Wie komme ich zur Nordsee? Ingo Schulze erzählt einfache Geschichten, die ziemlich vertrackt sind und die alle lieben. In: *aufgerissen. Zur Literatur der 90er.* Hrsg. von Thomas Kraft. München/Zürich: Piper, 2000, 25-38.
3. Schmitz, Walter: Der verschwundene Autor als Chronist der Provinz. Ingo Schulzes Erzählprosa in den 90er Jahren. In: *Mentalitätswandel in der deutschen Literatur zur Einheit (1990-2000).* Hrsg. von Volker Wehdeking. Berlin: Erich Schmidt Verlag, 2000 (*Philologische Studien und Quellen, Heft 165*), 133-140.
4. Schulze, Ingo: Lesen und Schreiben. Wie wird man ein Schriftsteller? Und warum? Auf der Suche nach Atemwende, Gleichnis, Zauberwort. In: *SZ* v. 6.7.2000.

Georg Seidel

1. Serke, Jürgen: Georg Seidel: Verzehrt vom eigenen Widerstand. In: S., J.: *Zu Hause im Exil. Dichter, die eigenmächtig blieben in der DDR.* Mit Fotos von Christian G. Irrgang. München/Zürich: Piper, 1998, 308-329.

Jens Sparschuh

1. Aderhold, Karin: Das Modell Lobek. Lange gab es in der deutschen Literaturszene wenig zu lachen. Dann kam Jens Sparschuh mit seinem satirischen „Zimmerspringbrunnen". Aber der Autor hat noch mehr zu bieten. In: *tip* (Berlin) v. 22.2.1996.
2. Bormann, Alexander von: Art. ‚Sparschuh, Jens'. In: *Literatur Lexikon. Autoren und Werke deutscher Sprache.* Hrsg. von Walther Killy unter Mitarbeit von Hans Fromm, Franz Josef Görtz, Gerhard Köpf u.a. Band 11. München/Gütersloh: Bertelsmann Lexikon Verlag, 1991, 87f.;

3. Fragebogen Jens Sparschuh. In: *GrauZone* (1996) 6, 28.
4. Grub, Frank Thomas: Gestürzte Denkmäler – ratlose Helden: Autorenporträt Jens Sparschuh. In: *Der Deutschunterricht* LII (2000) 1, 87-95.
5. [Interview mit Martina Hinz]: Im Boot mit ... Jens Sparschuh. Mit seinem spöttischen Heimatroman „Der Zimmerspringbrunnen" ist Sparschuh seit 1995 auf Erfolgskurs. 25.000 Bücher sind verkauft, Senator angelte sich die Filmrechte. Im Boot mit Martina Hinz plauderte er über Staunen und Spott, Leser und Lebenslust, Fußball und die deutsche Einheit. In: *Ticket* (Berlin) v. 27.6.1996.
6. [Interview mit Wolfgang Holz]: Auf Kreuzfahrt in fremden Gewässern. Interview mit dem Berliner Schriftsteller Jens Sparschuh in Tuttlingen. In: *Schwäbische Zeitung* (Tuttlingen) v. 18.4.1996.
7. Kormann, Julia: Satire und Ironie in der Literatur nach 1989. Texte nach der Wende von Thomas Brussig, Thomas Rosenlöcher und Jens Sparschuh. In: *Mentalitätswandel in der deutschen Literatur zur Einheit (1990-2000)*. Hrsg. von Volker Wehdeking. Berlin: Erich Schmidt Verlag, 2000 (*Philologische Studien und Quellen, Heft 165*), 165-176.
8. Peters, Peter: Art. ‚Jens Sparschuh'. In: *Kritisches Lexikon zur deutschsprachigen Gegenwartsliteratur – KLG*. Hrsg. von Heinz Ludwig Arnold. 46. Nlg. (Stand: 1.1.1994, 4 + 4 S.).

Gabriele Stötzer

1. Dahlke, Birgit: Zwischen Authentizität und Alltagsgeschichte. Gabriele Stötzer und Annett Gröschner. In: *Zersammelt. Die inoffizielle Literaturszene der DDR nach 1990. Eine Bestandsaufnahme*. Hrsg. von Roland Berbig, Birgit Dahlke, Michael Kämper-van den Boogaart und Uwe Schoor (*Theater der Zeit/Recherchen 6*), 46-55.

Botho Strauß

1. Adelson, Leslie A.: Ränderberichtigung: Ruth Klüger und Botho Strauß. In: Mayer-Iswandy, Claudia (Hg.): *Zwischen Traum und Trauma – Die Nation. Transatlantische Perspektiven zur Geschichte eines Problems*. Tübingen: Stauffenburg, 1994 (*Stauffenburg Colloquium 32*), 85-97.
2. Gottwald, Herwig: ‚Nationale Identität' nach der ‚Wende'. Nachdenken über Botho Strauß. In: Jabłkowska, Joanna/Półrola, Małgorzata (Hgg.): *Nationale Identität. Aspekte, Probleme und Kontroversen in der deutschsprachigen Literatur*. Łódź: Wydawnictwo Uniwersytetu Łódzkiego, 1998, 465-486.

3. Schwilk, Heimo: Kein Deutschland gekannt zeit meines Lebens. Die Neoromantik des Botho Strauß. In: S., H.: *Wendezeit – Zeitenwende. Beiträge zur Literatur der achtziger Jahre.* Bonn/Berlin: Bouvier, 1991, 140-147.

Manfred Streubel

1. Serke, Jürgen: Manfred Streubel: Die Angst, die nicht weichen wollte. In: S., J.: *Zu Hause im Exil. Dichter, die eigenmächtig blieben in der DDR.* Mit Fotos von Christian G. Irrgang. München/Zürich: Piper, 1998, 130-161.

Erwin Strittmatter

1. Drommer, Günther: Erwin Strittmatter. Des Lebens Spiel. Eine Biographie. Berlin: Aufbau TB, 2000.
2. Grambow, Jürgen: Wie soll ich sie alle bändigen und ordnen? Der Geschichtenerzähler als gerühmter Autor: Zum Tode Erwin Strittmatters. In: *Der Tagesspiegel* v. 2.2.1994;
   auch in: *Deutsche Literatur 1994. Jahresüberblick.* Hrsg. von Franz Josef Görtz, Volker Hage und Uwe Wittstock unter Mitarbeit von Katharina Frühe. Einleitung von Hubert Winkels. Stuttgart: Reclam, 1995, 26-31.
3. [Interview mit Thomas Grimm]. In: G., T.: *Was von den Träumen blieb. Eine Bilanz der sozialistischen Utopie.* Vorwort von Heiner Müller. Berlin: Siedler, 1993, 49-67.
4. Grub, Frank Thomas: Neues aus Schulzenhof. Zum 90. Geburtstag von Erwin Strittmatter. In: Livres/Bücher. Un supplément du *Tageblatt* 7 (2002) 9 v. 20.9.2002.
   [zu: S., E.: Geschichten ohne Heimat. Hrsg. von Eva Strittmatter. Berlin: Aufbau, 2002; Erwin Strittmatter. Eine Biographie in Bildern. Hrsg. von Eva Strittmatter und Günther Drommer. Berlin: Aufbau, 2002; S., E.: Vor der Verwandlung. Hrsg. von Eva Strittmatter. Berlin: Aufbau TB, 2000; Drommer, Günther: Erwin Strittmatter. Des Lebens Spiel. Eine Biographie. Berlin: Aufbau TB, 2000.]
5. Peter Jokostra an H.-G. Soldat. Nachtrag zu e.i. 87. / Peter Jokostra an AWM [= Andreas W. Mytze]. In: *europäische ideen* (1994) 88 (*Die Neue Weltordnung*), 36f.
6. Erwin Strittmatter. Das sind für mich alles Utopien geworden – Rückblick auf „Laden“ und Leben. In: Quilitzsch, Frank: *Wie im Westen so auf Erden. Gespräche mit Schriftstellern und Liedermachern, Dichtern und Theaterleuten, Rocksängern und Pastoren.* München: P. Kirchheim Verlag, 1998, 34-40.

7. Erwin Strittmatter. Eine Biographie in Bildern. Hrsg. von Eva Strittmatter und Günther Drommer. Berlin: Aufbau, 2002.

Eva Strittmatter

1. Menge, Marlies: Meine Birke, mein Bach, meine Wiese. Im Osten Deutschlands gehört Eva Strittmatter weiter zu den meistgelesenen Autoren – wie auch ihr Mann Erwin Strittmatter. Die 67jährige Dichterin ist bis heute in Schulzenhof geblieben – obwohl sie sich grault, so allein. In: M., M.: *Spaziergänge. Die Serie aus der Wochenzeitung DIE ZEIT*. Mit Fotografien von Roger Melis. Berlin: Schwarzkopf & Schwarzkopf, 2000, 27-32.
2. Eva Strittmatter. Den Blick heben und der Blendung standhalten – Leben ist unwiderrufbar. In: Quilitzsch, Frank: *Wie im Westen so auf Erden. Gespräche mit Schriftstellern und Liedermachern, Dichtern und Theaterleuten, Rocksängern und Pastoren*. München: P. Kirchheim Verlag, 1998, 196-207.

Barbara Thalheim

1. Baum, Karl-Heinz: „Dir hätten wir nie auch nur ein Wort angedeutet". Die Liedermacherin Barbara Thalheim war Stasi-Zuträgerin, aber sie brachte nicht ihre Freundin in den Knast. In: *FR* v. 29.7.1996.
2. Decker, Gunnar: Leben, was man singt – Barbara Thalheim. In: Decker, Kerstin und G.: *Gefühlsausbrüche oder Ewig pubertiert der Ostdeutsche. Reportagen, Polemiken, Porträts*. Berlin: Das Neue Berlin, 2001, 53-57 [zuerst unter dem Titel *Leben, was man singt. Gespräch mit Barbara Thalheim über die Liebe und den Tod, über alte Ängste und neue Lieder* in: *Das Magazin* (1999) 10, 32-34 (*Karrieren*)].
3. Neutzling, Anja: Die Songs der Thalheim sind durchweg neu. Liedermacherin kehrt nach vier Jahren doch wieder auf die Bühne zurück. In: *Ostsee-Zeitung* v. 11./12.1999.
4. Barbara Thalheim. Tief im Westen – Auf der Suche nach der verlorenen Identität. In: Quilitzsch, Frank: *Wie im Westen so auf Erden. Gespräche mit Schriftstellern und Liedermachern, Dichtern und Theaterleuten, Rocksängern und Pastoren*. München: P. Kirchheim Verlag, 1998, 9-11.
5. Barbara Thalheim, Jean Pacalet. Freier Fall oder goldener Saal – Wir müssen fähig sein, neugierig eine Tür aufzustoßen. In: Quilitzsch, Frank: *Wie im Westen so auf Erden. Gespräche mit Schriftstellern und Liedermachern, Dichtern und Theaterleuten, Rocksängern und Pastoren*. München: P. Kirchheim Verlag, 1998, 124-128.

6. [BARBARA THALHEIM. Ich kann gar nicht leben ohne Ich. In: Schwarz, Petra/Bergholz, Wilfried: *Liederleute. 28 Porträts*. Berlin (DDR): Lied der Zeit Musikverlag, 1989, 215-227.]

Uwe Timm

1. Vollstedt, Markus: Das Romanwerk Uwe Timms. Saarbrücken 1999 [Staatsexamensarbeit; unveröffentlichtes Typoskript].

Günter Ullmann

1. Meinhardt, Birk: Die Nacht ist lang, der Tag ist kurz. Günter Ullmann hatte zur Wende 14 unveröffentlichte Buchmanuskripte. Jetzt sind alle gedruckt, doch er kann es nicht genießen. In: *SZ* v. 7./8.6.2003 (*Wochenende, Das Porträt*).
2. Serke, Jürgen: Günter Ullmann: Gespräch der Seele mit sich selbst. In: S., J.: *Zu Hause im Exil. Dichter, die eigenmächtig blieben in der DDR*. Mit Fotos von Christian G. Irrgang. München/Zürich: Piper, 1998, 330-351.

Eckhard Ulrich

1. Serke, Jürgen: Eckhard Ulrich: Nach dem Überleben der Freitod. In: S., J.: *Zu Hause im Exil. Dichter, die eigenmächtig blieben in der DDR*. Mit Fotos von Christian G. Irrgang. München/Zürich: Piper, 1998, 242-267.

Martin Walser

1. Braun, Michael: Günter Grass' Rückkehr zu Herders „Kulturnation" im Kontrast zu Martin Walser und Günter de Bruyn. Essays und Reden zur Einheit. In: *Mentalitätswandel in der deutschen Literatur zur Einheit (1990-2000)*. Hrsg. von Volker Wehdeking. Berlin: Erich Schmidt Verlag, 2000 (*Philologische Studien und Quellen, Heft 165*), 97-110.
2. [Interview mit Rolf Becker und Hellmuth Karasek]: „Triumphieren nicht gelernt". Der Schriftsteller Martin Walser über die Intellektuellen und die deutsche Einheit. In: *Der Spiegel* 44 (1990) 41 v. 8.10.1990, 291-300;
3. Braungart, Georg: „Ich habe nicht das Gefühl, daß ich mich bewegt hätte". Martin Walsers ‚Wende' zwischen Heimatkunde und Geographieunterricht. In: Erhart, Walter/Niefanger, Dirk (Hgg.): *Zwei Wendezeiten. Blicke auf die deutsche Literatur 1945 und 1989*. Tübingen: Niemeyer, 1997, 93-114.

auch in: W., M.: *Auskunft. 22 Gespräche aus 28 Jahren*. Hrsg. v. Klaus Siblewski. Frankfurt a.M.: Suhrkamp, 1991, 257-266.

4. [[Interview mit Niklas Frank und Joachim Köhler]: „Ich hab' so ein Stuttgart-Leipzig-Gefühl". STERN-Gespräch mit Martin Walser. In: *Stern* Nr. 12 v. 12.3.1987;
auch in: W., M.: *Auskunft. 22 Gespräche aus 28 Jahren*. Hrsg. v. Klaus Siblewski. Frankfurt a.M.: Suhrkamp, 1991, 249-256.]
5. Hage, Volker: Kein schöner Thema weit und breit. Christoph Hein, Stefan Heym und Christa Wolf, Günter Grass und Martin Walser: Schriftsteller in Ost und West bündeln ihre Aufsätze, Reden und Gespräche zur deutschen Frage. In: *Sonntag/Die Zeit* v. 9.3.1990 (*Literatur, Leipziger Buchmesse 1990*);
unter dem Titel *Kein schöner' Thema weit und breit. Schriftsteller in Ost und West zur deutschen Frage* auch in: H., V.: *Propheten im eigenen Land. Auf der Suche nach der deutschen Literatur*. München: dtv, 1999, 96-107.
6. Heise, Ulf: Epiker der Alltagswelt. Zum 70. Geburtstag des Schriftstellers Martin Walser. In: *Freie Presse* v. 22./23.3.1997.
7. Jabłkowska, Joanna: Zwischen Heimat und Nation. Martin Walsers ‚Deutsche Sorgen'. In: Jabłkowska, Joanna/Półrola, Małgorzata (Hgg.): *Nationale Identität. Aspekte, Probleme und Kontroversen in der deutschsprachigen Literatur*. Łódź: Wydawnictwo Uniwersytetu Łódzkiego, 1998, 451-464.
8. Kaiser, Joachim: Martin Walsers Überfluß. Die Person überstrahlt das Werk – zum 70. Geburtstag eines großen Schriftstellers. In: *SZ* v. 24.3.1997.
9. [Interview mit Herlinde Koelbl]: Martin Walser. In: K., H.: *Im Schreiben zu Haus. Wie Schriftsteller zu Werke gehen. Fotografien und Gespräche*. München: Knesebeck, 1998, 90-95.
10. [[Interview mit Paul F. Reitze]: „Ich werde mich nie an diese deutsche Teilung gewöhnen". Die Welt im Gespräch: Martin Walser. In: *Die Welt* v. 29./30.9.1986;
auch in: W., M.: *Auskunft. 22 Gespräche aus 28 Jahren*. Hrsg. v. Klaus Siblewski. Frankfurt a.M.: Suhrkamp, 1991, 203-217.]
11. Reitze, Paul F.: Die Wunden heimatsüchtiger Helden. Martin Walser. Ein Werkporträt des diesjährigen Friedenspreisträgers des Deutschen Buchhandels. In: *Rheinischer Merkur* v. 9.10.1998.
12. Rohloff, Joachim: Walsers Phantomschmerz. Der gesamtdeutsche Schriftsteller vom Bodensee wird am Montag 70 und feiert natürlich in Leipzig. In: *junge Welt* v. 22./23.3.1997.
13. Tambarin, Marcel: Les intellectuels face à l'unification allemande: Le cas Martin Walser. In: *Revue d'Allemagne et des Pays de langue allemande* 28 (1996) 4, 539-549.

Bettina Wegner

1. Menge, Marlies: Ick bin der Antizeitgeist. Ihr Herz hängt am Osten. Ihr Publikum hat Bettina Wegner aber „hier wie drüben". Sie gilt als unmodern, die Jungen kommen trotzdem. Die Liedermacherin zeigt und weckt Emotionen – bei ihren traurigen Texten darf auch geweint werden. In: M., M.: *Spaziergänge. Die Serie aus der Wochenzeitung DIE ZEIT*. Mit Fotografien von Roger Melis. Berlin: Schwarzkopf & Schwarzkopf, 2000, 82-87.
2. Bettina Wegner. Verraten und enttäuscht, bereit zu verzeihen – Doch wer hört noch zu? In: Quilitzsch, Frank: *Wie im Westen so auf Erden. Gespräche mit Schriftstellern und Liedermachern, Dichtern und Theaterleuten, Rocksängern und Pastoren*. München: P. Kirchheim Verlag, 1998, 53-57.

Hans-Eckardt Wenzel

1. [Interview mit Jürgen Krätzer u.a.]: „Das Utopische am Lachen" *oder* Vom Schreiben in der präkoitalen und der postkoitalen Gesellschaft. Ein Gespräch mit Hans-Eckardt Wenzel. In: *die horen* 46 (2001) 201 (*Erfahrung Deutschland/SchreibArten & LebensGeschichten*), 241-266.
2. Hans-Eckardt Wenzel. Bei Vollmond um den Schlaf gebracht – Neue deutsche Reisebilder. In: Quilitzsch, Frank: *Wie im Westen so auf Erden. Gespräche mit Schriftstellern und Liedermachern, Dichtern und Theaterleuten, Rocksängern und Pastoren*. München: P. Kirchheim Verlag, 1998, 98-102.

Christa Wolf

1. [Anon.]: Die ängstliche Margarete. In: *Der Spiegel* 47 (1993) 4 v. 25.1.1993, 158-165.
2. [orz]: Worte sind Waren. Der „Deutsche Bücherpreis" ehrt Christa Wolf für ihr Lebenswerk. In: *SZ* v. 5.2.2002.
3. Ankum, Katharina von: Christa Wolfs Poetik des Alltags: Von *Juninachmittag* bis *Was bleibt*. In: *Zwischen gestern und morgen. Schriftstellerinnen der DDR aus amerikanischer Sicht*. Hrsg. von Ute Brandes. Berlin/Bern/Frankfurt a.M./New York/Paris/Wien: Lang, 1992, 183-198.
4. Dies.: Die Rezeption von Christa Wolf in Ost und West. Von *Moskauer Novelle* bis „Selbstversuch". Amsterdam/Atlanta: Rodopi, 1992 (*Amsterdamer Publikationen zur Sprache und Literatur, Band 98*).

5. Anz, Thomas (Hg.): „Es geht nicht um Christa Wolf“: Der Literaturstreit im vereinten Deutschland. München: edition spangenberg, 1991. [Dazu: Knittel, Michael: [o.T.]. In: *The Germanic Review* LXVII (1992) 3, 138-140.]
Ders. (Hg.): „Es geht nicht um Christa Wolf“. Der Literaturstreit im vereinigten Deutschland. Erweiterte Neuausgabe. Frankfurt a.M.: Fischer TB, 1995.
6. Ders.: Der Streit um Christa Wolf und die Intellektuellen im vereinten Deutschland. In: Monteath, Peter/Alter, Reinhard (Hgg.): *Kulturstreit – Streitkultur. German Literature since the wall.* Amsterdam/Atlanta: Rodopi, 1996 (*German Monitor 38*), 1-17.
7. Arnold, Heinz Ludwig (Hg.): Christa Wolf. 4. Auflage: Neufassung (*text+kritik 46*, 4. Auflage: Neufassung, November 1994).
8. Baldwin, Claire: „Nagelprobe“: On German Trials. In: *Colloquia Germanica* 27 (1994) 1, 1-11.
9. Böttiger, Helmut: Christa Wolf. Brot und Wein [Teil 1 von *DDR-Identität. Zwei Schattenrisse*]. In: B., H.: *Rausch im Niemandsland. Es gibt ein Leben nach der DDR*. Berlin: Fannei & Walz, 1994, 76-85.
10. [Interview mit Helmut Böttiger]: Die Dauerspannung beim Schreiben. Ein Gespräch mit Christa Wolf über Selbstverwirklichung und Subjektivität. In: *FR* v. 22.3.2000 (*Literatur Rundschau. Ein Supplement für Bücher*).
11. Der deutsch-deutsche Literaturstreit oder „Freunde, es spricht sich schlecht mit gebundener Zunge“. Analysen und Materialien. Hrsg. von Karl Deiritz und Hannes Krauss. Hamburg/Zürich: Luchterhand, 1991. [Dazu: Knittel, Michael: [o.T.]. In: *The Germanic Review* LXVII (1992) 3, 138-140.]
12. Interview des Deutschlandfunks mit Christa Wolf [8. Oktober 1989]. In: *ndl* 38 (1990) 1, 168-172 [zuerst in: *Deutsche Volkszeitung/die tat* v. 13.10.1989].
13. Finney, Gail: The Christa Wolf Controversy: Wolf's *Sommerstück* as Chekhovian Commentary. In: *The Germanic Review* LXVII (1992) 1, 106-111.
14. Responses to Christa Wolf. Critical Essays. Edited by Marilyn Sibley Fries. Detroit: Wayne State University Press, 1989.
15. [Interview mit Günter Gaus]: Auf mir bestehen. Christa Wolf im Gespräch mit Günter Gaus. In: *ndl* 41 (1993) 5, 20-40.
16. Graves, Peter: The treachery of St. Joan. Christa Wolf and the Stasi. In: *Christa Wolf in Perspective*. Edited by Ian Wallace. Amsterdam/Atlanta: Rodopi, 1994 (*German Monitor 30*), 1-12.
17. Die deutsche Gesinnungsästhetik. Noch einmal: Christa Wolf und der deutsche Literaturstreit. Eine Zwischenbilanz von Ulrich Greiner. In: *Die Zeit* v. 2.11.1990.

18. Angepaßt oder mündig? Briefe an Christa Wolf im Herbst 1989. Hrsg. von Petra Gruner. Mit einem Nachwort von Jan Hofmann. Berlin (DDR): Volk und Wissen, 1990 (*Texte, Dokumente zur Politik und Kulturpolitik*);
auch: Frankfurt a.M.: Luchterhand, 1990.
19. Hage, Volker: Kein schöner Thema weit und breit. Christoph Hein, Stefan Heym und Christa Wolf, Günter Grass und Martin Walser: Schriftsteller in Ost und West bündeln ihre Aufsätze, Reden und Gespräche zur deutschen Frage. In: *Sonntag/Die Zeit* v. 9.3.1990 (*Literatur, Leipziger Buchmesse 1990*);
unter dem Titel *Kein schöner' Thema weit und breit. Schriftsteller in Ost und West zur deutschen Frage* auch in: H., V.: *Propheten im eigenen Land. Auf der Suche nach der deutschen Literatur*. München: dtv, 1999, 96-107.
20. Ders.: Da war was, da bleibt was. Abschied von der DDR und ihrer Literatur – ohne Wehmut, nicht ohne Erwartung. In: *Die Zeit* v. 5.10.1990 (*Die Zeit – Literatur*).
21. „Wir müssen uns dem Schicksal stellen". SPIEGEL-Redakteur Volker Hage über den Fall Christa Wolf. In: *Der Spiegel* 47 (1993) 6 v. 8.2.1993, 197-199;
unter dem Titel *Exil in Santa Monica? Ein Besuch bei Christa Wolf* auch in: H., V.: *Propheten im eigenen Land. Auf der Suche nach der deutschen Literatur*. München: dtv, 1999, 127-132.
22. Hannemann, Ernst: Geschichtsschreibung nach Aktenlage? Bemerkungen anläßlich der Debatte um die Stasikontakte von Christa Wolf und Heiner Müller. In: Monteath, Peter/Alter, Reinhard (Hgg.): *Kulturstreit – Streitkultur. German Literature since the wall*. Amsterdam/Atlanta: Rodopi, 1996 (*German Monitor 38*), 19-34.
23. Höppner, Reinhard: „Im Gespräch" mit Christa Wolf am 19. September 1999. In: Staatskanzlei des Landes Sachsen-Anhalt (Hg.): Leben mit der DDR. Reinhard Höppner im Gespräch mit Matthias Platzeck, Wolfgang Berghofer, Manfred Stolpe, Hans-Jochen Tschiche, Henning Voscherau, Klaus Oberländer, Christa Wolf, Marion Gräfin Dönhoff. Halle (S.): Mitteldeutscher Verlag, 2000, 135-180.
24. [[Interview mit Therese Hörnigk]: Gespräch mit Christa Wolf [Juni 1987/Oktober 1988]. In: H., T.: Christa Wolf. Berlin (DDR): Volk und Wissen, 1989 (*Schriftsteller der Gegenwart, 26*), 7-47;
unter dem Titel *Unerledigte Widersprüche. Gespräch mit Therese Hörnigk* auch in: W., C.: *Reden im Herbst*. Berlin/Weimar 1990 (*Texte zur Zeit*), 24-68
sowie in: Dies.: *Im Dialog. Aktuelle Texte*. Frankfurt a.M.: Luchterhand, 1990, 24-68.]

25. Walter Janka über Christa Wolf [Brief an die Red., Kleinmachnow, 24.8.90]. In: *europäische ideen* (1990) 74 (*Faschismus Stalinismus 2*), 11.
26. Jucker, Rolf: SchriftstellerInnen der DDR als Verräter und Aufklärer zugleich. Zu Christa Wolf, Sascha Anderson, Rainer Schedlinski und Heiner Müller. In: *The New Germany. Literature and Society after Unification.* Edited by Osman Durrani, Colin Good, Kevin Hilliard. Sheffield: University of Sheffield Press, 1995, 1-13.
27. [Interview mit Herlinde Koelbl]: Christa Wolf. In: K., H.: *Im Schreiben zu Haus. Wie Schriftsteller zu Werke gehen. Fotografien und Gespräche.* München: Knesebeck, 1998, 238-243.
28. [Interview mit Fritz-Jochen Kopka]: Margarete in Santa Monica. Wie fremd kann die Vergangenheit sein? Fritz-Jochen Kopka sprach in Kalifornien mit Christa Wolf. In: *Wochenpost* v. 28.1.1993.
29. Krauss, Hannes: Rückzug in die Moderne. Christa Wolf und Virginia Woolf. In: *Retrospect and Review. Aspects of the Literature of the GDR 1976-1990.* Edited by Robert Atkins and Martin Kane. Amsterdam/Atlanta: Rodopi, 1997 (*German Monitor 40*), 164-175.
30. Kuhn, Anna K.: ‚Zweige vom selben Stamm'? Christa Wolf's *Was bleibt*, *Kein Ort. Nirgends*, and *Sommerstück*. In: *Christa Wolf in Perspective.* Edited by Ian Wallace. Amsterdam/Atlanta: Rodopi, 1994 (*German Monitor 30*), 187-205.
31. Dies.: ‚Eine Königin köpfen ist effektiver als einen König köpfen': The Gender Politics of the Christa Wolf Controversy. In: *Women and the* Wende. *Social Effects and Cultural Reflections of the German Unification Process.* Proceedings of a Conference held by *Women in German Studies* 9-11 September 1993 at the University of Nottingham. Edited by Elizabeth Boa and Janet Wharton. Amsterdam/Atlanta: Rodopi, 1994 (*German Monitor 31*), 200-215.
32. Lang, Jack: Rede zur Verleihung des Titels „Officier des Arts et des Lettres" an Christa Wolf. In: *ndl* 38 (1990) 12, 146-148;
Dazu: Wolf, Christa: Dankrede. In: Ebd., 148-150 (*ndl-Tagebuch*).
33. Langner, Beatrix: Salto postmortale. Sechzehn Thesen über die verspäteten Klassiker der DDR-Literatur: Christa Wolf und Volker Braun. In: Arnold, Heinz Ludwig (Hg.): *DDR-Literatur der neunziger Jahre* (*text+kritik Sonderband IX/00*), 48-61.
34. Magenau, Jörg: Christa Wolf. Eine Biographie. Berlin: Kindler, 2002. [Dazu: Bisky, Jens: Im Arbeitszimmer. Bei Kaffee und Keksen wird es selten kalt und ungemütlich: Jörg Magenau erzählt vom Leben der loyalen Dissidentin Christa Wolf. In: *SZ* v. 21.3.2002;
Weinreich, Irma: Biografie einer Ernüchterten. In: *Rhein-Zeitung* v. 13./14.7.2002.]

35. Meyer-Gosau, Frauke: In bester Absicht. Bewußte und unbewußte Folgen der Erfahrung der nationalsozialistischen Diktatur in Christa Wolfs Prosa. In: Rüther, Günther (Hg.): *Literatur in der Diktatur. Schreiben im Nationalsozialismus und DDR-Sozialismus*. Paderborn: Schöningh, 1997, 405-420.
36. Dies.: „Keine Spur von Hoffnung, keine Spur von Furcht. Nichts nichts". Christa Wolfs Wege aus der Geschichte. In: *Mentalitätswandel in der deutschen Literatur zur Einheit (1990-2000)*. Hrsg. von Volker Wehdeking. Berlin: Erich Schmidt Verlag, 2000 (*Philologische Studien und Quellen, Heft 165*), 153-164.
37. [Interview mit Alfried Nehring]: Leben oder gelebt werden. Christa Wolf im Gespräch mit Alfried Nehring [30.10.1989]. In: *Film und Fernsehen* 18 (1990) 2, 14-20;
auch in: W., C.: *Reden im Herbst*. Berlin/Weimar 1990 (*Texte zur Zeit*), 101-118
sowie in: Dies.: *Im Dialog. Aktuelle Texte*. Frankfurt a.M.: Luchterhand, 1990, 101-118.
38. Orłowski, Hubert: Indizierung von DDR-Literatur in Polen: Zum Fall Christa Wolf. In: *Literatur und politische Aktualität*. Hrsg. von Elrud Ibsch und Ferdinand van Ingen unter Mitarbeit von Anthonya Visser. Amsterdam/Atlanta: Rodopi, 1993 (*Amsterdamer Beiträge zur neueren Germanistik, Band 36*), 71-79.
39. Paulsen, Wolfgang: Akteneinsicht Christa Wolf. Ein Plädoyer aus amerikanischer Sicht. In: *WW* 44 (1994) 1, 147-149.
40. Pischel, Joseph: The End of Utopia? The Current Discussion on GDR Literature and the Controvery Surrounding Christa Wolf. In: *German Literature at a Time of Change 1989-1990. German Unity and German Identity in Literary Perspective*. Edited by Arthur Williams, Stuart Parkes and Roland Smith. Bern/Berlin/Frankfurt a.M./New York/Paris/Wien: Lang, 1991, 117-127.
41. Prittwitz, Gesine von: Die jungen Deutschen und die DDR-Literatur. Ein etwas anderer Nachtrag zur sogenannten Christa Wolf-Debatte. In: *WB* 39 (1993) 2, 299-307.
42. Raddatz, Fritz J.: Von der Beschädigung der Literatur durch ihre Urheber. Bemerkungen zu Heiner Müller und Christa Wolf. In: *Die Zeit* v. 29.1.1993.
43. [Reich-Ranicki, Marcel: Macht Verfolgung kreativ? Polemische Anmerkungen aus aktuellem Anlaß: Christa Wolf und Thomas Brasch. In: *FAZ* v. 12.11.1987.]
44. [Interview mit Gerhard Rein]: Christa Wolf im Gespräch mit Gerhard Rein (Ausschnitte aus einer Sendung des Deutschlandfunks vom 8. Oktober 1989). In: *Oktober 1989. Wider den Schlaf der Vernunft*. Berlin

(DDR): Neues Leben, 1990/Berlin: Elefanten Press, 1989 (*Temperamente 1*), 102-104.

45. Rey, William H.: Vor dem Durchbruch zur Freiheit. Christa Wolfs *Sommerstück* als prärevolutionärer Text. In: *Colloquia Germanica* 23 (1990) 1, 1-16.
46. Ders.: „Wo habt ihr bloß alle gelebt". Christa Wolfs Dilemma in ihrem Verhältnis zur DDR. In: *The Germanic Review* LXVI (1991) 2, 89-95.
47. Ders.: Christa Wolf im Schnittpunkt von Kritik und Gegenkritik; Gedanken zu dem Literaturstreit in der Deutschen Presse. In: *Orbis Litterarum* 46 (1991) 4, 222-239.
48. Ders.: Christa Wolf – vor und nach der Revolution. In: *Monatshefte* 84 (1992) 3, 260-273.
49. Schemme, Wolfgang: „Das Großwild steht zum Abschuß frei". Ein gesamtdeutscher Literaturstreit. In: *Deutschunterricht* 47 (1994) 5, 257-267.
50. Schirrmacher, Frank: „Dem Druck des härteren, strengeren Lebens standhalten". Auch eine Studie über den autoritären Charakter: Christa Wolfs Aufsätze, Reden und ihre jüngste Erzählung „Was bleibt". In: *FAZ* v. 2.6.1990.
51. Schoeps, Karl-Heinz J.: Intellectuals, Unification, and Political Change 1990: The Case of Christa Wolf. In: *1870/71 – 1989/90. German Unifications and the Change of Literary Discourse*. Edited by Walter Pape. Berlin/New York: de Gruyter, 1993 (*European Cultures. Studies in Literature and the Arts, Volume 1*), 251-277.
52. [Schütte, Wolfram: Aufgemerkt, also! Prügel für Christa Wolf & Sicherheitsverwahrung für Brasch. In: *FR* v. 14.11.1987.]
53. Schwilk, Heimo: Nachdenken über Christa W. Staatsdichterin, Staatssicherheit, Staatsverdruß: Christa Wolfs Erzählung „Was bleibt" ist das schonungslose Protokoll einer späten Einsicht. In: *Rheinischer Merkur* v. 22.6.1990;
    auch in: *Deutsche Literatur 1990. Jahresüberblick*. Hrsg. von Franz Josef Görtz, Volker Hage und Uwe Wittstock unter Mitarbeit von Katharina Frühe. Stuttgart: Reclam, 1991, 266-272
    sowie in: S., H.: *Wendezeit – Zeitenwende. Beiträge zur Literatur der achtziger Jahre*. Bonn/Berlin: Bouvier, 1991, 177-182.
54. Seifert, Jürgen: „Kassandra" und „Marmor-Klippen". Christa Wolfs übersehene Stasi-Kritik. In: Blanke, Thomas/Erd, Rainer (Hgg.): *DDR – Ein Staat vergeht*. Frankfurt a.M.: Fischer TB, 1990, 48-51.
55. Sørensen, Barbara: Sprachkrise und Utopie in Christa Wolfs Texten nach der Wende. Die Krise der Intellektuellen im wiedervereinigten Deutschland. Kopenhagen/München: Fink, 1996 (*Publications of the*

Department of Languages and Intercultural Studies, Aalborg University, Vol. 16/Text & Kontext, Sonderreihe, Band 38).

56. [Interview mit Aafke Steenhuis]: Schreiben im Zeitbezug. Gespräch mit Aafke Steenhuis. In: Wolf, Christa: *Reden im Herbst*. Berlin (DDR)/Weimar: Aufbau, 1990 (*Texte zur Zeit*), 131-157;
auch in: Dies.: *Im Dialog. Aktuelle Texte*. Frankfurt a.M.: Luchterhand, 1990, 131-157.
57. Struzyk, Brigitte: Zum 70. Geburtstag von Christa Wolf. Eine Leseblüte – statt Blumen. In: *dtv magazin* (1999) Frühjahr, 4f.
58. Vinke, Hermann (Hg.): Akteneinsicht Christa Wolf. Zerrspiegel und Dialog. Eine Dokumentation. Hamburg: Luchterhand, 1993.
59. Christa Wolf in Perspective. Edited by Ian Wallace. Amsterdam/Atlanta: Rodopi, 1994 (*German Monitor 30*).
60. Wild, Henk de: Bibliographie der Sekundärliteratur zu Christa Wolf. Frankfurt a.M./Berlin/Bern/New York/Paris/Wien: Lang, 1995.